과거, 출세의 사다리 4

족보를 통해 본 조선 문과급제자의 신분이동

(고종 대)

한 영 우

· 서울대학교 문리과대학 사학과 졸업. 동 대학원 박사
· 서울대학교 한국문화연구소장 / 한국사연구회장 / 국사편찬위원회 위원 /
  서울대학교 규장각관장 / 서울대학교 인문대학장 / 한림대학교 특임교수 /
  문화재위원회 사적분과위원장 / 서울특별시사 편찬위원 /
  이화여대 이화학술원 석좌교수 겸 이화학술원장 역임
· 현재
  서울대학교 명예교수

고종 대

과거, 출세의 사다리 4

족보를 통해 본 조선 문과급제자의 신분이동

초판 제1쇄 인쇄 2013. 12. 26.
초판 제1쇄 발행 2013. 12. 30.

지은이   한영우
펴낸이   김경희
편 집   최윤정·김동석
펴낸곳   (주)지식산업사
        본사 ● 413-832, 경기도 파주시 교하읍 문발리 520-12
             전화 (031) 955-4226~7 팩스 (031)955-4228
        서울사무소 ● 110-040, 서울시 종로구 통의동 35-18
             전화 (02)734-1978 팩스 (02)720-7900
        한글문패 지식산업사
        영문문패 www.jisik.co.kr
        전자우편 jsp@jisik.co.kr
        등록번호 1-363
        등록날짜 1969. 5. 8.

책값은 뒤표지에 있습니다.

ISBN 978-89-423-1172-9 (94910)
ISBN 978-89-423-0068-6 (전4권)

이 책을 읽고 저자에게 문의하고자 하는 이는
지식산업사 전자우편으로 연락 바랍니다.

科擧

과거, 출세의 사다리 4

—족보를 통해 본 조선 문과급제자의 신분이동

(고종 대)

한영우

지식산업사

차 례

1권 차례

1
고종 대
신분이 낮은 급제자와 벼슬

1) 고종 대 개화정책과 신분제도의 해체

고종 대는 크게 세 시기로 구분된다. 1863년에서 1873년에 이르는 초기 10년 동안은 대원군이 실권을 쥐고 개혁을 추진하던 시기이고, 그 다음 10년은 고종이 친정親政하면서 동도서기東道西器를 바탕으로 자주적 개화정책을 추진한 시기이다. 이 시기 고종이 추구한 '동도東道'는 탕평군주 정조를 본보기로 삼았다. 그래서 규장각奎章閣의 친위 기능親衛機能을 부활시키면서 성인군주상聖人君主像을 되살리고, 세도 정치를 이끌어 온 문벌세력을 억압하고 소민小民을 적극 포용하는 정책을 밀고 나갔다. 특히 서북 지방을 중시하여 만주로 진출하는 북진 정책의 거점으로 육성하려고 시도한 것도 눈여겨볼 만한 정책이다. 또한 고종이 추구한 '서기西器'는 서양의 과학기술을 받아들여 산업화를 이루어 부국강병을 달성하고, 그 힘으로 열강의 침투를 막아 내고 국가주권을 지키려는 것이었다.

고종의 자주적 개화정책은 1894년에 일본의 강압으로 단행된 갑오경장甲午更張으로 왕권과 국가주권이 실추되고 동도가 무너지는 위기를 맞았으며, 이어서 1895년 을미사변乙未事變이 일어나며 국가주권은 더욱 위태로워졌다.

1894~1895년의 위기상황에서 왕권과 국가주권을 되살려 준 것은 밖으로 서양 열강의 일본견제와 안으로 국민 각계각층의 열화와 같은 민족주의적 칭제운동稱帝運動이었다. 1897년에 근대국가의 모습으로 탄생한 대한제국大韓帝國은 바로 그러한 나라 안팎 정세가 가져온 중대한 역사적 사건이었다. 이때부터 1905년의 을사늑약에 이르는 8년 동안 대한제국은 구본신참舊本新參의 노선을 따라 자주적 근대국가 건설에 매진한 시기이다.

고종의 친정에 앞서 10년 동안 집권한 대원군의 개혁은 내정에서 세도정치의 타파와 지방 양반의 억제에 있었다. 대원군은 세도정치 때문에 소수문벌이 권력을 독점하여 왕권이 약화할 뿐 아니라 정상적인 관료정치가 무너지고, 민생이 파탄으로 치닫는다고 보았다. 이를 타파하고자 대안세력으로 키운 것이 전주이씨 종친宗親들이었으며, 세도가들이 부정축재한 재산을 환수하고자 만든 것이 원납전願納錢이었다. 이 기부금을 모아 경복궁景福宮을 중건한 것이다. 또 지방 양반들은 서원書院을 거점으로 하여 당쟁세력을 키우고 조세피난처로 이용하기도 했으며, 군포軍布를 회피하는 수단으로 악용하기도 했다. 대원군은 서원과 양반의 이러한 폐단에 강력한 철퇴를 내렸던 것이다.

대원군이 물리적인 힘으로 부패한 수구세력을 청소했다면, 그 뒤를 이은 고종은 제도개혁을 통한 신분제도의 타파에 나섰다. 그것이 바로 서얼庶孽에 대한 전면적인 허통許通과 노비세습제의 철폐, 그리고 기술직 중인中人들의 등용이었다.

　　서얼의 허통문제는 이미 16세기 중엽 명종 대부터 시작되어 인조,
숙종, 영조, 정조, 순조, 철종 대에 이르기까지 지속적 단계적으로 허
통책이 이루어졌음은 앞 책에서 설명하였다. 여기서는 순조와 철종
대에 이루어진 서얼허통책만을 잠시 되돌아보기로 한다. 순조 23년
(1823)에 이루어진 허통책은 〈계미절목癸未節目〉이라 하는데, 그 핵심
은 다음과 같다.

> ① 문관文官은 종2품에까지 벼슬을 허용한다. 한성부의 좌윤左尹(종2품)과
> 　우윤右尹(종2품), 그리고 호조戶曹, 형조刑曹, 공조工曹의 참의參議(정3품
> 　당상관)를 허용한다.
> ② 청요직淸要職은 대직臺職(사헌부와 사간원)에만 허용하고, 음관蔭官은 목
> 　사牧使(정3품 당상관)만 허용한다.
> ③ 초사初仕는 도사都事(종5품), 감역監役(종9품), 수봉관守奉官(종9품) 등에
> 　구애를 받지 않는다.

　　이 절목은 서자 출신 급제자가 오를 수 있는 최고 벼슬을 종2품까
지 허용하되 모든 종2품 자리를 허용하는 것이 아니라 한성부의 좌
윤이나 우윤에만 국한한다는 것이고, 정3품 당상관인 6조 참의參議를
허용하되 호조, 형조, 공조의 참의만 허용하고, 인사권을 가진 이조吏
曹, 병조兵曹, 예조禮曹의 참의는 허용하지 않는다는 것이다. 또, 청요
직 가운데 홍문관弘文館은 제외하고 사헌부司憲府와 사간원司諫院만
허용한다는 것이며, 문과에 급제한 뒤에 첫 벼슬길에 나가는 초사는
도사(종5품), 감역(종9품), 왕릉을 지키는 수봉관(종9품) 등에 구애받지
않고 나갈 수 있다는 것이다. 순조 대의 서얼허통은 정조 대의 것에

견주면 한발 나아간 것이 사실이지만, 아직도 종2품 직위로는 오를 수 없게 하고, 종2품 이하의 벼슬도 특수한 직책은 허용하지 않은 것이다.

그러면 그 다음 철종 대에 이루어진 허통은 무엇인가? 이 허통에 대해서 《실록》에는 아주 간단한 기록만 보인다. 철종 2년(1851) 4월 15일(신미)에 "서류庶流를 소통疏通시키되, 모든 벼슬자리에 따로따로 등용하라"는 것이다.1) 너무 간단하고 추상적인 기록이어서 자세한 내막을 알 수 없는데, 《대전회통大典會通》에는 그 내용이 "벌열閥閱에 따라 괴원槐院(승문원)과 선천宣薦(선전관)을 허락한다"고 되어 있다.2) 그러니까 서자의 집안이 벌열인가를 따져 벼슬을 분관分館할 때 그동안 금지되었던 문과급제자의 승문원承文院 분관과 무과급제자의 선전관宣傳官 분관을 허용한다는 것이다. 승문원과 선전관은 그동안 문벌 자제에게만 허용되었는데, 이를 서얼 출신 급제자들에게도 허용한 것이다. 다만, 모든 서얼에게 해당되는 것이 아니라 문벌 출신 서자에게만 혜택을 주었다.

그런데 고종 대에 이르러서는 서얼에 대한 그동안의 모든 규례規例를 철폐했다. 그러니까 앞에 소개한 순조와 철종 대의 절목이 모두 폐지된 것이다. 고종 원년(1864) 봄에 당시 수렴청정을 하고 있던 대비 조씨(익종비)는 다음과 같은 언교言敎를 내렸다.

서자들에게 벼슬길을 열어 준 것은 바로 우리 열성조列聖朝에서 만물을 곡진히 이루어주는 성대한 은덕과 큰 은혜에서 나온 것인데, 벼슬길을 허

---

1) 《철종실록》 권3, 철종 2년 4월 15일 신미.
2) 《대전회통》 이전吏典, 한품서용限品敍用.

락한 지 여러 해가 되었으나 아직 실효가 없다. 아무리 훌륭한 자질과 재
능으로 우뚝하게 남보다 뛰어난 자라 하더라도 일단 서자로 불리면 벼슬
길은 철문鐵門처럼 막혀 버린다. 그들도 세가世家의 후손이고, 하늘에서 받
은 것이 다르지 않은데 전부 벼슬길이 막혀 쓸모없는 사람으로 되어 버린
지가 벌써 수백 년이니, 사물의 이치로 보나 일의 형편으로 보나 그렇게
할 수 없다. 이제부터 시작하여 옛 규례에 얽매이지 말고 재능에 따라 등
용함으로써 억울하다고 한탄하는 일이 없게 하라. 이를 양전兩銓(이조와 병
조)에 분부하라.3)

고종 원년에 내려진 이 조치는 인사권을 가진 이조와 병조에 내려
진 명령이었는데, 법전으로 제도화되지는 않았다. 그래서 고종 11년
(1874)에 서자 출신 사헌부 지평持平 권붕규權鵬圭 등은 여러 사람의
연명聯名으로 상소를 올려 《대전회통》에 이를 반영시켜 줄 것을 요
청했다.4) 고종 5년(1868)에 편찬된 《대전회통》에는 여전히 '중서中
庶'에 대한 차별규정이 있으니 이를 삭제해 달라는 것이다. 《대전회
통》은 그 뒤 수정될 기회가 없었지만, 현실적으로는 서얼허통이 실
행되고 있었다.

고종 대 이루어진 또 하나의 획기적인 조치는 고종 23년(1886)에
내려진 노비세습제의 폐지였다. 이 조치는 갑신정변甲申政變(1884)이
일어난 지 2년 뒤의 일이다. 그래서 노비세습제는 이미 폐지된 상태
에서 노비 자체를 해방시켜 준 것이 갑오경장이었다. 이때부터 노비
출신도 벼슬길에 나가는 길이 정식으로 열리게 되었다.

---

3) 《고종실록》 권1, 고종 1년 1월 18일 경신.
4) 《고종실록》 권11, 고종 11년 2월 23일 병신.

마지막으로 의관이나 역관 등 기술직 중인층은, 앞 책에서 자세히 설명했듯이, 철종 2년(1851)에 집단적인 허통운동이 일어났으나, 바로 그해 서얼허통을 위한 〈신해절목〉이 나오면서 실패로 돌아갔다. 하지만 중인층은 법적으로는 문과 응시가 가능하고, 벼슬길에도 한품限品제한이 없어서 서얼보다는 한층 유리했다. 다만, 관행적으로 중인층을 서얼과 비슷하게 대우하여 한품하는 것이 이들의 불만이었을 뿐이다.

고종 대 개화정책에서 가장 중요한 부분은 과학기술의 발전과 열강의 힘의 균형을 이용한 국제외교였으므로 의관醫官, 역관譯官, 율관律官, 산관算官 등 기술직 중인의 역할이 자연히 커질 수밖에 없었다. 중인층은 이제 허통운동을 벌이지 않아도 정치의 중심체로 올라가는 시대를 맞이하게 된 것이다.

고종 대의 신분제 해체정책은 당연히 과거제도에도 큰 영향을 미쳤고, 곧 신분에 대한 차별이 무시된 인재선발로 나타났다. 문과급제자 명단을 수록한 《방목》을 보면, 고종 19년(1882)까지는 급제자의 내외 4대조 이름을 예전처럼 기록하다가 그 뒤로는 아버지 이름만 기록하는 것으로 바뀌고 있다. 내외 4대조의 신분에 대한 의미가 없어졌다는 증거이다. 고종 25년(1888)이 지나서는 《방목》에 급제자의 출생연도[干支]를 기록하지 않고 그 대신 나이를 적고 있다. 《방목》의 격식이 이미 무너진 것을 뜻한다.

이제 문과급제자의 신분과 벼슬에 대하여 구체적으로 살펴보기로 한다.

2) 시험종류별 급제자 인원

고종 대의 과거시험은 고종 31년(1894)에 갑오경장으로 과거제도가 폐지될 때까지 32년 동안 시행되었다. 이 기간에 시행된 과거는 식년시 11회, 경과 40회, 증광시 6회, 알성시 7회, 종친을 대상으로 한 종과 1회, 평안도 도과 3회, 함경도 도과 3회, 개성부 별시 3회, 강화도 별시 1회, 기로유생으로 불리는 노인을 위한 응제시 3회로, 모두 78회에 걸쳐 시행되어 전체 급제자 1,759명이 배출되었다. 시험 종류별로 급제자 인원을 살펴보면 다음과 같다.

식년시式年試	11회	466명
증광시增廣試	6회	332명
경과慶科	40회	791명
알성시謁聖試	7회	91명
종친종과宗親宗科	1회	5명
기로유생 응제시耆老儒生 應製試	3회	11명
평안도 도과道科	3회	22명
함경도 도과	3회	20명
개성부 별시別試	3회	15명
강화도 별시	1회	6명
합 계		1,759명

고종 대 32년 동안 배출된 전체 급제자는 1,759명이므로 매년 평균 급제자는 54.96명이다. 3년마다 시행되는 식년시는 모두 11회에 걸쳐 시행되어 466명을 선발했는데, 이는 전체 급제자의 26.49퍼센트에 지나지 않는다. 앞 시기와 견주어 식년시의 비중이 낮아진 것을 볼 수

있다. 다시 말해 철종 대 35.4퍼센트, 헌종 대 45퍼센트, 순조 대 46.2
퍼센트, 정조 대 46.7퍼센트, 영조 대 36.1퍼센트와 비교할 때 그렇다.

식년시 매회 평균 급제자는 42.36명으로 33명을 선발한다는 《경국
대전》의 규정을 훨씬 넘어서고 있지만, 이전 시기와 비교하여 큰 차
이가 나지 않는다. 33명을 선발한 것은 조선 전기에서 끝나고 조선
후기에는 그 규정이 지켜지지 않았다.

3년마다 치르는 식년시는 급제자를 무한정 늘릴 수 없기 때문에,
이를 보완하고자 증광시와 경과를 자주 시행했다. 그래서 식년시를
확대한 증광시를 6회 시행하여 332명을 선발했다. 매회 평균 55.33명
을 선발한 셈이다. 식년시와 증광시급제자를 합치면 798명으로 전체
급제자의 45.36퍼센트를 차지한다. 전체 급제자의 약 절반 정도이다.
식년시와 증광시는 초시급제자 수를 도별道別로 안배하므로 지방 사
람들에게 유리한 시험이다.

고종 대 가장 많은 급제자를 선발한 것은 경과로, 40회에 걸쳐 791
명을 선발했다. 회마다 평균 19.77명을 선발한 셈이지만, 전체 급제자
의 44.96퍼센트를 차지한다. 식년시와 증광시급제자를 합친 수치와
거의 비슷하다. 경과는 국가의 경사를 기념하는 시험으로, 고종의 모
친인 신정왕후神貞王后 조씨(익종비), 효현왕후孝顯王后 김씨(헌종비),
효정왕후孝定王后 홍씨(헌종비), 철인왕후哲仁王后 김씨(철종비) 등 여러
대비大妃들에게 존호尊號를 올리는 행사가 많았던 것이 경과를 많이
치르게 된 주된 이유였다.

그 밖에 성균관 문묘文廟에 참배한 뒤에 치르는 알성시는 7회에 걸
쳐 91명을 선발했는데, 이는 관례적인 시험이었다.

그런데 종친을 위한 종과가 시행된 것은 역사상 최초이다. 비록 1

회에 걸쳐 5명을 선발한 데 지나지 않지만, 종친정치를 추구했던 대원군의 의도를 잘 보여 준다. 종친을 대상으로 한 종과는 역사에서 처음으로 대원군 집권기인 고종 5년(1868)에 시행되었다는 점이 눈에 띤다. 그런데 종친 출신 과거급제자는 종과가 아닌 시험에서도 뚜렷한 두각을 보이고 있으며, 고종 대 전주이씨 문과급제자는 모두 129명에 이르러 전체 급제자의 7.33퍼센트를 차지했다. 이 수치는 과거에 견주어 월등하게 높다. 그러나 129명 가운데 절반에 가까운 56명이 대원군이 집권하던 10년 동안에 급제하여 그때까지의 전체 급제자 427명 가운데 13.1퍼센트를 차지한 것과 달리, 그 뒤 22년 동안에는 73명이 급제하여 그 기간의 전체 급제자 1,332명 가운데 5.48퍼센트를 차지하는 데 그쳐 좋은 대조를 보인다. 대원군의 종친우대정책이 과거제도를 통해서 강력하게 뒷받침된 것을 알 수 있다.

기로유생을 위한 응제시가 3회에 걸쳐 시행되어 11명을 선발한 것도 눈에 띤다. 이는 70세 이상의 노인을 대상으로 한 것으로 고종의 나이가 60세를 넘어선 이후로 시행된 것이다. 기로시는 영조 대에도 시행된 일이 있었으며, 그 뒤 두 번째이다.

마지막으로 특정 지역을 대상으로 한 도과와 별시가 있었다. 평안도 도과가 3회에 걸쳐 시행되어 22명을 선발하고, 함경도 도과도 3회에 걸쳐 20명을 선발했으며, 개성부 별시가 3회에 걸쳐 15명, 그리고 강화도 별시가 1회에 걸쳐 6명을 선발했다. 도과와 별시급제자는 모두 63명에 이른다.

평안도 지역은 영조, 정조, 순조 대까지는 도과가 시행되었으나, 세도정치가 극성했던 헌종과 철종 대에는 시행된 일이 없던 것을 고종 대 다시 활성화시킨 것이다. 고종 대는 만주를 되찾고자 하는 북

진정책이 다시 추진되면서 평양을 서경西京으로 승격시키고 그 수복
에 힘쓰기도 했는데, 그런 정책이 과거제도에 반영된 것이다.

함경도 지역도 영조에서 순조 대까지는 여러 차례 도과를 시행해
왔으나, 헌종 대는 단 한 차례만 시행하고 철종 대는 단 한 차례도
없었던 것을 고종 대 다시 부활시킨 것이다. 이곳 또한 북진의 거점
이기도 하지만, 그보다는 왕실의 발상지라는 점을 고려했다. 세도정
치기에는 왕실의 권위가 떨어지면서 함경도 도과가 중지되었는데,
왕권을 강화하고자 하는 고종 대에 부활시킨 것이다. 개성부와 강화
도 지역은 국방상 요충지로서 영조와 정조 대는 도과를 시행했으나
헌종과 철종 대 시행되지 않았는데, 고종 대 다시 부활했다.

그러면, 고종 대 매회 평균 54.96명을 선발한 것은 앞 시기와 비교
하여 어떤 차이가 있는가? 이 수치를 광해군 대 이후의 앞 시기와
비교하면 다음과 같다.

왕 대	매해 평균 급제자	전체 급제자
광해군 대(1608~1623)	30.06명	451명
인조 대(1623~1649)	27.74명	749명
효종 대(1649~1659)	24.5 명	245명
현종 대(1659~1674)	26.2 명	391명
숙종 대(1674~1720)	31 명	1,427명
경종 대(1720~1724)	45.75명	183명
영조 대(1724~1776)	40.98명	2,131명
정조 대(1776~1800)	32.37명	777명
순조 대(1800~1834)	30.8 명	1,049명
헌종 대(1834~1847)	30.33명	455명
철종 대(1847~1863)	33.6 명	471명
고종 대(1863~1894)	54.96명	1,759명

표를 보면 각 왕대마다 매년 평균 급제자 인원이 다른데, 대체로 광해군에서 숙종 대에는 30명 안팎의 수치를 보이다가 경종과 영조 대에 갑자기 45.75명과 40.98명으로 급상승하였다. 다만, 경종 대는 재위기간이 4년으로 짧아 실제로 급제인원이 크게 증가한 것은 아니다. 하지만 52년의 장기간에 걸쳐 평균 40.98명을 선발한 영조 대의 경우는 무려 2,131명의 급제자가 배출되어 공급과잉으로 취직률이 떨어지는 부작용이 나타났다. 그 다음 정조 대 이후로는 다시 매년 평균 30명을 약간 웃도는 인원으로 줄어들었지만, 누적된 공급과잉으로 취직률은 크게 회복되지 못하고 말았다.

고종 대 과거급제자 수가 가파르게 늘어난 것은 그만큼 근대화에 따른 관직의 수요가 늘었다는 뜻도 있지만, 사회안전망을 튼튼하게 하려는 뜻도 포함되어 있다고 본다. 더욱이 평안도, 함경도, 개성부, 강화도 등지에서 도과와 별시를 여러 차례 시행한 것은 국방상 경제상 요지이면서도 정치적으로 소외되어 있는 지역을 고무하려는 뜻이 있었다고 보인다.

3) 지역별 급제자 분포

(1) 서울 출신 급제자

고종 대 1,759명의 급제자를 지역별로 보면 어떤가? 이를 표로 만들어 보면 다음 표와 같다.

우선 서울 출신 급제자는 580명으로 전체 급제자의 32.97퍼센트를 차지한다. 이를 앞 시기와 비교하면 정조 대 33.07퍼센트, 순조 대

서 울	580명(32.97%)
평안도	269명(15.29%)
경기도	200명(11.37%)
충청도	193명(10.97%)
경상도	186명(10.57%)
전라도	110명(6.25%)
함경도	63명(3.58%)
황해도	50명(2.84%)
강원도	35명(1.98%)
제주도	3명(0.17%)
미 상	70명
합 계	1,759명

39.46퍼센트, 헌종 대 37.14퍼센트, 철종 대 39.27퍼센트로, 정조 대와 비슷하고 세도정치기보다는 한층 낮아진 것을 알 수 있다. 바꿔 말하면 세도정치기에 견주어 상대적으로 서울 출신의 급제율이 약화되고, 지방 출신의 급제율이 높아졌다는 뜻이다.

그런데 서울 출신 급제자를 시험종류별로 보면, 식년시급제자가 64명에 지나지 않아 이 과목 전체 급제자의 7.2퍼센트만 차지할 뿐이다. 나머지 516명은 경과, 증광시, 알성시 등에 급제했는데, 전체 급제자의 39.9퍼센트를 차지한다. 이를 달리 해석하면, 서울 출신 급제자의 11퍼센트는 식년시에 급제하고, 나머지 88.96퍼센트는 경과, 증광시, 알성시 등에 급제했다는 결론이 나온다. 다시 말해 식년시는 지방 출신을 위한 시험이고, 경과나 증광시 등은 서울 출신에게 유리한 시험이라고 해도 좋을 것이다. 이런 현상은 고종 대만이 아니라 그 이전에도 비슷한 경향을 보여 왔다.

식년시와 다른 시험의 급제자가 지역별로 차이가 나는 이유는 식년시의 경우 초시급제자의 인원을 도별 인구비율로 강제 배분해 놓았기 때문에 지방 사람들에게 유리한 것과 달리, 그 밖의 시험은 그러한 강제배분이 없어서 서울 사람에게 유리하게 작용할 수밖에 없었다.

(2) 평안도 출신 급제자

서울 다음으로 급제자가 많은 지방은 평안도로, 도과로 선발한 22명을 포함하여 모두 269명의 급제자를 배출했는데, 이는 전체 급제자의 15.29퍼센트에 해당한다. 앞 시기와 비교하면 정조 대는 15.44퍼센트로서 서울 다음의 2위를 차지하고, 순조 대도 15.44퍼센트로서 서울 다음의 2위를 차지했다가 헌종 대는 15.38퍼센트로 경상도 다음의 3위, 철종 대는 14.01퍼센트로서 경상도 다음의 3위를 차지했었다. 그러니까 고종 대의 평안도는 정조와 순조 대처럼 경상도를 제치고 다시금 2위로 올라선 것이다.

평안도 출신이 이렇게 2백여 년 동안 지속적으로 과거에 두각을 나타내면서 이 지역에는 새로운 명문名門이 등장했다. 연안김씨延安金氏(54명), 수원백씨水原白氏(41명), 순흥안씨順興安氏(40명), 배천조씨白川趙氏(37명), 전주김씨全州金氏(16명), 연안차씨延安車氏(15명), 해주노씨海州盧氏(15명), 순천김씨順天金氏(14명), 수안이씨遂安李氏(10명) 등이 그러하다. 그리고 평안도에서만 특별히 급제자를 집중적으로 배출한 성씨는 단양이씨丹陽李氏(11명), 공주김씨公州金氏(10명), 온양방씨溫陽方氏(7명), 양주김씨楊州金氏(6명), 진주김씨晉州金氏(7명), 수원김씨水原金氏(7명), 광산탁씨光山卓氏(6명), 양근김씨楊根金氏(6명), 장연노씨長淵盧氏(5명), 풍천김씨豊川金氏(5명), 연일승씨延日承氏(5명), 태원선우씨太原鮮于氏(4명), 당악김씨唐岳金氏(4명), 충주김씨忠州金氏(4명), 수안계씨遂安桂氏(3명) 등이다.

평안도 출신 급제자 269명을 시험종류별로 조사해 보면, 식년시에 급제한 사람은 194명으로 전체 식년시급제자 466명 가운데 41.63퍼

센트를 차지한다. 그러니까 식년시급제자의 거의 절반에 가까운 급
제자가 평안도 출신이라고 할 수 있다. 나머지 75명의 급제자는 경과
나 증광시 또는 도과에 급제했는데, 이는 식년시가 아닌 시험의 급제
자 1,293명 가운데 5.8퍼센트에 지나지 않는다. 전체 급제자 1,759명
가운데 평안도 출신이 15.29퍼센트를 차지한 사실을 고려하면, 평안
도 출신은 식년시에서는 압도적으로 우세하고 그 밖의 시험에서는
상대적으로 부진했다는 뜻이 된다. 이런 현상은 서울 출신 급제자와
정반대다.

　평안도 출신 급제자 269명을 군현별로 조사해 보면 지역적 차이가
나타난다. 군현별로 급제자 인원을 알아보면 다음과 같다.

순위	지 역	전체 급제자	고종 대 이전 급제자	고종 대 급제자
1	정주定州	241명	186명(1)	55명(1위)
2	평양平壤	66명	33명(3)	33명(2위)
3	안주安州	63명	55명(2)	8명(7위)
4	영변寧邊	43명	27명(4)	16명(4위)
5	태천泰川	35명	16명(7)	19명(3위)
6	개천价川	31명	26명(5)	5명(10위)
7	가산嘉山	27명	19명(6)	8명(7위)
8	숙천肅川	26명	14명(8)	12명(5위)
9	의주義州	21명	10명(11)	11명(6위)
10	선천宣川	20명	14명(8)	6명(9위)
11	박천博川	19명	7명(13)	12명(5위)
12	상원祥原	18명	7명(13)	11명(6위)
13	영유永柔	17명	13명(9)	4명(11위)
14	구성龜城	16명	12명(10)	4명(11위)
15	강서江西	13명	6명(14)	7명(8위)
16	순안順安	13명	8명(12)	5명(10위)

17	성천成川	13명	8명(12)	5명(10위)
18	용강龍岡	12명	4명(15)	8명(7위)
19	곽산郭山	11명	3명(16)	8명(7위)
20	용천龍川	11명	6명(14)	5명(10위)
21	강동江東	11명	8명(12)	3명(12위)
22	철산鐵山	10명	7명(13)	4명(11위)
23	순천順川	10명	8명(12)	2명(13위)
24	중화中和	9명	5명(14)	4명(11위)
25	은산殷山	9명	7명(13)	2명(13위)
26	운산雲山	8명	5명(15)	3명(12위)
27	삭주朔州	7명	2명(17)	5명(10위)
28	삼등三登	3명	1명(18)	2명(13위)
29	희천熙川	3명	2명(17)	1명(14위)
30	삼화三和	1명	0명(19)	1명(14위)

비고: 괄호 안의 수치는 도내 순위

표를 보면, 영조 대 이후 평안도 군현 가운데 가장 많은 급제자를 배출한 지역은 정주로 241명이 급제했다. 이는 전국 군현 가운데서도 가장 높은 수치다. 그 다음 2위는 66명을 배출한 평양인데, 정주의 27.38퍼센트에 지나지 않아 그 격차가 매우 크다. 그런데 고종 대 이전까지의 급제자 수를 보면 평양은 33명으로 55명을 배출한 안주에 훨씬 미치지 못하여 3위에 머물고 있다. 평양은 고종 대 갑자기 33명을 배출하여 종합 순위 2위에 오른 것이다. 평안도의 주도主都인 평양이 고종 대 이전에는 3위에 머물고 있었다는 것은 뜻밖의 현상이 아닐 수 없다. 어쨌든 평양은 고종 대에 이르러 전체 급제자의 절반에 달하는 급제자를 배출했다. 평양의 약진은 평양을 북진정책의 거점으로 설정하고 서경西京으로 승격시켜 부수도副首都로 삼으려는 고종의 정책과 관련이 큰 것으로 보인다.

종합 3위에 오른 지역은 63명을 배출한 안주, 4위는 43명을 배출한 영변, 5위는 35명을 배출한 태천으로 이어지고 있다. 그 뒤를 개천(31명), 가산(27명), 숙천(26명), 의주(21명), 선천(20명), 박천(19명)이 따르고 있다. 이 지역들은 공통적으로 서울에서 중국으로 가는 교통로와 연결되어 있는 지역이다.

(3) 평안도가 아닌 지역 출신 급제자

고종 대 평안도 다음으로 세 번째로 급제자가 많은 지방은 경기도이다. 개성부와 강화도 별시급제자 21명을 포함하여 모두 200명의 급제자를 배출하여 전체 급제자의 11.37퍼센트를 기록했다. 이는 정조 대 3위, 순조와 헌종 대 5위, 철종 대 4위를 한 것과 비교할 때 세도정치기의 부진을 벗어나 정조 대 수준으로 다시 돌아간 것을 뜻한다.

경기도 다음으로 4위를 차지한 것은 충청도로 급제자 193명을 배출하여 전체 급제자의 10.97퍼센트를 차지했다. 이를 앞 시기와 비교하면 정조 대 5위, 순조 대 4위, 헌종 대 4위, 철종 대 5위를 한 것과 비슷한 수준이다.

충청도 다음으로 5위를 차지한 것은 경상도로 급제자 186명을 배출하여 전체 급제자의 10.54퍼센트를 차지했다. 이를 앞 시기인 정조 대 4위, 순조 대 3위, 헌종 대 2위, 철종 대 2위를 한 것과 비교하여 경상도는 세도정치기에 성적이 좋고, 고종 대 가장 부진한 성적을 올린 것이다. 경상도가 세도정치기에 평안도를 앞지른 것은 세도정권이 평안도를 홀대한 사실과 관련이 있다.

경상도 다음의 6위는 전라도로 급제자 110명을 배출하여 전체 급제자의 6.25퍼센트를 차지했는데, 정조 대 이후로 계속하여 6위를 지켜가고 있다.

전라도 다음은 함경도(63명, 7위), 황해도(50명, 8위), 강원도(35명, 9위), 제주(3명)의 순으로 이어지고 있는데, 이는 대체로 앞 시기와 비슷하다. 다만, 그동안 계속하여 강원도에 밀리고 있던 황해도가 강원도를 처음으로 앞지른 것이 특이하다. 황해도의 성장은 고종 대 서북 지역을 중시한 정책의 여파로 볼 수 있다.

고종 대 문과급제자의 지방별 분포를 다시 정리하면, 세도정치기와 비교하여 서울과 경상도, 강원도 출신의 성적이 부진하고, 평안도, 황해도, 경기도, 충청도 출신의 성적이 상대적으로 올라갔다. 특히 평안도 출신이 경상도보다 83명이나 더 많은 급제자를 배출한 것은 놀라운 일이다. 고종 대 정치세력의 중심축이 평안도를 비롯한 서해안 일대로 이동하고 있다는 하나의 증좌로 볼 수도 있다.

4) 신분이 낮은 급제자의 비율과 지역분포

고종 대 전체 급제자 1,759명 가운데 신분이 낮은 것으로 조사된 급제자는 모두 1,031명으로 58.61퍼센트를 차지한다. 이 수치는 조선왕조 전 시기 가운데 가장 높은 수치다. 광해군 대 이후의 수치와 견주면 다음과 같다.

표를 보면 광해군 대 이후 갑오경장에 이르기까지 287년 동안 신분이 낮은 급제자의 비율이 약간의 기복을 보이면서도 꾸준히 증가 추세를 보이고 있음을 알 수 있다. 17세기 초의 광해군 대에는 14.63

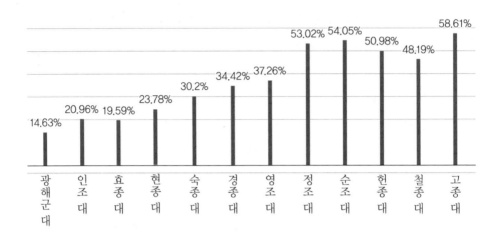

퍼센트로 가장 낮은 수치를 보이다가 17세기 중엽의 인조에서 현종 대는 20퍼센트대를 오르내리는 수준으로 높아졌다. 그 뒤 17세기 말에서 18세기 초에 이르는 숙종 대에는 30퍼센트를 넘어서고, 18세기 중엽의 영조 대는 37퍼센트를 돌파하고 있다. 18세기 후반의 정조 대에는 그 수치가 급상승하여 53퍼센트를 넘어서고, 그 다음 19세기 초 순조 대에는 54퍼센트를 넘어서고 있다. 그런데 순조 대를 정점으로 하여 그 다음 세도정치가 극성했던 헌종과 철종 대에는 다시 약간의 내림세를 보이면서 19세기 중엽의 철종 대에는 48퍼센트대로 내려가고 있다. 그런데 그 내림세가 다시 오름세로 급반등하여 58퍼센트대를 차지한 것이 고종 대이다.

이러한 수치 변동은 각 시기의 사회통합과 정치통합 수준을 그대로 보여 준다. 17~18세기 중반에 신분이 낮은 급제자의 비율이 16~37퍼센트대에 머문 것은 문벌양반이 자리 잡았던 당시의 상황을 그대로 반영한다. 양심적인 실학자들이 이구동성으로 문벌양반의 권력독점과 반상체제의 문제점을 비판하고 나선 이유가 여기에 있다.

고종 대 신분이 낮은 급제자 1,031명은 크게 두 부류가 있다. 하나는 《족보》 자체가 《청구》와 《만성》에 보이지 않거나, 《족보》가 있더라도 《족보》에 가계가 보이지 않는 급제자들이다. 이들을 편의상 A형으로 부르고자 한다. 이 부류는 모두 794명으로 전체 급제자의 45.13퍼센트, 신분이 낮은 급제자의 77.01퍼센트를 차지한다.

다음 두 번째 부류는 《족보》에 가계가 보이지만 내외 4대조 또는 그 위 여러 대에 걸쳐 벼슬아치가 보이지 않는 급제자들이다. 이 부류를 B형으로 부르고자 한다. 이 부류는 237명으로 전체 급제자의 13.47퍼센트, 신분이 낮은 급제자의 22.98퍼센트를 차지한다. 이제 A형과 B형의 비율을 정조에서 철종 대의 앞 시기와 비교하면 다음과 같다.

왕 대	A형 비율	B형 비율
정조 대	31.14%(58.73%)	21.87%(41.26%)
순조 대	31.64%(58.55%)	22.21%(41.09%)
헌종 대	32.74%(64.22%)	18.24%(35.77%)
철종 대	33.33%(69.16%)	14.86%(30.83%)
고종 대	45.13%(77.01%)	13.47%(22.98%)

비고: 앞의 수치는 전체 급제자에서 차지하는 비율, 괄호 안의 수치는 신분이 낮은 급제자에서 차지하는 비율

위 표를 보면 A형의 비율은 시대가 내려가면서 높아지고, 반대로 B형의 비율은 시대가 내려가면서 낮아진다. 특히 A형의 비율이 정조 대의 31퍼센트대와 58퍼센트대에서 고종 대에 이르러 45퍼센트대와 77퍼센트대로 급격하게 높아진 것이 눈에 띈다. 한편, B형의 급제자가 정조 대 21퍼센트와 41퍼센트대에서 고종 대 13퍼센트대와 22퍼

센트대로 내려간 것은 고종 대 A형 급제자가 B형 급제자의 3.3배에
이른다는 것을 말해 준다. 이런 현상은 고종 대에 이르러 신분제도가
전면적으로 무너진 결과로 볼 수 있다.

다음에 고종 대 신분이 낮은 급제자 1,031명의 지역분포를 알아보
면 다음과 같다.

지 역	전체 급제자	신분이 낮은 급제자
서 울	580명(32.97%)	120명(20.68%)
충청도	193명(10.97%)	100명(51.81%)
경기도	200명(11.37%)	104명(52 %)
경상도	186명(10.54%)	150명(80.64%)
강원도	35명(1.98%)	32명(91.42%)
함경도	63명(3.58%)	58명(92.06%)
전라도	110명(6.25%)	103명(93.63%)
평안도	269명(15.29%)	265명(98.51%)
황해도	50명(2.84%)	50명(100 %)
제주도	3명(0.17%)	3명(100 %)
미 상	70명	46명
합 계	1,759명	1,031명(58.61%)

표를 보면 신분이 낮은 급제자의 비율이 가장 낮은 지역은 서울로
서 20.68퍼센트를 차지했으며, 그 다음이 충청도 51.81퍼센트, 경기도
52퍼센트, 경상도 80.64퍼센트, 강원도 91.42퍼센트, 함경도 92.06퍼
센트, 전라도 93.63퍼센트, 평안도 98.51퍼센트, 그리고 황해도와 제
주도는 모두 100퍼센트를 차지했다. 다시 말해 서울, 충청, 경기도 등
중부 지역 급제자의 신분이 가장 높고, 북방 지역과 남방 지역(전라도
와 경상도) 급제자의 신분이 상대적으로 낮다는 것을 알 수 있다.

여기서 눈에 띄는 지역은 평안도이다. 급제자 269명을 배출하여 8도 1위의 영예를 안고 있으면서도 신분이 낮은 급제자가 265명에 이른다는 것은 놀라운 일이다. 단 4명만 좋은 가문 출신이다. 함경도가 가장 먼 변방이지만 평안도에 견주어 신분이 상대적으로 높고, 남방의 전라도와 비슷한 비율을 보인 것도 눈여겨볼 만하다. 이는 함경도의 함흥 지역에 왕족인 전주이씨全州李氏와 왕비족인 청주한씨淸州韓氏 급제자들이 여럿 포함되어 있기 때문이다.

5)《족보》에 오르지 못한 급제자의 신분과 그들의 벼슬

(1) A형 급제자의 지역 분포

고종 대 전체 문과급제자 1,759명 가운데《족보》에 가계가 보이지 않는 A형 급제자는 794명으로 전체 급제자의 45.13퍼센트, 신분이 낮은 급제자의 77.01퍼센트를 차지하고 있음을 앞에서 설명했다. 이제《족보》에 오르지 못한 급제자 794명의 지역별 분포를 알아보면 다음과 같다.

다음 표는 A형 급제자 비율이 가장 낮은 지역에서 시작하여 높은 지역순으로 정리한 것이다. 비율이 가장 낮은 지역은 충청도로 50퍼센트, 다음으로 서울(51.66퍼센트), 경상도(66.66퍼센트), 경기도(70.47퍼센트), 전라도(82.52퍼센트), 함경도(89.65퍼센트), 강원도(93.75퍼센트), 황해도(94퍼센트), 평안도(98.11퍼센트), 제주도(100퍼센트)의 순으로 되어 있다. 제주도가 가장 비율이 높지만 실제로는 265명 가운데 260명의 A형 급제자를 배출한 평안도가 가장 비율이 높다고 할 수 있다.

지 역	신분이 낮은 급제자	《족보》가 없는 급제자(비율)
충청도	100명	50명(50 %)
서 울	120명	62명(51.66%)
경상도	150명	100명(66.66%)
경기도	105명	74명(70.47%)
전라도	103명	85명(82.52%)
함경도	58명	52명(89.65%)
강원도	32명	30명(93.75%)
황해도	50명	47명(94 %)
평안도	265명	260명(98.11%)
제주도	3명	3명(100 %)
미 상	45명	31명
합 계	1,031명	794명

(2) A형 급제자의 신분

《족보》에 오르지 못한 급제자 794명의 신분을 더 자세히 조사해 보면 크게 두 부류가 있다. ① 《청구》와 《만성》에 자기 성관의 《족보》는 있지만 그 《족보》에 오르지 못한 급제자 760명, ② 《청구》와 《만성》에 자기 성관의 《족보》 자체가 없는 급제자 34명이다.

그런데, 위 두 부류 가운데 다음과 같은 여러 유형이 또 있다. ① 《족보》에 오르지 못했으면서 과거에 응시할 때 호적戶籍을 바꾼 것이 발각되어 삭과削科되었다가 다시 복과復科된 부류 10명, ② 전주이씨지만 《전주이씨과거급제자총람》에 오르지 못한 급제자 7명, ③ 서얼 출신 3명, ④ 중인 출신 9명 등이다.

다음에 위 여러 부류의 실례를 소개하기로 한다.

(가)《족보》 자체가 없는 급제자

고종 대《족보》에 오르지 못한 급제자 794명 가운데《족보》자체가 《청구》와《만성》에 보이지 않는 급제자는 34명이고,《족보》는 있으나《족보》에 가계가 보이지 않는 급제자는 760명이다.

먼저,《족보》 자체가 없는 급제자 34명의 출신지를 보면 평안도가 21명으로 가장 많고, 서울이 3명, 충청도, 전라도, 경상도, 강원도, 황해도가 각각 2명이다.

이들 34명의 성관을 보면 모두 28개로, 그 가운데 2000년 현재 인구 1천 명 미만의 희성이 15개나 된다. 15개 성관 가운데는 인구 18명과 41명에 지나지 않는 성관도 있다. 인구가 소멸되어 파악이 불가능한 성관도 3개이다. 인구 2천 명 미만의 성관은 5개로, 앞의 수치와 합하면 23개 성관에 이른다. 그 나머지 5개의 성관은 2천 명을 넘어서고 있지만 크게 보면 희성에 속한다.

34명 가운데 자기 성관의 유일한 문과급제자는 17명이고, 자기 성관의 첫 급제자는 3명, 두 번째 급제자는 5명이다. 이제《족보》 자체가 없는 급제자 34명의 명단을 소개하면 다음과 같다.

임준양林俊養 거주지를 알 수 없는데, 고종 4년 식년시에 급제하여 벼슬이 사헌부 장령(정4품)에 이르렀다. 본관이 안의安義로 되어 있는데《청구》와《만성》에는《안의임씨보》자체가 없다. 2000년 현재 안의임씨 인구는 530가구 1,681명의 희성으로 순조 대 이후 문과급제자 5명을 배출했는데, 임준양이 세 번째이다. 그런데 그 가운데 2명은 평안도 정주定州, 1명은 평안도 구성龜城, 마지막 1명은 평양平壤 출신이다. 따라서 그도 평안도 출신일 가능성이 크다.

조중린趙重麟 평안도 의주義州 사람으로 고종 7년 식년시에 급제하

여 벼슬이 사헌부 장령(정4품)에 이르렀다. 본관이 충주忠州로 되어
있는데《청구》와《만성》에는《충주조씨보》자체가 없다. 2000년 현
재 충주조씨 인구는 205가구 667명의 희성으로 문과급제자는 첫 급
제한 조중린, 고종 16년 급제한 조상학趙尙學 등 2명뿐이며 모두 의주
출신이다. 아마도 조중린이 급제한 뒤에 본관을 충주로 정한 듯하다.

  김창내金昌鼐 평안도 가산嘉山 사람으로 고종 7년 식년시에 급제하
여 벼슬이 병조참의(정3품 당상관)에 이르렀다. 본관이 은진恩津으로
되어 있으나《청구》와《만성》에는《은진김씨보》자체가 없다. 2000
년 현재 은진김씨 인구는 69가구 230명의 극희성으로 김창내가 유일
한 문과급제자이다. 아마도 그가 급제한 뒤에 본관을 은진으로 정한
듯하다.

  박응룡朴應龍 평안도 정주定州 사람으로 고종 7년 식년시에 급제했
는데, 본관이 여주驪州로 되어 있으나《청구》와《만성》에는《여주박
씨보》자체가 없다. 2000년 현재 여주박씨 인구는 365가구 1,135명의
희성으로 박응룡이 유일한 문과급제자이다.

  원인항元寅恒 전라도 남원南原 사람으로 고종 7년 식년시에 급제했
는데, 본관이 남원으로 되어 있으나《청구》와《만성》에는《남원원
씨보》자체가 없다. 2000년 현재 남원원씨 인구는 311가구 996명의
희성으로 조선시대 문과급제자는 원인항이 유일하다.

  최처심崔處心 평안도 정주定州 사람으로 고종 7년 식년시에 급제했
는데, 본관이 배천白川으로 되어 있으나《청구》와《만성》에는《배천
최씨보》자체가 없다. 2000년 현재 배천최씨 인구는 291가구 823명
의 희성으로 순조 7년 최대식崔大寔이 처음으로 문과에 급제한 뒤 최
처심이 두 번째다.

전응룡田應龍 평양平壤 사람으로 고종 9년 경과정시에 급제했는데, 본관이 남원南原으로 되어 있으나 《청구》와 《만성》에는 《남원전씨보》 자체가 없다. 2000년 현재 남원전씨 인구는 319가구 1,008명의 희성으로 전응룡이 첫 급제자이며, 고종 24년 두 번째 급제자 또한 평양에서 나왔다. 그가 급제한 뒤에 본관을 남원으로 정한 듯하다.

임상희林相僖 평안도 정주定州 사람으로 고종 10년 식년시에 급제했는데, 본관이 전주全州로 되어 있으나 《청구》와 《만성》에는 《전주임씨보》 자체가 없다. 2000년 현재 전주임씨 인구는 1,328가구 4,273명의 희성으로 헌종 대 이후 문과급제자 3명을 배출했는데, 임상희가 두 번째이며, 고종 16년 안주安州 출신 임현주林顯周가 세 번째로 급제했다.

최경모崔璟模 전라도 순창淳昌 사람으로 고종 10년 경과에 급제했는데, 본관이 초계草溪로 되어 있으나 《청구》와 《만성》에는 《초계최씨보》 자체가 없다. 2000년 현재 초계최씨 인구는 8,612가구 2만 7,213명으로 비교적 희성에 속하는데, 문과급제자는 최경모 한 사람뿐이고 무과급제자는 8명이다.

정탁인鄭度仁 고종 4년 정시에 급제했으나 남의 시험답안지를 바꿔치기한 것이 발각되어 급제가 취소되었다가, 고종 12년 경과에 다시 급제했다. 그런데 고종 4년 당시의 《방목》에는 출생연도가 1840년, 거주지가 경상도 함양咸陽, 본관이 해주海州로 되어 있는데, 고종 12년의 《방목》에는 출생연도가 1841년, 거주지가 진주晉州, 본관이 파주坡州로 되어 있어 혼란스럽다. 아마도 파주가 해주의 오기이거나 본관을 속인 것으로 보인다. 그런데 《청구》와 《만성》의 《해주정씨보》에는 정탁인의 가계가 보이지 않는다.

임현주林顯周 평안도 안주安州 사람으로 고종 16년 경과에 급제했는데, 본관이 전주全州로 되어 있으나 《청구》와 《만성》에는 《전주임씨보》 자체가 없다. 2000년 현재 전주임씨 인구는 1,328가구 4,273명의 희성으로 헌종 대 이후 문과급제자 3명을 배출했는데, 임현주가 마지막이다. 나머지 2명은 각각 함경도 길주吉州와 평안도 정주定州 출신이다.

조상학趙尚學 평안도 의주義州 사람으로 고종 16년 식년시에 급제하여 벼슬이 홍문관 교리(정5품)에 이르렀다. 본관이 충주忠州로 되어 있으나 《청구》와 《만성》에는 《충주조씨보》 자체가 없다. 2000년 현재 충주조씨 인구는 205가구 667명의 희성으로 고종 7년 조중린趙重麟에 이어 조상학이 두 번째로 의주에서 문과에 급제했다.

장석황莊錫滉 평양平壤 사람으로 고종 19년 경과에 급제했는데, 본관이 전주全州로 되어 있으나 《청구》와 《만성》에는 《전주장씨보》 자체가 없다. 2000년 현재 전주장씨 인구는 166가구 476명의 희성으로 조선시대 문과급제자는 장석황이 유일하다.

임필벽林必璧 강원도 간성杆城 사람으로 고종 19년 증광시에 급제했는데, 본관이 울진蔚珍으로 되어 있으나 《청구》와 《만성》에는 《울진임씨보》 자체가 없다. 2000년 현재 울진임씨 인구는 4,996가구 1만 5,334명으로 시조는 숙종 대 문과에 급제한 임익빈林益彬으로 알려져 있으며, 고종 22년 임형곤林衡坤이 문과에 급제하여 고종 대 급제자 2명을 배출했다.

현규근玄圭根 평안도 박천博川 사람으로 고종 20년 식년시에 급제했는데, 본관이 연안延安(또는 延州)으로 되어 있으나 《청구》와 《만성》에는 《연안현씨보》 자체가 없다. 2000년 현재 연안현씨 인구는 278

가구 952명의 희성으로 조선시대 문과급제자는 현규근이 유일하다. 《청구》의 《연주현씨보》에도 그의 가계가 보이지 않는다.

이근춘李根春 충청도 보은報恩 사람으로 고종 20년 식년시에 급제하여 벼슬이 홍문관 수찬(정6품)에 이르렀다. 본관이 예산禮山으로 되어 있으나 《청구》와 《만성》에는 《예산이씨보》 자체가 없다. 2000년 현재 예산이씨 인구는 294가구 972명의 희성으로 이근춘이 유일한 문과급제자이다.

왕제긍王濟肯 서울 사람으로 고종 20년 식년시에 급제하여 벼슬이 홍문관 수찬(정6품)을 거쳐 사간원 사간司諫(종3품)에 이르렀다. 본관이 중국 제남濟南(또는 開城)으로 되어 있으나 《청구》와 《만성》에는 《제남왕씨보》 자체가 없고, 《개성왕씨보》에는 가계가 보이지 않는다.5) 제남왕씨는 호란 때 중국에서 귀화한 왕이문王以文의 후손으로, 2000년 현재 인구 244가구 792명의 희성이며 문과급제자는 왕제긍이 유일하다.

임석희林奭禧 평안도 구성龜城 사람으로 고종 20년 식년시에 급제했는데, 본관이 안의安義로 되어 있으나 《청구》와 《만성》에는 《안의임씨보》 자체가 없다. 2000년 현재 안의임씨 인구는 530가구 1,681명의 희성으로 순조 대 이후 문과급제자 5명을 배출했는데, 임석희가 네 번째이다.

노덕진盧悳鎭 황해도 신천信川 사람으로 고종 20년 식년시에 급제하여 벼슬이 감역관監役官(종9품)에 이르렀다. 본관이 서하西河로 되어 있으나 《청구》와 《만성》에는 《서하노씨보》 자체가 없다. 2000년 현

---

5) 국립중앙도서관본 《방목》에는 왕제긍의 본관이 개성開城으로 되어 있는데, 《개성왕씨보》에도 그의 가계는 보이지 않는다.

재 서하노씨 인구는 95가구 316명의 극희성으로 노덕진이 유일한 문과급제자이다. 그가 급제한 뒤에 서하를 본관으로 정한 듯하다. 하지만 서하라는 지명이 한국에 없는 것으로 보아 중국 귀화인의 후손으로 보인다.

임형곤林衡坤 강원도 울진蔚珍 사람으로 고종 22년 경과에 급제했는데, 본관이 울진으로 되어 있으나 《청구》와 《만성》에는 《울진임씨보》 자체가 없다. 다만, 고종 19년 간성杆城 사람 임필벽林必璧이 문과에 급제했음은 앞에서 설명하였다.

황종기黃鍾岐 서울 사람으로 고종 22년 경과에 급제했는데, 본관이 중국 항주杭州로 되어 있으나 《청구》와 《만성》에는 《항주황씨보》 자체가 없다. 2000년 현재 항주황씨 인구는 122가구 402명의 극희성으로, 호란 때 소현세자昭顯世子를 호종扈從하고 들어온 중국인 황공黃功의 후손으로 알려져 있으며, 황종기가 유일한 문과급제자이다.

김종봉金宗鳳 평안도 은산殷山 사람으로 고종 22년 경과에 급제했는데, 본관이 강화도 하음河陰으로 되어 있으나 《청구》와 《만성》에는 《하음김씨보》 자체가 없다. 2000년 현재 하음김씨 인구는 158가구 503명의 극희성으로 순조 대에 김조흠金祖欽이 처음으로 급제한 뒤에 김종봉이 두 번째 급제자이다.

김우용金禹用 평안도 의주義州 사람으로 고종 22년 경과에 급제하여 벼슬이 사헌부 집의(종3품)를 거쳐 대한제국 때 중추원 의관中樞院 議官(칙임관)에 이르렀다. 본관이 해미海美로 되어 있으나 《청구》와 《만성》에는 《해미김씨보》 자체가 없다. 2000년 현재 해미김씨 인구는 14가구 41명으로 거의 소멸된 상태에 이르렀으며, 김우용이 유일한 문과급제자이다. 아마도 그가 급제한 뒤에 본관을 해미로 정한 듯하다.

박규능朴圭能 평안도 삼화三和 사람으로 고종 23년 경과에 급제했는데, 본관은 평택平澤으로 되어 있으나《청구》와《만성》에는《평택박씨보》자체가 없다. 2000년 현재 평택박씨 인구는 202가구 629명의 극희성으로 조선시대 문과급제자는 박규능이 유일하다. 아마도 그가 급제한 뒤에 본관을 평택으로 정한 듯하다.

박기주朴湛柱 평안도 삼등三登 사람으로 고종 23년 경과에 급제했는데, 본관이 청산靑山으로 되어 있으나《청구》와《만성》에는《청산박씨보》자체가 없다. 2000년 현재 청산박씨 인구는 6가구 18명으로 거의 소멸상태에 있으며, 조선시대 문과급제자는 박전주가 유일하다. 아마도 그가 급제한 뒤에 본관을 정한 듯하다.

김두성金斗性 평안도 운산雲山 사람으로 고종 23년 평안도 도과에 급제하여 벼슬이 사헌부 지평(정5품)에 이르렀다. 본관이 평산平山(또는 安東)으로 되어 있으나《청구》와《만성》에는《평산김씨보》자체가 없고,《안동김씨보》에는 가계가 보이지 않는다.[6] 2000년 현재 평산김씨 인구는 538가구 1,591명의 희성으로 문과급제자는 김두성이 유일하다.

전건하田健夏 평양平壤 사람으로 고종 24년 경과에 급제하여 벼슬이 사헌부 장령(정4품)에 이르렀다. 본관이 남원南原으로 되어 있으나《청구》와《만성》에는《남원전씨보》자체가 없다. 2000년 현재 남원전씨 인구는 319가구 1,009명의 희성으로 고종 9년 전응룡田應龍이 경과에 급제하여 고종 대 평양에서 문과급제자 2명이 배출되었다.

강시갑康始甲 경상도 상주尙州 사람으로 고종 26년 알성문과에 급제

---

6) 국립중앙도서관본《방목》에는 김두성의 본관이 안동安東으로 되어 있으나《안동김씨보》에는 그의 가계가 보이지 않는다.

했는데, 본관이 진천鎭川으로 되어 있으나 이는 신천信川의 오기로 보인다.7) 그러나 《청구》와 《만성》의 《신천강씨보》에는 강시갑의 가계가 보이지 않는다.

임치상林致相 황해도 서흥瑞興 사람으로 고종 27년 경과에 급제했는데, 본관이 서택瑞澤으로 되어 있으나 《청구》와 《만성》에는 《서택임씨보》 자체가 없다. 현재 인구도 알 수 없다. 조선시대 문과급제자는 임치상이 유일하다.

최종호崔宗鎬 충청도 직산稷山 사람으로 고종 27년 경과별시에 급제했는데, 본관이 수성隋城으로 되어 있으나 《청구》와 《만성》에는 《수성최씨보》 자체가 없다. 2000년 현재 수성최씨 인구는 1만 5,964가구 5만 1,780명으로 비교적 인구가 많은 편이다. 영조 대 이후 문과급제자 4명을 배출했는데, 최종호는 세 번째이며 그의 아들 최한응崔漢膺이 고종 29년에 급제했다.

조응국趙應國 평양平壤 사람으로 고종 28년 증광시에 급제했는데, 본관이 진주晉州로 되어 있으나 《청구》와 《만성》에는 《진주조씨보》 자체가 없다. 2000년 현재 진주조씨 인구는 412가구 1,379명의 희성으로 조선시대 문과급제자는 조응국이 유일하다.

인석보印錫輔 평안도 용강龍岡 사람으로 고종 29년 경과에 급제하여 벼슬이 홍문관 교리(정5품)를 거쳐 대한제국 때 세무관稅務官에 이르렀으며, 죽은 뒤인 1910년에는 규장각 부제학(정3품 당상관)에 추증되었다. 본관은 교동喬桐으로 되어 있으나 《청구》와 《만성》에는 《교동인씨보》 자체가 없다. 2000년 현재 교동인씨 인구는 5,403가구 1만

---

7) 디지털구미문화대전에는 강시갑의 본관이 신천信川으로 되어 있는데, 《신천강씨보》에는 그의 가계가 보이지 않는다.

7,448명으로 문과급제자는 인석보가 유일하다. 교동인씨는 신라 때 중국에서 귀화한 것으로 알려져 있다.

임정묵林廷黙 평양平壤 사람으로 고종 29년 경과에 급제했는데, 본관이 안의安義로 되어 있으나 《청구》와 《만성》에는 《안의임씨보》 자체가 없다. 2000년 현재 안의임씨 인구는 530가구 1,681명의 희성으로 순조 대 이후 문과급제자 5명을 배출했는데, 임정묵이 마지막이다.

장영석張永錫 서울 사람으로 고종 30년 경과에 급제했는데, 본관이 진주晉州로 되어 있다. 그런데 《청구》와 《만성》에는 《진주장씨보》 자체가 없다. 2000년 현재 진주장씨 인구는 421가구 1,371명의 희성으로 조선시대 문과급제자 2명을 배출했는데, 숙종 43년의 장두주張斗周가 첫 급제자이며, 장영석이 두 번째이다.

(나) 전주이씨지만 《족보》에 오르지 못한 급제자

고종 대 《족보》에 오르지 못한 급제자 가운데는 전주이씨全州李氏 급제자도 보인다. 왕족임에도 《선원보璿源譜》에 오르지 못했다면 신분에 문제가 있다는 증좌로 볼 수 있다. 전주이씨종약원全州李氏宗約院에서 발간한 《전주이씨과거급제자총람》에는 《선원보》에 오르지 못한 문과급제자를 '파미분류자派未分類者'로 따로 분류해 놓고 있다. 아마도 서출일 가능성이 크다. 고종 대 이런 부류에 속한 급제자는 모두 5명이다. 그런데 위 책에는 이름이 보이지 않는 급제자도 2명 더 있다. 이들 7명의 명단을 소개하면 다음과 같다.

이인회李寅會 충청도 공주公州 사람으로 고종 3년 경과에 급제하여 벼슬이 사헌부 장령(정4품)에 이르렀다. 본관이 전주全州로 되어 있으나 《전주이씨과거급제자총람》을 보면 이인회는 파미분류자로 되어 있다. 그러니까 계파系派를 몰라 《선원보》에 오르지 못한 인물이라는 뜻이다.

이창언李昌彦 경기도 광주廣州 사람으로 고종 9년 경과에 급제했는데, 본관이 전주全州로 되어 있으나 《전주이씨과거급제자총람》에는 이창언이 파미분류자로 기록되어 있다.

이찬두李贊斗 황해도 수안遂安 사람으로 고종 10년 식년시에 급제했는데, 본관이 전주全州로 되어 있으나 《전주이씨과거급제자총람》을 보면 이찬두는 파미분류자로 기록되어 있다.

이찬식李燦植 함경도 경성鏡城 사람으로 고종 13년 도과에 급제하여 벼슬이 성균관 전적(정6품)에 이르렀다. 본관이 전주全州로 되어 있으나 《전주이씨과거급제자총람》에는 파미분류자로 되어 있다.

이기봉李紀鳳 평양平壤 사람으로 고종 18년 경과에 급제했는데, 본관이 전주全州로 되어 있으나 《전주이씨과거급제자총람》을 보면 이기봉은 파미분류자로 기록되어 있다.

이종의李鍾義 평안도 용강龍岡 사람으로 고종 22년 경과에 급제했는데, 본관이 전주全州로 되어 있으나 《전주이씨과거급제자총람》에는 이종의의 이름이 보이지 않는다. 파미분류자 명단에도 빠져 있어 정체를 알 수 없다.

이민식李敏植 전라도 남원南原 사람으로 고종 22년 경과에 급제했는데, 본관이 전주全州로 되어 있으나 《전주이씨과거급제자총람》에는 이민식의 이름이 전혀 보이지 않는다. 정체를 알 수 없다.

(다) 거주지나 호적을 위조한 급제자

고종 대 문과급제자 가운데는 거주지나 호적을 위조하여 급제했다가 발각되는 문제를 일으킨 뒤 나중에 용서받은 인물이 10명에 이른다. 이들은 서출일 가능성이 매우 높다. 그런데 불법을 저질렀음에도 이를 용서한 것을 보면 고종 대 과거제도가 신분과 거의 무관하게 운영되고 있었다는 것을 말해 준다. 이들 10명의 명단을 소개하면 다음과 같다.

김복성金復性 고종 4년 식년시에 급제했다가 거주지를 속인 것이 발각되어 급제가 취소되었다가 고종 16년 복과復科되어[8] 벼슬이 사헌부 장령(정4품)에 이르렀다. 방목에는 거주지와 본관이 보이지 않으나, 거주지는 경기도 과천果川, 본관은 청풍淸風으로 알려지고 있다. 《만성》의 《청풍김씨보》에는 김복성의 가계가 보이지 않고, 《청구》의 《청풍김씨보》를 보면 직계 10대조 가운데 벼슬아치가 없다.

남정호南廷皓 서울 사람이지만 거주지를 춘천春川으로 속여 고종 16년 경과에 급제했는데, 거짓이 발각되어 삭과削科되었다가 고종 17년에 복과되어[9] 벼슬이 홍문관 부수찬(종6품)에 이르렀다. 본관이 의령宜寧으로 되어 있으나 《의령남씨보》에는 가계가 보이지 않는다. 신분을 속이고자 거주지를 속인 것으로 보인다.

민영서閔泳序 경기도 광주廣州 사람이지만 거주지를 상주尙州로 속여 고종 16년 경과에 급제했는데, 거짓이 발각되어 삭과되었다가 고종 17년에 복과되었다.[10] 본관이 여흥驪興으로 되어 있으나 《여흥민씨보》에 민영서의 가계가 보이지 않는다. 신분을 속이고자 거주지를 바꾼 것으로 보인다.

---

8) 《고종실록》 권16, 고종 16년 2월 26일 경자.
9) 《고종실록》 권17, 고종 17년 6월 9일 을사.
10) 위와 같음.

이희당李禧戇 평안도 중화中和 사람이지만 거주지를 제주濟州로 속여 고종 16년 경과에 급제했다가 삭과되어 제주도에 충군充軍되었는데, 고종 17년에 복과되었다.[11] 본관이 단양丹陽으로 되어 있으나 《단양이씨보》에는 이희당의 가계가 보이지 않는다.

원용석元用奭 함경도 북청北靑 사람으로 고종 17년 증광시에 급제했는데, 이름을 속인 죄로 삭과되었다가 뒤에 용서를 받았다.[12] 본관이 원주原州로 되어 있는데《원주원씨보》에는 가계가 보이지 않으며, 이름을 속인 것으로 보아 신분이 좋지 않은 인물이다.

조종룡趙鍾龍 황해도 평산平山 사람으로 고종 29년 경과에 급제했는데, 호적을 바꾼 것이 발각되어 삭과되었다가 뒤에 복과되었다.[13] 본관이 한양漢陽으로 되어 있으나《청구》와《만성》의《한양조씨보》에는 조종룡의 가계가 보이지 않는다. 호적을 바꾼 것을 보면 신분에 큰 하자가 있는 인물임을 알 수 있다.

황헌黃壚 경기도 장단長湍 사람으로 고종 29년 경과에 급제했는데, 본관이 평해平海로 되어 있다. 그러나 황헌은 호적을 바꾼 죄로 삭과되었다가 뒤에 복과되었다.[14] 호적을 바꾼 것을 보면 신분에 큰 하자가 있는 인물로 보인다.

박영락朴永駱 서울 사람으로 고종 29년 경과에 급제하여 벼슬이 홍문관원으로 경연시독관經筵侍讀官(정5품)이 되었는데, 호적을 바꾼 것이 발각되어 삭과되었다가 뒤에 복과되었다. 본관은 밀양密陽으로 되어 있으나, 호적을 바꾼 것을 보면 신분에 큰 하자가 있는 인물이다.

---

11) 《고종실록》권17, 고종 17년 6월 9일 을사.
12) 《고종실록》권17, 고종 17년 7월 21일 정해.
13) 《고종실록》권29, 고종 29년 3월 26일 갑신.
14) 위와 같음.

정석오鄭錫五 평양平壤 사람으로 고종 29년 경과에 급제하여 벼슬이 승문원 부정자副正字(종9품), 예문관 검열(정9품), 세자시강원 문학文學(정5품)에까지 이르렀다. 그러나 호적을 바꾼 것이 발각되어 삭과되었다가 뒤에 용서를 받고 복과되어[15] 청요직에 오른 것이다. 본관이 진주晉州로 되어 있으나 《청구》와 《만성》의 《진주정씨보》에는 정석오의 가계가 보이지 않는다.

고영중高永中 강화江華 사람으로 고종 29년 경과에 급제했는데, 호적을 바꾼 것이 발각되어 삭과되었다가 뒤에 복과되었다.[16] 본관이 제주濟州로 되어 있으나 《청구》와 《만성》의 《제주고씨보》에는 고영중의 가계가 보이지 않는다.

(라) 서출 출신 급제자

《족보》에 가계가 보이지 않는 급제자 794명 가운데 서출임이 분명한 인물은 3명이다. 하지만 거주지나 호적을 위조한 부류들도 대부분 서출로 보인다. 3명의 명단을 소개하면 다음과 같다.

김선주金善柱 평안도 강서江西 사람으로 참봉(종9품)을 거쳐 고종 원년 증광시에 급제하여 벼슬이 승지承旨(정3품 당상관)에 올랐다. 고종에게 칭제稱帝를 요청하는 상소를 올려 대한제국 탄생에 이바지하였다. 김선주는 서자庶子의 신분을 감추고자 본관이 김해金海임에도 개성開城으로 바꾸고 조선 초기 명유 김반金泮의 후손으로 위장하여 문과에 급제하였다. 이 사실이 뒤늦게 알려져 유배를 당하기도 했지만,[17] 뒤에 용서를 받고 승지에까지 오른 것이다.

---

15) 《고종실록》 권29, 고종 29년 3월 26일 갑신.
16) 위와 같음.

권붕규權鵬圭 강원도 원주原州 사람으로 유학을 거쳐 고종 7년 경과에 급제하여 벼슬이 사헌부 지평(정5품)에 올랐다. 고종 11년 자신을 포함한 모든 서자들에게 벼슬길을 완전히 허통하는 조치를 취해 줄 것을 요청하는 상소를 올리면서, 《대전회통大典會通》에 들어 있는 '중서中庶'라는 조항을 없애 줄 것을 요청하기도 했다.[18] 서얼들에게 언관이나 낭관직을 주고 청요직인 홍문관의 관원이 되는 것은 이미 허통되어 있었지만, 정승이나 판서로 오르는 것은 아직도 허용되고 있지 않은 것에 대한 불만을 말한 것이다. 본관은 안동安東으로 되어 있는데, 《청구》와 《만성》의 《안동권씨보》에는 권붕규의 가계가 보이지 않는다.

유협柳珱 서울 사람으로 고종 12년 경과에 급제하여 벼슬이 홍문관 부교리副校理(종5품)에 올랐는데, 《방목》에는 전직이 업유業儒로 기록되어 있어 유협이 서출임을 분명하게 밝히고 있다. 그가 업유로 기록된 이유는 직계 3대조가 모두 벼슬아치이며 당당한 서울 양반가문이므로 이미 그의 신분이 노출되어 있었던 까닭으로 볼 수 있다. 하지만 그의 이름은 《청구》와 《만성》의 《전주유씨보》에 빠져 있다.

(마) 중인가문, 위항인 출신 급제자

《족보》에 오르지 못한 급제자 794명 가운데 기술직 중인가문이나 서울의 위항인委巷人에 속한 인물은 9명이다. 기술직 중인의 대부분은 중국에서 귀화한 이주민의 후손들이다. 다음에 그 실례를 들겠다.

방하진方夏鎭 평안도 정주定州 사람으로 고종 16년 식년시에 급제했

---

17) 《고종실록》 권11, 고종 11년 4월 24일 병자.
18) 《고종실록》 권11, 고종 11년 2월 23일 병신.

는데, 본관이 온양溫陽으로 되어 있다. 온양방씨는 영조 대 이후 평안
도에서 문과급제자 9명을 배출했지만 동시에 역과譯科 49명, 의과醫科
36명, 음양과陰陽科 3명, 율과律科 4명, 주학籌學(算學) 3명 등 잡과급
제자 95명을 배출하여 전형적인 중인가문이 되었다. 다만, 방하진의
직계 조상이 중인인지는 확인되지 않는다. 온양방씨는 신라 문무왕
대 당나라에서 귀화한 이주민의 후손으로 알려져 있다.

김윤성金允聲 평안도 상원祥原 사람으로 고종 22년 경과에 급제했는
데, 본관이 삼척三陟으로 되어 있다. 삼척김씨는 조선시대 문과급제자
8명을 배출했지만 동시에 조선 후기에 역과譯科 23명, 의과醫科 19명,
음양과陰陽科 4명, 율과律科 13명, 주학籌學 1명 등 잡과급제자 60명을
배출하여 기술직 중인가문의 하나가 되었다. 다만, 김윤성의 직계 조
상이 중인인지는 알 수 없다.

김달준金達玹 평안도 상원祥原 사람으로 고종 25년 식년시에 급제했
는데, 본관이 삼척三陟으로 되어 있다. 앞에 소개한 김윤성과 본관 및
출신 지역이 같다.

지봉령池鳳翎 함경도 명천明川 사람으로 고종 26년 알성문과에 급제
했는데, 본관이 충주忠州로 되어 있다. 충주지씨는 조선시대 문과급제
자 10명을 내기도 했지만, 동시에 조선 후기 음양과陰陽科 14명, 율과
律科 5명, 역과譯科 1명 등 잡과급제자 20명을 배출하여 기술직 중인
가문의 하나가 되었다. 충주지씨는 고려 광종 대 중국에서 귀화한 이
주민의 후손이다.

지붕현池鵬鉉 황해도 토산兎山 사람으로 고종 28년 증광시에 급제했
는데, 본관이 충주忠州로 되어 있다. 충주지씨는 앞에서 설명한 바와
같이 조선 후기 중인가문의 하나이다.

김세익金世益 서울 사람으로 고종 28년 증광시에 급제하여 벼슬이 대한제국 때 예식원禮式院 집례執禮와 장전관掌典官에 이르렀는데, 본관이 우봉牛峰으로 되어 있다. 우봉김씨는 세종 대 김탁金鐸이 문과에 급제하여 벼슬이 사헌부 감찰(정6품)에 오른 뒤 모두 문과급제자 3명을 배출했는데, 동시에 역과譯科 93명, 의과醫科 2명, 음양과陰陽科(천문관) 3명, 율과律科 1명, 주학籌學(算學) 15명 등 잡과급제자 114명을 배출하여 전형적인 기술직 중인가문을 형성했다.

이제선李濟宣 서울 사람으로 고종 28년 경과에 급제했는데, 본관이 태안泰安으로 되어 있다. 그런데 태안이씨는 선조 대 이후 문과급제자 6명을 배출했는데 동시에 역과譯科 22명, 의과醫科 45명, 음양과陰陽科(천문관) 3명, 율과律科 2명, 주학籌學(計士) 103명 등 잡과급제자 175명을 배출하여 전형적인 기술직 중인가문의 하나가 되었다. 이제선의 아버지 이응선李膺善은 주학별제籌學別提를 지낸 중인이었다.[19] 태안이씨는 고려 광종 대 중국에서 귀화한 이주민의 후손으로 알려지고 있다.

변종헌卞鍾献 서울 사람으로 고종 29년 경과에 급제하여 벼슬이 홍문관 교리(정5품)를 거쳐 대한제국 때 농상공부 통신국장通信局長에 이르렀다. 본관이 밀양密陽으로 되어 있는데《청구》와《만성》의《밀양변씨보》에는 변종헌의 가계가 보이지 않는다. 밀양변씨는 조선시대 문과급제자 4명을 배출했으나, 동시에 역과譯科 106명, 의과醫科 28명, 율과律科 22명, 음양과陰陽科 10명, 주학籌學(算學) 10명 등 잡과급제자 176명을 배출하여 전형적인 기술직 중인가문, 특히 대표적인

---

19) 황원구, 이종영 편,《朝鮮後期 曆算家譜, 索引》(한국문화사, 1991) ; 한국학중앙연구원,《조선시대 잡과급제자총람》참고.

역관譯官가문의 하나로 명성을 떨쳤다. 변종헌의 아버지 변원규卞元圭는 역관으로 개화기 때 청나라에 파견된 김윤식金允植의 영선사領選使의 별견당상別遣堂上으로 따라가서 활약하고 돌아온 인물이다. 밀양 변씨도 신라 경덕왕 대 중국에서 귀화한 이주민의 후손으로 알려져 있다.

 안종화安鍾和 고향이 충청도 홍양洪陽인데 서울에 살면서 진사를 거쳐 고종 31년 마지막 과거시험에 급제하여 벼슬이 홍문관원으로 경연시독관經筵侍讀官(정5품)을 거쳐 대한제국 때 중추원 의관(칙임관)에 이르렀다. 1905년 을사늑약에 분개하여 벼슬을 버리고 애국계몽운동에 참여했으며, 역사책으로 고종 15년(1878)에《동사절요東史節要》를, 이어 1909년에는《국조인물지國朝人物志》등을 편찬하였다. 두 책은 소외된 계층인 기술직 중인과 서얼 가운데 문예로 이름을 날린 이른바 위항인委巷人들의 전기를 많이 담고 있는 것이 특징이다. 아버지 안기원安基遠은 바로 추사 김정희 문하에서 위항인으로 활약한 시인詩人이기도 했다.20)《방목》을 보면 아버지[基遠] 이름이 보이고, 본관이 광주廣州로 되어 있을 뿐 그 밖에 아무런 기록이 없다. 그런데《만성》의《광주안씨보》에는 안종화의 가계가 보이지 않으며,《청구》의《광주안씨보》를 보면 아버지까지의 가계만 보이고 그의 이름은 보이지 않는데, 아버지에 이르는 9대조 가운데 벼슬아치가 없고 아버지가 주사主事로 되어 있을 뿐이다. 따라서 안종화는 조선 후기 저명한 위항인 가문 출신이다.

---

20) 한영우, 〈개화기 안종화의 역사서술〉,《한국민족주의 역사학》(일조각, 1994) 참고.

위에 소개한 급제자 9명은 우연히 자료가 발견된 인물들일 뿐, 이들만을 중인가문으로 보기는 어렵다. 이보다 더 많은 중인가문 출신의 급제자가 있었을 것으로 짐작된다.

(바) 유일급제자

고종 대 신분이 낮은 급제자 1,031명 가운데 《족보》는 있으나 《족보》에 가계가 보이지 않는 급제자는 760명이다. 그 가운데 자기 성관에서 유일하게 문과에 급제한 인물은 7명이다. 그들의 명단을 소개하면 다음과 같다.

이철李喆 경기도 개성開城 사람으로 고종 3년 개성부 별시에 급제하여 벼슬이 사헌부 지평(정5품)에 이르렀는데, 본관이 임강臨江이다. 2000년 현재 임강이씨는 203가구 653명의 희성으로 조선시대 문과급제자는 이철이 유일하다.

예성질芮成質 평안도 태천泰川 사람으로 고종 20년 식년시에 급제했는데, 본관이 의흥義興(缶溪)이다. 2000년 현재 의흥예씨 인구는 2,926가구 9,268명으로 희성에 속하는데 조선시대 문과급제자는 예성질이 유일하다.

유진삼兪鎭三 경기도 용인龍仁 사람으로 고종 20년 식년시에 급제하여 벼슬이 사헌부 장령(정4품)에 이르렀는데, 본관이 천녕川寧이다. 2000년 현재 천녕유씨 인구는 188가구 658명의 희성으로 조선시대 문과급제자는 유진삼이 유일하다.

유기룡劉起龍 평안도 곽산郭山 사람으로 유학을 거쳐 고종 22년 경과에 급제했는데, 본관이 충주忠州이다. 2000년 현재 충주유씨 인구는 497가구 1,597명의 희성으로 조선시대 문과급제자는 유기룡이 유일하다.

이계종李啓種 황해도 황주黃州 사람으로 고종 22년 식년시에 급제했는데, 본관이 삼척三陟이다. 2000년 현재 삼척이씨 인구는 176가구 537명의 희성으로 조선시대 문과급제자는 이계종이 유일하다.

박문규朴文逵 경기도 개성開城 사람으로 고종 24년 개성부 별시에 급제하여 벼슬이 병조참지兵曹參知(정3품 당상관)에 이르렀는데, 본관이 순창淳昌이다. 2000년 현재 순창박씨 인구는 582가구 1,817명의 희성으로 조선시대 문과급제자는 박문규가 유일하다.

천광록千光祿 경상도 김해金海 사람으로 고종 29년 알성시에 장원급제했는데, 본관이 영양潁陽이다. 2000년 현재 영양천씨 인구는 2만 3,014가구 7만 3,118명으로 조선시대 문과급제자는 천광록이 유일하다. 영양천씨는 임진왜란 때 귀화한 명나라 장군 천만리千萬里의 후손이다.

(3) A형 급제자의 벼슬

(가) 취직률과 지역분포

고종 대《족보》자체가 없거나《족보》에 오르지 못한 급제자 794명은 모두 벼슬을 받았는가? 편의상 이들을 A형 급제자로 부른다. 《실록》과《방목》의 기록을 통하여 조사해 보면 A형 가운데 벼슬을 받은 급제자는 모두 267명으로 전체 급제자 1,759명의 15.17퍼센트, 《족보》에 오르지 못한 전체 급제자 794명의 33.62퍼센트를 차지한다. 이 수치를 앞 시기와 비교하면 다음과 같다.

왕 대	전체 급제자 대비	A형 급제자 대비
정조 대	31.14%	58.73%
순조 대	31.64%	58.55%
헌종 대	32.74%	64.22%
철종 대	33.33%	69.16%
고종 대	15.17%	33.62%

위 표를 보면 고종 대의 취직률은 정조에서 철종 대의 약 절반 수준으로 떨어진 것을 알 수 있다. 이런 현상은 무엇보다도 매년 평균 급제자 인원이 정조에서 철종 대의 30~33명 수준에서 55명으로 급증한 사실과 깊은 관계가 있다. 다시 말해 공급과잉이 가져온 부작용이다. 하지만 조선왕조가 멸망하면서 벼슬의 기회가 끊어진 것과도 관련이 없지 않을 것이다.

그러면 벼슬을 받은 267명의 지역분포는 어떠한가? 이를 표로 만

지 역	신분이 낮은 급제자	《족보》에 오르지 못한 급제자(비율)	벼슬을 받은 급제자(취직률)
서 울	120명	62명(51.66%)	40명(64.51%)
충청도	100명	50명(50 %)	28명(56 %)
경기도	105명	74명(70.47%)	34명(45.94%)
전라도	103명	85명(82.52%)	35명(41.17%)
경상도	150명	100명(66.66%)	33명(33 %)
함경도	58명	52명(89.65%)	15명(28.84%)
강원도	32명	30명(93.75%)	7명(23.33%)
평안도	265명	260명(98.11%)	57명(21.92%)
황해도	50명	47명(94 %)	7명(14.89%)
제주도	3명	3명(100 %)	-
미 상	45명	31명(68.88%)	11명(35.48%)
합계(평균)	1,031명	794명(77.01%)	267명(33.62%)

들어 보면 다음과 같다.

《족보》에 오르지 못한 급제자 794명 가운데 벼슬을 받은 267명의 취직률을 지역적으로 살펴보면, 취직률이 가장 높은 지역은 서울로 64.51퍼센트를 보이고, 그 뒤를 충청도(56퍼센트), 경기도(45.94퍼센트), 전라도(41.17퍼센트), 경상도(33퍼센트), 함경도(28.84퍼센트), 강원도(23.33퍼센트), 평안도(21.92퍼센트), 황해도(14.89퍼센트), 제주도(0퍼센트)의 순으로 잇고 있다. 그러나 벼슬을 받은 인원을 가지고 말한다면 평안도가 전국에서 가장 많은 57명을 배출하여 40명을 배출한 2위 서울보다도 17명이 앞서 전국 1위를 차지하고 있다. 이는 평안도 출신의 정치세력이 그만큼 커졌다는 것을 말해 준다.

충청도가 서울에 이어 취직률 2위를 기록하고 있는 것도 눈여겨볼 대목이다. 고종 대 충청도 출신 급제자의 위상이 그만큼 높았다는 증좌로 볼 수 있기 때문이다.

(나) A형 급제자의 벼슬

고종 대《족보》에 오르지 못한 급제자 794명 가운데 벼슬을 받은 267명의 벼슬은 구체적으로 무엇인가? 벼슬의 최고품계순으로 인원을 정리하면 다음과 같다.

의정부 찬정贊政(정2품)	3명(서울, 충청, 경기)
중추원 의관議官(칙임관)	6명(평안 3명, 서울, 경상, 거주지 미상)
궁내부 특진관特進官(2품, 칙임관)	2명(서울, 거주지 미상)
시종원경侍從院卿(칙임관)	1명(충청)
시종원 부경副卿(칙임관)	1명(평안)
비서원승秘書院丞(칙임관)	3명(서울, 경기, 전라)

평리원 검사檢事(칙임관)	1명(서울)
궁내부 협판協辦(칙임관)	2명(서울, 전라)
농상공부 통신국장(칙임관)	1명(서울)
도청都廳(칙임관)	1명(거주지 미상)
참판參判(종2품)	1명(평안)
부윤府尹(종2품)	2명(경상 2명)
우윤右尹(종2품)	1명(평안)
절도사節度使(종2품)	1명(전라)
감역관監役官(종2품)	1명(황해)
친군 좌영사左營使(종2품)	1명(서울)
균전사均田使(종2품)	1명(전라)
1~2품	**29명**
사간원 대사간大司諫(정3품 당상관)	2명(강원, 경상)
승정원 승지承旨(정3품 당상관)	5명(경기 3명, 경상, 평안)
참의參議(정3품 당상관, 주임관)	8명(서울 3명, 평안 2명, 경기 2명, 황해)
참지參知(정3품 당상관, 주임관)	2명(평안, 경기)
규장각 부제학副提學(정3품 당상관)	1명(경상)
정3품 당상관	**18명**
시정寺正(정3품 당하관)	1명(전라)
교서관 판교判校(정3품 당하관)	1명(평안)
봉상시 전사典祀(정3품 당하관)	1명(평안)
벼슬 미상(정3품)	2명(강원, 함경)
감리監理(정3품, 주임관)	1명(강원)
선전관宣箋館(통례; 정3품 당하관)	3명(충청 2명, 경기)
통례원 상례相禮(종3품)	2명(서울, 경기)
사간원 사간司諫(종3품)	9명(서울 3명, 전라 2명, 함경 2명, 평안, 경기)
사헌부 집의執義(종3품)	4명(경기, 충청, 전라, 평안)
부사府使(종3품)	1명(함경)
비서승秘書丞(주임관)	1명(평안)
장례원 집례執禮(주임관)	2명(서울, 전라)
성균관장成均館長(주임관)	1명(서울)

외부참서관外部參書官(주임관)	1명(서울)
주임관奏任官	1명(서울)
3품	31명
사헌부 장령掌令(정4품)	23명 (경상 6명, 평안 5명, 충청 4명, 경기 3명, 거주지 미상 2명, 서울 1명, 전라 1명, 강원 1명)
홍문관 응교應敎(정4품)	2명(충청, 경상)
홍문관 부응교副應敎(종4품)	1명(전라)
군수郡守(종4품)	5명(서울 2명, 평안, 경상, 거주지 미상)
시강원 문학文學(정5품)	1명(평안)
홍문관 시독관侍讀官(정5품)	6명(경상 3명, 경기, 충청, 서울)
사간원 헌납獻納(정5품)	4명(서울, 평안, 경상, 전라)
사헌부 지평持平(정5품)	33명 (평안 8명, 전라 7명, 경상 4명, 경기 4명, 충청 4명, 함경 3명, 서울 2명, 강원 1명)
홍문관 교리校理(정5품)	18명(서울 6명, 경기 4명, 충청 4명, 평안 3명, 황해 1명)
정랑正郞(정5품)	3명(평안, 경기, 전라)
홍문관 부교리副校理(종5품)	4명(경기 2명, 전라, 서울)
사간원 정언正言(정6품)	23명 (경상 4명, 평안 4명, 충청 3명, 서울 2명, 전라 2명, 함경 2명, 경기 2명, 황해 2명, 거주지 미상 2명)
사헌부 감찰監察(정6품)	1명(평안)
홍문관 수찬修撰(정6품)	11명 (경기 2명, 충청 2명, 서울 2명, 전라 1명, 함경 1명, 거주지 미상 1명, 평안 1명, 경상 1명)
6조 좌랑佐郞(정6품)	5명(평안 2명, 전라, 함경, 강원)
승문원 교검校檢(정6품)	1명(평안)
성균관 전적典籍(정6품)	4명(함경 2명, 평안, 전라)
원외랑員外郞(5~6품)	1명(평안)
별감동別監董(6품)	1명(충청)
벼슬 미상(6품)	3명(거주지 미상, 평안, 전라)
홍문관 부수찬副修撰(종6품)	3명(서울, 경기, 전라)
부사과副司果(종6품)	2명(경상 2명)
찰방察訪(종6품)	4명(전라 2명, 강원, 평안)
주부主簿(종6품)	1명(전라)

승정원 주서注書(정7품)	9명(평안 2명, 함경 2명, 황해 2명, 경상, 경기, 전라)
예문관 한림翰林(7~9품)	3명(평안 3명)
비서랑秘書郎(판임관)	5명(거주지 미상 2명, 서울, 경상, 충청)
승문원 정자正字(정9품)	1명(경기)
승문원 부정자副正字(종9품)	1명(전라)
보병부령步兵副領	1명(평안)
홍문록弘文錄	8명(충청 2명, 경상 2명, 전라 2명, 서울, 평안)
시관試官	1명(평안)
4품 이하	189명
합 계	267명

표를 보면, 1품에서 2품 또는 칙임관 이상의 고관에 이른 급제자가 29명, 정3품 당상관이 18명, 정3품 당하관에서 종3품에 이른 벼슬아치가 31명, 이를 합치면 78명이다. 267명 가운데 29.21퍼센트를 차지하고 있음을 알 수 있다.

이들 75명의 출신 지역을 알아보면, 서울 19명, 평안도 15명, 경기도 12명, 전라도 9명, 경상도 6명, 충청도 5명, 함경도 4명, 강원도 3명, 황해도 2명, 거주지 미상이 3명이다. 서울 출신이 19명으로 가장 많지만, 평안도 출신이 15명으로 8도 가운데 1위를 차지하고 있는 것이 눈에 띈다. 그러나 이들 78명의 벼슬 가운데 권력실세인 판서判書나 궁내부 대신大臣이 보이지 않는 것이 한계라고 볼 수 있다. 4품 이하 벼슬아치는 189명이다.

4품 이하 벼슬을 받은 189명은 참상관參上官(4~6품)과 참외관參外官(7~9품)에 해당한다. 그 가운데 가장 많은 벼슬은 사헌부司憲府가 57명, 사간원司諫院이 27명으로, 이 둘을 합하면 84명으로 참상관과 참외관 189명 가운데 44.44퍼센트를 차지한다. 다음에 청직의 핵심인 홍문관弘文館에도 홍문록을 포함하여 53명이 진출하면서 28.04퍼센트를 차지하고 있다. 여기서 세 기관을 합하면 137명으로 72.48퍼센트를 차지하고 있으며, A형 급제자 267명 가운데 51.31퍼센트를 차지한다. 이는 매우 놀라운 현상이다. 여기에 시강원, 승문원, 예문관, 승정원 등에 나간 급제자가 16명으로 이들까지 합치면 153명으로 189명의 80.95퍼센트와 267명의 57.3퍼센트를 차지한다. 수령은 겨우 9명, 낭관은 8명, 성균관도 4명에 지나지 않는다. 여기서 A형 급제자에 대한 청요직 제한이 없어졌다는 것이 명백해진다.

(다) 고종황제 충성파 인물

1897년에 탄생한 대한제국은 최초로 국제법인 《만국공법萬國公法》에 기초하여 완전한 자주독립국의 모습을 갖춘 근대국가라는 점에서 커다란 의미가 있다. 그러면, 1894년까지 배출된 문과급제자들은 대한제국 탄생에 어떤 구실을 했을까?

대한제국을 탄생시킨 직접적인 계기는 두말할 것도 없이 1895년에 일어난 명성황후 시해사건, 곧 을미사변乙未事變이다. 이 사건을 계기로 1897년 5월부터 전국 각지의 전직관료와 유생들이 고종의 황제즉위를 요청하는 이른바 칭제稱帝 상소를 올리기 시작하였고, 그 여세를 몰아 1897년 10월 13일에 고종이 황제의 위에 오르고 대한제국이 탄생한 것이다. 그런데 칭제운동에 앞장선 인물 가운데 신분이 낮은 급제자들이 여럿 참여하고 있는 것이 눈길을 끈다. 여기서는 먼저 《족보》에 오르지 못한 급제자의 실례를 들어보겠다.

김선주金善柱 평안도 강서江西 사람으로 고종 원년 증광시에 급제하여 벼슬이 승지(정3품 당상관)에 이르렀다. 1897년에는 고종의 칭제를 요청하는 상소를 올려 대한제국 탄생에 이바지했다. 본관은 김해金海로 서자 출신인데, 본관을 개성開城으로 속여 급제한 사실이 발각되어 한때 유배를 가기도 했다. 어느 김씨보에도 가계가 보이지 않는다.

조규승曺達承 서울 사람으로 유학을 거쳐 고종 4년 식년시에 급제하여 벼슬이 찰방(종6품), 성균관 전적(정6품), 사헌부 지평(정5품)에 이르렀다. 당시 민생에 큰 해를 끼치던 삼정三政의 개혁을 요청하는 상소를 올려 고종의 칭찬을 받았으나 벼슬을 버리고 은거하여 학문에 전념하다가 세상을 떠났다. 《방목》을 보면 본관이 창녕昌寧인데 《청구》와 《만성》의 《창녕조씨보》에는 조규승의 가계가 보이지 않는다.

변옥卞鋈 충청도 청주淸州 사람으로 유학을 거쳐 고종 10년 식년시에 급제하여 벼슬이 사간원 정언(정6품)을 거쳐 성균관 전적(정6품)에 이르렀다. 《만국공법》과 《해국도지海國圖誌》 등의 중요성을 역설하고 자주적 개화정책을 촉구하는 상소를 올렸다. 《방목》을 보면 본관이 초계草溪인데 《청구》와 《만성》의 《초계변씨보》에는 변옥의 가계가 보이지 않는다. 초계변씨가 조선 후기 역과譯科 106명, 의과醫科 28명의 급제자를 배출하는 등 전형적인 중인가문임은 앞에서 설명했다.

이최영李最榮 고종의 칭제 상소운동에 가장 먼저 나선 사람이다. 경기도 용인龍仁 출신으로 고종 17년 증광별시에 병과로 급제하여 사헌부 지평(정5품)과 홍문관 수찬(정6품)을 거쳐 승지(정3품 당상관)에 올랐다. 본관이 안성安城인데 《청구》와 《만성》의 《안성이씨보》에는 이최영의 가계가 보이지 않는다. 그는 대한제국이 성립한 뒤에도 황제권에 도전하는 독립협회의 해산을 주장하는 등 철저한 근왕파로 활약했다.[21]

김두병金斗秉 경상도 안동安東 사람으로 유학을 거쳐 고종 13년 식 년시에 급제하여 벼슬이 사헌부 지평(정5품)을 거쳐 홍문관원으로 경 연시독관(정5품)에 올랐는데, 1897년 9월에 칭제상소를 올려 대한제 국 탄생에 이바지했다.[22] 《방목》을 보면 본관이 의성義城인데,《청 구》의《의성김씨보》에는 김두병의 가계가 보이지 않으며,《만성》의 《의성김씨보》를 보면 직계 9대조와 외조 가운데 벼슬아치가 없는 한 미한 출신이다.

김인식金寅植 경기도 양주楊州 출신으로 진사를 거쳐 고종 17년 경 과에 급제하여 벼슬이 홍문관 교리(정5품)에 올랐다가 1897년 6월에 사례소史禮所가 설치되자 그 부원副員에 임명되었다. 사례소는 장차 탄생할 대한제국의 법제를 연구하는 기관으로 동도서기파東道西器派 에 속하는 남정철南廷哲이 수장이 되었다.[23] 《방목》을 보면 본관이 청풍淸風인데《청구》와《만성》의《청풍김씨보》에는 김인식의 가계 가 보이지 않는다.

이조연李祖淵 서울 사람으로 고종 19년 증광시에 급제하여 벼슬이 홍문관, 사헌부 감찰(정6품) 등을 거쳐 종사관從事官(5~6품)으로 일본 과 청나라에 다녀왔다. 동도서기적 개혁가로 군사, 경제적 개혁의 실 무를 맡았으나 갑신정변 때 친일개화당에게 피살되었다. 죽은 뒤에 충정공忠定公의 시호를 받고 이조참판(종2품)에 추증되었다.《방목》 을 보면 본관이 연안延安인데,《청구》와《만성》의《연안이씨보》에 는 이조연의 가계가 보이지 않는다.

박주현朴周鉉 전라도 남원南原 사람으로 유학을 거쳐 고종 20년 식년시에 급제하여 벼슬이 사헌부 장령(정4품)을 거쳐 홍문관원으로 경연시독관(정5품)에 오르고 대한제국 때는 비서원승秘書院丞(주임관)에 까지 올랐는데, 을사늑약 이후에는 민회民會를 조직하여 항일운동을 하다가 죽었다. 《방목》을 보면 본관이 죽산竹山인데, 《청구》와 《만성》의 《죽산박씨보》에는 박주현의 가계가 보이지 않는다. 아버지 박규찬朴奎燦은 동몽교관童蒙教官(종9품)이었다고 한다.

안효제安孝濟 경상도 의령宜寧 사람으로 고종 20년 식년시에 급제하여 벼슬이 사간원 정언(정6품)과 홍문관 수찬(정5품), 그리고 군수(종4품)에 이르렀다. 을미사변 때 친일내각이 명성황후를 폐위하자 그 복위를 요청하는 상소를 올리기도 했으며, 일제가 강점하자 작위를 거부하고 은거하다가 세상을 떠났다. 《방목》을 보면 본관이 강진康津인데, 《청구》와 《만성》의 《강진안씨보》에는 안효제의 가계가 보이지 않는다. 조상 가운데 벼슬아치는 세종 대의 안지安止와 선조 대 문과에 급제한 안여지安汝止뿐이다.

안종화安鍾和 서울의 위항인 출신으로 대한제국 때 중추원 의관(칙임관)을 지냈으며, 을사늑약에 분개하여 벼슬을 버리고 낙향하여 역사책을 저술하는 데 몰두했다. 안종화에 관해서는 앞에서 자세히 설명했다.

홍종우洪鍾宇 고종 31년 식년시에 급제했는데, 급제하기 전에 법률을 공부하기 위해 프랑스에 유학 갔다가 돌아오는 길에 상해에서 김옥균金玉均을 살해했다. 과거에 급제한 뒤에는 고종의 각별한 신임을 얻어 벼슬이 홍문관 교리(정5품)에 이르렀다. 대한제국이 성립한 뒤에는 비서승秘書丞(주임관)이 되고, 고종의 친위조직인 황국협회皇國協會

에 가담하여 친일성향을 보이던 독립협회를 보부상褓負商을 동원하여 공격하기도 했으며, 그 뒤 의정부 총무국장總務局長이 되었다. 1898년 4월 고종에게 상소를 올려 자주독립을 위한 대외정책의 방향을 건의했는데, 그 요지는 이렇다. 서양 열강과 일본이 우리나라를 자주독립 시키려고 하는 것은 우리를 위해서가 아니라 자기들을 위한 계책이므로, 우리는 그들의 계책에 넘어가지 말고 열강과 균형외교를 펼쳐서 자주권을 지켜야 한다는 것과, 서울에 주둔하고 있는 외국군대(일본군)를 철수시키고 서울 안에서 장사하고 있는 외국 상인들을 항구로 내보내야 한다는 것이다. 그는 수구파가 아니라 고종의 구본신참舊本新參 정책을 열렬히 지지하던 자주적 개화파에 속하는 인물이었다.

《방목》에는 아버지[在源] 이름만 보이고 그 밖에 아무런 기록이 보이지 않는데, 본관이 남양南陽으로 아버지는 도사(종5품)를 지낸 것으로 알려져 있다. 그런데 《청구》와 《만성》의 《남양홍씨보》에는 그의 가계가 보이지 않아 신원을 알 수 없다. 아버지의 벼슬도 실직이 아니라 증직贈職으로 보인다.

6) 내외 4대조 또는 그 위 여러 대에 벼슬아치 없는 급제자

(1) 급제자의 비율과 9대조 이상 벼슬아치가 없는 급제자

고종 대 급제자 1,759명 가운데 《족보》에 가계가 보이지 않는 급제자에 대해서는 앞에서 설명했다. 이제는 《족보》에 가계는 보이지만 내외 4대조 가운데 벼슬아치가 없거나, 또는 4대 그 위로도 몇 대에 걸쳐 벼슬아치가 없는 급제자 237명에 대해 알아보기로 한다. 237

명은 전체 급제자 1,759명에서 13.47퍼센트, 신분이 낮은 급제자 1,031명 가운데 22.98퍼센트를 차지한다.

그런데 237명의 신분도 다양한 차이가 있다. 조상의 몇 대까지 벼슬이 없느냐를 조사해 보면 20대 1명, 17대 1명, 14대 2명, 13대 2명, 12대 2명, 11대 6명, 10대 4명, 9대 14명, 8대 25명, 7대 34명, 6대 34명, 5대 52명, 내외 4대조 또는 직계 4대조 60명으로 되어 있다. 여기서 편의상 9대조 이상에 벼슬아치가 없는 급제자 32명의 명단만을 소개하면 다음과 같다. 그런데 흥미로운 것은 32명 가운데 19명이 전주이씨全州李氏라는 점이다. 이는 우연한 결과라기보다는 신분이 낮은 사람 가운데서도 전주이씨가 상대적으로 우대를 받았다는 것을 말해 준다.

이신엽李臣燁 평안도 정주定州 사람으로 고종 10년에 급제하여 벼슬이 사헌부 집의(정4품)에 이르렀다. 본관이 전주全州이며《전주이씨과거급제자총람》을 보면 20대조 가운데 벼슬아치가 없다.

이기조李基祚 함경도 함흥咸興 사람으로 고종 4년에 급제했는데 벼슬이 없다. 본관이 전주全州이고《전주이씨과거급제자총람》을 보면 목조穆祖의 아들 안천대군安川大君의 17대손으로 아버지만 현감(종6품)을 지냈다.

이택신李宅臣 경상도 단성丹城 사람으로 고종 13년에 급제했는데 벼슬이 없다. 본관이 성주星州이고《성주이씨보》를 보면 이택신은 개국공신 이제李濟의 14대손으로 아버지만 문과에 급제했다.

이방섭李邦燮 경상도 상주尙州 사람으로 고종 24년에 급제하여 벼슬이 홍문관 부교리(종5품)에 이르렀다. 본관이 전주全州이고《전주이씨과거급제자총람》을 보면 이방섭은 성종의 후궁 소생 영산군寧山君의 14대손으로 실직 벼슬아치가 한 사람도 없다.

이준선李駿善 전라도 담양潭陽 사람으로 고종 10년에 급제하여 벼슬이 사헌부 장령(정5품)에 이르렀다. 본관이 전주全州이고 《전주이씨과거급제자총람》을 보면 이준선은 태종의 아들 효령대군孝寧大君의 16대손으로 직계 13대조 가운데 벼슬아치가 없다.

이의용李儀用 충청도 은진恩津 사람으로 고종 13년에 급제하여 벼슬이 홍문관 교리(정5품)에 이르렀다. 본관이 전주全州이고 《전주이씨과거급제자총람》을 보면 이의용은 세조의 후궁 소생 덕원군德源君의 13대손으로 직계 가운데 벼슬아치가 없다.

이윤수李潤壽 전라도 운봉雲峰 사람으로 고종 2년에 급제하여 벼슬이 형조참판(종2품)에 이르렀다. 본관이 전주全州이고 《전주이씨과거급제자총람》을 보면 이윤수는 이성계의 서형庶兄인 이원계李元桂의 17대손으로 직계 12대조 가운데 벼슬아치가 없다.

이기정李基楨 함경도 함흥咸興 사람으로 고종 29년에 급제하여 벼슬이 성균관 전적(정6품)에 이르렀다. 본관이 전주全州이고 《전주이씨과거급제자총람》을 보면 이기정은 목조의 아들 안원대군安原大君의 20대손으로 직계 12대조 가운데 벼슬아치가 없다.

이재봉李載鳳 충청도 홍주洪州 사람으로 고종 3년에 급제하여 벼슬이 승정원 주서(정7품)에 이르렀다. 본관이 전주全州이고 《전주이씨과거급제자총람》을 보면 이재봉은 태조의 아들 회안대군懷安大君 이방간李芳幹의 16대손으로 직계 11대조 가운데 벼슬아치가 없다.

이희석李羲錫 함경도 경성鏡城 사람으로 고종 24년에 급제하여 벼슬이 원외랑員外郎(5~6품)에 이르렀다. 본관이 전주全州이고 《전주이씨

과거급제자총람》을 보면 이희석은 태조의 아들 진안대군鎭安大君 이
방우李芳雨의 18대손으로 직계 11대조 가운데 벼슬아치가 없다.

이희모李熙模 충청도 청주淸州 사람으로 고종 25년에 급제하여 벼슬
이 정자(정9품)에 이르렀다. 본관이 전주全州이고《전주이씨과거급제
자총람》을 보면 이희모는 정종의 후궁 소생 진남군鎭南君의 17대손으
로 직계 11대조 가운데 벼슬아치가 없다.

이학상李鶴相 전라도 나주羅州 사람으로 고종 28년에 급제하여 벼슬
이 춘추관 기주관記注官(5품)에 이르렀다. 본관이 전주全州이고《전주
이씨과거급제자총람》을 보면 이학상은 태종의 후궁 소생 근녕군謹寧
君의 17대손으로 직계 11대조 가운데 벼슬아치가 없다.

이찬의李燦儀 전라도 순천順天 사람으로 고종 31년에 급제하여 벼슬
이 비서승秘書丞(주임관)에 이르렀다. 본관이 전주全州이고《전주이씨
과거급제자총람》을 보면 이찬의는 태종의 아들 효령대군孝寧大君의
17대손으로 직계 11대조 가운데 벼슬아치가 없다.

손달원孫達遠 경상도 양산梁山 사람으로 고종 30년에 급제하여 벼
슬이 홍문관 교리(정5품)에 이르렀다. 본관이 안동安東이고《청구》
와《만성》의《안동손씨보》를 보면 직계 11대조 가운데 벼슬아치가
없다.

이인규李麟圭 충청도 홍주洪州 사람으로 고종 3년에 급제하여 벼슬
이 사간원 정언(정6품)에 이르렀다. 본관이 전주全州이고《전주이씨과
거급제자총람》을 보면 이인규는 세종의 아들 임영대군臨瀛大君의 16
대손으로 직계 10대조 가운데 벼슬아치가 없다.

이상두李商斗 전라도 전주全州 사람으로 고종 4년에 급제하여 벼슬
이 사헌부 집의(정4품)에 이르렀다. 본관이 전주이고《전주이씨과거

급제자총람》을 보면 이상두는 태조의 아들 회안대군懷安大君 이방간
李芳幹의 15대손으로 직계 10대조 가운데 벼슬아치가 없다.

　　이필용李弼鎔 서울 사람으로 고종 8년에 급제하여 벼슬이 비서승(주
임관)에 이르렀다. 본관이 전주全州이고 《전주이씨과거급제자총람》
을 보면 이필용은 인조의 아들 소현세자昭顯世子의 10대손으로 처음
으로 벼슬아치가 되었다.

　　이윤우李允宇 경상도 성주星州 사람으로 고종 8년에 급제하여 벼슬
이 홍문관 부수찬(종6품)에 이르렀다. 본관이 전주全州이고 《전주이씨
과거급제자총람》을 보면 이윤우는 태종의 아들 효령대군孝寧大君의
16대손으로 직계 10대조 가운데 벼슬아치가 없다.

　　이휘규李徽圭 평안도 정주定州 사람으로 고종 4년에 급제하여 벼슬
이 사헌부 지평(정5품)에 이르렀다. 본관이 전주全州이고 《전주이씨과
거급제자총람》을 보면 이휘규는 목조의 아들 안원대군安原大君의 21
대손으로 직계 9대조 가운데 벼슬아치가 없다.

　　박우현朴遇賢 경상도 영천榮川 사람으로 고종 7년에 급제하여 벼슬
이 사간원 정언(정6품)에 이르렀다. 본관이 고령高靈이고 《고령박씨
보》를 보면 직계 9대조 가운데 벼슬아치가 없다.

　　이준연李晙淵 충청도 목천木川 사람으로 고종 13년에 급제하여 벼슬
이 홍문관 교리(정5품)에 이르렀다. 본관이 전주全州이고 《전주이씨과
거급제자총람》을 보면 이준연은 세종의 아들 광평대군廣平大君의 15
대손으로 직계 9대조 가운데 벼슬아치가 없다.

　　이용호李容鎬 충청도 청주淸州 사람으로 고종 15년에 급제하여 벼슬
이 사헌부 감찰(정6품)로 암행어사에 이르렀다. 본관이 전주全州이고
《전주이씨과거급제자총람》을 보면 이용호는 태종의 후궁 소생 경녕

군敬寧君의 15대손으로 직계 9대조 가운데 벼슬아치가 없다.

남병문南秉文 충청도 공주公州 사람으로 고종 14년에 급제하여 벼슬이 사간원 정언(정6품)에 이르렀다. 본관이 의령宜寧이고 《의령남씨보》를 보면 남병문의 직계 9대조 가운데 벼슬아치가 없다.

이의갑李義甲 서울 사람으로 고종 11년에 급제하여 벼슬이 홍문관 수찬(정6품)에 이르렀다. 본관이 연안延安이고 《연안이씨보》를 보면 직계 9대조 가운데 벼슬아치가 없다.

김두병金斗秉 경상도 안동安東 사람으로 고종 13년에 급제하여 벼슬이 홍문관원으로 경연시독관(정5품)이 되었다. 본관이 의성義城이고 《의성김씨보》를 보면 김두병의 직계 9대조 가운데 벼슬아치가 없다.

변동익邊東翼 전라도 장성長城 사람으로 고종 22년에 급제했는데, 본관이 황주黃州이다. 그런데 《황주변씨보》를 보면 직계 9대조 가운데 벼슬아치가 없다.

박정수朴鼎壽 서울 사람으로 고종 24년에 급제하여 벼슬이 승지(정3품 당상관)에 이르렀다. 본관이 반남潘南이고 《반남박씨보》를 보면 직계 9대조 가운데 벼슬아치가 없다.

윤하일尹夏— 충청도 충주忠州 사람으로 고종 26년에 급제하여 벼슬이 사헌부 장령(정4품)에 이르렀다. 본관이 파평坡平이고 《파평윤씨보》를 보면 직계 9대조 가운데 벼슬아치가 없다.

최현필崔鉉弼 경주慶州 사람으로 고종 28년에 급제하여 벼슬이 정자(정9품)에 이르렀다. 본관이 경주이고 《경주최씨보》를 보면 직계 9대조 가운데 벼슬아치가 없다.

손경현孫庚鉉 경상도 밀양密陽 사람으로 고종 28년에 급제하여 벼슬이 홍문관 부제학(정3품 당상관)에 이르렀다. 본관이 밀양密陽이고 《밀양손씨보》를 보면 직계 9대조 가운데 벼슬아치가 없다.

강연姜演 경상도 안동安東 사람으로 고종 28년에 급제하여 벼슬이 장례원 장례掌禮(주임관)에 이르렀다. 본관이 진주晉州이고《진주강씨보》를 보면 직계 9대조 가운데 벼슬아치가 없다.

윤교영尹喬榮 경기도 여주驪州 사람으로 고종 29년에 급제하여 벼슬이 장례원 장례(주임관)에 이르렀다. 본관이 해평海平이고《해평윤씨보》를 보면 직계 9대조 가운데 벼슬아치가 없다.

(2) B형 급제자의 벼슬

(가) 칙임관, 3품 이상, 주임관 벼슬

고종 대 내외 4대조 또는 그 위 여러 대에 걸쳐 조상 가운데 벼슬아치가 없는 급제자 237명은 어떤 벼슬에 올랐는가? 편의상 이들을 B형 급제자로 부른다. 먼저 벼슬을 받은 급제자는 222명으로 취직률은 93.67퍼센트이다. 앞에서 설명한 A형 급제자의 취직률이 33.62퍼센트였던 것과 비교하면 큰 차이가 있다. 그만큼 대접을 잘 받았다는 뜻이다.

그러면 이들이 받은 벼슬은 구체적으로 무엇인가? 이들 222명 가운데 칙임관(1등, 2등)과 3품 이상 고관에 오른 인물은 82명으로 36.93퍼센트를 차지하고 있다. 앞서 소개한 A형 급제자 가운데 칙임관과 3품 이상에 오른 급제자의 비율이 28.08퍼센트인 것과 비교하면 상대적으로 좋은 대우를 받았음을 알 수 있다.

82명의 고관들을 다시 직종별로 살펴보면 다음과 같다. 의정부 찬정贊政(칙임관) 1명, 종2품 1명, 순찰사巡察使(종2품) 2명, 궁내부 대신

大臣(칙임관)과 협판協辦(칙임관) 5명, 궁내부 특진관特進官(칙임관) 10
명, 중추원 의관議官(칙임관) 3명, 판서判書(정2품) 2명, 참판參判(종2품)
9명, 판리공사辦理公使(칙임관) 1명, 참의參議(정3품 당상관, 주임관) 8명,
승지承旨(정3품 당상관) 19명, 비서원승秘書院丞(주임관) 8명, 대사간大司
諫(정3품 당상관) 3명, 대사성大司成(정3품 당상관) 1명, 통례원 통례通禮
(정3품 당하관) 2명, 국장局長(칙임관) 1명, 군자감정(정3품 당하관) 1명,
정3품 1명, 사간원 사간司諫(종3품) 2명, 부사府使(종3품) 1명, 종3품 1
명 등이다. 이들 82명의 명단을 소개하면 다음과 같다.

* **찬정**(칙임관)

김명규金明圭 서울 사람으로 고종 22년에 급제하여 벼슬이 의정부
찬정(대신과 동급)에 이르렀다. 본관이 안동安東으로 직계 4대조 가운
데 벼슬아치가 없다.

* **종2품**(칙임관)

조진만趙鎭萬 충청도 연기燕岐 사람으로 고종 16년에 급제하여 벼슬
이 종2품에 올랐다. 본관이 양주楊州로 직계 5대조 가운데 벼슬아치
가 없다.

* **순찰사**(종2품, 칙임관)

이용구李容九 충청도 보은報恩 사람으로 고종 29년에 급제하여 벼슬
이 순찰사(종2품)에 이르렀다. 본관이 우봉牛峰으로 직계 7대조 가운
데 벼슬아치가 없다.

정인표鄭寅杓 충청도 진천鎭川 사람으로 고종 29년에 급제하여 벼슬

이 순찰사(종2품)에 이르렀다. 본관이 동래東萊로 직계 6대조 가운데 벼슬아치가 없다.

* 궁내부 대신(칙임관)과 협판(칙임관)

이재곤李載崑 경기도 양주楊州 사람으로 고종 17년에 급제하여 벼슬이 궁내부 대신(칙임관)에 이르렀다. 본관이 전주全州이고 선조의 후궁 소생 경창군慶昌君의 11대손으로 내외 4대조 가운데 벼슬아치가 없다.

이경직李耕稙 서울 사람으로 고종 22년에 급제하여 벼슬이 궁내부 대신(칙임관)에 이르렀다. 본관이 한산韓山으로 직계 4대조 가운데 벼슬아치가 없다.

어윤중魚允中 충청도 보은報恩 사람으로 고종 6년에 급제하여 벼슬이 판서(정2품)와 대신(칙임관)에 이르렀다. 본관이 함종咸從으로 내외 4대조 가운데 벼슬아치가 없다. 어렸을 때 부모를 잃고 농사를 지으면서 공부하여 과거에 급제했다고 한다. 동도서기파에 속하는 인물이며 신사유람단으로 일본에 다녀오기도 했는데, 아관파천 후 고향으로 피신가다가 피살되었다.

이범구李範九 서울 사람으로 고종 4년에 급제하여 벼슬이 궁내부 협판(칙임관)에 이르렀다. 본관이 연안延安으로 직계 5대조와 외조 가운데 벼슬아치가 없다.

이원긍李源兢 서울 사람으로 고종 28년에 급제하여 벼슬이 궁내부 협판(칙임관)에 이르렀다. 본관이 전주全州이고 정종의 후궁 소생 선성군宣城君의 15대손으로 직계 6대조 가운데 벼슬아치가 없다.

* 궁내부 특진관(칙임관)

김영목金永穆 서울 사람으로 고종 7년에 급제하여 벼슬이 궁내부 특진관(칙임관)에 이르렀다. 본관이 광산光山으로 내외 4대조 가운데 벼슬아치가 없다.

노영경盧泳敬 경상도 상주尙州 사람으로 고종 14년에 급제하여 벼슬이 궁내부 특진관(칙임관)에 이르렀다. 본관이 광주光州로 직계 4대조와 외조 가운데 벼슬아치가 없다.

조병승趙秉升 서울 사람으로 고종 15년에 급제하여 벼슬이 궁내부 특진관(칙임관)에 이르렀다. 본관이 풍양豊壤으로 직계 6대조 가운데 벼슬아치가 없다.

조병성趙秉聖 서울 사람으로 고종 17년에 급제하여 벼슬이 궁내부 특진관(칙임관)에 이르렀다. 본관이 풍양豊壤으로 직계 7대조 가운데 벼슬아치가 없다.

조동협趙東協 서울 사람으로 고종 17년에 급제하여 벼슬이 궁내부 특진관(칙임관)에 이르렀다. 본관이 풍양豊壤으로 직계 6대조 가운데 벼슬아치가 없다.

정인학鄭寅鶴 서울 사람으로 고종 17년에 급제하여 벼슬이 궁내부 특진관(칙임관)에 이르렀다. 본관이 동래東萊로 내외 4대조 가운데 벼슬아치가 없다.

이의형李義瀅 경기도 포천抱川 사람으로 고종 18년에 급제하여 벼슬이 궁내부 특진관(칙임관)에 이르렀다. 본관이 연안延安으로 직계 8대조 가운데 벼슬아치가 없다. 아버지가 음직蔭職을 받았을 뿐이다.

박제경朴齊璟 충청도 면천沔川 사람으로 고종 22년에 급제하여 벼슬이 궁내부 특진관(칙임관)에 이르렀다. 본관이 반남潘南으로 직계 4대조 가운데 벼슬아치가 없다.

민영주閔泳柱 서울 사람으로 고종 24년에 급제하여 벼슬이 궁내부 특진관(칙임관)에 이르렀다. 본관이 여흥驪興으로 직계 6대조 가운데 벼슬아치가 없고 할아버지가 음직을 받았을 뿐이다.

이성열李聖烈 서울 사람으로 고종 25년에 급제하여 벼슬이 궁내부 특진관(칙임관)에 이르렀다. 본관이 예안禮安으로 직계 4대조와 외조 가운데 벼슬아치가 없다.

* 중추원 의관(칙임관)

이위李暐 서울 사람으로 고종 19년에 급제하여 벼슬이 중추원 의관 (칙임관)에 이르렀다. 본관이 덕수德水로 직계 5대조 가운데 벼슬아치가 없다.

정항조鄭恒朝 충청도 홍주洪州 사람으로 고종 28년에 급제하여 벼슬이 중추원 의관(칙임관)에 이르렀다. 본관이 동래東萊로 직계 5대조와 외조 가운데 벼슬아치가 없다.

신응선申應善 충청도 보령保寧 사람으로 고종 30년에 급제하여 벼슬이 중추원 의관(칙임관)에 이르렀다. 본관이 평산平山으로 직계 4대조 가운데 벼슬아치가 없다.

* 판서(칙임관)

민종묵閔種默 서울 사람으로 고종 11년에 급제하여 벼슬이 예조판서(정2품, 칙임관), 규장각 제학(종2품)에 이르렀다. 본관이 여흥驪興으로 직계 6대조와 외조 가운데 벼슬아치가 없다.

이헌직李憲稙 서울 사람으로 고종 12년에 급제하여 벼슬이 이조판

서(정2품, 칙임관), 궁내부 특진관(칙임관)에 이르렀다. 본관이 한산韓山
으로 직계 5대조 가운데 벼슬아치가 없다.

  * **참판**(종2품, 칙임관)

송휘인宋彙仁 충청도 청안淸安 사람으로 고종 2년에 급제하여 벼슬
이 참판(종2품, 칙임관)에 이르렀다. 본관이 은진恩津으로 내외 4대조
가운데 벼슬아치가 없다.

이윤수李潤壽 전라도 운봉雲峰 사람으로 고종 2년에 급제하여 벼슬
이 참판(종2품, 칙임관)에 이르렀다. 본관이 전주全州이고 이성계의 서
형 이원계李元桂의 17대손으로 직계 12대조 가운데 벼슬아치가 없다.

이은춘李殷春 서울 사람으로 고종 4년에 급제하여 벼슬이 참판(종2
품, 칙임관)에 이르렀다. 본관이 연안延安으로 내외 4대조 가운데 벼슬
아치가 없다.

서정훈徐鼎勳 경기도 양주楊州 사람으로 고종 14년에 급제하여 벼슬
이 참판(종2품, 칙임관)에 이르렀다. 본관이 부여扶餘로 직계 5대조 가
운데 벼슬아치가 없다.

이서영李瑞永 서울 사람으로 고종 19년에 급제하여 벼슬이 참판(종2
품, 칙임관)에 이르렀다. 본관이 덕수德水로 직계 7대조 가운데 벼슬아
치가 없고, 아버지만 감역監役(종9품)을 지냈다.

이대직李大稙 충청도 공주公州 사람으로 고종 20년에 급제하여 벼슬
이 참판(종2품, 칙임관)에 이르렀다. 본관이 한산韓山으로 직계 4대조
가운데 벼슬아치가 없다.

박화규朴和圭 경기도 양주楊州 사람으로 고종 25년에 급제하여 벼슬
이 참판(종2품, 칙임관)에 이르렀다. 본관이 고령高靈으로 직계 4대조

가운데 벼슬아치가 없다.

정해관鄭海觀 충청도 제천堤川 사람으로 고종 27년에 급제하여 벼슬이 참판(종2품, 칙임관)에 이르렀다. 본관이 연일延日로 직계 4대조와 외조 가운데 벼슬아치가 없다.

이병관李炳觀 경기도 파주坡州 사람으로 고종 27년에 급제하여 벼슬이 참판(종2품, 칙임관)에 이르렀다. 본관이 연안延安으로 직계 6대조 가운데 벼슬아치가 없다.

* **판리공사**(칙임관)

유진찬兪鎭贊 서울 사람으로 고종 25년에 급제하여 벼슬이 판리공사(칙임관)에 이르렀다. 본관이 기계杞溪로 직계 6대조 가운데 벼슬아치가 없다.

* **참의**(정3품 당상관, 주임관)

이휘복李輝復 충청도 충주忠州사람으로 고종 2년에 급제하여 벼슬이 참의(정3품 당상관, 주임관)에 이르렀다. 본관이 전주全州이고 효령대군孝寧大君의 14대손으로 직계 5대조와 외조 가운데 벼슬아치가 없다.

홍병일洪炳— 서울 사람으로 고종 10년에 급제하여 벼슬이 참의(정3품 당상관, 주임관)에 이르렀다. 본관이 남양南陽으로 직계 5대조 가운데 벼슬아치가 없다.

홍종운洪鍾運 경기도 적성積城 사람으로 고종 11년에 급제하여 벼슬이 참의(정3품 당상관, 주임관)에 이르렀다. 본관이 남양南陽으로 직계 7대조와 외조 가운데 벼슬아치가 없다.

한재현韓在絢 서울 사람으로 고종 14년에 급제하여 벼슬이 참의(정3

품 당상관, 주임관)에 이르렀다. 본관이 청주淸州로 직계 5대조 가운데 벼슬아치가 없다.

이동연李東淵 충청도 진천鎭川 사람으로 고종 16년에 급제하여 벼슬이 참의(정3품 당상관, 주임관)에 이르렀다. 본관이 전주全州이고 세종의 아들 광평대군廣平大君의 15대손으로 직계 5대조와 외조 가운데 벼슬아치가 없다.

이장호李章浩 충청도 홍주洪州 사람으로 고종 16년에 급제하여 벼슬이 참의(정3품 당상관, 주임관)에 이르렀다. 본관이 여주驪州로 직계 6대조와 외조 가운데 벼슬아치가 없다.

이중두李中斗 경상도 예안禮安 사람으로 고종 17년에 급제하여 벼슬이 참의(정3품 당상관, 주임관)에 이르렀다. 본관이 진보眞寶로 직계 5대조 가운데 벼슬아치가 없다.

유치익兪致益 경기도 철원鐵原 사람으로 고종 22년에 급제하여 벼슬이 참의(정3품 당상관, 주임관)에 이르렀다. 본관이 기계杞溪로 직계 6대조 가운데 벼슬아치가 없다.

* 비서원승(주임관)

이필용李弼鎔 서울 사람으로 고종 8년에 급제하여 벼슬이 비서원승(주임관)에 이르렀다. 본관이 전주全州이고 인조의 아들 소현세자昭顯世子의 10대손으로 직계 10대조 가운데 벼슬아치가 없다.

홍종헌洪鍾憲 서울 사람으로 고종 19년에 급제하여 벼슬이 비서원승(주임관)에 이르렀다. 본관이 남양南陽으로 직계 4대조와 외조 가운데 벼슬아치가 없다.

심원익沈遠翼 경기도 양주楊州 사람으로 고종 23년에 급제하여 벼슬이 비서원승(주임관)에 이르렀다. 본관이 청송靑松으로 직계 7대조 가운데 벼슬아치가 없다.

송병학宋秉學 충청도 공주公州 사람으로 고종 23년에 급제하여 벼슬이 비서원승(주임관)에 이르렀다. 본관이 은진恩津이고 송시열宋時烈의 10대손으로 직계 6대조 가운데 벼슬아치는 아버지가 감역(종9품)을 한 것이 전부다.

박창서朴昌緖 서울 사람으로 고종 26년에 급제하여 벼슬이 비서원승(주임관)에 이르렀다. 본관이 반남潘南으로 직계 4대조 가운데 벼슬아치가 없다.

홍승두洪承斗 경기도 고양高陽 사람으로 고종 28년에 급제하여 벼슬이 비서원승(주임관)에 이르렀다. 본관이 풍산豊山으로 내외 4대조 가운데 벼슬아치가 없다.

송관헌宋觀憲 충청도 청주淸州 사람으로 고종 29년에 급제하여 벼슬이 비서원승(주임관)에 이르렀다. 본관이 은진恩津으로 직계 4대조와 외조 가운데 벼슬아치가 없다.

이찬의李燦儀 전라도 순천順天 사람으로 고종 31년에 급제하여 벼슬이 비서원승(주임관)에 이르렀다. 본관이 전주全州이고 태종의 아들 효령대군孝寧大君의 17대손으로 직계 11대조 가운데 벼슬아치가 없다.

* 승지(정3품 당상관)

장석휴張錫休 경상도 인동仁同 사람으로 고종 2년에 급제하여 벼슬이 승지(정3품 당상관)에 이르렀다. 본관이 인동으로 직계 6대조와 외조 가운데 벼슬아치가 없다.

황익수黃益秀 서울 사람으로 고종 3년에 급제하여 벼슬이 승지(정3

품 당상관)에 이르렀다. 본관이 창원昌原으로 직계 6대조와 외조 가운데 벼슬아치가 없다.

오인영吳麟泳 충청도 공주公州 사람으로 고종 7년에 급제하여 벼슬이 승지(정3품 당상관)에 이르렀다. 본관이 동복同福으로 직계 5대조와 외조 가운데 벼슬아치가 없다.

홍영우洪永禹 충청도 서산瑞山 사람으로 고종 11년에 급제하여 벼슬이 승지(정3품 당상관)에 이르렀다. 본관이 남양南陽으로 직계 5대조와 외조 가운데 벼슬아치가 없다.

박종현朴宗鉉 경상도 대구大邱 사람으로 고종 13년에 급제하여 벼슬이 승지(정3품 당상관)에 이르렀다. 본관이 순천順天으로 직계 5대조와 외조 가운데 벼슬아치가 없다.

박태순朴台淳 황해도 평산平山 사람으로 고종 16년에 급제하여 벼슬이 승지(정3품 당상관)에 이르렀다. 본관이 함양咸陽으로 직계 4대조 가운데 벼슬아치가 없다.

민영수閔泳壽 충청도 옥천沃川 사람으로 고종 19년에 급제하여 벼슬이 승지(정3품 당상관)에 이르렀다. 본관이 여흥驪興으로 직계 4대조 가운데 벼슬아치가 없다.

김진의金鎭懿 경상도 안동安東 사람으로 고종 19년에 급제하여 벼슬이 승지(정3품 당상관)에 이르렀다. 본관이 의성義城으로 직계 7대조 가운데 벼슬아치가 없다.

이민영李敏英 경기도 양주楊州 사람으로 고종 19년에 급제하여 벼슬이 승지(정3품 당상관)에 이르렀다. 본관이 함평咸平으로 직계 8대조 가운데 벼슬아치가 없다.

박계현朴啓鉉 경상도 단성丹城 사람으로 고종 20년에 급제하여 벼슬이 승지(정3품 당상관)에 이르렀다. 본관이 순천順天으로 직계 5대조 가운데 벼슬아치가 없다.

박돈양朴暾陽 경기도 철원鐵原 사람으로 고종 22년에 급제하여 벼슬이 승지(정3품 당상관)에 이르렀다. 본관이 반남潘南으로 직계 5대조 가운데 벼슬아치가 없다.

박정수朴鼎壽 서울 사람으로 고종 24년에 급제하여 벼슬이 승지(정3품 당상관)에 이르렀다. 본관이 반남潘南으로 직계 9대조 가운데 벼슬아치가 없다.

김병용金秉庸 경상도 선산善山 사람으로 고종 24년에 급제하여 벼슬이 승지(정3품 당상관)에 이르렀다. 본관이 선산으로 직계 4대조 가운데 벼슬아치가 없다.

이정연李鼎淵 충청도 옥천沃川 사람으로 고종 27년에 급제하여 벼슬이 승지(정3품 당상관)에 이르렀다. 본관이 전주全州이고 세종의 아들 광평대군廣平大君의 후손으로 내외 4대조 가운데 벼슬아치가 없다.

권영승權永昇 충청도 공주公州 사람으로 고종 28년에 급제하여 벼슬이 승지(정3품 당상관)에 이르렀다. 본관이 안동安東으로 직계 4대조 가운데 벼슬아치가 없다.

이정직李鼎稙 서울 사람으로 고종 28년에 급제하여 벼슬이 승지(정3품 당상관)에 이르렀다. 본관이 한산韓山으로 직계 4대조 가운데 벼슬아치가 없다.

이인창李寅昌 서울 사람으로 고종 29년에 급제하여 벼슬이 승지(정3품 당상관)에 이르렀다. 본관이 전주全州이고 세종의 아들 광평대군廣平大君의 후손으로 직계 5대조 가운데 벼슬아치가 없다.

박해용朴海容 경상도 단성丹城 사람으로 고종 31년에 급제하여 벼슬이 승지(정3품 당상관)에 이르렀다. 본관이 순천順天으로 직계 6대조 가운데 벼슬아치가 없다.

김홍락金鴻洛 거주지를 알 수 없는데, 고종 31년에 급제하여 벼슬이 승지(정3품 당상관)에 이르렀다. 본관이 의성義城으로 직계 6대조 가운데 벼슬아치가 없다.

* **대사간**(정3품 당상관), **대사성**(정3품 당상관)

윤상현尹相賢 거주지를 알 수 없는데, 고종 4년에 급제하여 벼슬이 사간원 대사간(정3품 당상관)에 이르렀다. 본관이 파평坡平으로 직계 5대조와 외조 가운데 벼슬아치가 없다.

이종필李種弼 서울 사람으로 고종 16년에 급제하여 벼슬이 대사간(정3품 당상관)에 이르렀다. 본관이 덕수德水로 직계 7대조 가운데 할아버지가 감역(종9품)을 지낸 것이 전부이다.

윤기진尹起晉 서울 사람으로 고종 19년에 급제하여 벼슬이 대사간(정3품 당상관)에 이르렀다. 본관이 파평坡平으로 직계 5대조 가운데 벼슬아치가 없다.

윤상학尹尙學 충청도 진천鎭川으로 벼슬이 성균관 대사성(정3품 당상관)에 이르렀다. 본관이 칠원柒原으로 내외 4대조 가운데 벼슬아치가 없다.

* **통례원 통례**(칙임관), **국장**(칙임관 또는 주임관), **군자감정**(정3품 당하관)

오병문吳炳文 거주지를 알 수 없는데, 고종 12년에 급제하여 벼슬이 통례원 통례(정3품 당하관, 칙임관)에 이르렀다. 본관이 동복同福으로 직계 7대조와 외조 가운데 벼슬아치가 없다.

조종운趙鍾雲 서울 사람으로 고종 12년에 급제하여 벼슬이 통례(정3품 당하관, 칙임관)에 이르렀다. 본관이 한양漢陽으로 직계 7대조 가운데 벼슬아치가 없다.

김용악金容岳 서울 사람으로 고종 26년에 급제하여 벼슬이 국장(칙임관 또는 주임관)에 이르렀다. 본관이 경주慶州로 직계 6대조 가운데 벼슬아치가 없다.

김정호金正浩 거주지를 알 수 없는데, 고종 4년에 급제하여 벼슬이 군자감정(정3품 당하관)에 이르렀다. 본관이 안동安東으로 직계 5대조와 외조 가운데 벼슬아치가 없다.

신성묵辛成黙 경기도 파주坡州 사람으로 고종 27년에 급제하여 벼슬이 정3품에 이르렀다. 본관이 영월寧越로 내외 4대조 가운데 벼슬아치가 없다.

* **사간(종3품), 부사(종3품), 기타**

조진설趙鎭卨 서울 사람으로 고종 17년에 급제하여 벼슬이 사간원 사간(종3품)에 이르렀다. 본관이 양주楊州로 직계 4대조 가운데 벼슬아치가 없다.

김규영金奎濚 서울 사람으로 고종 17년에 급제하여 벼슬이 사간(종3품)에 이르렀다. 본관이 청풍淸風으로 내외 4대조 가운데 벼슬아치가 없다.

옥경련玉景鍊 전라도 광주光州 사람으로 고종 5년에 급제하여 벼슬이 부사(종3품)에 이르렀다. 본관이 의령宜寧으로 직계 8대조와 외조 가운데 벼슬아치가 없다.

정해두鄭海斗 전라도 창평昌平 사람으로 고종 28년에 급제하여 벼슬이 종3품에 이르렀다. 본관이 영일迎日로 직계 7대조와 외조 가운데 벼슬아치가 없다.

(나) 참상관, 참외관 벼슬

고종 대 B형 급제자로서 벼슬을 받은 급제자는 모두 222명으로 그 가운데 칙임관, 3품 이상, 주임관 이상에 오른 급제자는 앞에서 살핀 것처럼 82명에 이르렀다. 그 나머지 140명은 4품에서 6품의 참상관과 7품에서 9품의 참외관에 올랐는데, 이들이 받은 벼슬의 직종은 어떠한가?

먼저 청직淸職에 속하는 홍문관弘文館에 50명, 사헌부司憲府에 42명, 사간원司諫院에 17명으로 이 셋을 합하면 109명에 이른다. 이 수치는 4품 이하에 오른 140명 가운데 77.85퍼센트, B형 급제자 222명 가운데 49.09퍼센트를 차지한다. 앞서 살펴본 A형 급제자가 71.35퍼센트와 51.31퍼센트였던 것과 거의 비슷하다는 것을 알 수 있다. 성균관에는 겨우 3명, 낭관은 2명, 지방관은 7명에 지나지 않는다.

(3) 10대 이상 벼슬아치 없는 전주이씨 급제자

내외 4대조 또는 그 위로도 여러 대에 걸쳐 벼슬아치가 없는 급제자 가운데는 몰락한 전주이씨 급제자가 적지 않다. 10대조 윗대의 조상 가운데 벼슬아치가 없는 급제자 8명을 소개하면 다음과 같다.

이기조李基祚 함경도 함흥咸興 사람으로 유학을 거쳐 고종 4년 함경도 도과에 급제하여 벼슬이 승문원 정자(정9품)에 이르렀다. 본관이 전주全州이고《전주이씨과거급제자총람》을 보면 이기조는 목조의 아들 안천대군安川大君의 17대손으로 직계 11대조 가운데 벼슬아치는 아버지가 현감(종6품)을 한 것으로 되어 있을 뿐 다른 벼슬아치가 없다. 그런데 아버지는 사마시에도 급제한 일이 없으므로 벼슬을 그대로 믿기 어렵다.

이재봉李載鳳 충청도 홍주洪州 사람으로 유학을 거쳐 고종 3년 경과에 급제하여 벼슬이 승정원 주서(정7품)를 거쳐 승문원 부정자(종9품)에 이르렀다. 본관이 전주全州이고《전주이씨과거급제자총람》을 보면 이재봉은 태조의 아들 회안대군懷安大君 이방간李芳幹의 16대손으로 직계 11대조 가운데 벼슬아치가 없다.

이희석李羲錫 함경도 경성鏡城 사람으로 유학을 거쳐 고종 24년 함경도 도과에 급제하여 벼슬이 원외랑(5~6품)에 이르렀다. 본관이 전주全州이고《전주이씨과거급제자총람》을 보면 이희석은 태조의 아들 진안대군鎭安大君 이방우李芳雨의 18대손으로 직계 11대조 가운데 벼슬아치가 없다.

이희모李熙模 충청도 청주淸州 사람으로 동몽교관(종9품)을 거쳐 고종 25년 경과에 급제하여 벼슬이 승문원 정자(정9품)에 이르렀다. 본관이 전주全州이고《전주이씨과거급제자총람》을 보면 이희모는 정종의 후궁 소생 진남군鎭南君의 17대손으로 직계 11대조 가운데 벼슬아치가 없다.

이학상李鶴相 전라도 나주羅州 사람으로 유학을 거쳐 고종 28년 경과에 급제하여 벼슬이 승문원 정자(정9품)와 춘추관 기주관記注官(5품)에 이르렀다. 본관이 전주全州이고《전주이씨과거급제자총람》을 보면 이학상은 태종의 후궁 소생 근녕군謹寧君의 17대손으로 직계 11

대조 가운데 벼슬아치가 없다.

이찬의李燦儀 전라도 순천順天 사람으로 유학을 거쳐 고종 31년 식년시에 급제하여 벼슬이 비서원승(주임관)에 이르렀다. 본관이 전주全州이고《전주이씨과거급제자총람》을 보면 이찬의는 태종의 아들 효령대군孝寧大君의 17대손으로 직계 11대조 가운데 벼슬아치가 없다.

이인규李麟圭 충청도 홍주洪州 사람으로 유학을 거쳐 고종 3년 알성문과에 급제하여 벼슬이 사간원 정언(정6품)에 이르렀다. 본관이 전주全州이고《전주이씨과거급제자총람》을 보면 이인규는 세종의 아들 임영대군臨瀛大君의 16대손으로 직계 10대조 가운데 벼슬아치가 없다.

이상두李商斗 전라도 전주全州 사람으로 유학을 거쳐 고종 4년 경과에 급제하여 벼슬이 사헌부 집의(종3품)에 이르렀다. 본관이 전주이고《전주이씨과거급제자총람》을 보면 이상두는 태조의 아들 회안대군懷安大君 이방간李芳幹의 15대손으로 직계 10대조 가운데 벼슬아치가 없다.

7) 고종 대 신분이 낮은 급제자 명단

고종 대 신분이 낮은 급제자 1,031명의 명단을 급제한 시기순으로 소개하면 다음과 같다.

1 허식許栻(1828~?) 거주지를 알 수 없다. 유학을 거쳐 고종 원년(1864) 37세로 경과정시에 장원급제하여 벼슬이 사헌부 지평(정5품)을 거쳐 군수(종4품)에 이르렀다.《방목》에는 벼슬이 없이 아버지〔淮〕, 할아버지〔鈝〕, 증조〔恞〕, 외조〔盧錫忠〕 이름이 보이고, 본관이 하

양河陽으로 되어 있다. 그런데 《청구》와 《만성》의 《하양허씨보》에는 허식의 가계가 보이지 않는다.

2 **윤석규**尹錫圭(1841~?) 거주지를 알 수 없다. 유학을 거쳐 고종 원년 24세로 경과정시에 을과로 급제하여 벼슬이 사간원 정언(정6품)과 홍문관 부수찬(종6품)을 거쳐 사간원 헌납(정4품)에 이르렀다. 《방목》에는 벼슬이 없이 아버지[行紳] 이름만 보이고, 본관이 파평坡平으로 되어 있다. 《청구》와 《만성》의 《파평윤씨보》를 보면 직계 5대조 가운데 벼슬아치가 없다.

3 **이병연**李秉淵(1816~?) 충청도 서원西原(淸州) 사람으로 유학을 거쳐 고종 원년 49세로 경과정시에 병과로 급제하여 벼슬이 사헌부 장령(정4품)에 이르렀다. 《방목》에는 벼슬이 없이 아버지[憲吉], 할아버지[章一], 증조[宜祥, 또는 國祥], 외조[申益祿] 이름이 보이고, 본관이 전주全州로 되어 있다. 《전주이씨과거급제자총람》을 보면 이병연은 세종의 후궁 소생 밀성군密城君의 14대손으로 직계 7대조 가운데 벼슬아치가 없다.

4 **김택열**金澤烈(1843~?) 전라도 남원南原 사람으로 유학을 거쳐 고종 원년 22세로 경과정시에 병과로 급제했다. 《방목》에는 벼슬이 없이 아버지[永九], 할아버지[慶泰], 증조[復彦], 외조[金敬遠] 이름이 보이고, 본관이 언양彦陽으로 되어 있다. 그런데 《청구》와 《만성》의 《언양김씨보》에는 김택열의 가계가 보이지 않는다.

5 **김창륜**金昌倫(1843~?) 함경도 덕원德源 사람으로 유학을 거쳐 고종 원년 22세로 경과정시에 병과로 급제했다. 《방목》에는 벼슬이 없이 아버지[麗均], 할아버지[進喆], 증조[德三], 외조[梁錦東] 이름이 보이고, 본관이 경주慶州로 되어 있다. 그런데 《청구》와 《만성》의 《경

주김씨보》에는 김창륜의 가계가 보이지 않는다.

6 **차기후**車琪厚(1824~?) 황해도 봉산鳳山 사람으로 유학을 거쳐 고종 원년 41세로 경과정시에 병과로 급제했다. 《방목》에는 벼슬이 없이 아버지[允軾], 할아버지[慶裕], 증조[元大], 외조[韓致一] 이름이 보이고, 본관이 연안延安으로 되어 있다. 그런데 《청구》와 《만성》의 《연안차씨보》에는 차기후의 가계가 보이지 않는다.

7 **윤기주**尹基周(1845~?) 평안도 중화中和 사람으로 유학을 거쳐 고종 원년 20세로 경과정시에 급제하여 벼슬이 사헌부 지평(정5품)에 이르렀다. 《방목》에는 벼슬이 없이 아버지[益祚], 할아버지[東儉], 증조[大奎], 외조[盧鼎容] 이름이 보이고, 본관이 파평坡平으로 되어 있다. 그런데 《청구》와 《만성》의 《파평윤씨보》에는 윤기주의 가계가 보이지 않는다.

8 **홍희섭**洪義爕(1816~?) 평안도 삭주朔州 사람으로 유학을 거쳐 고종 원년 49세로 경과정시에 병과로 급제했다. 《방목》에는 벼슬이 없이 아버지[大用], 할아버지[九續], 증조[禹平], 외조[羅采仲] 이름이 보이고, 본관이 남양南陽으로 되어 있다. 그런데 《청구》와 《만성》의 《남양홍씨보》에는 홍희섭의 가계가 보이지 않는다.

9 **안병탁**安秉鐸(1838~?) 전라도 남원南原 사람으로 유학을 거쳐 고종 원년 27세로 증광시에 병과로 급제했다. 《방목》에는 벼슬이 없이 아버지[宗河], 할아버지[錫鴻], 증조[思德], 외조[柳震浩] 이름이 보이고, 본관이 순흥順興으로 되어 있다. 그런데 《청구》와 《만성》의 《순흥안씨보》에는 안병탁의 가계가 보이지 않는다.

10 **한치익**韓致益(1794~?) 평안도 상원祥原 사람으로 진사를 거쳐 고종 원년 71세로 증광시에 병과로 급제하여 벼슬이 돈녕부 도정都正

(정3품 당상관)을 거쳐 한성우윤漢城右尹(종2품)에 이르렀다.《방목》에는 벼슬이 없이 아버지[命柱], 할아버지[萬栢], 증조[鳳遇], 외조[白師彦] 이름이 보이고, 본관이 서원西原(淸州)으로 되어 있다. 그런데《청구》와《만성》의《청주한씨보》에는 한치익의 가계가 보이지 않는다.

　11 **김두연**金斗淵(1816~?) 함경도 함흥咸興 사람으로 현감(종6품)을 거쳐 고종 원년 49세로 증광시에 병과로 급제하여 벼슬이 사간원 사간(종3품)을 거쳐 부호군(종4품)에 이르렀는데, 고종 15년에는 원산元山 개항을 반대하는 상소를 올리기도 했다.《방목》에는 벼슬이 없이 아버지[振鐸], 할아버지[九大], 증조[鼎來], 외조[李明英] 이름이 보이고, 본관이 경주慶州로 되어 있다. 그런데《청구》와《만성》의《경주김씨보》에는 김두연의 가계가 보이지 않는다.

　12 **정원시**鄭元時(1824~?) 강원도 원주原州 사람으로 유학을 거쳐 고종 원년 41세로 증광시에 병과로 급제했다.《방목》에는 벼슬이 없이 아버지[煜], 할아버지[雲和], 증조[鴻翔], 외조[丁載裕] 이름이 보이고, 본관이 초계草溪로 되어 있다. 그런데《만성》의《초계정씨보》에는 정원시의 가계가 보이지 않으며,《청구》의《초계정씨보》를 보면 직계 7대조 가운데 벼슬아치가 없다.

　13 **김선주**金善柱(1833~?) 평안도 강서江西 사람으로 참봉(종9품)을 거쳐 고종 원년 32세로 증광시에 병과로 급제하여 벼슬이 승지(정3품 당상관)에 이르렀는데, 1897년에는 칭제상소稱帝上疏를 올려 대한제국 탄생에 이바지했다.24) 그런데 이보다 앞서 고종 11년에는 김선주가 평안도에서 각종 부정을 저지르고, 본관이 본래 김해金海로서 서자

---

24)《고종실록》권36, 고종 34년 10월 2일(양력).

출신인데 이를 속이기 위해 본관을 개성開城으로 바꿔 조선 초기 명
유名儒 김반金泮의 후손인 것처럼 위장하여 과거에 급제했다는 사실
이 뒤늦게 밝혀져 한때 유배를 당하기도 했다.25)《방목》에는 벼슬이
없이 아버지[膺周], 할아버지[升奎], 증조[用說], 외조[洪義主] 이름이
보이고, 본관이 개성으로 되어 있다. 그러나《청구》와《만성》의 어
느 김씨보에도 그의 가계가 보이지 않는다.

  14 고시협高時協(1830~?) 전라도 영광靈光 사람으로 유학을 거쳐 고
종 2년(1865) 36세로 식년시에 을과로 급제하여 벼슬이 사헌부 지평
(정5품)에 이르렀다.《방목》에는 벼슬이 없이 아버지[望謙], 할아버지
[萬老], 증조[應鵬], 외조[李儒簡] 이름이 보이고, 본관이 장택長澤(長興)
으로 되어 있다. 그런데《청구》와《만성》의《장흥고씨보》에는 고시
협의 가계가 보이지 않는다.

  15 남석南潵(1836~?) 강원도 삼척三陟 사람으로 유학을 거쳐 고종 2
년 30세로 식년시에 을과로 급제했다.《방목》에는 벼슬이 없이 아버
지[鍾悳], 할아버지[奎燮], 증조[昌運], 외조[金瓊漢] 이름이 보이고, 본
관이 영양英陽으로 되어 있다. 그런데《청구》와《만성》의《영양남씨
보》에는 남석의 가계가 보이지 않는다.

  16 이휘복李輝復(개명 周凡, 1795~?) 충청도 충주忠州 사람으로 유학을
거쳐 고종 2년 71세로 식년시에 을과로 급제하여 벼슬이 병조참의(정
3품 당상관)를 거쳐 호군護軍(정4품)에 이르렀다.《방목》에는 벼슬이
없이 아버지[範殷], 할아버지[頤梅], 증조[昌瑞], 외조[李濟寬] 이름이
보이고, 본관이 전주全州로 되어 있다.《전주이씨과거급제자총람》을

---

25)《고종실록》권11, 고종 11년 4월 24일 병자.

보면 이휘복은 태종의 아들인 효령대군孝寧大君의 14대손으로 직계 5
대조와 외조 가운데 벼슬아치가 없다.

　17 **박기양**朴基陽(1809~?) 전라도 금산錦山 사람으로 유학을 거쳐 고
종 2년 57세로 식년시에 병과로 급제했다. 《방목》에는 벼슬이 없이
아버지[齊文], 할아버지[海壽], 증조[景瑞], 외조[成爾璧] 이름이 보이고,
본관이 반남潘南으로 되어 있다. 그런데 《청구》와 《만성》의 《반남박
씨보》에는 박기양의 가계가 보이지 않는다.

　18 **김양묵**金養黙(1824~?) 경상도 고령高靈 사람으로 유학을 거쳐 고
종 2년 42세로 식년시에 병과로 급제하여 벼슬이 사헌부 장령(정4품)
에 이르렀다. 《방목》에는 벼슬이 없이 아버지[相儼], 할아버지[敬成],
증조[壽寬], 외조[呂宜贊] 이름이 보이고, 본관이 선산善山으로 되어 있
다. 그런데 《청구》와 《만성》의 《선산김씨보》를 보면 김양묵은 김종
직金宗直의 12대손으로 직계 7대조와 외조 가운데 벼슬아치가 없다.

　19 **권인두**權仁斗(1833~?) 충청도 단양丹陽 사람으로 유학을 거쳐 고
종 2년 33세로 식년시에 병과로 급제하여 벼슬이 사간원 정언(정6품)
에 이르렀다. 《방목》에는 벼슬이 없이 아버지[正馥], 할아버지[蓋], 증
조[必彦], 외조[姜正欽] 이름이 보이고, 본관이 안동安東으로 되어 있
다. 《청구》와 《만성》의 《안동권씨보》를 보면 직계 7대조와 외조 가
운데 벼슬아치가 없다.

　20 **조희중**趙熙重(1824~?) 경상도 진주晉州 사람으로 유학을 거쳐 고
종 2년 42세로 식년시에 병과로 급제했다. 《방목》에는 벼슬이 없이
아버지[德愚], 할아버지[廷弼], 증조[輝運], 외조[李龍相] 이름이 보이고,
본관이 함안咸安으로 되어 있다. 그런데 《청구》와 《만성》의 《함안조
씨보》에는 조희중의 가계가 보이지 않는다.

21 **조재원**趙在元(개명 龍丸, 1820~?) 경상도 상주尙州 사람으로 진사를 거쳐 고종 2년 46세로 식년시에 병과로 급제하여 벼슬이 사간원 정언(정6품)에 이르렀다.《방목》에는 벼슬이 없이 아버지[鉉翼], 할아버지[槇], 증조[濯洙], 외조[姜肱欽] 이름이 보이고, 본관이 풍양豊壤으로 되어 있다. 그런데《청구》와《만성》의《풍양조씨보》에는 조재원의 가계가 보이지 않는다.

22 **이규덕**李圭悳(1816~?) 충청도 남포藍浦 사람으로 유학을 거쳐 고종 2년 50세로 식년시에 병과로 급제하여 벼슬이 사간원 정언(정6품)에 이르렀다.《방목》에는 벼슬이 없이 아버지[熙益, 생부 鼎榮], 할아버지[廷植], 증조[宗海], 외조[金坤敍] 이름이 보이고, 본관이 경주慶州로 되어 있다. 그런데《청구》와《만성》의《경주이씨보》에는 이규덕의 가계가 보이지 않는다.

23 **방효린**方孝隣(1843~?) 평안도 정주定州 사람으로 유학을 거쳐 고종 2년 23세로 식년시에 병과로 급제하여 벼슬이 사간원 정언(정6품)과 찰방(종6품)을 거쳐 교서관 판교(정3품 당하관)에 이르렀다.《방목》에는 벼슬이 없이 아버지[贊周], 할아버지[致壽], 증조[顯宅], 외조[高聖大] 이름이 보이고, 본관이 온양溫陽으로 되어 있다. 그런데《청구》와《만성》의《온양방씨보》에는 방효린의 가계가 보이지 않는다. 온양 방씨는 조선시대 문과급제자 9명을 배출했는데, 그 가운데 6명이 정주 출신이다. 조선 후기에는 중인가문으로 알려졌다.

24 **신홍조**申鴻朝(1825~?) 충청도 연산連山 사람으로 유학을 거쳐 고종 2년 41세로 식년시에 병과로 급제하여 벼슬이 홍문관 교리(정5품)에 이르렀다.《방목》에는 벼슬이 없이 아버지[祖顯, 생부 寬顯], 할아버지[侂], 증조[景尹], 외조[李煥奎] 이름이 보이고, 본관이 평산平山으로

되어 있다. 《청구》와 《만성》의 《평산신씨보》를 보면 직계 5대조와
외조 가운데 벼슬아치가 없다.

25 김영렬金英烈(1823~?) 평양平壤 사람으로 유학을 거쳐 고종 2년
43세로 식년시에 병과로 급제했다. 《방목》에는 벼슬이 없이 아버지
[膺栢], 할아버지[致潁], 증조[鎭箕], 외조[田衡璇] 이름이 보이고, 본관
이 연안延安으로 되어 있다. 그런데 《청구》와 《만성》의 《연안김씨
보》에는 김영렬의 가계가 보이지 않는다.

26 백시범白時範(1827~?) 평안도 정주定州 사람으로 유학을 거쳐 고
종 2년 39세로 식년시에 병과로 급제하여 벼슬이 고종 초에 예문관
한림翰林(사관; 7~9품)이 되었다. 《방목》에는 벼슬이 없이 아버지[宗
述] 이름만 보이고, 본관이 수원水原으로 되어 있다. 그런데 《청구》와
《만성》의 《수원백씨보》에는 백시범의 가계가 보이지 않는다. 정주
의 수원백씨는 영조 대 이후로 문과급제자 22명을 배출하고,26) 태천

---

26) 영조 대 이후 평안도 정주, 태천, 강동, 운산 등지에서 배출된 수원백씨 문과급제자 명단은
다음과 같다.
영조 26년 백상우白相佑(정주), 29년 백의환白義煥(정주), 32년 백인환白仁煥(정주, 장령),
41년 백광택白光澤(정주), 42년 백봉주白鳳周(태천, 직강)
정조 10년 백경해白慶楷(정주), 백흥삼白興三(벽동), 19년 백문경白文璟(정주), 22년 백대성
白大成(운산)
순조 10년 백광유白光濡(정주), 백사곤白師坤(태천), 14년 백시원白時源(정주), 15년 백시형
白時亨(정주), 29년 백문봉白文鳳(운산), 31년 백윤학白潤鶴(정주), 백종걸白宗杰(정
주, 참의)
헌종 3년 백종전白宗佺(정주, 정正), 6년 백문진白文振(태천), 12년 백시은白時殷(정주), 백
종규白宗逵(강동)
철종 6년 백봉삼白鳳三(태천), 9년 백오진白五珍(태천), 12년 백의행白義行(정주, 집의)
고종 2년 백시범白時範(정주, 한림), 4년 백시흡白時洽(정주), 7년 백영제白永濟(정주), 백
선행白瑢行(정주), 백규섭白奎燮(태천), 백낙흥白樂興(태천), 10년 백취규白聚奎(운
산), 백시현白是玄(태천), 백주범白周範(태천), 13년 백진섭白珍燮(태천), 백시순白時
淳(정주), 16년 백면행白冕行(정주), 20년 백문행白文行(정주), 22년 백호섭白虎燮(태
천, 중추의관), 백극행白克行(정주, 홍문관), 26년 백학구白鶴九(태천), 28년 백현태白
顯兌(태천), 30년 백현진白顯震(태천)

泰川에서 14명, 운산雲山에서 4명, 벽동碧潼과 강동江東에서 각각 1명
의 급제자를 배출하여 평안도에서만 42명을 배출하면서 이 지역의
명문으로 떠올랐다. 조선시대 전체 급제자는 63명이다.

　　27 유성표柳星杓(1816~?) 경상도 안동安東 사람으로 유학을 거쳐 고
종 2년 50세로 식년시에 병과로 급제하여 벼슬이 부사과副司果(종6품)
에 이르렀다. 《방목》에는 벼슬이 없이 아버지[養蒙], 할아버지[時晦],
증조[郊], 외조[張宇擎] 이름이 보이고, 본관이 전주全州로 되어 있다.
그런데 《청구》와 《만성》의 《전주유씨보》에는 유성표의 가계가 보
이지 않는다.

　　28 송휘인宋彙仁(1810~?) 충청도 청안淸安 사람으로 유학을 거쳐 고
종 2년 56세로 식년시에 병과로 급제하여 벼슬이 대사간(정3품 당상
관)을 거쳐 병조참판(종2품)에 이르렀다. 《방목》에는 벼슬이 없이 아
버지[一沈], 할아버지[時鉉], 증조[載通], 외조[沈禧之] 이름이 보이고,
본관이 은진恩津으로 되어 있다. 《청구》와 《만성》의 《은진송씨보》
를 보면 직계 3대조와 외조 가운데 벼슬아치가 없다.

　　29 김계학金桂鶴(1843~?) 평안도 태천泰川 사람으로 유학을 거쳐 고
종 2년 23세로 식년시에 병과로 급제했다. 《방목》에는 벼슬이 없이
아버지[履權], 할아버지[世臣], 증조[澤浩], 외조[金利赫] 이름이 보이고,
본관이 안동安東으로 되어 있다. 그런데 《청구》와 《만성》의 《안동김
씨보》에는 김계학의 가계가 보이지 않는다.

　　30 이기영李琪永(1838~?) 전라도 전주全州 사람으로 유학을 거쳐 고
종 2년 28세로 식년시에 병과로 급제하여 벼슬이 사간원 정언(정6품)
에 이르렀다. 《방목》에는 벼슬이 없이 아버지[鎭成] 이름만 보이고,
본관이 부평富平으로 되어 있다. 그런데 《청구》와 《만성》의 《부평이

씨보》에는 이기영의 가계가 보이지 않는다.

　31 김경의金敬義(1826~?) 평안도 곽산郭山 사람으로 유학을 거쳐 고종 2년 40세로 식년시에 병과로 급제했다. 《방목》에는 벼슬이 없이 아버지[若訥], 할아버지[弘佑], 증조[一衡], 외조[趙再成] 이름이 보이고, 본관이 공주公州로 되어 있다. 그런데 《청구》와 《만성》의 《공주김씨보》에는 김경의의 가계가 보이지 않는다. 2000년 현재 공주김씨 인구는 2,401가구 7,587명의 희성으로 조선시대 문과급제자 12명을 배출했는데, 그 가운데 10명이 평안도 출신이다.[27]

　32 최용崔溶(1821~?) 경상도 진주晉州 사람으로 유학을 거쳐 고종 2년 45세로 식년시에 병과로 급제했다. 《방목》에는 벼슬이 없이 아버지[祥儀], 할아버지[奎煥], 증조[鵬大], 외조[李有吉] 이름이 보이고, 본관이 전주全州로 되어 있다. 그런데 《청구》와 《만성》의 《전주최씨보》에는 최용의 가계가 보이지 않는다.

　33 김구락金龜洛(1835~?) 경상도 진주晉州 사람으로 유학을 거쳐 고종 2년 31세로 식년시에 병과로 급제했다. 《방목》에는 벼슬이 없이 아버지[師鎭], 할아버지[永耆], 증조[輝運], 외조[成孝兢] 이름이 보이고, 본관이 의성義城으로 되어 있다. 그런데 《청구》와 《만성》의 《의성김씨보》에는 김구락의 가계가 보이지 않는다.

---

27) 공주김씨 문과급제자 12명을 급제순으로 소개하면 다음과 같다.
　세조 6년 김학기金學起
　중종 38년 김성경金成卿(평양)
　명종 원년 김덕량金德良
　선조 21년 김태좌金台佐(평양)
　정조 6년 김덕로金德老(정주), 김희린金禧麟(영유)
　순조 25년 김현복金鉉復(영유, 김현도와 6촌간), 28년 김현도金鉉燾(영유, 김현복과 6촌간)
　철종 3년 김석남金奭南(영유)
　고종 2년 김경의金敬義(곽산), 6년 김대윤金大胤(순안), 22년 김병도金秉燾(곽산)

34 석종진石宗珍(1820~?) 평안도 숙천肅川 사람으로 유학을 거쳐 고종 2년 46세로 식년시에 병과로 급제했다. 《방목》에는 벼슬이 없이 아버지[致瑞], 할아버지[春三], 증조[銀柱], 외조[宋巨世] 이름이 보이고, 본관이 충주忠州로 되어 있다. 그런데 《청구》와 《만성》의 《충주석씨보》에는 석종진의 가계가 보이지 않는다.

35 김병익金秉翼(1830~?) 평안도 숙천肅川 사람으로 유학을 거쳐 고종 2년 36세로 식년시에 병과로 급제했다. 《방목》에는 벼슬이 없이 아버지[達瑢], 할아버지[學一], 증조[麟澤], 외조[申善基] 이름이 보이고, 본관이 김해金海로 되어 있다. 그런데 《청구》와 《만성》의 《김해김씨보》에는 김병익의 가계가 보이지 않는다.

36 장석휴張錫烋(개명 錫祚, 1839~?) 경상도 인동仁同 사람으로 유학을 거쳐 고종 2년 27세로 식년시에 병과로 급제하여 벼슬이 홍문관 수찬(정6품)을 거쳐 승지(정3품 당상관)에 이르렀다. 《방목》에는 벼슬이 없이 아버지[運杓], 할아버지[瀁], 증조[翿], 외조[申大應] 이름이 보이고, 본관이 인동으로 되어 있다. 《청구》와 《만성》의 《인동장씨보》를 보면 장석휴는 조선 후기 학자 장현광張顯光의 9대손으로 아버지 이름이 《방목》과 다르고, 직계 6대조와 외조 가운데 벼슬아치가 없다.

37 조원조趙愿祖(1841~?) 평안도 정주定州 사람으로 유학을 거쳐 고종 2년 25세로 식년시에 병과로 급제하여 벼슬이 사헌부 지평(정5품)을 거쳐 부사과(종6품)에 이르렀다. 《방목》에는 벼슬이 없이 아버지[永暾], 할아버지[夢璟], 증조[彦泰], 외조[金尙泰] 이름이 보이고, 본관이 배천白川으로 되어 있다. 그런데 《청구》와 《만성》의 《배천조씨보》에는 조원조의 가계가 보이지 않는다. 다만, 순조 4년 급제한 조영걸趙永傑의 할아버지가 조언태이고 증조가 조창래로 되어 있는데,

조창래는 숙종 대 문과에 급제한 인물로 조원조의 고조부가 된다. 따라서 조원조는《족보》에 보이지 않지만 고조 위로는 벼슬아치가 있는 셈이다. 정주의 배천조씨는 숙종 대 이후로 문과급제자 26명을 배출하여 이 지역의 명문으로 등장했다.

38 이윤수李潤壽(1790, 또는 1850, 또는 1802~?) 전라도 운봉雲峯 사람으로 유학을 거쳐 고종 2년 76세(또는 16세)로 식년시에 병과로 급제하여 벼슬이 병조참지(정3품 당상관)를 거쳐 형조참판(정2품)에 이르렀다. 《방목》에는 벼슬이 없이 아버지[以鑄], 할아버지[世翼], 증조[光煥], 외조[朴泰佑] 이름이 보이고, 본관이 전주全州로 되어 있다. 《전주이씨과거급제자총람》을 보면 이윤수는 이성계의 서형庶兄인 이원계李元桂의 17대손으로, 이탁李鐸에게 양자로 들어갔으며 출생연도도 1802년으로 되어 있어서《방목》의 기록과 다르다. 만약 이 기록이 맞다면 그는 64세에 급제한 것이다. 어느 것이 맞는지 알 수 없다. 어쨌든 직계 12대조 가운데 벼슬아치가 없다.

39 박규찬朴奎燦(1838~?) 경상도 단성丹城 사람으로 유학을 거쳐 고종 2년 28세로 식년시에 병과로 급제하여 벼슬이 사간원 대사간(정3품 당상관)을 거쳐 부호군(종4품)에 이르렀다. 《방목》에는 벼슬이 없이 아버지[民謙], 할아버지[文赫], 증조[尙悌], 외조[河啓明] 이름이 보이고, 본관이 순천順天으로 되어 있다. 《청구》의《순천박씨보》를 보면 직계 4대조 가운데 벼슬아치가 없고, 《만성》의《순천박씨보》를 보면 직계 6대조 가운데 벼슬아치가 없어서 어느 것이 맞는지 알 수 없다.

40 나홍순羅弘淳(1829~?) 전라도 광주光州 사람으로 유학을 거쳐 고종 2년 37세로 식년시에 병과로 급제했다. 《방목》에는 벼슬이 없이 아버지[東煥], 할아버지[振成], 증조[燁根], 외조[韓一相] 이름이 보이고,

본관이 금성錦城으로 되어 있다. 그런데《청구》와《만성》의《금성나
씨보》에는 나홍순의 가계가 보이지 않는다.

41 한규근韓圭覲(1825~?) 평안도 정주定州 사람으로 유학을 거쳐 고
종 2년 41세로 식년시에 병과로 급제했다.《방목》에는 벼슬이 없이
아버지[啓奕], 할아버지[學周], 증조[命玉], 외조[朴致楷] 이름이 보이고,
본관은 청주淸州로 되어 있다. 그런데《청구》와《만성》의《청주한씨
보》에는 한규근의 가계가 보이지 않는다.

42 김현묵金顯默(1825~?) 함경도 안변安邊 사람으로 유학을 거쳐 고
종 2년 41세로 식년시에 병과로 급제했다.《방목》에는 벼슬이 없이
아버지[履容], 할아버지[正玉], 증조[德輝], 외조[崔道明] 이름이 보이고,
본관이 상산商山으로 되어 있다. 그런데《청구》와《만성》의《상산김
씨보》에는 김현묵의 가계가 보이지 않는다.

43 김지태金祉泰(1829~?) 평안도 박천博川 사람으로 유학을 거쳐 고
종 2년 37세로 식년시에 병과로 급제했다.《방목》에는 벼슬이 없이
아버지[樂燾], 할아버지[文岳], 증조[玉西], 외조[咸陽軾] 이름이 보이고,
본관이 연안延安으로 되어 있다. 그런데《청구》와《만성》의《연안김
씨보》에는 김지태의 가계가 보이지 않는다. 연안김씨는 조선 후기
정주에서 문과급제자 43명을 비롯하여 평안도에서만 54명을 배출하
여 평안도의 명문으로 등장했다.

44 임헌규任憲奎(1816~?) 경기도 광주廣州 사람으로 유학을 거쳐 고
종 2년 50세로 식년시에 병과로 급제했다.《방목》에는 벼슬이 없이
아버지[胤龍], 할아버지[世漢], 증조[萬吉], 외조[鄭珍] 이름이 보이고,
본관이 풍천豊川으로 되어 있다. 그런데《청구》와《만성》의《풍천임
씨보》에는 임헌규의 가계가 보이지 않는다.

45 황익수黃益秀(개명 弼秀, 1836~?) 서울 사람으로 진사를. 거쳐 고종 3년(1866) 3월 31세로 경과정시에 장원급제하여 벼슬이 홍문관 부교리(종5품)를 거쳐 사헌부 장령(정4품)과 승지(정3품 당상관)에 이르렀다. 《방목》에는 벼슬이 없이 아버지[夏淵], 할아버지[鍾萬], 증조[基定], 외조[尹應鉉] 이름이 보이고, 본관이 창원昌原으로 되어 있다. 《만성》의 《창원황씨보》를 보면 직계 6대조와 외조 가운데 벼슬아치가 없다. 그런데 《청구》의 《창원황씨보》를 보면 증조의 이름이 인수仁燧(벼슬 없음)로 되어 있으나 《만성》에는 인현仁炫(정언)으로 되어 있는데, 이는 잘못으로 보인다.

46 이인회李寅會(1826~?) 충청도 공주公州 사람으로 유학을 거쳐 고종 3년 3월 41세로 경과정시에 을과로 급제하여 벼슬이 사헌부 장령(정4품)에 이르렀다. 《방목》에는 벼슬이 없이 아버지[漢謙], 할아버지[東秀], 증조[萬濟], 외조[金益三] 이름이 보이고, 본관이 전주全州로 되어 있다. 《전주이씨과거급제자총람》을 보면 이인회는 파미분류자派未分類者로 되어 있다. 그러니까 《족보》에 오르지 못한 인물이라는 뜻이다.

47 백성수白誠洙(1837~?) 경기도 파주坡州 사람으로 유학을 거쳐 고종 3년 3월 30세로 경과정시에 을과로 급제하여 벼슬이 홍문관 부수찬(종6품)에 이르렀다. 《방목》에는 벼슬이 없이 아버지[興鎭], 할아버지[東象], 증조[師質], 외조[兪道源] 이름이 보이고, 본관이 수원水原으로 되어 있다. 그런데 《청구》의 《수원백씨보》에는 백성수의 가계가 보이지 않으며, 《만성》의 《수원백씨보》를 보면 직계 6대조와 외조 가운데 벼슬아치가 없다.

48 이재봉李載鳳(1827~?) 충청도 홍주洪州 사람으로 유학을 거쳐 고

종 3년 3월 40세로 경과정시에 병과로 급제하여 벼슬이 승정원 주서 (정7품)를 거쳐 승문원 부정자(종9품)에 이르렀다.《방목》에는 벼슬이 없이 아버지[志烈], 할아버지[相敬], 증조[義範], 외조[李學彬] 이름이 보이고, 본관이 전주全州로 되어 있다.《전주이씨과거급제자총람》을 보면 이재봉은 태조의 아들 회안대군懷安大君 이방간李芳幹의 16대손 으로 직계 11대조 가운데 벼슬아치가 없다.

49 이신국李愼國(개명 國應, 1815~?) 서울 사람으로 유학을 거쳐 고종 3년 52세로 경과정시에 병과로 급제하여 벼슬이 사간원 정언(정6품) 을 거쳐 홍문관 교리(정5품)에 이르렀다.《방목》에는 벼슬이 없이 아 버지[復仁, 생부 義坤], 할아버지[敎永], 증조[用九], 외조[黃基泰] 이름이 보이고, 본관이 전주全州로 되어 있다.《전주이씨과거급제자총람》을 보면 이신국은 선조의 후궁 소생 인흥군仁興君의 10대손으로 직계 5 대조 가운데 벼슬아치가 없다.

50 엄석관嚴錫瓘(1829~?) 전라도 임실任實 사람으로 유학을 거쳐 고 종 3년 9월 38세로 경과정시에 을과로 급제하여 벼슬이 예조정랑(정5 품)에 이르렀다.《방목》에는 벼슬이 없이 아버지[承祚], 할아버지[尙 守], 증조[致德], 외조[崔義孫] 이름이 보이고, 본관이 영월寧越로 되어 있다. 그런데《청구》와《만성》의《영월엄씨보》에는 엄석관의 가계 가 보이지 않는다.

51 심상열沈相說(1841~?) 충청도 공주公州 사람으로 유학을 거쳐 고 종 3년 9월 26세로 경과정시에 을과로 급제하여 벼슬이 사헌부 집의 (종3품)와 헌납(정4품)을 거쳐 홍문관 부수찬(종6품)에 이르렀다.《방 목》에는 벼슬이 없이 아버지[雲澤, 생부 性澤], 할아버지[宜定], 증조[能 運], 외조[徐京輔] 이름이 보이고, 본관이 청송靑松으로 되어 있다.《청

구》와 《만성》의 《청송심씨보》를 보면 직계 3대조와 외조 가운데 벼슬아치가 없다.

52 김명로金鳴魯(1827~?) 경상도 창녕昌寧 사람으로 유학을 거쳐 고종 3년 9월 40세로 경과정시에 병과로 급제했다. 《방목》에는 벼슬이 없이 아버지[益贊], 할아버지[聲漢], 증조[萬淑], 외조[全致運] 이름이 보이고, 본관이 김해金海로 되어 있다. 그런데 《청구》와 《만성》의 《김해김씨보》에는 김명로의 가계가 보이지 않는다.

53 안종원安鍾元(1848~?) 경기도 수원水原 사람으로 유학을 거쳐 고종 3년 9월 19세로 경과정시에 병과로 급제했다. 《방목》에는 벼슬이 없이 아버지[正玉], 할아버지[義黙], 증조[枰], 외조[金奇遠] 이름이 보이고, 본관이 순흥順興으로 되어 있다. 그런데 《청구》와 《만성》의 《순흥안씨보》에는 안종원의 가계가 보이지 않는다.

54 고영석高永錫(1842~?) 서울 사람으로 유학을 거쳐 고종 3년 25세로 알성문과에 장원급제하여 벼슬이 사헌부 지평(정5품)을 거쳐 1894년에는 홍문관 교리(정5품)에 이르렀는데, 갑신정변 때는 개화파로 가담하기도 했다. 《방목》에는 벼슬이 없이 아버지[鎭華], 할아버지[在峻], 증조[景燾], 외조[安聖律] 이름이 보이고, 본관이 제주濟州로 되어 있다. 그런데 《청구》와 《만성》의 《제주고씨보》에는 고영석의 가계가 보이지 않는다.

55 이인규李麟圭(1826~1876) 충청도 홍주洪州 사람으로 유학을 거쳐 고종 3년 41세로 알성문과에 을과로 급제하여 벼슬이 사간원 정언(정6품)에 이르렀다. 《방목》에는 벼슬이 없이 아버지[思國], 할아버지[廷秀], 증조[來亮], 외조[金在健] 이름이 보이고, 본관이 전주全州로 되어 있다. 《전주이씨과거급제자총람》을 보면 이인규는 세종의 아들 임영

대군臨瀛大君의 16대손으로 직계 10대조 가운데 벼슬아치가 없다.

56 김상룡金相龍(1831~?) 경기도 파주坡州 사람으로 유학을 거쳐 고종 3년 36세로 알성문과에 병과로 급제했다. 《방목》에는 벼슬이 없이 아버지[錫浩], 할아버지[鎭白], 증조[履彬], 외조[邊處和] 이름이 보이고, 본관이 안동安東으로 되어 있다. 그런데 《청구》와 《만성》의 《안동김씨보》에는 김상룡의 가계가 보이지 않는다.

57 최봉명崔鳳命(1793~?) 평양平壤 사람으로 고종 3년 74세로 평안도 도과에 갑과로 급제했다. 《방목》에는 벼슬이 없이 아버지[京三] 이름만 보이고, 본관이 전주全州로 되어 있다. 그런데 《청구》와 《만성》의 《전주최씨보》에는 최봉명의 가계가 보이지 않는다.

58 최응각崔應珏(1846~?) 평안도 강서江西 사람으로 유학을 거쳐 고종 3년 21세로 평안도 도과에 을과로 급제했다. 《방목》에는 벼슬이 없이 아버지[胤皓] 이름만 보이고, 본관이 경주慶州로 되어 있다. 그런데 《청구》와 《만성》의 《경주최씨보》에는 최응각의 가계가 보이지 않는다.

59 최덕명崔德明(1834~?) 평안도 의주義州 사람으로 유학을 거쳐 고종 3년 33세로 평안도 도과에 병과로 급제했다. 《방목》에는 벼슬이 없이 아버지[義臣] 이름만 보이고, 본관이 경주慶州로 되어 있다. 그런데 《청구》와 《만성》의 《경주최씨보》에는 최덕명의 가계가 보이지 않는다.

60 명하율明夏律(1824~?) 평안도 영변寧邊 사람으로 유학을 거쳐 고종 3년 43세로 평안도 도과에 병과로 급제했다. 《방목》에는 벼슬이 없이 아버지[致模] 이름만 보이고, 본관이 서촉西蜀(延安)으로 되어 있다. 그런데 《청구》와 《만성》의 《서촉명씨보》에는 명하율의 가계가

보이지 않는다. 명씨는 고려 말에 중국에서 귀화한 명승明昇의 후손
으로, 2000년 현재 인구는 1,809가구 5,861명의 희성이며 선조 대 이
후 문과급제자 4명을 배출했다.

　61 박봉진朴鳳軫(1838~?) 평안도 삭주朔州 사람으로 유학을 거쳐 고
종 3년 29세로 평안도 도과에 병과로 급제했다. 《방목》에는 벼슬이
없이 아버지[繼壽] 이름만 보이고, 본관이 밀양密陽으로 되어 있다. 그
런데 《청구》와 《만성》의 《밀양박씨보》에는 박봉진의 가계가 보이
지 않는다.

　62 권채규權采圭(1792~?) 경기도 풍덕豊德 사람으로 유학을 거쳐 고
종 3년 75세로 강화부 별시에서 을과로 급제하여 벼슬이 사헌부 지
평(정5품)에 이르렀다. 《방목》에는 벼슬이 없이 아버지[思觀] 이름만
보이고, 본관이 안동安東으로 되어 있다. 그런데 《청구》와 《만성》의
《안동권씨보》에는 권채규의 가계가 보이지 않는다.

　63 윤시영尹時榮(1818~?) 경기도 강화江華 사람으로 유학을 거쳐 고
종 3년 49세로 강화부 별시에 병과로 급제하여 벼슬이 사헌부 장령
(정4품)에 이르렀다. 《방목》에는 벼슬이 없이 아버지[興柱] 이름만 보
이고, 본관이 파평坡平으로 되어 있다. 그런데 《청구》와 《만성》의
《파평윤씨보》에는 윤시영의 가계가 보이지 않는다.

　64 유원식劉元植(1847~?) 경기도 교동喬桐 사람으로 유학을 거쳐 고
종 3년 20세로 강화부 별시에 병과로 급제하여 벼슬이 병조정랑(정5
품)에 이르렀는데, 대원군이 철폐한 서원書院의 복구를 요청하는 상
소를 올리기도 했다. 《방목》에는 벼슬이 없이 아버지[漢奎] 이름만
보이고, 본관이 배천白川으로 되어 있다. 그런데 《청구》에는 《배천유
씨보》 자체가 없고, 《만성》의 《배천유씨보》에는 유원식의 가계가

보이지 않는다. 2000년 현재 배천유씨 인구는 2,051가구 6,573명의 희성으로 조선시대 문과급제자 2명을 배출했다.

65 **이철**李喆(1836~?) 개성開城 사람으로 유학을 거쳐 고종 3년 31세로 개성부 별시에 갑과로 급제하여 벼슬이 사헌부 지평(정5품)에 이르렀다. 《방목》에는 벼슬이 없이 아버지[震奎, 생부 脣奎] 이름만 보이고, 본관이 임강臨江으로 되어 있다. 그런데 《청구》에는 《임강이씨보》 자체가 없고, 《만성》의 《임강이씨보》에는 이철의 가계가 보이지 않는다. 2000년 현재 임강이씨 인구는 203가구 653명의 극희성으로 조선시대 문과급제자는 그가 유일하다.

66 **왕정양**王庭陽(1824~?) 개성開城 사람으로 유학을 거쳐 고종 3년 43세로 개성부 별시에 을과로 급제하여 벼슬이 병조참의(정3품 당상관)를 거쳐 대사간(정3품 당상관)과 동부승지(정3품 당상관)에 이르렀다. 《방목》에는 벼슬이 없이 아버지[師憲] 이름만 보이고, 본관이 개성으로 되어 있다. 그런데 《청구》와 《만성》의 《개성왕씨보》에는 왕정양의 가계가 보이지 않는다. 아들 왕성협王性協은 고종 9년 개성부 별시에 급제하여 벼슬이 홍문관 교리(정5품)에 이르렀다. 2000년 현재 개성왕씨 인구는 6,148가구 1만 9,808명으로 조선시대 문과급제자 9명을 배출했다.

67 **진집교**陳集喬(1825~?) 개성開城 사람으로 유학을 거쳐 고종 3년 42세로 개성부 별시에 병과로 급제했다. 《방목》에는 벼슬이 없이 아버지[東錫] 이름만 보이고, 본관이 여주驪州(驪陽)로 되어 있다. 그런데 《청구》와 《만성》의 《여양진씨보》에는 진집교의 가계가 보이지 않는다.

68 **황하겸**黃夏謙(1821~?) 함경도 함흥咸興 사람으로 유학을 거쳐 고

종 4년(1867) 47세로 함경도 도과에 갑과로 급제했다.《방목》에는 벼
슬이 없이 아버지[鍾灝] 이름만 보이고, 본관이 평해平海로 되어 있다.
그런데《만성》의《평해황씨보》에는 황하겸의 가계가 보이지 않고,
《청구》의《평해황씨보》를 보면 직계 3대조 가운데 벼슬아치가 없으
며, 그 윗대는 5대조의 가계만 보이는데 내리 참봉(종9품)을 한 것으
로 되어 있으나 믿기 어렵다.

　　69 김우현金禹鉉(1837~?) 함경도 명천明川 사람으로 유학을 거쳐 고
종 4년 31세로 함경도 도과에 을과로 급제하여 벼슬이 예문관 사관
(한림; 7~9품)을 거쳐 홍문관 수찬(정6품)과 부사(종3품)에 이르렀다.
《방목》에는 벼슬이 없이 아버지[衡鶴] 이름만 보이고, 본관이 김해金
海로 되어 있다. 그런데《청구》와《만성》의《김해김씨보》에는 김우
현의 가계가 보이지 않는다.

　　70 이기조李基祚(1834~1876) 함경도 함흥咸興 사람으로 유학을 거쳐
고종 4년 34세로 함경도 도과에 병과로 급제하여 벼슬이 정자(정9품)
에 이르렀다.《방목》에는 벼슬이 없이 아버지[容淳] 이름만 보이고,
본관이 전주全州로 되어 있다.《전주이씨과거급제자총람》을 보면 이
기조는 목조의 아들 안천대군安川大君의 17대손으로, 오직 아버지만
현감(종6품)으로 되어 있을 뿐 나머지는 아무 벼슬이 없다. 그러니까
고려 말 이후로 5백 년 동안 벼슬을 하지 못한 왕족인 셈이다.

　　71 진종시陳宗蓍(1843~?) 함경도 회령會寧 사람으로 진사를 거쳐 고
종 4년 25세로 함경도 도과에 병과로 급제했다.《방목》에는 벼슬이
없이 아버지[遂良] 이름만 보이고, 본관이 여양驪陽으로 되어 있다. 그
런데《청구》와《만성》의《여양진씨보》에는 진종시의 가계가 보이
지 않는다.

72 **김정호**金正浩(1839~?) 거주지를 알 수 없다. 유학을 거쳐 고종 4
년 29세로 식년시에 장원급제하여 벼슬이 군자감정軍資監正(정3품 당
하관)을 거쳐 홍문관원의 후보명단인 도당록都堂錄에 올랐다.《방목》
에는 벼슬이 없이 아버지[鎭五], 할아버지[海彬], 증조[光福], 외조[宋文
郁] 이름이 보이고, 본관이 안동安東으로 되어 있다. 그런데《청구》의
《안동김씨보》에는 김정호의 가계가 보이지 않으며,《만성》의《안동
김씨보》를 보면 직계 5대조와 외조 가운데 벼슬아치가 없다.

73 **이희규**李熙圭(1848~1899) 평안도 정주定州 사람으로 유학을 거쳐
고종 4년 20세로 식년시에 을과로 급제하여 벼슬이 사헌부 지평(정5
품)에 이르렀다.《방목》에는 벼슬이 없이 아버지[禮燁], 할아버지[宏
柱], 증조[昌斗], 외조[白東赫] 이름이 보이고, 본관이 전주全州로 되어
있다.《전주이씨과거급제자총람》을 보면 이희규는 목조의 아들 안원
대군安原大君의 21대손으로 벼슬아치는 5대조가 사복시정司僕寺正(정3
품 당하관), 10대조가 공조참의(정3품 당상관)를 지낸 것뿐이다. 비록
왕족이지만 5백 년 동안 거의 평민처럼 살아온 집안이다.

74 **기양연**奇陽衍(1827~?) 전라도 장성長城 사람으로 유학을 거쳐 고
종 4년 41세로 식년시에 을과로 급제하여 벼슬이 홍문관 교리(정5품)
에 이르렀다.《방목》에는 벼슬이 없이 아버지[允鎭], 할아버지[在懿],
증조[泰溫], 외조[朴宗漢] 이름이 보이고, 본관이 행주幸州로 되어 있
다.《청구》의《행주기씨보》를 보면 직계 12대조와 외조 가운데 벼슬
아치는 6대조가 참봉(종9품)을 한 것으로 되어 있을 뿐 나머지는 벼
슬이 없으며,《만성》의《행주기씨보》를 보면 직계 12대조 가운데 벼
슬아치가 하나도 없다.

75 **이봉덕**李鳳德(1830~?) 전라도 전주全州 사람으로 유학을 거쳐 고

종 4년 38세로 식년시에 을과로 급제하여 벼슬이 사간원 정언(정6품)을 거쳐 홍문관 부교리(종5품)와 부응교副應敎(종4품)에 이르렀다. 《방목》에는 벼슬이 없이 아버지[命鎭], 할아버지[榮在], 증조[啓晦], 외조[柳晦奎] 이름이 보이고, 본관이 전의全義로 되어 있다. 그런데 《청구》와 《만성》의 《전의이씨보》에는 이봉덕의 가계가 보이지 않는다.

76 조석중趙錫中 서울 사람으로 유학을 거쳐 고종 4년 식년시에 을과로 급제했다. 《방목》에는 벼슬도, 본관도 없으나, 국립중앙도서관 소장본에는 본관이 밀양密陽으로 되어 있다. 그런데 《만성》에는 《밀양조씨보》 자체가 없으며, 《청구》의 《밀양조씨보》에는 고려시대 문과에 급제하여 시조가 된 조홍사趙洪祀 한 사람만 기록되어 있다. 2000년 현재 밀양조씨 인구는 794가구 2,666명의 희성으로 조선시대 문과급제자 3명을 배출했다.[28]

77 윤상현尹相賢(1825~?) 거주지를 알 수 없다. 유학을 거쳐 고종 4년 43세로 식년시에 을과로 급제하여 벼슬이 홍문관 수찬(정6품)을 거쳐 사간원 대사간(정3품 당상관)에 이르렀다. 《방목》에는 벼슬이 없이 아버지[滋勉], 할아버지[惠鎭], 증조[鼎圭], 외조[鄭啓東] 이름이 보이고, 본관이 파평坡平으로 되어 있다. 《청구》와 《만성》의 《파평윤씨보》를 보면 직계 5대조와 외조 가운데 벼슬아치가 없다.

78 강병적康炳廸(1841~?) 평안도 영변寧邊 사람으로 유학을 거쳐 고종 4년 27세로 식년시에 병과로 급제하여 벼슬이 참의(정3품 당상관)에 이르렀다. 《방목》에는 벼슬이 없고, 거주지와 본관도 없다. 국립중앙도서관 자료에는 본관이 신천信川, 거주지가 영변, 아버지가 강이

---

28) 문과급제자 3명은 영조 44년 식년시에 급제한 조언혁趙彦爀, 철종 12년 식년시에 급제한 조경창趙景昌, 고종 4년 식년시에 급제한 조석중趙錫中이다.

화康履華로 되어 있다. 그런데《청구》와《만성》의《신천강씨보》에는 강병적의 가계가 보이지 않는다.

　　79 김복성金復性(1842~?) 경기도 과천果川 사람으로 고종 4년 26세로 식년시에 병과로 급제했으나 거주지를 조작한 것이 발각되어 급제가 취소되었으며, 고종 16년에 복과되어 벼슬이 사헌부 지평(정5품)과 장령(정4품)에 이르렀다.《방목》에는 아버지[東敎, 생부 東爀] 이름이 보이고, 본관이 청풍淸風으로 되어 있다. 그런데《청구》와《만성》의《청풍김씨보》를 보면 직계 10대조 가운데 벼슬아치가 없다.

　　80 오두영吳斗暎(1838~?) 함경도 함흥咸興 사람으로 유학을 거쳐 고종 4년 30세로 식년시에 병과로 급제했다.《방목》에는 벼슬이 없이 아버지[橪], 할아버지[大京], 증조[明相], 외조[金尙訥] 이름이 보이고, 본관이 해주海州로 되어 있다. 그런데《청구》와《만성》의《해주오씨보》에는 오두영의 가계가 보이지 않는다.

　　81 김호영金晦英(1794~?) 함경도 단천端川 사람으로 유학을 거쳐 74세로 식년시에 병과로 급제했다.《방목》에는 벼슬이 없이 아버지[致權], 할아버지[潤九], 증조[友琰], 외조[沈宅弘] 이름이 보이고, 본관이 안동安東으로 되어 있다. 그런데《청구》와《만성》의《안동김씨보》에는 김호영의 가계가 보이지 않는다.

　　82 이범구李範九(1827~?) 서울 사람으로 유학을 거쳐 고종 4년 41세로 식년시에 병과로 급제하여 벼슬이 정언(정6품)과 홍문관 부교리(종5품)를 거쳐 1906년 궁내부 협판(칙임관)에 이르렀다.《방목》에는 벼슬이 없이 아버지[遇順], 할아버지[敬述], 증조[光龍], 외조[朴載慶] 이름이 보이고, 본관이 연안延安으로 되어 있다. 그런데《청구》의《연안이씨보》에는 이범구의 가계가 보이지 않으며,《만성》의《연안

이씨보》를 보면 직계 5대조와 외조 가운데 벼슬아치가 없다.

83 김유金瑈(1824~?) 평안도 영변寧邊 사람으로 유학을 거쳐 고종 4년 44세로 식년시에 병과로 급제했다. 《방목》에는 벼슬이 없이 아버지[錫漸], 할아버지[益修], 증조[宏集], 외조[金命彦] 이름이 보이고, 본관이 순천順天으로 되어 있다. 그런데 《청구》와 《만성》의 《순천김씨보》에는 김유의 가계가 보이지 않는다. 순천김씨는 영조 대 이후로 평안도 가산嘉山에서 7명을 비롯하여 모두 14명의 급제자를 배출했다.

84 백시흡白時洽 거주지를 알 수 없는데, 유학을 거쳐 고종 4년 식년시에 병과로 급제했다. 《방목》에는 벼슬이 없고, 생년, 출생지, 본관, 조상의 이름 등도 모두 없다. 그런데 국립중앙도서관 소장본에는 아버지가 백종원白宗元으로 되어 있다. 고종 2년 급제한 백시범白時範은 아버지가 백종술白宗述이고 본관이 수원水原, 거주지가 평안도 정주定州로 되어 있는데, 백시흡과 백시범 두 부자父子의 이름이 같은 항렬行列로 되어 있어서 백시흡도 본관이 수원이고, 거주지가 정주로 보인다. 평안도의 수원백씨는 영조 대 이후로 문과급제자 42명을 배출하여 신흥 명문으로 부상했는데, 정주에서만 22명, 태천에서 14명이 급제했다.

85 홍기태洪基泰(1821~?) 거주지를 알 수 없는데, 유학을 거쳐 고종 4년 47세로 식년시에 병과로 급제했다. 《방목》에는 조상 이름이 보이지 않고, 본관이 남양南陽으로 되어 있다. 《청구》와 《만성》의 어느 홍씨보에도 홍기태의 가계는 보이지 않는다.

86 윤상은尹相殷(1816~?) 황해도 장연長淵 사람으로 유학을 거쳐 고종 4년 52세로 식년시에 병과로 급제했다. 《방목》에는 벼슬이 없이

아버지[益衡, 생부 致衡], 할아버지[澤龍], 증조[命龜], 외조[李禹慶] 이름이 보이고, 본관이 파평坡平으로 되어 있다. 그런데 《청구》와 《만성》의 《파평윤씨보》에는 윤상은의 가계가 보이지 않는다.

87 이은춘李殷春(1809~?) 서울 사람으로 유학을 거쳐 고종 4년 59세로 식년시에 병과로 급제하여 벼슬이 사헌부 지평(정5품)과 홍문관을 거쳐 참판(종2품)에 이르렀다. 《방목》에는 벼슬이 없이 아버지[貞禧], 할아버지[命玉], 증조[允栢], 외조[柳光儒] 이름이 보이고, 본관이 연안延安으로 되어 있다. 《청구》와 《만성》의 《연안이씨보》를 보면 직계 3대조와 외조 가운데 벼슬아치가 없다.

88 정학준丁學浚(1815~?) 경기도 수원水原 사람으로 유학을 거쳐 고종 4년 53세로 식년시에 병과로 급제했다. 《방목》에는 벼슬이 없이 아버지[若錘], 할아버지[載運], 증조[志說], 외조[李源誠] 이름이 보이고, 본관이 나주羅州로 되어 있다. 그런데 《청구》의 《나주정씨보》에는 할아버지까지의 가계만 보이고, 《만성》의 《나주정씨보》에는 아버지까지의 가계만 보인다. 《만성》을 보면 재운載運의 아들 가운데 준교浚敎가 보이는데, 이 사람이 학준學浚과 동일 인물인지 알 수 없다. 준교는 문과에 급제한 인물로 되어 있으나 《방목》에는 그의 이름이 보이지 않아 혼란스럽다.

89 정재룡丁載龍(1795~?) 거주지를 알 수 없는데, 유학을 거쳐 고종 4년 73세로 식년시에 병과로 급제했다. 《방목》에는 벼슬이 없이 아버지[熠], 할아버지[最震], 증조[民徵], 외조[李鎭國] 이름이 보이고, 본관이 영광靈光으로 되어 있다. 그런데 《청구》와 《만성》의 《영광정씨보》에는 정재룡의 가계가 보이지 않는다.

90 채대영蔡大永(1825~?) 전라도 부안扶安 사람으로 유학을 거쳐 고

종 4년 43세로 식년시에 병과로 급제했다. 《방목》에는 벼슬이 없이 아버지[弘燁], 할아버지[奎夏], 증조[碩憲], 외조[宋文右] 이름이 보이고, 본관이 평강平康으로 되어 있다. 그런데 《청구》와 《만성》의 《평강채씨보》에는 채대영의 가계가 보이지 않는다.

　91 **이장익**李章翊(1806~?) 경상도 영천永川 사람으로 진사를 거쳐 고종 4년 62세로 식년시에 병과로 급제하여 벼슬이 사헌부 지평(정5품)에 이르렀다. 《방목》에는 벼슬이 없이 아버지[膺紹], 할아버지[廷楷], 증조[東世], 외조[李銷] 이름이 보이고, 본관이 전주全州로 되어 있다. 《전주이씨과거급제자총람》을 보면 이장익은 태종의 아들 효령대군孝寧大君의 17대손으로 직계 5대조와 외조 가운데 벼슬아치가 없다.

　92 **조규승**曺逵承(1827~1908) 서울 사람으로 유학을 거쳐 고종 4년 41세로 식년시에 병과로 급제하여 벼슬이 성균관 전적(정6품)을 거쳐 사헌부 지평(정5품)에 이르렀다. 삼정책三政策을 건의하는 등 개혁을 촉구하는 상소를 올려 칭찬을 받기도 했으나 벼슬을 그만두고 귀향하여 학문에 몰두했다. 《방목》에는 벼슬이 없이 아버지[曔燮], 할아버지[學敬], 증조[命稷], 외조[徐德淳] 이름이 보이고, 본관이 창녕昌寧으로 되어 있다. 그런데 《청구》와 《만성》의 《창녕조씨보》에는 조규승의 가계가 보이지 않는다.

　93 **윤영성**尹永誠(1823~?) 경상도 창녕昌寧 사람으로 유학을 거쳐 고종 4년 45세로 식년시에 병과로 급제했다. 《방목》에는 벼슬이 없이 아버지[鍾魯], 할아버지[致堯], 증조[邦燦], 외조[安景泰] 이름이 보이고, 본관이 파평坡平으로 되어 있다. 그런데 《청구》와 《만성》의 《파평윤씨보》에는 윤영성의 가계가 보이지 않는다.

　94 **권경직**權景直(1838~?) 경상도 단성丹城 사람으로 유학을 거쳐 고

종 4년 30세로 식년시에 병과로 급제하여 벼슬이 부사과(종6품)에 이르렀다. 《방목》에는 벼슬이 없이 아버지[翼弼], 할아버지[萬成], 증조 [正麟], 외조[柳孝仁] 이름이 보이고, 본관이 안동安東으로 되어 있다. 그런데 《만성》의 《안동권씨보》에는 권경직의 가계가 보이지 않으며, 《청구》의 《안동권씨보》를 보면 직계 8대조 가운데 벼슬아치가 없다.

95 이만용李晚容(1831~?) 경상도 예안禮安 사람으로 유학을 거쳐 고종 4년 37세로 식년시에 병과로 급제하여 벼슬이 홍문관 부수찬(종6품)에 이르렀다. 《방목》에는 벼슬이 없이 아버지[彙詩], 할아버지[畊淳], 증조[龜煥], 외조[金道常] 이름이 보이고, 본관이 진보眞寶로 되어 있다. 《청구》와 《만성》의 《진보이씨보》를 보면 직계 7대조와 외조 가운데 벼슬아치가 없다.

96 남식南湜(1822~?) 유학을 거쳐 고종 4년 46세로 식년시에 병과로 급제했다. 《방목》에는 거주지가 없으나, 고종 2년 문과에 급제한 삼척三陟 사람 남석南漢과 할아버지, 증조의 이름이 같은 것으로 보아 남식의 거주지도 삼척으로 볼 수 있다. 《방목》에는 벼슬이 없이 아버지[鍾愚], 할아버지[奎燮], 증조[昌運], 외조[沈守룽] 이름이 보이고, 본관이 영양英陽으로 되어 있다. 그런데 《청구》와 《만성》의 《영양남씨보》에는 그의 가계가 보이지 않는다.

97 유대열劉大烈(1804~?) 전라도 순천順天 사람으로 유학을 거쳐 고종 4년 64세로 식년시에 병과로 급제했다. 《방목》에는 벼슬이 없이 아버지[秉懿], 할아버지[彦新], 증조[遇哲], 외조[張漢龜] 이름이 보이고, 본관이 강릉江陵으로 되어 있다. 그런데 《청구》와 《만성》의 《강릉유씨보》에는 유대열의 가계가 보이지 않는다.

98 이태원李泰元(1834~?) 평안도 태천泰川 사람으로 유학을 거쳐 고종 4년 34세로 식년시에 병과로 급제했다. 《방목》에는 벼슬이 없이 아버지[尙述], 할아버지[聖運], 증조[必愊], 외조[鮮于恬] 이름이 보이고, 본관이 청주淸州로 되어 있다. 그런데 《청구》와 《만성》의 《청주이씨보》에는 이태원의 가계가 보이지 않는다.

99 박제용朴齊用(1810~?) 평안도 박천博川 사람으로 유학을 거쳐 고종 4년 58세로 식년시에 병과로 급제하여 벼슬이 예문관 한림(7~9품)에 이르렀다. 《방목》에는 벼슬이 없이 아버지[雲壽], 할아버지[宗擧], 증조[泰彦], 외조[趙夢魯] 이름이 보이고, 본관이 반남潘南으로 되어 있다. 그런데 《청구》와 《만성》의 《반남박씨보》에는 박제용의 가계가 보이지 않는다.

100 조술대趙述大(1798~?) 거주지를 알 수 없다. 유학을 거쳐 고종 4년 70세로 식년시에 병과로 급제하여 벼슬이 부호군(종4품)에 이르렀다. 《방목》에는 벼슬이 없이 아버지[儀洙], 할아버지[錫洛], 증조[顯經], 외조[宋好心] 이름이 보이고, 본관이 없다. 그런데 《청구》와 《만성》의 《풍양조씨보豊壤趙氏譜》에 조술대의 가계가 보이는데 직계 6대조와 외조 가운데 벼슬아치가 없다. 가까운 친척이 상주尙州 사람인 것으로 보아 거주지는 상주일 가능성이 크다.

101 신성우申星雨(1829~?) 서울 사람으로 유학을 거쳐 고종 4년 39세로 식년시에 병과로 급제하여 벼슬이 사헌부 장령(정4품)에 이르렀다. 《방목》에는 벼슬이 없이 아버지[翕休], 할아버지[商求], 증조[斗模], 외조[洪殷謨] 이름이 보이고, 본관이 고령高靈으로 되어 있다. 《청구》와 《만성》의 《고령신씨보》를 보면 직계 8대조 가운데 벼슬아치가 없다.

102 **박우현**朴宇鉉(1821~?) 경상도 단성丹城 사람으로 유학을 거쳐 고종 4년 47세로 식년시에 병과로 급제하여 벼슬이 사간원 정언(정6품)에 이르렀다. 《방목》에는 벼슬이 없이 아버지[圭書], 할아버지[民濟], 증조[文五], 외조[李敏運] 이름이 보이고, 본관이 순천順天으로 되어 있다. 《청구》의 《순천박씨보》를 보면 직계 5대조 가운데 벼슬아치가 없고, 《만성》의 《순천박씨보》를 보면 직계 7대조 가운데 벼슬아치가 없다.

103 **정주남**鄭柱南(1828~?) 경상도 용궁龍宮 사람으로 유학을 거쳐 고종 4년 40세로 식년시에 병과로 급제하여 벼슬이 정자(정9품)에 이르렀다. 《방목》에는 벼슬이 없이 아버지[宗洛], 할아버지[昌運], 증조[光琮], 외조[金川進] 이름이 보이고, 본관이 서원西原(淸州)으로 되어 있다. 그런데 《만성》의 《청주정씨보》에는 정주남의 가계가 보이지 않으며, 《청구》의 《청주정씨보》를 보면 직계 8대조 가운데 벼슬아치가 없다.

104 **오치항**吳致恒(1827~?) 평안도 숙천肅川 사람으로 유학을 거쳐 고종 4년 41세로 식년시에 병과로 급제했다. 《방목》에는 벼슬이 없이 아버지[學淵], 할아버지[聖麟], 증조[亨哲], 외조[金若曾] 이름이 보이고, 본관이 해주海州로 되어 있다. 그런데 《청구》와 《만성》의 《해주오씨보》에는 오치항의 가계가 보이지 않는다.

105 **김학제**金學濟(1833~?) 평안도 정주定州 사람으로 유학을 거쳐 고종 4년 35세로 식년시에 병과로 급제했다. 《방목》에는 벼슬이 없이 아버지[夏銓], 할아버지[持廉], 증조[賢黙], 외조[鄭基憲] 이름이 보이고, 본관이 연안延安으로 되어 있다. 그런데 《청구》와 《만성》의 《연안김씨보》에는 김학제의 가계가 보이지 않는다. 평안도의 연안김

씨는 영조 대 이후로 문과급제자 54명을 배출했는데, 정주에서 43명
이 급제해 이 지역의 신흥 명문으로 부상했다.

106 임준양林俊養 고종 4년 식년시에 급제했다. 《방목》에 아무런
기록이 없어 거주지와 신원을 알 수 없는데, 국립도서관본 《방목》에
는 본관이 안의安義로 되어 있다. 그런데 《청구》와 《만성》에는 《안
의임씨보》 자체가 없어 신원을 알 수 없다. 《실록》을 보면 임준양의
벼슬은 사헌부 장령(정4품)에 이르렀다고 한다. 2000년 현재 안의임
씨 인구는 530가구 1,681명의 극희성으로 조선시대 문과급제자 5명
을 배출했다.

107 이휘규李徽圭(1831~?) 평안도 정주定州 사람으로 유학을 거쳐
고종 4년 37세로 식년시에 병과로 급제하여 벼슬이 사헌부 지평(정5
품)에 이르렀다. 《방목》에는 벼슬이 없이 아버지[景燁], 할아버지[之
柱], 증조[昌林], 외조[全致郁] 이름이 보이고, 본관이 전주全州로 되어
있다. 《전주이씨과거급제자총람》을 보면 이휘규는 목조의 아들 안원
대군安原大君의 21대손으로 벼슬아치는 10대조가 공조참의(정3품 당상
관)를 한 것이 전부이다. 그러니 5백 년 동안 거의 벼슬을 하지 못한
왕족이다.

108 여선기呂善驥(1810~?) 전라도 담양潭陽 사람으로 유학을 거쳐
고종 4년 58세로 식년시에 병과로 급제하여 벼슬이 사간원 정언(정6
품)을 거쳐 부사과(종6품)에 이르렀다. 《방목》에는 벼슬이 없이 아버
지[鼎周], 할아버지[必埰], 증조[孝齊], 외조[楊正楷] 이름이 보이고, 본
관이 함양咸陽으로 되어 있다. 그런데 《청구》와 《만성》의 《함양여씨
보》에는 여선기의 가계가 보이지 않는다.

109 박동구朴東龜(1799~?) 전라도 창평昌平 사람으로 유학을 거쳐

고종 4년 69세로 식년시에 병과로 급제했다. 《방목》에는 벼슬이 없이 아버지[聖洙], 할아버지[鎭健], 증조[璠], 외조[韓學祖] 이름이 보이고, 본관이 함양咸陽으로 되어 있다. 그런데 《청구》와 《만성》의 《함양박씨보》에는 박동구의 가계가 보이지 않는다.

110 허윤許綸(1840~?) 평안도 구성龜城 사람으로 유학을 거쳐 고종 4년 28세로 식년시에 병과로 급제하여 벼슬이 사간원 정언(정6품)에 이르렀다. 《방목》에는 벼슬이 없이 아버지[沐], 할아버지[埔], 증조[杆], 외조[白大亨] 이름이 보이고, 본관이 양천陽川으로 되어 있다. 그런데 《청구》와 《만성》의 《양천허씨보》에는 허윤의 가계가 보이지 않는다.

111 정탁인鄭度仁(1840~?) 경상도 함양咸陽 사람으로 유학을 거쳐 고종 4년 28세로 경과정시에 장원급제했는데, 답안지를 바꿔치기한 것이 드러나 발거拔去되었다. 《방목》에는 아버지[匡弼] 이름만 보이고, 본관이 해주海州로 되어 있다. 그런데 《청구》의 《해주정씨보》에는 정탁인의 가계가 보이지 않으며, 《만성》의 《해주정씨보》를 보면 직계 6대조 가운데 벼슬아치가 없다.

112 정응철鄭應哲(1843~?) 경상도 상주尙州 사람으로 유학을 거쳐 고종 4년 25세로 경과정시에 을과로 급제하여 벼슬이 예문관 한림 (7~9품)을 거쳐 사간원 정언(정6품)과 홍문관 수찬(정6품)에 이르렀다. 《방목》에는 벼슬이 없이 아버지[秀權], 할아버지[光虞], 증조[鎭基], 외조[金晩亨] 이름이 보이고, 본관이 봉화奉化로 되어 있다. 그런데 《청구》와 《만성》의 《봉화정씨보》에는 정응철의 가계가 보이지 않는다. 봉화정씨는 개국공신 정도전鄭道傳의 후손으로 조선시대 문과급제자 8명을 배출했다.

113 **정방현**鄭芳鉉(1845~?) 전라도 나주羅州 사람으로 유학을 거쳐 고종 4년 23세로 경과정시에 을과로 급제했다. 《방목》에는 벼슬이 없이 아버지[在潤], 할아버지[龍昊], 증조[稜], 외조[梁學櫓] 이름이 보이고, 본관이 하동河東으로 되어 있다. 그런데 《청구》와 《만성》의 《하동정씨보》에는 정방현의 가계가 보이지 않는다.

114 **강영수**姜永壽(1849~?) 경상도 단성丹城 사람으로 유학을 거쳐 고종 4년 19세로 경과정시에 병과로 급제하여 벼슬이 사헌부 장령(정4품)에 이르렀다. 《방목》에는 벼슬이 없이 아버지[璘會], 할아버지[在德], 증조[元奎], 외조[金尙祿] 이름이 보이고, 본관이 진주晉州로 되어 있다. 그런데 《청구》와 《만성》의 《진주강씨보》에는 강영수의 가계가 보이지 않는다.

115 **이상두**李商斗(개명 商新, 1833~1897) 전라도 전주全州 사람으로 유학을 거쳐 고종 4년 35세로 경과정시에 병과로 급제하여 벼슬이 사헌부 집의(종3품)에 이르렀다. 《방목》에는 벼슬이 없이 아버지[基煥], 할아버지[應榮], 증조[成彩], 외조[李海注] 이름이 보이고, 본관이 전주로 되어 있다. 《전주이씨과거급제자총람》을 보면 이상두는 회안대군懷安大君 이방간李芳幹의 15대손으로 이방간의 4대손까지는 벼슬이 군君, 도정都正, 낭郎으로 세습되었다가 그 뒤 10대조는 모두 벼슬이 없고 사마시급제자도 없다.

116 **박용재**朴龍栽(1831~?) 황해도 평산平山 사람으로 유학을 거쳐 고종 4년 37세로 경과정시에 병과로 급제하여 벼슬이 사간원 정언(정6품)에 이르렀다. 《방목》에는 벼슬이 없이 아버지[奎錫], 할아버지[載遠], 증조[鵬海], 외조[宋之英] 이름이 보이고, 본관이 죽산竹山으로 되어 있다. 그런데 《청구》와 《만성》의 《죽산박씨보》에는 박용재의 가

계가 보이지 않는다.

　117 송기宋淇(1828~?) 평안도 안주安州 사람으로 유학을 거쳐 고종 4년 40세로 경과정시에 병과로 급제했다. 《방목》에는 벼슬이 없이 아버지〔大彦〕, 할아버지〔尙采〕, 증조〔泰柱〕, 외조〔金泰淑〕 이름이 보이고, 본관이 여산礪山으로 되어 있다. 그런데 《청구》와 《만성》의 《여산송씨보》에는 송기의 가계가 보이지 않는다.

　118 채사흠蔡思欽(1825~?) 황해도 평산平山 사람으로 유학을 거쳐 고종 5년(1868) 44세로 경복궁 중건을 기념하는 경과정시에 갑과로 급제했다. 《방목》에는 벼슬이 없이 아버지〔瑞周〕, 할아버지〔心協〕, 증조〔若沈〕, 외조〔南亨大〕 이름이 보이고, 본관이 인천仁川으로 되어 있다. 그런데 《청구》와 《만성》의 《인천채씨보》에는 채사흠의 가계가 보이지 않는다.

　119 옥경련玉景鍊(1829~?) 전라도 광주光州 사람으로 유학을 거쳐 고종 5년 40세로 경과정시에 을과로 급제하여 벼슬이 찰방(종6품)과 사헌부 지평(정5품)을 거쳐 부사(종3품)에 이르렀다. 《방목》에는 벼슬이 없이 아버지〔在瑞〕, 할아버지〔碩炫〕, 증조〔東振〕, 외조〔申在國〕 이름이 보이고, 본관이 의령宜寧으로 되어 있다. 그런데 《만성》에는 《의령옥씨보》 자체가 없고, 《청구》의 《의령옥씨보》를 보면 직계 8대조와 외조 가운데 벼슬아치가 없다. 2000년 현재 의령옥씨 인구는 6,157가구 1만 9,368명으로 조선시대 문과급제자 5명을 배출했다.

　120 오택우吳宅禹(1826~?) 평안도 강서江西 사람으로 유학을 거쳐 고종 5년 43세로 경과정시에 을과로 급제했다. 《방목》에는 벼슬이 없이 아버지〔龍漢〕, 할아버지〔聖湖〕, 증조〔世長〕, 외조〔李胤基〕 이름이 보이고, 본관이 해주海州로 되어 있다. 그런데 《청구》와 《만성》의

《해주오씨보》에는 오택우의 가계가 보이지 않는다.

121 **이상학**李尙鶴(1846~?) 경상도 영해寧海 사람으로 유학을 거쳐 고종 5년 23세로 경과정시에 병과로 급제했다. 《방목》에는 벼슬이 없이 아버지[東秀], 할아버지[聖佑], 증조[泰運], 외조[晋完孫] 이름이 보이고, 본관이 월성月城(慶州)으로 되어 있다. 그런데 《청구》와 《만성》의 《경주이씨보》에는 이상학의 가계가 보이지 않는다.

122 **이규섭**李圭燮(1844~?) 경상도 의성義城 사람으로 유학을 거쳐 고종 5년 25세로 경과정시에 병과로 급제하여 벼슬이 교서관 교리(종5품)에 이르렀다. 《방목》에는 벼슬이 없이 아버지[善榮], 할아버지[集樞], 증조[道源], 외조[禹海敎] 이름이 보이고, 본관이 경주慶州로 되어 있다. 그런데 《만성》의 《경주이씨보》에는 이규섭의 가계가 보이지 않으며, 《청구》의 《경주이씨보》를 보면 직계 5대조와 외조 가운데 벼슬아치가 없다.

123 **김학린**金學璘(1805~?) 평안도 순안順安 사람으로 유학을 거쳐 고종 5년 64세로 경과정시에 병과로 급제했다. 《방목》에는 벼슬이 없이 아버지[錫心], 할아버지[鼎岳], 증조[亨], 외조[張就德] 이름이 보이고, 본관이 전주全州로 되어 있다. 그런데 《만성》에는 《전주김씨보》 자체가 없고, 《청구》의 《전주김씨보》에는 김학린의 가계가 보이지 않는다. 평안도의 전주김씨는 선조 대 이후 문과급제자 21명을 배출했는데, 그 가운데 16명이 평안도에서 급제한 것으로 확인되고 있다.

124 **김영훈**金永薰(1836~?) 경상도 대구大邱 사람으로 유학을 거쳐 고종 5년 33세로 경과정시에 병과로 급제하여 벼슬이 사헌부 장령(정4품)에 이르렀다. 《방목》에는 벼슬이 없이 아버지[壽祿], 할아버지[尙

元], 증조[德三], 외조[裵厚度] 이름이 보이고, 본관이 김해金海로 되어
있다. 그런데 《청구》와 《만성》의 《김해김씨보》에는 김영훈의 가계
가 보이지 않는다.

125 노응길盧應吉(1824~?) 경상도 창녕昌寧 사람으로 유학을 거쳐
고종 5년 45세로 경과정시에 병과로 급제하여 벼슬이 사간원 정언(정
6품)에 이르렀다. 《방목》에는 벼슬이 없이 아버지[以健], 할아버지[奎
元], 증조[聖麟], 외조[黃尙祐] 이름이 보이고, 본관이 광주光州로 되어
있다. 그런데 《만성》의 《광주노씨보》에는 노응길의 가계가 보이지
않으며, 《청구》의 《광주노씨보》를 보면 직계 8대조와 외조 가운데
벼슬아치가 없다.

126 임기원任基元(1842~?) 경기도 연천漣川 사람으로 유학을 거쳐
고종 5년 27세로 경과정시에 병과로 급제했다. 《방목》에는 벼슬이
없이 아버지[煥], 할아버지[秀五], 증조[濟益], 외조[李命寬] 이름이 보
이고, 본관이 곡성谷城으로 되어 있다. 그런데 《만성》에는 《곡성임씨
보》 자체가 없고, 《청구》의 《곡성임씨보》에는 임기원의 가계가 보
이지 않는다.

127 차유성車有聲(1845~?) 평안도 영변寧邊 사람으로 은유학恩幼學을
거쳐 고종 5년 24세로 경과정시에 병과로 급제하여 벼슬이 사간원
정언(정6품)을 거쳐 사헌부 장령(정4품)에 이르렀다. 《방목》에는 벼슬
이 없이 아버지[義錫], 할아버지[敬祚], 증조[正大], 외조[白正黙] 이름
이 보이고, 본관이 연안延安으로 되어 있다. 그런데 《청구》와 《만성》
의 《연안차씨보》에는 차유성의 가계가 보이지 않는다.

128 조재두趙在斗(개명 正敎, 1829~?) 경상도 문경聞慶 사람으로 유학
을 거쳐 고종 5년 40세로 경과정시에 병과로 급제했다. 《방목》에는

벼슬이 없이 아버지[昌晉], 할아버지[榮宅], 증조[鄭], 외조[蔡肅東] 이름이 보이고, 본관이 한양漢陽으로 되어 있다. 그런데 《청구》의 《한양조씨보》에는 조재두의 가계가 보이지 않으며, 《만성》의 《한양조씨보》를 보면 아버지까지의 가계는 보이나 그의 이름은 보이지 않는다. 아버지까지의 가계를 보면 그는 개국공신 조인옥趙仁沃의 후손으로 직계 12대조 가운데 벼슬아치는 8대조가 문과에 급제한 것뿐이다.

　　129 홍우기洪祐冀(1832~?) 충청도 충주忠州 사람으로 유학을 거쳐 고종 5년 37세로 경과정시에 병과로 급제하여 벼슬이 홍문관 교리(정5품)에 이르렀다. 《방목》에는 벼슬이 없이 아버지[勉周], 할아버지[完謨], 증조[義民], 외조[李箸] 이름이 보이고, 본관이 풍산豊山으로 되어 있다. 그런데 《청구》의 《풍산홍씨보》에는 홍우기의 가계가 보이지 않으며, 《만성》의 《풍산홍씨보》를 보면 직계 5대조와 외조 가운데 벼슬아치가 없다.

　　130 유망원兪望源(1824~?) 경기도 수원水原 사람으로 유학을 거쳐 고종 5년 45세로 경과정시에 병과로 급제하여 벼슬이 사간원 정언(정6품)에 이르렀다. 《방목》에는 벼슬과 아버지[鈜參], 할아버지[쏀], 증조[勉中], 외조[許益] 이름이 보이고, 본관이 창원昌原으로 되어 있다. 그런데 《청구》와 《만성》의 《창원유씨보》에는 유망원의 가계가 보이지 않는다.

　　131 이몽제李蒙濟(1838~?) 유학을 거쳐 고종 5년 31세로 종친부에서 가진 종과정시宗科廷試에 갑과로 급제했는데, 《선원보璿源譜》에 오르지 못한 것이 발각되어 삭과되었다가 고종 11년 다시 복과되어 벼슬이 사간원 정언(정6품)에 이르렀다. 《방목》에는 이름 말고는 아무런 기록이 없다. 그런데 《전주이씨과거급제자총람》을 보면 이몽제는

고려 말 문하시중을 지낸 이거李琚의 19대손으로 직계 7대조 가운데
벼슬아치가 없다.

132 **이현형**李鉉亨(1831~1886) 경상도 합천陜川 사람으로 유학을 거
쳐 고종 5년 38세로 종친부 종과정시에 을과로 급제하여 벼슬이 사
간원 정언(정6품)에 이르렀다. 《방목》에는 벼슬이 없이 아버지[天雄],
할아버지[碩馥], 증조[萬瑞], 외조[安斗柄] 이름이 보이고, 본관이 전주
全州로 되어 있다. 《전주이씨과거급제자총람》을 보면 이현형은 성종
의 후궁 소생 영산군寧山君의 11대손으로 직계 4대조 가운데 벼슬아
치가 없다.

133 **이강훈**李康勳(1833~1885) 경상도 진해鎭海 사람으로 유학을 거
쳐 고종 5년 36세로 종친부 종과정시에 병과로 급제하여 벼슬이 이
조정랑(정5품)에 이르렀다. 《방목》에는 벼슬이 없이 아버지[廷麟], 할
아버지[禎奎], 증조[國柄], 외조[金得潤] 이름이 보이고, 본관이 전주全
州로 되어 있다. 《전주이씨과거급제자총람》을 보면 이강훈은 태종의
아들 효령대군孝寧大君의 19대손으로 직계 5대조 가운데 벼슬아치가
없다.

134 **도석훈**都錫壎(1812~?) 경상도 대구大邱 사람으로 유학을 거쳐
고종 6년(1869) 58세로 경무대景武臺에서 가진 경과정시에 장원급제
하여 벼슬이 사간원 정언(정6품)과 헌납(정5품)에 이르렀다. 《방목》에
는 벼슬이 없이 아버지[大珪], 할아버지[必卓], 증조[汝謨], 외조[金利
仁] 이름이 보이고, 본관이 성주星州(八莒)로 되어 있다. 《청구》와
《만성》의 《성주도씨보》를 보면 직계 7대조와 외조 가운데 벼슬아치
가 없다.

135 **김승훈**金承勳(1834~?) 함경도 삼수三水 사람으로 유학을 거쳐

고종 6년 36세로 경무대 경과정시에 을과로 급제했다.《방목》에는 벼슬이 없이 아버지[聖璉], 할아버지[佐衡], 증조[權中], 외조[趙思瑃] 이름이 보이고, 본관이 개성開城으로 되어 있다. 그런데《청구》와 《만성》의《개성김씨보》에는 김승훈의 가계가 보이지 않는다.

　136 **이동영**李東榮(1836~?) 경상도 상주尙州 사람으로 유학을 거쳐 고종 6년 34세로 경무대 경과정시에 병과로 급제하여 벼슬이 사헌부 장령(정4품)에 이르렀다.《방목》에는 벼슬이 없이 아버지[集澤], 할아버지[龍順], 증조[杰], 외조[姜一永] 이름이 보이고, 본관이 경주慶州로 되어 있다. 그런데《청구》와《만성》의《경주이씨보》에는 이동영의 가계가 보이지 않는다.

　137 **박종형**朴宗瀅(1839~?) 평안도 영변寧邊 사람으로 유학을 거쳐 고종 6년 31세로 경무대 경과정시에 병과로 급제했다.《방목》에는 벼슬이 없이 아버지[士衍], 할아버지[桂齡], 증조[健柱], 외조[金德謙] 이름이 보이고, 본관이 밀양密陽으로 되어 있다. 그런데《청구》와 《만성》의《밀양박씨보》에는 박종형의 가계가 보이지 않는다.

　138 **이동상**李東相(1828~?) 경상도 성주星州 사람으로 유학을 거쳐 고종 6년 42세로 경무대 경과정시에 병과로 급제했다.《방목》에는 벼슬이 없이 아버지[源五], 할아버지[安鎭], 증조[謙垕], 외조[李之德] 이름이 보이고, 본관이 성주로 되어 있다. 그런데《청구》와《만성》 의《성주이씨보》에는 이동상의 가계가 보이지 않는다.

　139 **신종백**申鍾百(1845~?) 경기도 풍덕豊德 사람으로 유학을 거쳐 고종 6년 25세로 경무대 경과정시에 병과로 급제했다.《방목》에는 벼슬이 없이 아버지[在運], 할아버지[喆和], 증조[錫禎], 외조[具修益] 이름이 보이고, 본관이 평산平山으로 되어 있다. 그런데《만성》의

《평산신씨보》를 보면 할아버지까지의 가계만 보이고 그 뒤는 보이지 않으며, 《청구》의 《평산신씨보》에는 가계가 보이나 직계 6대조와 외조 가운데 벼슬아치가 없다.

140 **백규연**白奎演(1845~?) 전라도 임실任實 사람으로 유학을 거쳐 고종 6년 25세로 경무대 경과정시에 병과로 급제했다. 《방목》에는 벼슬이 없이 아버지[啓玉], 할아버지[致璋], 증조[基繪], 외조[朴希曾] 이름이 보이고, 본관이 수원水原으로 되어 있다. 그런데 《청구》와 《만성》의 《수원백씨보》에는 백규연의 가계가 보이지 않는다.

141 **김재정**金在鼎(1831~?) 평양平壤 사람으로 유학을 거쳐 고종 6년 39세로 경무대 경과정시에 병과로 급제하여 벼슬이 사간원 헌납(정5품)에 이르렀다. 《방목》에는 벼슬이 없이 아버지[益鍊], 할아버지[宗潤], 증조[聖行], 외조[金樂文] 이름이 보이고, 본관이 광주光州(光山)로 되어 있다. 그런데 《청구》와 《만성》의 《광산김씨보》에는 김재정의 가계가 보이지 않는다.

142 **차정위**車正緯(1822~?) 경상도 고령高靈 사람으로 유학을 거쳐 고종 6년 48세로 경무대 경과정시에 병과로 급제했다. 《방목》에는 벼슬이 없이 아버지[達興], 할아버지[弼禮], 증조[用寬], 외조[朴永根] 이름이 보이고, 본관이 연안延安으로 되어 있다. 그런데 《청구》의 《연안차씨보》에는 차정위의 가계가 보이지 않으며, 《만성》의 《연안차씨보》에는 증조까지의 가계만 보이고 그 뒤는 보이지 않는데, 그는 조선 중기 문신 차천로車天輅의 7대손으로 벼슬아치는 차천로의 아들뿐이다.

143 **오진관**吳鎭寬(1824~?) 평양平壤 사람으로 유학을 거쳐 고종 6년 46세로 경무대 경과정시에 병과로 급제했다. 《방목》에는 벼슬이 없

이 아버지[學奎], 할아버지[特遵], 증조[鳳壽], 외조[朴宗哲] 이름이 보이고, 본관이 해주海州로 되어 있다. 그런데 《청구》와 《만성》의 《해주오씨보》에는 오진관의 가계가 보이지 않는다.

144 최의점崔義漸(1842~?) 평안도 용강龍岡 사람으로 유학을 거쳐 고종 6년 28세로 경무대 경과정시에 병과로 급제했다. 《방목》에는 벼슬이 없이 아버지[尙權], 할아버지[致悅], 증조[明元], 외조[韓君一] 이름이 보이고, 본관이 해주海州로 되어 있다. 그런데 《청구》와 《만성》의 《해주최씨보》에는 최의점의 가계가 보이지 않는다.

145 김대윤金大胤(1854, 또는 1794~?) 평안도 순안順安 사람으로 유학을 거쳐 고종 6년 16세(또는 76세)로 경무대 경과정시에 병과로 급제했다. 《방목》에는 벼슬이 없이 아버지[得鳴], 할아버지[好祥], 증조[日匡], 외조[崔致漢] 이름이 보이고, 본관이 충주忠州로 되어 있다. 그런데 《청구》와 《만성》의 《충주김씨보》에는 김대윤의 가계가 보이지 않는다. 2000년 현재 충주김씨 인구는 2,923가구 9,099명의 희성으로 조선시대 문과급제자 12명을 배출했는데, 그 가운데 10명이 평안도 출신이다.

146 유정식柳廷植(1822~?) 전라도 남원南原 사람으로 은유학恩幼學을 거쳐 고종 6년 48세로 경무대 경과정시에 병과로 급제했다. 《방목》에는 벼슬이 없이 아버지[泓], 할아버지[鎭房], 증조[堉], 외조[金希濚] 이름이 보이고, 본관이 문화文化로 되어 있다. 그런데 《청구》와 《만성》의 《문화유씨보》에는 유정식의 가계가 보이지 않는다.

147 한영제韓暎濟(1839~?) 평안도 박천博川 사람으로 유학을 거쳐 고종 6년 31세로 경무대 경과정시에 병과로 급제했다. 《방목》에는 벼슬이 없이 아버지[鎭璉], 할아버지[泰冀], 증조[志道], 외조[安允龍]

이름이 보이고, 본관이 청주淸州로 되어 있다. 그런데 《청구》와 《만성》의 《청주한씨보》에는 한영제의 가계가 보이지 않는다.

148 이재영李載英(1829~?) 서울 사람으로 유학을 거쳐 고종 6년 41세로 경무대 경과정시에 병과로 급제하여 벼슬이 홍문관 교리(정5품)에 이르렀다. 《방목》에는 벼슬이 없이 아버지[周燮], 할아버지[庭玉], 증조[源眞], 외조[李英潤] 이름이 보이고, 본관이 전주全州로 되어 있다. 《전주이씨과거급제자통람》을 보면 이재영은 비운의 왕자 소현세자昭顯世子(인조의 아들)의 아들 가운데 유일하게 살아남은 경안군慶安君의 8대손으로, 세자의 3대손까지 군君을 계승하고 그 뒤로는 벼슬아치가 없다.

149 어윤중魚允中(1848~1896) 충청도 보은報恩 출신의 서울 사람으로 유학을 거쳐 고종 6년 22세로 경무대 경과정시에 병과로 급제하여 벼슬이 홍문관을 거쳐 예조판서(정2품)에 이르렀다. 동도서기東道西器를 따르는 개화파 인사로 신사유람단으로 일본에 다녀오고, 갑오경장 때 여러 가지 개혁사업에 참여했는데, 아관파천 뒤 고향 보은으로 피신하다가 피살되었다. 《방목》에는 벼슬이 없이 아버지[若愚], 할아버지[命能], 증조[在象], 외조[李容達] 이름이 보이고, 본관이 함종咸從으로 되어 있다. 《청구》와 《만성》의 《함종어씨보》를 보면 직계 3대조와 외조 가운데 벼슬아치가 없다. 어렸을 때 부모를 모두 잃고 농사지으면서 공부해서 벼슬길에 올랐다고 한다.

150 김용우金容愚(1830~?) 전라도 광주光州 사람으로 유학을 거쳐 고종 6년 40세로 경무대 경과정시에 병과로 급제했다. 《방목》에는 벼슬이 없이 아버지[震休], 할아버지[文淵], 증조[達鳴], 외조[薛絢] 이름이 보이고, 본관이 광주光州(光山)로 되어 있다. 그런데 《청구》와

《만성》의 《광산김씨보》에는 김용우의 가계가 보이지 않는다.

151 **권재철**權載喆(1826~?) 경상도 안동安東 사람으로 생원을 거쳐 고종 6년 44세로 경무대 경과정시에 병과로 급제하여 벼슬이 홍문관 교리(정5품)에 이르렀다. 《방목》에는 벼슬이 없이 아버지[球度], 할아버지[思任], 증조[正仁], 외조[琴汝觀] 이름이 보이고, 본관이 안동으로 되어 있다. 《청구》의 《안동권씨보》를 보면 권재철은 권벌權橃의 10 대손으로 직계 7대조와 외조 가운데 벼슬아치가 없다. 한편, 《만성》의 《안동권씨보》에는 그의 가계가 보이지 않는다.

152 **최희룡**崔憙龍(1844~?) 평안도 영변寧邊 사람으로 유학을 거쳐 고종 6년 26세로 경무대 경과정시에 병과로 급제했다. 《방목》에는 벼슬이 없이 아버지[榮浞], 할아버지[重奎], 증조[國允], 외조[姜哲一] 이름이 보이고, 본관이 전주全州로 되어 있다. 그런데 《청구》와 《만성》의 《전주최씨보》에는 최희룡의 가계가 보이지 않는다.

153 **이석홍**李錫弘(1837~?) 서울 사람으로 유학을 거쳐 고종 6년 33 세로 경무대 경과정시에 병과로 급제하여 벼슬이 홍문관 교리(정5품)에 이르렀다. 《방목》에는 벼슬이 없이 아버지[泰善, 생부 膺善], 할아버지[顯謨], 증조[漢相], 외조[閔衷勳] 이름이 보이고, 본관이 전주全州로 되어 있다. 《전주이씨과거급제자총람》을 보면 이석홍은 개국공신 이백유李伯由의 16대손으로 직계 3대조 가운데 벼슬아치가 없다.

154 **노덕순**盧德純(1839~?) 평안도 정주定州 사람으로 유학을 거쳐 고종 6년 31세로 경무대 경과정시에 병과로 급제하여 벼슬이 성균관 전적(정6품)에 이르렀는데, 분관分館에 불만을 품고 문제를 일으켜 고종 9년에 유배당했다. 《방목》에는 벼슬이 없이 아버지[鎭芳], 할아버지[始陽], 증조[尙元], 외조[洪洛炫] 이름이 보이고, 본관이 해주海州로

되어 있다. 그런데 《만성》에는 《해주노씨보》 자체가 없고, 《청구》
의 《해주노씨보》에는 노덕순의 가계가 보이는데 할아버지와 증조의
이름이 《방목》과 달라 가계가 확실치 않다. 다만, 정주의 해주노씨는
조선 후기에 문과급제자 16명을 배출하여 이 지역 새로운 명문으로
등장했다.

155 **남광철**南光轍(개명 相說, 1845~?) 서울 사람으로 유학을 거쳐 고
종 7년(1870) 26세로 경과정시에 장원급제하여 벼슬이 사헌부 지평
(정5품)과 장령(정4품)에 이르렀다. 《방목》에는 벼슬이 없이 아버지
[俊熙], 할아버지[廷愚], 증조[集中], 외조[李騶寧] 이름이 보이고, 본관
이 의령宜寧으로 되어 있다. 그런데 《청구》와 《만성》의 《의령남씨
보》에는 남광철의 가계가 보이지 않는다.

156 **오인영**吳麟泳(1844~?) 충청도 공주公州 사람으로 유학을 거쳐
고종 7년 27세로 경과정시에 을과로 급제하여 벼슬이 홍문관 부수찬
(종6품)을 거쳐 승지(정3품 당상관)에 이르렀다. 《방목》에는 벼슬이 없
이 아버지[禮鎭, 생부 義鎭], 할아버지[琛], 증조[錫興], 외조[許蘊] 이름
이 보이고, 본관이 동복同福으로 되어 있다. 《청구》와 《만성》의 《동
복오씨보》를 보면 직계 5대조와 외조 가운데 벼슬아치가 없다.

157 **신철구**辛哲求(1832~?) 경기도 양근楊根 사람으로 유학을 거쳐
고종 7년 39세로 경과정시에 병과로 급제하여 벼슬이 사헌부 장령(정
4품)에 이르렀다. 《방목》에는 벼슬이 없이 아버지[會謙], 할아버지[宅
奎], 증조[錫], 외조[李裕] 이름이 보이고, 본관이 영산靈山으로 되어 있
다. 그런데 《청구》와 《만성》의 《영산신씨보》에는 신철구의 가계가
보이지 않는다.

158 **손상철**孫相喆(1814~?) 충청도 홍주洪州 사람으로 유학을 거쳐

고종 7년 57세로 경과정시에 병과로 급제했다. 《방목》에는 벼슬이 없이 아버지[仁澤], 할아버지[欽], 증조[昌胤], 외조[李國柱] 이름이 보이고, 본관이 밀양密陽으로 되어 있다. 그런데 《청구》와 《만성》의 《밀양손씨보》에는 손상철의 가계가 보이지 않는다.

　159 박우현朴遇賢(1829~?) 경상도 영천榮川 사람으로 유학을 거쳐 고종 7년 42세로 경과정시에 병과로 급제하여 벼슬이 사간원 정언(정6품)을 거쳐 부사과(종6품)에 이르렀다. 《방목》에는 벼슬이 없이 아버지[秀龍], 할아버지[章淳], 증조[弘仁], 외조[李日淳] 이름이 보이고, 본관이 고령高靈으로 되어 있다. 그런데 《만성》의 《고령박씨보》에는 박우현의 가계가 보이지 않으며, 《청구》의 《고령박씨보》를 보면 직계 9대조와 외조 가운데 벼슬아치가 없다.

　160 김영목金永穆(1835~?) 서울 사람으로 진사를 거쳐 고종 7년 36세로 경과정시에 병과로 급제하여 벼슬이 대사성(정3품 당상관)을 거쳐 대한제국 때 궁내부 특진관特進官(칙임관)에 이르렀다. 《방목》에는 벼슬이 없이 아버지[周鉉, 생부 曾鉉], 할아버지[在崑], 증조[箕晉], 외조[李魯和] 이름이 보이고, 본관이 광산光山으로 되어 있다. 《청구》와 《만성》의 《광산김씨보》를 보면 직계 3대조와 외조 가운데 벼슬아치가 없다.

　161 백낙흥白樂興(1842~?) 평안도 태천泰川 사람으로 유학을 거쳐 고종 7년 29세로 경과정시에 병과로 급제했다. 《방목》에는 벼슬이 없이 아버지[希鵬], 할아버지[季顯], 증조[天奎], 외조[文士辰] 이름이 보이고, 본관이 수원水原으로 되어 있다. 그런데 《청구》와 《만성》의 《수원백씨보》에는 백낙흥의 가계가 보이지 않는다. 태천의 수원백씨는 순조 대 이후로 문과급제자 14명을 배출하여 이 지역의 신흥 명문

으로 떠올랐다.

　162 조승하趙承夏(1816~?) 전라도 강진康津 사람으로 유학을 거쳐 고종 7년 55세로 경과정시에 병과로 급제했다. 《방목》에는 벼슬이 없이 아버지[秉熙], 할아버지[義永], 증조[德恒], 외조[尹履祚] 이름이 보이고, 본관이 풍양豊壤으로 되어 있다. 그런데 《청구》와 《만성》의 《풍양조씨보》에는 조승하의 가계가 보이지 않는다.

　163 박종대朴鍾大(1849~?) 충청도 공주公州 사람으로 유학을 거쳐 고종 7년 22세로 경과정시에 병과로 급제했다. 《방목》에는 벼슬이 없이 아버지[夏圭], 할아버지[光文], 증조[彙根], 외조[姜敏煥] 이름이 보이고, 본관이 함양咸陽으로 되어 있다. 그런데 《청구》와 《만성》의 《함양박씨보》에는 박종대의 가계가 보이지 않는다.

　164 권붕규權鵬圭(1841~?) 강원도 원주原州 사람으로 유학을 거쳐 고종 7년 30세로 경과정시에 병과로 급제하여 벼슬이 사헌부 지평(정5품)에 이르렀다. 고종 11년에는 자신을 포함한 서얼의 허통을 주장하는 상소를 올리기도 했는데,29) 이로 보아 권붕규는 서얼임을 알 수 있다. 《방목》에는 벼슬이 없이 아버지[思說], 할아버지[宲], 증조[黙], 외조[申絢] 이름이 보이고, 본관이 안동安東으로 되어 있다. 그런데 《청구》와 《만성》의 《안동권씨보》에는 권붕규의 가계가 보이지 않는다. 서얼이기 때문에 《족보》에 오르지 못한 것으로 보인다.

　165 민치량閔致亮(1844~?) 경상도 산청山淸 사람으로 유학을 거쳐 고종 7년 27세로 식년시에 장원급제하여 벼슬이 사헌부 장령(정4품)에 이르렀다. 《방목》에는 벼슬이 없이 아버지[在圭], 할아버지[以珠],

증조[鎰], 외조[梁天民] 이름이 보이고, 본관이 여흥驪興으로 되어 있다. 그런데 《청구》와 《만성》의 《여흥민씨보》에는 민치량의 가계가 보이지 않는다.

　　166 기관현奇觀鉉(1837~?) 전라도 나주羅州 사람으로 유학을 거쳐 고종 7년 34세로 식년시에 갑과로 급제하여 벼슬이 사간원 정언(정6품)과 사헌부 지평(정5품)에 이르렀다. 《방목》에는 벼슬이 없이 아버지[師轍], 할아버지[商天], 증조[宗敏], 외조[金圭] 이름이 보이고, 본관이 행주幸州로 되어 있다. 그런데 《청구》의 《행주기씨보》에는 기관현의 가계가 보이지 않으며, 《만성》의 《행주기씨보》를 보면 직계 5대조와 외조 가운데 벼슬아치가 없다.

　　167 신종구愼鍾龜(1840~?) 경상도 안의安義 사람으로 유학을 거쳐 고종 7년 31세로 식년시에 갑과로 급제했다. 《방목》에는 벼슬이 없이 아버지[在正, 생부 在謀], 할아버지[必寧], 증조[性眞], 외조[曺彦明] 이름이 보이고, 본관이 거창居昌으로 되어 있다. 그런데 《만성》의 《거창신씨보》에는 신종구의 가계가 보이지 않으며, 《청구》의 《거창신씨보》에는 아버지까지의 가계는 보이는데 그의 이름은 보이지 않는다.

　　168 권인룡權仁龍(1839~?) 경상도 단성丹城 사람으로 유학을 거쳐 고종 7년 32세로 식년시에 을과로 급제하여 벼슬이 정자(정9품)에 이르렀다. 《방목》에는 벼슬이 없이 아버지[正馥], 할아버지[蓋], 증조[必彦], 외조[姜正欽] 이름이 보이고, 본관이 안동安東으로 되어 있다. 《청구》와 《만성》의 《안동권씨보》를 보면 직계 7대조와 외조 가운데 벼슬아치가 없다.

　　169 조중린趙重麟(1820~?) 평안도 의주義州 사람으로 유학을 거쳐 고종 7년 51세로 식년시에 을과로 급제하여 벼슬이 사헌부 장령(정4

품)에 이르렀다. 《방목》에는 벼슬이 없이 아버지[榮郁], 할아버지[亨烈], 증조[文周], 외조[洪眜] 이름이 보이고 본관이 충주忠州로 되어 있다. 그런데 《청구》와 《만성》에는 《충주조씨보》 자체가 없을 만큼 이름 없는 집안이다. 2000년 현재 충주조씨 인구는 205가구 667명의 극희성으로 조선시대 의주에서만 문과급제자 2명을 배출했다. 첫 번째는 조중린이고, 두 번째는 고종 16년 급제한 조상학趙尙學이다.

170 신재린申在鱗(1799~?) 평안도 영변寧邊 사람으로 유학을 거쳐 고종 7년 72세의 고령으로 식년시에 을과로 급제하여 특별히 병조참지(정3품 당상관)의 벼슬을 내렸다. 《방목》에는 벼슬이 없이 아버지[光益], 할아버지[曄彩], 증조[思薛], 외조[車萬興] 이름이 보이고, 본관이 평산平山으로 되어 있다. 그런데 《청구》와 《만성》의 《평산신씨보》에는 신재린의 가계가 보이지 않는다.

171 권봉환權鳳煥(1837~?) 경상도 의령宜寧 사람으로 유학을 거쳐 고종 7년 34세로 식년시에 을과로 급제하여 벼슬이 찰방(종6품)에 이르렀다. 《방목》에는 벼슬이 없이 아버지[秉錫], 할아버지[學夏], 증조[思直], 외조[盧章瑨] 이름이 보이고, 본관이 안동安東으로 되어 있다. 《청구》와 《만성》의 《안동권씨보》를 보면 직계 8대조와 외조 가운데 벼슬아치가 없다.

172 송익면宋益勉(1847~?) 전라도 동복同福 사람으로 유학을 거쳐 고종 7년 24세로 식년시에 을과로 급제하여 벼슬이 홍문관 교리(정5품)에 이르렀다. 《방목》에는 벼슬이 없이 아버지[馨萬], 할아버지[允純], 증조[綮], 외조[尹範龍] 이름이 보이고, 본관이 여산礪山으로 되어 있다. 《청구》와 《만성》의 《여산송씨보》를 보면 직계 7대조와 외조 가운데 벼슬아치가 없다.

173 이승엽李昇燁(1837~?) 황해도 재령載寧 사람으로 유학을 거쳐 고종 7년 34세로 식년시에 을과로 급제했다. 《방목》에는 벼슬이 없이 아버지[漢基], 할아버지[信祚], 증조[德倫], 외조[白五個] 이름이 보이고, 본관이 단양丹陽으로 되어 있다. 그런데 《청구》와 《만성》의 《단양이씨보》에는 이승엽의 가계가 보이지 않는다.

174 박문빈朴文彬(1848~?) 강원도 금성金城 사람으로 유학을 거쳐 고종 7년 23세로 식년시에 을과로 급제하여 벼슬이 찰방(종6품)에 이르렀다. 《방목》에는 벼슬이 없이 아버지[陽秀], 할아버지[義柱], 증조[思訥], 외조[玄仁穆] 이름이 보이고, 본관이 밀양密陽으로 되어 있다. 그런데 《청구》와 《만성》의 《밀양박씨보》에는 박문빈의 가계가 보이지 않는다.

175 노덕룡盧德龍(1844~?) 평안도 정주定州 사람으로 유학을 거쳐 고종 7년 27세로 식년시에 병과로 급제했다. 《방목》에는 벼슬이 없이 아버지[鎭源], 할아버지[時興], 증조[尙甲], 외조[崔處奎] 이름이 보이고, 본관이 해주海州로 되어 있다. 그런데 《만성》에는 《해주노씨보》 자체가 없고, 《청구》의 《해주노씨보》를 보면 노덕룡의 아버지 (무직) 이름은 보이나 그 위로는 공백인 채로 가계가 끊어져 있다. 조상 가운데 벼슬아치가 없는 것을 알 수 있다. 정주의 해주노씨는 정조 대 이후 문과급제자 15명을 배출하여 이 지역의 신흥 명문으로 등장했다.

176 이만로李晩魯(1827~?) 경상도 예안禮安 사람으로 유학을 거쳐 고종 7년 44세로 식년시에 병과로 급제하여 벼슬이 사헌부 지평(정5품)에 이르렀다. 《방목》에는 벼슬이 없이 아버지[彙祥], 할아버지[延淳], 증조[龜迪], 외조[琴熙述] 이름이 보이고, 본관이 진보眞寶로 되어

있다. 《청구》와 《만성》의 《진보이씨보》를 보면 직계 5대조와 외조 가운데 벼슬아치가 없다.

177 김덕제金德濟(1831~?) 평안도 정주定州 사람으로 유학을 거쳐 고종 7년 40세로 식년시에 병과로 급제했다. 《방목》에는 벼슬이 없이 아버지[圭涉], 할아버지[持讓], 증조[賢黙], 외조[卓珹] 이름이 보이고, 본관이 연안延安으로 되어 있다. 그런데 《청구》와 《만성》의 《연안김씨보》에는 김덕제의 가계가 보이지 않는다. 정주의 연안김씨는 순조 대 이후 문과급제자 43명을 배출하여 이 지역 최고 명문으로 등장했다. 또 고종 4년 문과에 급제한 김학제金學濟와는 증조의 이름이 같은 것으로 보아 8촌 형제임을 알 수 있다.

178 김창내金昌㾾(1794~?) 평안도 가산嘉山 사람으로 유학을 거쳐 고종 7년 77세로 식년시에 병과로 급제했는데, 고령의 나이에 급제한 것을 기려 병조참의(정3품 당상관) 벼슬을 내려 주었다. 《방목》에는 벼슬이 없이 아버지[大瑈], 할아버지[元冑], 증조[祥顯], 외조[金漢箸] 이름이 보이고, 본관이 은진恩津으로 되어 있다. 그런데 《청구》와 《만성》에는 《은진김씨보》 자체가 없을 정도로 집안이 한미하다. 2000년 현재 은진김씨 인구는 69가구 230명의 극희성으로 김창내가 유일한 문과급제자이다.

179 한병수韓炳洙(1847~?) 평안도 삭주朔州 사람으로 유학을 거쳐 고종 7년 24세로 식년시에 병과로 급제하여 벼슬이 사헌부 지평(정5품)에 이르렀다. 《방목》에는 벼슬이 없이 아버지[耆錫], 할아버지[用濬], 증조[昌祚], 외조[李蕢] 이름이 보이고, 본관이 청주淸州로 되어 있다. 그런데 《청구》와 《만성》의 《청주한씨보》에는 한병수의 가계가 보이지 않는다.

180 유영도柳永燾(1808~?) 경기도 장단長湍 사람으로 유학을 거쳐 고종 7년 63세로 식년시에 병과로 급제하여 벼슬이 사헌부 장령(정4품)에 이르렀다. 《방목》에는 벼슬이 없이 아버지[亨觀], 할아버지[聖洽], 증조[泰遜], 외조[鄭瑞奎] 이름이 보이고, 본관이 문화文化로 되어 있다. 《청구》와 《만성》의 《문화유씨보》를 보면 직계 6대조와 외조 가운데 벼슬아치가 없다.

181 윤황尹瑝(1827~?) 평안도 성천成川 사람으로 유학을 거쳐 고종 7년 44세로 식년시에 병과로 급제했다. 《방목》에는 벼슬이 없이 아버지[致一], 할아버지[格], 증조[學浹], 외조[安允彰] 이름이 보이고, 본관이 파평坡平으로 되어 있다. 그런데 《청구》와 《만성》의 《파평윤씨보》에는 윤황의 가계가 보이지 않는다.

182 박응룡朴應龍(1850~?) 평안도 정주定州 사람으로 유학을 거쳐 고종 7년 21세로 식년시에 병과로 급제했다. 《방목》에는 벼슬이 없이 아버지[健泰], 할아버지[基長], 증조[永俶], 외조[康泰瑞] 이름이 보이고, 본관이 여주驪州로 되어 있다. 그런데 《청구》와 《만성》에는 《여주박씨보》 자체가 없을 만큼 집안이 한미하다. 2000년 현재 여주 박씨 인구는 365가구 1,135명의 극희성으로 박응룡이 유일한 문과급 제자이다.

183 이약수李藥秀(1807~?) 전라도 동복同福 사람으로 유학을 거쳐 고종 7년 64세로 식년시에 병과로 급제했다. 《방목》에는 벼슬이 없이 아버지[文著, 생부 文漢], 할아버지[應烈], 증조[正訥], 외조[金潤迪] 이름이 보이고, 본관이 공주公州로 되어 있다. 그런데 《청구》와 《만성》의 《공주이씨보》에는 이약수의 가계가 보이지 않는다.

184 이기동李基東(1815~?) 전라도 남원南原 사람으로 유학을 거쳐

고종 7년 56세로 식년시에 병과로 급제하여 벼슬이 사헌부 장령(정4
품)을 거쳐 대한제국 때 칙임관인 법부 민사국장民事局長과 법부협판
法部協辦, 봉상사 제조奉常司 提調에 이르렀다. 《방목》에는 벼슬이 없
이 아버지[尙奎], 할아버지[命天], 증조[直源], 외조[金樂麒] 이름이 보
이고, 본관이 광주廣州로 되어 있다. 그런데 《만성》의 《광주이씨보》
에는 할아버지까지의 가계는 보이나 아버지와 이기동의 이름은 보이
지 않는다. 할아버지까지의 가계를 보면 5대조 가운데 벼슬아치가 없
다. 한편, 《청구》의 《광주이씨보》에는 그의 가계가 보이지 않는다.

185 **박명수**朴明壽(1823~?) 경상도 영천榮川 사람으로 유학을 거쳐
고종 7년 48세로 식년시에 병과로 급제했다. 《방목》에는 벼슬이 없
이 아버지[宗喬], 할아버지[時源], 증조[師豹], 외조[黃義漢] 이름이 보
이고, 본관이 반남潘南으로 되어 있다. 그런데 《청구》의 《반남박씨
보》에는 할아버지까지의 가계만 보이고 그 뒤는 보이지 않으며, 《만
성》의 《반남박씨보》에는 아버지까지의 가계만 보이고 박명수의 이
름은 보이지 않는다.

186 **원인항**元寅恒(1820~?) 전라도 남원南原 사람으로 유학을 거쳐
고종 7년 51세로 식년시에 병과로 급제했다. 《방목》에는 벼슬이 없
이 아버지[準熙], 할아버지[振魯], 증조[泰良], 외조[朴致奎] 이름이 보
이고, 본관이 남원으로 되어 있다. 그런데 《청구》와 《만성》에는 《남
원원씨보》 자체가 없을 정도로 집안이 한미하다. 2000년 현재 남원
원씨 인구는 311가구 996명의 희성으로 조선시대 문과급제자는 원인
항이 유일하다.

187 **홍희제**洪羲濟(1850~?) 평안도 정주定州 사람으로 유학을 거쳐
고종 7년 21세로 식년시에 병과로 급제했다. 《방목》에는 벼슬이 없

이 아버지[河鎭], 할아버지[元成], 증조[理澤], 외조[金致範] 이름이 보이고, 본관이 남양南陽으로 되어 있다. 그런데 《청구》와 《만성》의 《남양홍씨보》에는 홍희제의 가계가 보이지 않는다. 정주의 남양홍씨는 영조 대 이후 문과급제자 11명을 배출했다.

188 심관섭沈觀燮(1843~?) 강원도 양구楊口 사람으로 유학을 거쳐 고종 7년 28세로 식년시에 병과로 급제하여 벼슬이 예조좌랑(정6품)에 이르렀다. 행실이 나쁘고 이웃에 사는 군교軍校가 먼 시골에서 왔다고 깔보아 고종 11년 포도청에 가두는 사건이 발생했는데, 정부는 심관섭을 삭직削職하고 군교를 처벌하는 조치를 내렸다.30) 《방목》에는 벼슬이 없이 아버지[相訥], 할아버지[行澤], 증조[壽億], 외조[李尙白] 이름이 보이고, 본관이 청송靑松으로 되어 있다. 그런데 《청구》와 《만성》의 《청송심씨보》에는 그의 가계가 보이지 않는다.

189 최처심崔處心(1815~?) 평안도 정주定州 사람으로 유학을 거쳐 고종 7년 56세로 식년시에 병과로 급제했다. 《방목》에는 벼슬이 없이 아버지[大曄], 할아버지[敬玉], 증조[啓泰], 외조[鄭亨佐] 이름이 보이고, 본관이 배천白川으로 되어 있다. 그런데 《청구》와 《만성》에는 《배천최씨보》 자체가 없을 정도로 집안이 한미하다. 2000년 현재 배천최씨 인구는 291가구 823명의 극희성으로 조선시대 문과급제자 2명을 배출했는데, 순조 7년 급제한 최대식崔大寔도 정주 사람이다.

190 김기운金麒運(1846~?) 경상도 현풍玄風 사람으로 유학을 거쳐 고종 7년 25세로 식년시에 병과로 급제했다. 《방목》에는 벼슬이 없이 아버지[康濟], 할아버지[繼一], 증조[基傳], 외조[柳道駿] 이름이 보

---

30) 《고종실록》 권12, 고종 12년 6월 13일 무인; 권12, 고종 12년 6월 24일 기축.

이고, 본관이 서흥瑞興으로 되어 있다. 그런데《청구》와《만성》의
《서흥김씨보》에는 김기운의 가계가 보이지 않는다. 2000년 현재 서
흥김씨 인구는 8,980가구 2만 8,313명으로 조선시대 문과급제자 9명
을 배출했다.

　　191 전홍교全洪敎(1835~?) 경기도 용인龍仁 사람으로 유학을 거쳐
고종 7년 36세로 식년시에 병과로 급제했다.《방목》에는 벼슬이 없
이 아버지[智鍊], 할아버지[爀奎], 증조[熙壽], 외조[金快應] 이름이 보
이고, 본관이 용궁龍宮(竺山)으로 되어 있다. 그런데《만성》에는《용
궁전씨보》자체가 없고,《청구》의《축산전씨보》에는 전홍교의 가계
가 보이지 않는다. 2000년 현재 용궁전씨 인구는 8,693가구 2만 7,706
명으로 조선시대 문과급제자 8명을 배출했다.

　　192 백영제白永濟(1847~?) 평안도 정주定州 사람으로 유학을 거쳐
고종 7년 24세로 식년시에 병과로 급제했다.《방목》에는 벼슬이 없
이 아버지[遷行], 할아버지[時愊], 증조[宗玘], 외조[李翼相] 이름이 보이
고, 본관이 수원水原으로 되어 있다. 그런데《청구》와《만성》의《수
원백씨보》에는 백영제의 가계가 보이지 않는다. 수원백씨는 조선시
대 문과급제자 63명을 배출했는데, 그 가운데 42명이 평안도 출신이
다. 이 가운데 22명이 정주, 14명이 태천泰川 출신이다.

　　193 이기조李基肇(1841~?) 평안도 영변寧邊 사람으로 유학을 거쳐
고종 7년 30세로 식년시에 병과로 급제하여 벼슬이 홍문관 교리(정5
품)에 이르렀다.《방목》에는 벼슬이 없이 아버지[幹國], 할아버지[心
讓], 증조[宅周], 외조[金聖著] 이름이 보이고, 본관이 공주公州로 되어
있다. 그런데《청구》와《만성》의《공주이씨보》에는 이기조의 가계
가 보이지 않는다.

194 백선행白璿行(1847~?) 평안도 정주定州 사람으로 유학을 거쳐 고종 7년 24세로 식년시에 병과로 급제했다. 《방목》에는 벼슬이 없이 아버지[時郁], 할아버지[宗絢], 증조[東祐], 외조[金德元] 이름이 보이고, 본관이 수원水原으로 되어 있다. 그런데 《청구》와 《만성》의 《수원백씨보》에는 백선행의 가계가 보이지 않는다.

195 백규섭白奎燮(1838~?) 평안도 태천泰川 사람으로 유학을 거쳐 고종 7년 33세로 식년시에 병과로 급제하여 벼슬이 예문관 한림(7~9품)에 이르렀는데, 권정호權鼎鎬의 발언을 임의로 삭제한 죄로 고종 10년에 파면되었다. 《방목》에는 벼슬이 없이 아버지[宗殷], 할아버지[壽東], 증조[致樂], 외조[玄錫馭] 이름이 보이고, 본관이 수원水原으로 되어 있다. 그런데 《청구》와 《만성》의 《수원백씨보》에는 백규섭의 가계가 보이지 않는다. 태천의 수원백씨는 순조 대 이후 문과급제자 14명을 배출했으며, 그 가운데 9명이 고종 대에 급제했다.

196 조규석趙圭錫(1846~?) 평안도 정주定州 사람으로 유학을 거쳐 고종 7년 25세로 식년시에 병과로 급제했다. 《방목》에는 벼슬이 없이 아버지[亨黙], 할아버지[光淳], 증조[翰祖], 외조[崔致祥] 이름이 보이고, 본관이 배천白川으로 되어 있다. 그런데 《청구》와 《만성》의 《배천조씨보》에는 조규석의 가계가 보이지 않는다. 정주의 배천조씨는 숙종 대 이후 문과급제자 26명을 배출하여 이 지역 신흥 명문으로 등장했다.[31]

---

31) 숙종 대 이후 정주에서 배출된 배천조씨 문과급제자 명단은 다음과 같다.
　　숙종 34년 조수달趙壽達(현감), 41년 조창래趙昌來(좌윤)
　　영조 29년 조경택趙慶澤(정랑), 32년 조경보趙慶輔(좌랑), 조몽린趙夢麟(장령), 41년 조몽렴趙夢濂(좌랑), 50년 조경원趙慶遠, 조언철趙彦哲(직강)
　　정조 6년 조몽언趙夢鷗
　　순조 4년 조영걸趙永傑

197 **오수환**吳壽煥(1829~?) 전라도 김제金堤 사람으로 유학을 거쳐 고종 8년(1871) 43세로 알성시에 병과로 급제하여 벼슬이 사간원 헌납(정5품)에 이르렀다. 《방목》에는 벼슬이 없이 아버지[運權, 생부 秉權] 이름만 보이고, 본관이 보성寶城으로 되어 있다. 그런데 《청구》와 《만성》의 《보성오씨보》에는 오수환의 가계가 보이지 않는다.

198 **최정헌**崔鼎獻(1847~?) 평양平壤 사람으로 유학을 거쳐 고종 8년 25세로 경과정시에 을과로 급제하여 벼슬이 겸춘추兼春秋(6~9품)를 거쳐 사간원 정언(정6품)에 이르렀다. 《방목》에는 벼슬이 없이 아버지[志亨], 할아버지[碩興], 증조[致一], 외조[盧顯祥] 이름이 보이고, 본관이 전주全州로 되어 있다. 그런데 《청구》와 《만성》의 《전주최씨보》에는 최정헌의 가계가 보이지 않는다.

199 **한익뢰**韓盆雷(1839~?) 함경도 정평定平 사람으로 유학을 거쳐 고종 8년 33세로 경과정시에 병과로 급제하여 벼슬이 병조좌랑(정6품)에 이르렀다. 《방목》에는 벼슬이 없이 아버지[慶集], 할아버지[宗興], 증조[錫悌], 외조[金伯元] 이름이 보이고, 본관이 청주淸州로 되어 있다. 그런데 《청구》와 《만성》의 《청주한씨보》에는 한익뢰의 가계가 보이지 않는다.

200 **장인환**張仁煥(1835~?) 경상도 안동安東 사람으로 유학을 거쳐 고종 8년 37세로 경과정시에 병과로 급제했다. 《방목》에는 벼슬이 없이 아버지[守正], 할아버지[光瑶], 증조[斗天], 외조[柳江祚] 이름이 보이고, 본관이 순천順天으로 되어 있다. 그런데 《청구》와 《만성》의

헌종 3년 조광렴趙光濂, 6년 조영대趙永大
철종 3년 조광진趙光眞, 조광순趙光淳(대사간), 9년 조광용趙光容
고종 2년 조원조趙愿祖(지평), 7년 조규석趙圭錫, 11년 조규현趙圭鉉(공조참의), 13년 조광우趙光祐(지평), 20년 조광한趙光漢, 22년 조창균趙昌均, 25년 조광함趙光涵

《순천장씨보》에는 장인환의 가계가 보이지 않는다. 2000년 현재 순
천장씨 인구는 3,226가구 1만 86명의 희성으로 조선시대 문과급제자
2명을 배출했는데, 명종 대 첫 급제자가 나온 뒤 그가 두 번째이다.

201 홍재찬洪在瓚(1824~?) 경기도 고양高陽 사람으로 유학을 거쳐
고종 8년 48세로 경과정시에 병과로 급제하여 벼슬이 홍문관 교리(정
5품)에 이르렀다. 《방목》에는 벼슬이 없이 아버지[明燮, 생부 景燮], 할
아버지[柱夏], 증조[理源], 외조[朴敦命] 이름이 보이고, 본관이 남양南
陽으로 되어 있다. 《청구》와 《만성》의 《남양홍씨보》를 보면 직계 3
대조와 외조 가운데 벼슬아치가 없다.

202 임용상林瑢相(1821~?) 전라도 나주羅州 사람으로 유학을 거쳐
고종 8년 51세로 경과정시에 병과로 급제했다. 《방목》에는 벼슬이
없이 아버지[泰洙], 할아버지[時鎭], 증조[晦遠], 외조[崔宗赫] 이름이
보이고, 본관이 나주로 되어 있다. 그런데 《청구》의 《나주임씨보》에
는 임용상의 가계가 보이지 않으며, 《만성》의 《나주임씨보》를 보면
직계 7대조와 외조 가운데 벼슬아치가 없다.

203 윤선주尹善柱(1840~?) 평안도 가산嘉山 사람으로 유학을 거쳐
고종 8년 32세로 경과정시에 병과로 급제하여 벼슬이 승문원 교검(정
6품)에 이르렀다. 《방목》에는 벼슬이 없이 아버지[永祚], 할아버지[心
鉉], 증조[在鼎], 외조[金宗燁] 이름이 보이고, 본관이 파평坡平으로 되
어 있다. 그런데 《청구》와 《만성》의 《파평윤씨보》에는 윤선주의 가
계가 보이지 않는다.

204 이필용李弼鎔(1848~?) 서울 사람으로 유학을 거쳐 고종 8년 24
세로 경과정시에 병과로 급제하여 벼슬이 홍문관 응교應敎(정4품)를
거쳐 비서승秘書丞(주임관)에 이르렀다. 《방목》에는 벼슬이 없이 아버

지[載昇], 할아버지[重燮], 증조[敬植], 외조[趙鎭鶴] 이름이 보이고, 본
관이 전주全州로 되어 있다.《전주이씨과거급제자총람》을 보면 이필
용은 인조의 아들 소현세자昭顯世子의 10대손으로 처음으로 벼슬을
한 인물이다.

205 이윤구李允九(1837~1881) 전라도 나주羅州 사람으로 유학을 거
쳐 고종 8년 35세로 경과정시에 병과로 급제하여 벼슬이 사간원 정
언(정6품)에 이르렀다.《방목》에는 벼슬이 없이 아버지[鳳采], 할아버
지[恩東], 증조[順興], 외조[金致坤] 이름이 보이고, 본관이 전주全州로
되어 있다.《전주이씨과거급제자총람》을 보면 이윤구는 태조의 아들
익안대군益安大君 이방의李芳毅의 20대손으로 직계 14대조 가운데 벼
슬아치는 9대조가 도사(종5품)를 한 것밖에 없다.

206 이윤우李允宇(1849~1901) 경상도 성주星州 사람으로 유학을 거
쳐 고종 8년 23세로 경과정시에 병과로 급제하여 벼슬이 홍문관 부
수찬(종6품)을 거쳐 춘추관 기사관記事官(정6~9품)에 이르렀다.《방
목》에는 벼슬이 없이 아버지[會髦], 할아버지[挺一], 증조[光德], 외조
[林之榮] 이름이 보이고, 본관이 전주全州로 되어 있다.《전주이씨과거
급제자총람》을 보면 이윤우는 태종의 아들 효령대군孝寧大君의 16대
손으로 직계 10대조 가운데 실직 벼슬아치가 없다.

207 이회룡李會龍(1822~1897) 경기도 양주楊州 사람으로 유학을 거
쳐 고종 8년 50세로 경과정시에 병과로 급제하여 벼슬이 사간원 정
언(정6품)과 사헌부 집의(종3품)에 이르렀다.《방목》에는 벼슬이 없이
아버지[恒斤], 할아버지[時英], 증조[鏞赫], 외조[金勉曾] 이름이 보이고,
본관이 전주全州로 되어 있다.《전주이씨과거급제자총람》을 보면 이
회룡은 태종의 아들 효령대군孝寧大君의 15대손으로 직계 10대조 가

운데 벼슬아치는 8대조가 현감(종6품)을 한 것밖에 없다.

208 김원제金源濟(1851~?) 거주지를 알 수 없다. 유학을 거쳐 고종 9년(1872) 22세로 알성시에 병과로 급제하여 벼슬이 사간원 정언(정6품)을 거쳐 대한제국 때 통역을 맡은 궁내부 참리관參理官(주임관)과 사무위원에 이르렀다.《방목》에는 아무런 기록이 없지만 국립중앙도서관 소장본을 보면 본관이 경주慶州로 되어 있다. 그런데《청구》의 《경주김씨보》에는 김원제의 가계가 보이지 않으며,《만성》의《경주김씨보》를 보면 직계 7대조 가운데 벼슬아치가 없다.

209 왕성협王性協(1850~?) 개성開城 사람으로 진사를 거쳐 고종 9년 23세로 개성부 별시에 갑과로 급제하여 벼슬이 홍문관 교리(정5품)에 이르렀다.《방목》에는 벼슬이 없이 아버지[庭楊], 할아버지[師憲], 증조[鵬擧], 외조[白思旭] 이름이 보이고, 본관이 개성으로 되어 있다. 아버지 왕정양은 고종 3년 개성부 별시에 급제하여 벼슬이 동부승지(정3품 당상관)에 이르렀다. 그러나《청구》와《만성》의《개성왕씨보》에는 왕성협의 가계가 보이지 않는다. 개성왕씨는 조선시대 문과급제자 9명을 배출했다.

210 장규홍張達鴻 개성開城 사람으로 유학을 거쳐 고종 9년 개성부 별시에 을과로 급제하여 벼슬이 홍문관 부수찬(종6품)에 이르렀다. 《방목》에 아무런 기록이 없어 신원을 알 수 없으나, 국립중앙도서관 본에는 본관이 단양丹陽으로 되어 있다. 그런데《청구》에는《단양장씨보》 자체가 없고,《만성》의《단양장씨보》에는 장규홍의 가계가 보이지 않는다. 2000년 현재 단양장씨 인구는 1만 541가구 3만 3,295명으로 조선시대 문과급제자 3명을 배출했다.

211 왕용주王用周 개성開城 사람으로 고종 9년 개성부 별시에 을과

로 급제했다. 《방목》에는 아무런 기록이 없어 신원을 알 수 없다. 개성왕씨일 가능성이 크지만 《청구》와 《만성》의 《개성왕씨보》에는 왕용주의 가계가 보이지 않는다.

212 **왕언상**王彦商 개성開城 사람으로 고종 9년 개성부 별시에 병과로 급제했다. 《방목》에는 아무런 기록이 없어 신원을 알 수 없다. 개성왕씨로 보이나 《개성왕씨보》에는 가계가 보이지 않는다.

213 **오정권**吳鼎權 개성開城 사람으로 고종 9년 개성부 별시에 병과로 급제했다. 《방목》에는 아무런 기록이 없으나 본관이 해주海州로 알려져 있다. 그러나 《해주오씨보》에는 오정권의 가계가 보이지 않는다.

214 **한석동**韓奭東(1831~?) 충청도 온양溫陽 사람으로 유학을 거쳐 고종 9년 42세로 경과정시에 갑과로 급제하여 벼슬이 사간원 정언(정6품)에 이르렀다. 《방목》에는 벼슬이 없이 아버지[佑源], 할아버지[鎭國], 증조[有仁], 외조[鄭赫相] 이름이 보이고, 본관이 청주淸州로 되어 있다. 그런데 《만성》의 《청주한씨보》에는 한석동의 가계가 보이지 않으며, 《청구》의 《청주한씨보》를 보면 직계 5대조와 외조 가운데 벼슬아치가 없다.

215 **이한춘**李漢春(1828~1877) 서울 사람으로 유학을 거쳐 고종 9년 45세로 알성시에 병과로 급제하여 벼슬이 정자(정9품)에 이르렀다. 《방목》에는 아무런 기록이 없으나, 본관이 전주全州로 알려져 있다. 《전주이씨과거급제자총람》을 보면 이한춘은 성종의 후궁 소생인 무산군茂山君의 14대손으로 직계 4대조 가운데 벼슬아치가 없다.

216 **이창언**李昌彦(1854~?) 경기도 광주廣州 사람으로 유학을 거쳐 고종 9년 19세로 경과정시에 병과로 급제했는데, 《방목》에는 아무런

기록이 없다. 그런데《전주이씨과거급제자총람》을 보면 이창언은 전주이씨이지만《족보》에 오르지 못한 파미분류자로 되어 있다.

217 김기택金基宅(1828~?) 경상도 김해金海 사람으로 유학을 거쳐 고종 9년 45세로 경과정시에 병과로 급제했다.《방목》에는 벼슬이 없이 아버지[完達], 할아버지[厚相], 증조[泰勛], 외조[張成興] 이름이 보이고, 본관이 경주慶州로 되어 있다. 그런데《청구》와《만성》의 《경주김씨보》에는 김기택의 가계가 보이지 않는다.

218 채동하蔡東夏(1852~?) 충청도 홍주洪州 사람으로 유학을 거쳐 고종 9년 21세로 경과정시에 병과로 급제했다.《방목》에는 벼슬이 없이 아버지[斌永], 할아버지[弘玩], 증조[徽恭], 외조[李晃植] 이름이 보이고, 본관이 평강平康으로 되어 있다. 그런데《만성》의《평강채씨보》에는 증조까지의 가계만 보이고 그 뒤는 보이지 않으며,《청구》의 《평강채씨보》를 보면 직계 6대조와 외조 가운데 벼슬아치가 없다.

219 민희태閔羲泰(1851~?) 거주지를 알 수 없다. 유학을 거쳐 고종 9년 22세로 경과정시에 병과로 급제하여 벼슬이 홍문관 부수찬(종6품)과 사간원 정언(정6품)에 이르렀다.《방목》에는 벼슬이 없이 아버지[洙永], 할아버지[心鉉], 증조[秉周], 외조[李尙喆] 이름이 보이고, 본관이 여흥驪興으로 되어 있다.《만성》의《여흥민씨보》를 보면 직계 8대조 가운데 벼슬아치가 없고,《청구》의《여흥민씨보》에는 민희태의 가계가 보이지 않는다.

220 김명래金命來(1844~?) 평양平壤 사람으로 유학을 거쳐 고종 9년 29세로 경과정시에 병과로 급제하여 벼슬이 사헌부 지평(정5품)에 이르렀다.《방목》에는 벼슬이 없이 아버지[仁瑾], 할아버지[澤珍], 증조 [愼鼎], 외조[朴之瑄] 이름이 보이고, 본관이 김해金海로 되어 있다. 그

런데 《청구》와 《만성》의 《김해김씨보》에는 김명래의 가계가 보이지 않는다.

221 전응룡田應龍(1824~?) 평양平壤 사람으로 유학을 거쳐 고종 9년 49세로 경과정시에 병과로 급제했다. 《방목》에는 벼슬이 없이 아버지[襴], 할아버지[益良], 증조[衡純], 외조[趙錫亭] 이름이 보이고, 본관이 남원南原으로 되어 있다. 그런데 《청구》와 《만성》에는 《남원전씨보》자체가 없을 만큼 집안이 한미하다. 2000년 현재 남원전씨 인구는 319가구 1,009명의 극희성으로 조선시대 문과급제자 2명을 배출했는데, 전응룡이 첫 급제자이다.

222 오승수吳升壽(1842~?) 전라도 함평咸平 사람으로 유학을 거쳐 고종 10년(1873) 32세로 식년시에 갑과로 급제했다. 《방목》에는 벼슬이 없이 아버지[漢黙], 할아버지[應樞], 증조[廷燁], 외조[金世祿] 이름이 보이고, 본관이 해주海州로 되어 있다. 그런데 《청구》와 《만성》의 《해주오씨보》에는 오승수의 가계가 보이지 않는다.

223 백시현白是玄(1816~?) 평안도 태천泰川 사람으로 유학을 거쳐 고종 10년 58세로 식년시에 을과로 급제했다. 《방목》에는 벼슬이 없이 아버지[啓得], 할아버지[大胤], 증조[斗明], 외조[金海淸] 이름이 보이고, 본관이 수원水原으로 되어 있다. 그런데 《청구》와 《만성》의 《수원백씨보》에는 백시현의 가계가 보이지 않는다. 태천의 수원백씨는 순조 대 이후 문과급제자 14명을 배출했는데, 그 가운데 10명이 고종 대 급제했다.

224 강운형姜運馨(1832~?) 경상도 칠곡柒谷 사람으로 유학을 거쳐 고종 10년 42세로 식년시에 을과로 급제했다. 《방목》에는 벼슬이 없이 아버지[灝永], 할아버지[台俊], 증조[就成], 외조[李秀懋] 이름이 보

이고, 본관이 진주晉州로 되어 있다. 그런데《청구》와《만성》의《진주강씨보》에는 강운형의 가계가 보이지 않는다.

　　225 김약린金若麟(1849∼?) 함경도 명천明川 사람으로 직부直赴로 고종 10년 25세로 식년시에 을과로 급제했다.《방목》에는 벼슬이 없이 아버지〔秉奎〕, 할아버지〔履禮〕, 증조〔龍鳳〕, 외조〔金順輔, 본관 鳳山〕 이름이 보이고, 본관이 전주全州로 되어 있다. 그런데《청구》와《만성》의《전주김씨보》에는 김약린의 가계가 보이지 않는다. 전주김씨는 선조 대 이후 문과급제자 21명을 배출했는데, 그 가운데 16명이 평안도, 3명이 함경도 출신으로 확인되고 있다.

　　226 강준환姜駿煥(1824∼?) 경상도 안동安東 사람으로 직부로 고종 10년 50세로 식년시에 을과로 급제했다.《방목》에는 벼슬이 없이 아버지〔琛〕, 할아버지〔浩〕, 증조〔克一〕, 외조〔禹在德〕 이름이 보이고, 본관이 진주晉州로 되어 있다. 그런데《청구》의《진주강씨보》에는 강준환의 가계가 보이지 않으며,《만성》의《진주강씨보》에는 증조까지의 가계만 보이고 그 뒤는 보이지 않는다. 그런데 증조 위로 4대조가 벼슬이 없다. 집안이 매우 한미함을 알 수 있다.

　　227 문준영文俊永(1813∼?) 평안도 정주定州 사람으로 직부로 고종 10년 61세로 식년시에 을과로 급제하여 벼슬이 시관試官에 이르렀다.《방목》에는 벼슬이 없이 아버지〔慶愛〕, 할아버지〔成五〕, 증조〔鳳遇〕, 외조〔金礪祚, 본관 南陽〕 이름이 보이고, 본관이 남평南平으로 되어 있다. 그런데《청구》와《만성》의《남평문씨보》에는 문준영의 가계가 보이지 않는다. 외조는 남양김씨로 되어 있는데,《남양김씨보》에 이름이 없다.

　　228 김영제金永濟(1848∼?) 평안도 정주定州 사람으로 유학을 거쳐

고종 10년 26세로 식년시에 병과로 급제하여 벼슬이 사헌부 장령(정4품)에 이르렀다.《방목》에는 벼슬이 없이 아버지[圭錫], 할아버지[持讓], 증조[賢黙], 외조[李尙福] 이름이 보이고, 본관이 연안延安으로 되어 있다. 그런데《청구》와《만성》의《연안김씨보》에는 김영제의 가계가 보이지 않는다. 종형 김학제金學濟가 고종 4년에, 종형 김덕제金德濟가 고종 7년에 문과에 급제했다. 정주의 연안김씨는 영조 대 이후로 문과급제자 43명을 배출하여 이 지역의 명문이 되었다.

229 백취규白聚奎(1841~?) 평안도 운산雲山 사람으로 유학을 거쳐 고종 10년 33세로 식년시에 병과로 급제했다.《방목》에는 벼슬이 없이 아버지[文淸], 할아버지[士興], 증조[漢楫], 외조[柳性烈] 이름이 보이고, 본관이 수원水原으로 되어 있다. 그런데《청구》와《만성》의《수원백씨보》에는 백취규의 가계가 보이지 않는다.

230 박형동朴衡東(1830~?) 충청도 청주淸州 사람으로 유학을 거쳐 고종 10년 44세로 식년시에 병과로 급제하여 벼슬이 홍문록을 거쳐 사헌부 장령(정4품)에 이르렀다.《방목》에는 벼슬이 없이 아버지[海敎], 할아버지[佐鉉], 증조[龍瑞], 외조[尹載文] 이름이 보이고, 본관이 순천順天으로 되어 있다. 그런데《청구》의《순천박씨보》에는 박형동의 가계가 보이지 않으며,《만성》의《순천박씨보》를 보면 직계 7대조 가운데 벼슬아치가 없고 그 윗대는 무인武人이다.

231 강성희姜聖喜(1827~?) 경상도 진주晉州 사람으로 유학을 거쳐 고종 10년 47세로 식년시에 병과로 급제했다.《방목》에는 벼슬이 없이 아버지[台俊], 할아버지[時伯], 증조[旨一], 외조[沈纘漢] 이름이 보이고, 본관이 진주로 되어 있다. 그런데《청구》와《만성》의《진주강씨보》에는 강성희의 가계가 보이지 않는다.

232 **홍종함**洪鍾諴(1830~?) 평안도 정주定州 사람으로 유학을 거쳐 고종 10년 44세로 식년시에 병과로 급제했다.《방목》에는 벼슬이 없이 아버지[致壤], 할아버지[洺炫], 증조[履楫], 외조[金樂民] 이름이 보이고, 본관이 남양南陽으로 되어 있다. 그런데 《청구》와 《만성》의 《남양홍씨보》에는 홍종함의 가계가 보이지 않는다.

233 **김성묵**金性黙(1837~?) 평안도 정주定州 사람으로 유학을 거쳐 고종 10년 37세로 식년시에 병과로 급제했다.《방목》에는 벼슬이 없이 아버지[基喆], 할아버지[致駿], 증조[再潤], 외조[玄命周] 이름이 보이고, 본관이 연안延安으로 되어 있다. 그런데 《청구》와 《만성》의 《연안김씨보》에는 김성묵의 가계가 보이지 않는다. 정주의 연안김씨는 영조 대 이후로 문과급제자 43명을 배출하여 이 지역의 신흥 명문으로 등장했는데, 고종 대에만 19명이 급제했다.

234 **김창일**金昌一(1822~?) 평안도 정주定州 사람으로 유학을 거쳐 고종 10년 52세로 식년시에 병과로 급제했다.《방목》에는 벼슬이 없이 아버지[義顯], 할아버지[允喆], 증조[東元], 외조[尹仁範] 이름이 보이고, 본관이 연안延安으로 되어 있다. 그런데 《청구》와 《만성》의 《연안김씨보》에는 김창일의 가계가 보이지 않는다.

235 **김태룡**金泰龍(1852~?) 평안도 태천泰川 사람으로 유학을 거쳐 고종 10년 22세로 식년시에 병과로 급제했다.《방목》에는 벼슬이 없이 아버지[元坤], 할아버지[俊], 증조[敬恒], 외조[李基元] 이름이 보이고, 본관이 경주慶州로 되어 있다. 그런데 《청구》와 《만성》의 《경주김씨보》에는 김태룡의 가계가 보이지 않는다.

236 **선우헌**鮮于鑛(1830~?) 평안도 태천泰川 사람으로 유학을 거쳐 고종 10년 44세로 식년시에 병과로 급제했다.《방목》에는 벼슬이 없

이 아버지[鶴], 할아버지[源], 증조[就], 외조[金宗礪] 이름이 보이고, 본관이 태원太原으로 되어 있다. 그런데 《청구》와 《만성》의 《태원선우씨보》에는 선우헌의 가계가 보이지 않는다. 2000년 현재 태원선우씨 인구는 1,100가구 3,547명의 희성으로 순조 대 이후 문과급제자 4명을 배출했는데, 모두 평안도 출신이다.

237 이달현李達賢(1845~?) 평안도 순안順安 사람으로 유학을 거쳐 고종 10년 29세로 식년시에 병과로 급제했다. 《방목》에는 벼슬이 없이 아버지[璟宰], 할아버지[熙翼], 증조[泰愚], 외조[高大俶] 이름이 보이고, 본관이 연안延安으로 되어 있다. 그런데 《청구》와 《만성》의 《연안이씨보》에는 이달현의 가계가 보이지 않는다.

238 이찬두李贊斗(1821~?) 황해도 수안遂安 사람으로 유학을 거쳐 고종 10년 53세로 식년시에 병과로 급제했다. 《방목》에는 벼슬이 없이 아버지[宗琬], 할아버지[鍾祿], 증조[震喆], 외조[田宅一] 이름이 보이고, 본관이 전주全州로 되어 있다. 《전주이씨과거급제자총람》을 보면 이찬두는 《족보》에 오르지 못한 파미분류자로 되어 있다.

239 차기형車驥衡(1850~?) 평안도 영변寧邊 사람으로 유학을 거쳐 고종 10년 24세로 식년시에 병과로 급제했다. 《방목》에는 벼슬이 없이 아버지[錫琬], 할아버지[書允], 증조[鵬樂], 외조[金建昌, 본관 永川] 이름이 보이고, 본관이 연안延安으로 되어 있다. 그런데 《청구》와 《만성》의 《연안차씨보》에는 차기형의 가계가 보이지 않는다. 연안차씨는 조선시대 문과급제자 28명을 배출했는데, 영조 대 이후 15명이 평안도, 2명이 황해도에서 급제했다.

240 임백동任百東(1802~?) 강원도 평강平康 사람으로 유학을 거쳐 고종 10년 72세로 식년시에 병과로 급제했다. 《방목》에는 벼슬이 없

이 아버지[弘植], 할아버지[光河], 증조[聖運], 외조[田九耕] 이름이 보이고, 본관이 풍천豊川으로 되어 있다. 그런데 《청구》와 《만성》의 《풍천임씨보》에는 임백동의 가계가 보이지 않는다.

　241 **이회수**李晦洙(1840~?) 평안도 개천价川 사람으로 유학을 거쳐 고종 10년 34세로 식년시에 병과로 급제했다. 《방목》에는 벼슬이 없이 아버지[庭蘭], 할아버지[秉秀], 증조[樂], 외조[金畊] 이름이 보이고, 본관이 광주廣州로 되어 있다. 그런데 《청구》와 《만성》의 《광주이씨보》에는 이회수의 가계가 보이지 않는다.

　242 **임상희**林相僖(1836~?) 평안도 정주定州 사람으로 유학을 거쳐 고종 10년 38세로 식년시에 병과로 급제했다. 《방목》에는 벼슬이 없이 아버지[宅倫], 할아버지[致養], 증조[東鶴], 외조[金鶴奉] 이름이 보이고, 본관이 전주全州로 되어 있다. 그런데 《청구》와 《만성》에는 《전주임씨보》 자체가 없다. 2000년 현재 전주임씨 인구는 1,328가구 4,273명의 희성으로 조선시대 문과급제자는 헌종 4년에 급제한 임익증林翊曾, 고종 16년에 급제한 임현주林顯周 등 그를 포함하여 3명뿐이다.

　243 **김창하**金昌夏(1853~?) 평안도 정주定州 사람으로 유학을 거쳐 고종 10년 21세로 식년시에 병과로 급제했다. 《방목》에는 벼슬이 없이 아버지[祥黙], 할아버지[秉喆], 증조[致範], 외조[趙光鼎] 이름이 보이고, 본관이 연안延安으로 되어 있다. 그런데 《청구》와 《만성》의 《연안김씨보》에는 김창하의 가계가 보이지 않는다. 정주의 연안김씨는 영조 대 이후로 문과급제자 43명(고종 대 19명)을 배출하여 이 지역 신흥 명문으로 부상했다.

　244 **이휘상**李彙相(1835~?) 경상도 예안禮安 사람으로 유학을 거쳐 고종 10년 39세로 식년시에 병과로 급제하여 벼슬이 사간원 정언(정6

품)에 이르렀다. 《방목》에는 벼슬이 없이 아버지[應淳], 할아버지[龜運], 증조[世益], 외조[柳同祚] 이름이 보이고, 본관이 진보眞寶로 되어 있다. 《청구》와 《만성》의 《진보이씨보》를 보면 이휘상은 이황李滉의 11대손으로 직계 5대조와 외조 가운데 벼슬아치가 없다.

245 양치묵梁致黙(1838~?) 경상도 단성丹城 사람으로 유학을 거쳐 고종 10년 36세로 식년시에 병과로 급제했다. 《방목》에는 벼슬이 없이 아버지[鎭學, 생부 鎭百], 할아버지[在孟], 증조[德忠], 외조[盧國幹] 이름이 보이고, 본관이 남원南原으로 되어 있다. 그런데 《청구》와 《만성》의 《남원양씨보》에는 양치묵의 가계가 보이지 않는다.

246 백주범白周範(1830~?) 평안도 태천泰川 사람으로 유학을 거쳐 고종 10년 44세로 식년시에 병과로 급제했다. 《방목》에는 벼슬이 없이 아버지[樂源], 할아버지[相珏], 증조[舜機], 외조[玄宗憘] 이름이 보이고, 본관이 수원水原으로 되어 있다. 그런데 《청구》와 《만성》의 《수원백씨보》에는 백주범의 가계가 보이지 않는다. 태천의 수원백씨는 영조 대 이후로 문과급제자 14명을 배출하여 이 지역 명문으로 부상했다.

247 이준선李駿善(1820~1886) 전라도 담양潭陽 사람으로 유학을 거쳐 고종 10년 54세로 식년시에 병과로 급제하여 벼슬이 사헌부 장령(정4품)에 이르렀다. 《방목》에는 벼슬이 없이 아버지[奎彬], 할아버지[仁容], 증조[徽魯], 외조[林敏夏] 이름이 보이고, 본관이 전주全州로 되어 있다. 《전주이씨과거급제자총람》을 보면 이준선은 태종의 아들 효령대군孝寧大君의 16대손으로 대군의 아들은 군君, 손자는 부정副正, 증손자는 수守의 벼슬을 받았으나 그 후손들은 한 사람도 벼슬아치가 없다. 그가 처음으로 문과에 급제한 것이다.

248 김용국金龍國(1808~?) 전라도 낙안樂安 사람으로 유학을 거쳐 고종 10년 66세로 식년시에 병과로 급제했다.《방목》에는 벼슬이 없이 아버지[聲煥], 할아버지[榮臣], 증조[得麗], 외조[趙泰坤] 이름이 보이고, 본관이 광산光山으로 되어 있다. 그런데《청구》와《만성》의《광산김씨보》에는 김용국의 가계가 보이지 않는다.

249 고시경高時景(1830~?) 전라도 영광靈光 사람으로 유학을 거쳐 고종 10년 44세로 식년시에 병과로 급제했다.《방목》에는 벼슬이 없이 아버지[鳳謙], 할아버지[萬緯], 증조[應黙], 외조[李培遠] 이름이 보이고, 본관이 장택長澤(長興)으로 되어 있다. 그런데《청구》와《만성》의《장흥고씨보》에는 고시경의 가계가 보이지 않는다. 하지만 철종 6년 그의 친족으로 보이는 고시면高時勉이 영광 사람으로 문과에 급제한 사실이 있다.

250 이신엽李臣燁(1837~?) 평안도 정주定州 사람으로 유학을 거쳐 고종 10년 37세로 식년시에 병과로 급제하여 벼슬이 사헌부 집의(종3품)에 이르렀다.《방목》에는 벼슬이 없이 아버지[定柱], 할아버지[昌箕], 증조[敏發], 외조[白慶楫] 이름이 보이고, 본관이 전주全州로 되어 있다.《전주이씨과거급제자총람》을 보면 이신엽은 목조의 아들 안원대군安原大君의 20대손으로 벼슬아치는 4대조[錫模]가 사복시정司僕寺正(정3품 당하관), 9대조[華門]가 공조참의(정3품 당상관)를 한 것이 전부이다. 그러나 이 두 사람은 문과급제자도 아닐 뿐 아니라《실록》에도 보이지 않아 실직인지 의심스럽다. 5백 년 동안 문과급제자가 단 한 사람도 배출되지 않았다.

251 변옥卞鎓(1830~?) 충청도 청주淸州 사람으로 유학을 거쳐 고종 10년 44세로 식년시에 병과로 급제하여 벼슬이 사간원 정언(정6품)과

성균관 전적(정6품)에 이르렀다. 《만국공법萬國公法》과 《해국도지海國圖志》 등의 중요성을 임금에게 상소하여 개화정책을 적극 지지하는 태도를 취했다. 《방목》에는 벼슬이 없이 아버지[洪基], 할아버지[榮觀], 증조[復來], 외조[鄭常鉉] 이름이 보이고, 본관이 초계草溪로 되어 있다. 그런데 《청구》와 《만성》의 《초계변씨보》에는 변옥의 가계가 보이지 않는다. 초계변씨는 조선시대 문과급제자 4명을 배출했으나, 동시에 역과譯科 106명, 의과醫科 28명, 율과律科 22명, 주학籌學 10명, 음양과陰陽科 10명 등 모두 176명의 잡과급제자를 배출하여 전형적인 중인가문이 되었다.

252 **이익수**李益秀(1846~?) 경상도 칠곡漆谷 사람으로 유학을 거쳐 고종 10년 28세로 식년시에 병과로 급제했다. 《방목》에는 벼슬이 없이 아버지[以琫], 할아버지[宅運], 증조[東烱], 외조[鄭大永] 이름이 보이고, 본관이 경주慶州로 되어 있다. 그런데 《청구》와 《만성》의 《경주이씨보》에는 이익수의 가계가 보이지 않는다.

253 **조시식**趙時植(1825~?) 경상도 함안咸安 사람으로 유학을 거쳐 고종 10년 49세로 식년시에 병과로 급제하여 벼슬이 사헌부 지평(정5품)에 이르렀다. 《방목》에는 벼슬이 없이 아버지[溟祥], 할아버지[光溪], 증조[元禮], 외조[金琪澤] 이름이 보이고, 본관이 함안으로 되어 있다. 그런데 《청구》와 《만성》의 《함안조씨보》에는 조시식의 가계가 보이지 않는다.

254 **조영**趙鎤(1845~?) 경상도 상주尙州 사람으로 유학을 거쳐 고종 10년 29세로 식년시에 병과로 급제했다. 《방목》에는 벼슬이 없이 아버지[起文], 할아버지[郁榮], 증조[述堯], 외조[金熙復] 이름이 보이고, 본관이 풍양豊壤으로 되어 있다. 그런데 《청구》의 《풍양조씨보》에는

조영의 가계가 보이지 않으며,《만성》의《풍양조씨보》를 보면 아버지까지의 가계만 보일 뿐 그의 이름은 보이지 않는다. 아버지까지의 가계를 보면 9대조 가운데 벼슬아치가 없다.

255 홍병일洪炳─(1853~?) 서울 사람으로 유학을 거쳐 고종 10년 21세로 경과정시에 갑과로 급제하여 벼슬이 홍문관 교리(정5품)를 거쳐 호조참의(정3품 당상관)에 이르렀다.《방목》에는 벼슬과 아버지[在和] 이름만 보이고, 본관이 남양南陽으로 되어 있다. 그런데《만성》의《남양홍씨보》에는 홍병일의 가계가 보이지 않으며,《청구》의《남양홍씨보》에는 그의 이름이 보이나 아버지의 이름이 우화遇華로 되어 있어《방목》과 다르다. 우화遇華를 재화在和의 오기로 가정하고 가계를 살피면, 직계 5대조 가운데 벼슬아치가 없다.

256 박식朴植(1829~?) 개성開城 사람으로 유학을 거쳐 고종 10년 45세로 경과정시에 을과로 급제했다.《방목》에는 벼슬이 없이 아버지[成漢] 이름만 보이고 본관이 울산蔚山으로 되어 있다. 그런데《청구》와《만성》의《울산박씨보》에는 박식의 가계가 보이지 않는다.

257 한용설韓用卨(1848~?) 평양平壤 사람으로 유학을 거쳐 고종 10년 26세로 경과정시에 을과로 급제했다.《방목》에는 벼슬이 없이 아버지[大膺] 이름만 보이고, 본관이 청주淸州로 되어 있다. 그런데《청구》와《만성》의《청주한씨보》에는 한용설의 가계가 보이지 않는다.

258 최경모崔璟模(1840~?) 전라도 순창淳昌 사람으로 유학을 거쳐 고종 10년 34세로 경과정시에 병과로 급제했다.《방목》에는 벼슬이 없이 아버지[圭祿] 이름만 보이고, 본관이 초계草溪로 되어 있다. 그러나《청구》와《만성》에는《초계최씨보》자체가 없다. 2000년 현재 초계최씨는 8,612가구 2만 7,213명으로 조선시대 문과급제자는 최경

모 한 사람뿐이다.

259 신태동申泰東(1846~?) 강원도 원주原州 사람으로 유학을 거쳐 고종 10년 28세로 경과정시에 병과로 급제했다.《방목》에는 벼슬이 없이 아버지[錫大] 이름만 보이고, 본관이 평산平山으로 되어 있다. 그런데《청구》와《만성》의《평산신씨보》에는 신태동의 가계가 보이지 않는다.

260 민종묵閔種黙(1826~1916) 서울 사람으로 유학을 거쳐 고종 11년 (1874) 49세로 증광시에 을과로 급제하여 벼슬이 홍문관 부수찬(종6품)과 예조판서(정2품)를 거쳐 대한제국 때 규장각 제학(종2품)으로 황태자시강원 일관日官(칙임관)에 이르렀으며, 1910년 국망 후 남작男爵의 작위를 받았다.《방목》에는 벼슬이 없이 아버지[命世, 생부 承世], 할아버지[師傅], 증조[墫], 외조[李夏彬] 이름이 보이고, 본관이 여흥驪興으로 되어 있다.《청구》와《만성》의《여흥민씨보》를 보면 민종묵의 직계 6대조와 외조 가운데 벼슬아치가 없다.

261 김상익金商翼(1840~?) 평안도 태천泰川 사람으로 유학을 거쳐 고종 11년 35세로 증광시에 을과로 급제했다.《방목》에는 벼슬이 없이 아버지[秉斗], 할아버지[宗鉉], 증조[重變], 외조[崔錫孝] 이름이 보이고, 본관이 경주慶州로 되어 있다. 그런데《청구》와《만성》의《경주김씨보》에는 김상익의 가계가 보이지 않는다.

262 이희수李希洙(1831~?) 황해도 해주海州 사람으로 유학을 거쳐 고종 11년 44세로 증광시에 병과로 급제하여 벼슬이 사헌부 장령(정4품)을 거쳐 통례원 우통례(정3품 당하관)에 이르렀다.《방목》에는 벼슬이 없이 아버지[鏶], 할아버지[源培], 증조[㰡], 외조[趙楫永] 이름이 보이고, 본관이 덕수德水로 되어 있다.《청구》와《만성》의《덕수이

씨보》를 보면 이희수는 이이李珥의 12대손으로 직계 7대조와 외조 가운데 벼슬아치가 없다.

　263 오광수吳光洙(1844~?) 전라도 무안務安 사람으로 유학을 거쳐 고종 11년 31세로 증광시에 병과로 급제했다. 《방목》에는 벼슬이 없이 아버지[炳善], 할아버지[在寬], 증조[昌煥], 외조[金泳海] 이름이 보이고, 본관이 나주羅州로 되어 있다. 그런데 《청구》와 《만성》의 《나주오씨보》에는 오광수의 가계가 보이지 않는다.

　264 홍종운洪鍾運(1845~?) 경기도 적성積城 사람으로 유학을 거쳐 고종 11년 30세로 증광시에 병과로 급제하여 벼슬이 홍문관 교리(정5품)를 거쳐 예조참의(정3품 당상관)에 이르렀다. 《방목》에는 벼슬이 없이 아버지[在祐], 할아버지[祖燮], 증조[秉鼎], 외조[金澗默] 이름이 보이고, 본관이 남양南陽으로 되어 있다. 그런데 《청구》의 《남양홍씨보》에는 홍종운의 가계가 보이지 않으며, 《만성》의 《남양홍씨보》를 보면 직계 7대조와 외조 가운데 벼슬아치가 없는데 아버지 이름이 《방목》과 달리 재주在胄로 되어 있다. 오기인지 알 수 없다.

　265 한진현韓震鉉(1830~?) 함경도 함흥咸興 사람으로 직장直長(종7품)을 거쳐 고종 11년 45세로 증광시에 병과로 급제하여 벼슬이 사헌부 지평(정5품)에 이르렀다. 《방목》에는 벼슬이 없이 아버지[用遠], 할아버지[弘璉], 증조[膺林], 외조[文志大] 이름이 보이고, 본관이 청주淸州로 되어 있다. 그런데 《청구》와 《만성》의 《청주한씨보》에는 한진현의 가계가 보이지 않는다.

　266 황하흠黃夏欽(1809~?) 충청도 목천木川 사람으로 유학을 거쳐 고종 11년 66세로 증광시에 병과로 급제했다. 《방목》에는 벼슬이 없이 아버지[吉中], 할아버지[琛], 증조[經河], 외조[鄭錫良] 이름이 보이

고, 본관이 회덕懷德으로 되어 있다. 그런데《청구》와《만성》의《회덕황씨보》에는 황하흠의 가계가 보이지 않는다.

267 오익영吳益泳(1849~?) 서울 사람으로 생원을 거쳐 고종 11년 26세로 증광시에 병과로 급제하여 벼슬이 홍문관을 거쳐 대사간(정3품 당상관), 이조참판(종2품), 봉상사 제조(칙임관)를 거쳐 대한제국 때 궁내부 특진관(칙임관)에 이르렀다. 홍영식洪英植, 김홍집金弘集 등과 교유한 온건개화파에 속하는 인물이다.《방목》에는 벼슬이 없이 아버지[達善] 이름만 보이고, 본관이 해주海州로 되어 있다. 그런데《청구》의《해주오씨보》에는 오익영의 가계가 보이지 않으며,《만성》의《해주오씨보》를 보면 그는 조선 후기 문신 오두인吳斗寅의 8대손으로 되어 있는데, 아버지 이름이《방목》과 달리 최선寂善으로 되어 있어 혼란스럽고, 두 사람의 음관蔭官 말고는 벼슬아치가 없다.

268 현재진玄載辰(1838~?) 평안도 정주定州 사람으로 유학을 거쳐 고종 11년 37세로 증광시에 병과로 급제했다.《방목》에는 벼슬이 없이 아버지[弼濟], 할아버지[仁珀], 증조[鶴裕], 외조[金仁禧] 이름이 보이고, 본관이 연주延州로 되어 있다. 그런데《청구》와《만성》의《연주현씨보》에는 현재진의 가계가 보이지 않는다. 연주현씨는 정조 대 이후 문과급제자 7명을 배출했는데, 그 가운데 6명이 평안도, 1명이 함경도 출신이다.

269 홍영우洪永禹(1821~?) 충청도 서산瑞山 사람으로 현감(종6품)을 거쳐 고종 11년 54세로 증광시에 병과로 급제하여 벼슬이 홍문관 부교리(종5품)를 거쳐 동부승지(정3품 당상관)에 이르렀다.《방목》에는 벼슬이 없이 아버지[義學], 할아버지[纘休], 증조[宗五], 외조[沈致和] 이름이 보이고, 본관이 남양南陽으로 되어 있다. 그런데《만성》의

《남양홍씨보》에는 홍영우의 가계가 보이지 않으며,《청구》의《남양
홍씨보》를 보면 직계 5대조와 외조 가운데 벼슬아치가 없다.

270 **조만식**趙晩植(1819~?) 경기도 포천抱川 사람으로 유학을 거쳐
고종 11년 56세로 증광시에 병과로 급제하여 벼슬이 홍문관 수찬(정6
품)을 거쳐 군수(종4품)에 이르렀다.《방목》에는 벼슬이 없이 아버지
〔濟達, 생부 濟民〕, 할아버지〔尙壽〕, 증조〔元相〕, 외조〔尹顯相〕 이름이 보이
고, 본관이 한양漢陽으로 되어 있다. 그런데《청구》의《한양조씨보》
에는 조만식의 가계가 보이지 않으며,《만성》의《한양조씨보》를 보
면 직계 8대조와 외조 가운데 벼슬아치가 없다.

271 **구성희**具星喜(1832~?) 강화江華 사람으로 유학을 거쳐 고종 11
년 43세로 증광시에 병과로 급제하여 벼슬이 사간원 정언(정6품)에
이르렀다.《방목》에는 벼슬이 없이 아버지〔震和〕, 할아버지〔潤昇〕, 증
조〔瑞弼〕, 외조〔韓師敏〕 이름이 보이고, 본관이 능성綾城으로 되어 있
다. 그런데《청구》와《만성》의《능성구씨보》에는 구성희의 가계가
보이지 않는다.

272 **윤정식**尹貞植 거주지를 알 수 없다. 유학을 거쳐 고종 11년 증
광시에 병과로 급제하여 벼슬이 사헌부 지평(정5품)에 이르렀다.《방
목》에는 본관이 파평坡平으로 되어 있을 뿐 그 밖에 아무런 기록이
없다. 그런데《청구》의《파평윤씨보》에는 윤정식의 가계가 보이지
않으며,《만성》의《파평윤씨보》에 그의 가계가 보이는데, 직계 9대
조 가운데 벼슬아치는 7대조가 도사(종5품)를 지낸 것밖에 없다.

273 **이의갑**李義甲(1833~?) 서울 사람으로 유학을 거쳐 고종 11년 42
세로 증광시에 병과로 급제하여 벼슬이 홍문관 수찬(정6품)에 이르렀
다.《방목》에는 벼슬이 없이 아버지〔泰寧〕, 할아버지〔炳玉〕, 증조〔禹

九], 외조[李瑞白] 이름이 보이고, 본관이 연안延安으로 되어 있다. 《청구》와 《만성》의 《연안이씨보》를 보면 직계 9대조와 외조 가운데 벼슬아치가 없다.

274 조규현趙圭鉉(1796~?) 황해도 배천白川 사람으로 유학을 거쳐 고종 11년 79세로 경과정시에 갑과로 급제했는데, 노인을 우대하여 바로 공조참의(정3품 당상관) 벼슬을 주었다.[32] 《방목》에는 벼슬이 없이 아버지[亨復] 이름만 보이고, 본관이 배천白川으로 되어 있다. 그런데 《청구》와 《만성》의 《배천조씨보》에는 조규현의 가계가 보이지 않는다.

275 윤영식尹永植(1844~?) 경기도 포천抱川 사람으로 유학을 거쳐 고종 11년 31세로 경과정시에 을과로 급제했다. 《방목》에는 벼슬이 없이 아버지[致得] 이름만 보이고, 본관이 파평坡平으로 되어 있다. 그런데 《청구》와 《만성》의 《파평윤씨보》에는 윤영식의 가계가 보이지 않는다.

276 배은성裵殷星(1848~?) 경기도 평택平澤 사람으로 유학을 거쳐 고종 11년 27세로 경과정시에 병과로 급제하여 벼슬이 사헌부 지평(정5품)에 이르렀다. 《방목》에는 벼슬이 없이 아버지[炳善] 이름만 보이고, 본관이 곤양崑陽으로 되어 있다. 그런데 《청구》에는 《곤양배씨보》 자체가 없고, 《만성》의 《곤양배씨보》에는 배은성의 가계가 보이지 않는다. 2000년 현재 곤양배씨 인구는 2,284가구 7,328명의 희성으로 조선시대 문과급제자는 2명인데, 현종 대 첫 급제자가 나온 뒤 그가 두 번째다.

---

32) 《고종실록》 권11, 고종 11년 9월 23일 갑술.

277 이두양李斗陽(1844~?) 평양平壤 사람으로 유학을 거쳐 고종 11년 31세로 경과정시에 병과로 급제했다. 《방목》에는 벼슬이 없이 아버지[必堯] 이름만 보이고, 본관이 수안遂安으로 되어 있다. 그런데 《만성》에는 《수안이씨보》 자체가 없고, 《청구》의 《수안이씨보》에는 이두양의 가계가 보이지 않는다. 수안이씨는 영조 대 이후 문과급제자 26명을 배출했는데, 그 가운데 11명은 평안도, 6명은 황해도, 1명은 함경도에서 급제했다.

278 김홍제金弘濟(1849~?) 충청도 충주忠州 사람으로 유학을 거쳐 고종 11년 26세로 경과정시에 병과로 급제했다. 《방목》에는 벼슬이 없이 아버지[商哲] 이름만 보이고, 본관이 경주慶州로 되어 있다. 그런데 《청구》와 《만성》의 《경주김씨보》에는 김홍제의 가계가 보이지 않는다.

279 이몽제李蒙濟(1838~1908) 평안도 강서江西 사람으로 유학을 거쳐 고종 11년 37세로 경과정시에 병과로 급제하여 벼슬이 사간원 정언(정6품)에 이르렀다. 《방목》에는 벼슬이 없이 아버지[錫升] 이름만 보이고, 본관이 전주全州로 되어 있다. 《전주이씨과거급제자총람》을 보면 이몽제는 이거李琚의 19대손으로 직계 7대조 가운데 벼슬아치가 없다.

280 오병문吳炳文(1836~?) 거주지를 알 수 없다. 생원을 거쳐 고종 12년(1875) 40세로 경과별시에 을과로 급제하여 벼슬이 홍문관을 거쳐 사헌부 집의(종3품), 통례원 좌통례(정3품 당하관)에 이르렀다. 《방목》에는 벼슬이 없이 아버지[翼相], 할아버지[岱濟], 증조[永欽], 외조[尹受謙] 이름이 보이고, 본관이 동복同福으로 되어 있다. 《청구》와 《만성》의 《동복오씨보》를 보면 직계 7대조와 외조 가운데 벼슬아치

가 없다.

281 강홍거康鴻擧(1855~?) 평안도 태천泰川 사람으로 유학을 거쳐 고종 12년 21세로 경과별시에 을과로 급제하여 벼슬이 형조좌랑(정5품)에 이르렀다. 《방목》에는 벼슬이 없이 아버지[興權], 할아버지[永占], 증조[大夏], 외조[金陽澤] 이름이 보이고, 본관이 신천信川으로 되어 있다. 그런데 《청구》와 《만성》의 《신천강씨보》에는 강홍거의 가계가 보이지 않는다.

282 위종겸魏鍾謙(1854~?) 함경도 함흥咸興 사람으로 유학을 거쳐 고종 12년 22세로 경과별시에 병과로 급제했다. 《방목》에는 벼슬이 없이 아버지[應喆], 할아버지[光遠], 증조[尙祖], 외조[金致楨] 이름이 보이고, 본관이 장흥長興으로 되어 있다. 그런데 《만성》에는 《장흥위씨보》 자체가 없고, 《청구》의 《장흥위씨보》에는 위종겸의 가계가 보이지 않는다. 2000년 현재 장흥위씨 인구는 7,711가구 2만 4,654명의 희성으로 선조 대 이후 문과급제자 13명을 배출했는데, 그 가운데 11명은 함흥에서 급제했다.

283 안창범安昌範(1836~?) 전라도 광양光陽 사람으로 유학을 거쳐 고종 12년 40세로 경과별시에 병과로 급제하여 벼슬이 사헌부 지평(정5품)에 이르렀다. 《방목》에는 벼슬이 없이 아버지[瑩奎], 할아버지[國信], 증조[就成], 외조[鄭龍桓] 이름이 보이고, 본관이 순흥順興으로 되어 있다. 그런데 《청구》와 《만성》의 《순흥안씨보》에는 안창범의 가계가 보이지 않는다.

284 조종운趙鍾雲(1829~?) 서울 사람으로 유학을 거쳐 고종 12년 47세로 경과별시에 병과로 급제하여 벼슬이 홍문관 부교리(종5품)를 거쳐 서장관(4~6품)으로 중국에 다녀오고, 통례원 좌통례(정3품 당하관)

에 이르렀다. 《방목》에는 벼슬이 없이 아버지[明植], 할아버지[濟民], 증조[錫一], 외조[韓益相] 이름이 보이고, 본관이 한양漢陽으로 되어 있다. 《청구》와 《만성》의 《한양조씨보》를 보면 직계 7대조 가운데 벼슬아치가 없다. 다만 외조가 문과에 급제했다.

   285 윤응두尹應斗(1828~?) 황해도 풍천豊川 사람으로 유학을 거쳐 고종 12년 48세로 경과별시에 병과로 급제했다. 《방목》에는 벼슬이 없이 아버지[鍵榮], 할아버지[敬彦], 증조[璿], 외조[金光治] 이름이 보이고, 본관이 파평坡平으로 되어 있다. 그런데 《청구》와 《만성》의 《파평윤씨보》에는 윤응두의 가계가 보이지 않는다.

   286 선준채宣俊采(1824~?) 전라도 보성寶城 사람으로 유학을 거쳐 고종 12년 52세로 경과별시에 병과로 급제하여 벼슬이 찰방(종6품)에 이르렀다. 《방목》에는 벼슬이 없이 아버지[孟洙], 할아버지[宗恪], 증조[泰禧], 외조[曺衡民] 이름이 보이고, 본관이 보성으로 되어 있다. 그런데 《청구》의 《보성선씨보》에는 중시조인 선윤지宣允祉(고려 우왕 대 사람) 한 사람만 기록되어 있고, 《만성》의 《보성선씨보》에는 선준채의 가계가 보이지 않는다. 2010년 현재 보성선씨 인구는 1만 2,094가구 3만 8,849명의 희성으로 조선시대 문과급제자 7명을 배출했다.

   287 정탁인鄭度仁(1841~?) 고종 4년 급제했다가 시험답안지를 바꿔치기한 것이 드러나 급제가 취소되었으나, 고종 12년 35세로 경과별시에 다시 급제했다. 그런데 고종 4년의 《방목》 기록과 고종 12년의 《방목》 기록이 서로 다르다. 앞에서는 거주지가 경상도 함양咸陽, 본관이 해주海州로 되어 있고, 뒤에서는 아버지[匡弼], 할아버지[祜善], 증조[乃毅], 외조[鄭八聞] 이름이 보이고 거주지가 진주晉州, 본관이 파주坡州로 되어 있다. 그러나 파주정씨 자체가 없어 파주는 해주의 오

기로 보인다. 그런데《청구》의《해주정씨보》에는 정탁인의 가계가 보이지 않으며,《만성》의《해주정씨보》를 보면 그는 조선 중기 문신 정문부鄭文孚의 9대손으로 그 사이 벼슬아치가 한 사람도 없다.

288 유협柳瑛(1856~?) 서울 사람으로 업유業儒를 거쳐 고종 12년 20세로 경과별시에 병과로 급제하여 벼슬이 홍문관 부교리(종5품)에 이르렀다.《방목》에는 벼슬이 없이 아버지[承根], 할아버지[詠], 증조[義養], 외조[朴孝寬] 이름이 보이고, 본관이 전주全州로 되어 있다. 그런데《청구》와《만성》의《전주유씨보》를 보면 아버지까지의 가계는 보이나 유협의 이름은 보이지 않는다.《방목》에 전직이 업유로 되어 있는 것은 서출이라는 것을 밝힌 것으로《족보》에 빠진 이유가 여기에 있음을 알 수 있다. 하지만 그가 서출임에도 벼슬이 청요직인 홍문관 부교리에 제수된 것은 눈여겨볼 만한 일이다.

289 최재철崔在澈(1844~?) 전라도 부안扶安 사람으로 진사를 거쳐 고종 12년 32세로 경과별시에 병과로 급제하여 벼슬이 홍문관 부수찬(종6품)을 거쳐 사간원 사간(종3품)에 이르렀다.《방목》에는 벼슬이 없이 아버지[鳴岳, 생부 鳴孝], 할아버지[時權], 증조[震海], 외조[金鼎實] 이름이 보이고, 본관이 탐진耽津(康津)으로 되어 있다. 그런데《청구》와《만성》의《탐진최씨보》에는 최재철의 가계가 보이지 않는다.

290 한병제韓秉濟(1832~?) 평안도 박천博川 사람으로 유학을 거쳐 고종 12년 44세로 경과별시에 병과로 급제했다.《방목》에는 벼슬이 없이 아버지[慶祐], 할아버지[致復], 증조[志讓], 외조[鄭樂周] 이름이 보이고, 본관이 청주淸州로 되어 있다. 그런데《청구》와《만성》의《청주한씨보》에는 한병제의 가계가 보이지 않는다.

291 장두식張斗植(1851~?) 전라도 영광靈光 사람으로 유학을 거쳐

고종 12년 25세로 경과별시에 병과로 급제하여 벼슬이 6품에 이르렀
다가 1910년 8월 27일에 정3품으로 승진했다. 《방목》에는 벼슬이 없
이 아버지[仁汲], 할아버지[鉉範], 증조[志元] 이름이 보이고, 본관이
인동仁同으로 되어 있다. 그런데 《청구》와 《만성》의 《인동장씨보》
에는 장두식의 가계가 보이지 않는다.

   292 이헌직李憲稙(1839~?) 서울 사람으로 유학을 거쳐 고종 12년 37
세로 경과별시에 병과로 급제하여 벼슬이 홍문관을 거쳐 이조판서
(정2품)와 궁내부 특진관(칙임관)에 이르렀다. 《방목》에는 벼슬이 없
이 아버지[鼎傳] 이름만 보이고, 본관이 한산韓山으로 되어 있다. 《청
구》와 《만성》의 《한산이씨보》를 보면 직계 5대조 가운데 벼슬아치
가 없다.

   293 김세진金世鎭(1838~?) 평양平壤 사람으로 유학을 거쳐 고종 13
년(1876) 39세로 정시문과에 갑과로 급제했다. 《방목》에는 벼슬이 없
이 아버지[庭龍], 할아버지[老淳], 증조[藎輔], 외조[李基賢] 이름이 보
이고, 본관이 김해金海로 되어 있다. 그런데 《청구》와 《만성》의 《김
해김씨보》에는 김세진의 가계가 보이지 않는다.

   294 김성룡金成龍(1830~?) 거주지를 알 수 없는데, 유학을 거쳐 고
종 13년 47세로 정시문과에 을과로 급제했다. 《방목》에는 벼슬이 없
이 아버지[鼎協] 이름만 보이고, 본관이 없으나 국립중앙도서관본에
는 전주全州로 되어 있다. 그러나 《만성》에는 《전주김씨보》 자체가
없고, 《청구》의 《전주김씨보》에는 김성룡의 가계가 보이지 않는다.
벼슬과 신원, 거주지를 모두 알 수 없는 인물이다.

   295 이희봉李羲鳳(1836~?) 충청도 남포藍浦 사람으로 유학을 거쳐
고종 13년 41세로 정시문과에 을과로 급제하여 벼슬이 사간원 정언

(정6품)을 거쳐 홍문관 교리(정5품)에 이르렀다. 《방목》에는 벼슬이 없이 아버지[護永], 할아버지[邦瑞], 증조[守發], 외조[白圭采] 이름이 보이고, 본관이 한산韓山으로 되어 있다. 그런데 《청구》와 《만성》의 《한산이씨보》에는 이희봉의 가계가 보이지 않는다.

296 장치량張致良(1828~?) 거주지를 알 수 없는데, 유학을 거쳐 고종 13년 49세로 정시문과에 병과로 급제했다. 《방목》에는 벼슬이 없이 아버지[重益] 이름만 보이고, 본관이 없으나 국립중앙도서관본에는 인동仁同으로 되어 있다. 그런데 《청구》와 《만성》의 《인동장씨보》에는 장치량의 가계가 보이지 않는다.

297 김원규金元圭(1840~?) 서울 사람으로 유학을 거쳐 고종 13년 37세로 식년시에 장원급제하여 벼슬이 홍문관 교리(정5품)에 이르렀다. 《방목》에는 벼슬이 없이 아버지[炳宇], 할아버지[德根], 증조[正淳] 이름이 보이고, 본관이 안동安東으로 되어 있다. 《청구》와 《만성》의 《안동김씨보》를 보면 김원규는 조선 중기 문신 김상헌金尙憲의 11대손으로 직계 5대조 가운데 벼슬아치가 없다.

298 박종현朴宗鉉(1823~?) 경상도 대구大邱 사람으로 유학을 거쳐 고종 13년 54세로 식년시에 갑과로 급제하여 벼슬이 사헌부 지평(정5품)과 홍문관 수찬(정6품)을 거쳐 동부승지(정3품 당상관)에 이르렀다. 《방목》에는 벼슬이 없이 아버지[基健], 할아버지[光構], 증조[聖浩], 외조[金聲五] 이름이 보이고, 본관이 순천順天으로 되어 있다. 《청구》와 《만성》의 《순천박씨보》를 보면 직계 5대조와 외조 가운데 벼슬아치가 없다.

299 고필상高必相(1854~?) 전라도 부안扶安 사람으로 유학을 거쳐 고종 13년 23세로 식년시에 갑과로 급제하여 도당록에 올랐다. 《방

목》에는 벼슬이 없이 아버지[濟豊], 할아버지[翰鎭], 증조[時敎] 이름
이 보이고, 본관이 장흥長興으로 되어 있다. 그런데 《청구》의 《장흥
고씨보》에는 증조까지의 가계만 보이고 할아버지 이하의 가계는 보
이지 않으며, 《만성》의 《장흥고씨보》를 보면 직계 12대조 가운데 벼
슬아치는 4대조가 무과에 급제하고, 8대조가 참봉(종9품)을 지낸 것
뿐이다.

　　300 조광우趙光祐(1849~?) 평안도 정주定州 사람으로 유학을 거쳐
고종 13년 28세로 식년시에 을과로 급제하여 벼슬이 예문관 한림
(7~9품)을 거쳐 사헌부 지평(정5품)에 이르렀다. 《방목》에는 벼슬이
없이 아버지[兢祖, 생부 學祖], 할아버지[永儀], 외조[玄仁穆] 이름이 보
이고, 본관이 배천白川으로 되어 있다. 그런데 《청구》와 《만성》의
《배천조씨보》에는 조광우의 가계가 보이지 않는다. 정주의 배천조씨
는 숙종 대 이후 문과급제자 26명을 배출했다.

　　301 박노삼朴魯參(1850~?) 서울 사람으로 유학을 거쳐 고종 13년 27
세로 식년시에 을과로 급제하여 벼슬이 홍문관 교리(정5품)에 이르렀
다. 《방목》에는 벼슬이 없이 아버지[奎東], 할아버지[海翼], 증조[彝
鉉], 외조[李溟龜] 이름이 보이고, 본관이 순천順天으로 되어 있다. 그
런데 《청구》와 《만성》의 《순천박씨보》에는 박노삼의 가계가 보이
지 않는다.

　　302 유도위柳道緯(1849~?) 경상도 안동安東 사람으로 유학을 거쳐
고종 13년 28세로 식년시에 을과로 급제하여 벼슬이 사헌부 장령(정4
품)에 이르렀다. 임금은 유도위가 유성룡柳成龍의 후손임을 고려하여
처음 홍문관 부교리(종5품)에 제수했다. 《방목》에는 벼슬이 없이 아
버지[進發], 할아버지[碩祚], 증조[行春], 외조[申穗] 이름이 보이고, 본

관이 풍산豊山으로 되어 있다. 《청구》와 《만성》의 《풍산유씨보》를 보면 그는 유성룡의 11대손으로 직계 7대조와 외조 가운데 벼슬아치가 없다.

　　303 전석교全錫喬(1847~?) 충청도 옥천沃川 사람으로 유학을 거쳐 고종 13년 30세로 식년시에 병과로 급제했다. 《방목》에는 벼슬이 없이 아버지[孝昇], 할아버지[應魯], 증조[穗], 외조[金坊] 이름이 보이고, 본관이 옥천으로 되어 있다. 그런데 《청구》와 《만성》의 《옥천전씨보》에는 전석교의 가계가 보이지 않는다. 옥천전씨는 조선시대 문과급제자 7명을 배출했다.

　　304 조광유趙光游(1847~?) 평안도 정주定州 사람으로 유학을 거쳐 고종 13년 30세로 식년시에 을과로 급제했다. 《방목》에는 벼슬이 없이 아버지[淑祖, 생부 能祖], 증조[夢旭], 외조[洪麗河] 이름이 보이고, 본관이 배천白川으로 되어 있다. 그런데 《청구》와 《만성》의 《배천조씨보》에는 조광유의 가계가 보이지 않는다. 같은 해 급제한 조광우趙光祐와 형제이다. 정주의 배천조씨는 숙종 대 이후 문과급제자 26명을 배출했다.

　　305 김주희金宙熙(1844~?) 충청도 공주公州 사람으로 유학을 거쳐 고종 13년 33세로 식년시에 병과로 급제하여 벼슬이 사헌부 지평(정5품)에 이르렀다. 《방목》에는 벼슬이 없이 아버지[秀集], 할아버지[魯玉], 증조[德載], 외조[成匡翼] 이름이 보이고, 본관이 경주慶州로 되어 있다. 그런데 《청구》와 《만성》의 《경주김씨보》에는 김주희의 가계가 보이지 않는다.

　　306 김두병金斗秉(1849~?) 경상도 안동安東 사람으로 유학을 거쳐 고종 13년 28세로 식년시에 병과로 급제하여 벼슬이 사헌부 지평(정5

품)을 거쳐 홍문관원이 되어 경연시독관(정5품)에 이르렀다. 1897년 9
월 28일에 고종에게 황제皇帝를 칭할 것을 요청하는 상소를 올려 대
한제국 건설에 앞장섰다.33) 《방목》에는 벼슬이 없이 아버지[奎洛],
할아버지[鎭鍵], 증조[義壽], 외조[權坪] 이름이 보이고, 본관이 의성義
城으로 되어 있다. 그런데 《청구》의 《의성김씨보》에는 김두병의 가
계가 보이지 않으며, 《만성》의 《의성김씨보》를 보면 직계 9대조와
외조 가운데 벼슬아치가 없다.

307 백시순白時淳(1856~?) 평안도 정주定州 사람으로 유학을 거쳐
고종 13년 21세로 식년시에 병과로 급제했다. 《방목》에는 벼슬이 없
이 아버지[宗任], 할아버지[慶柱], 증조[善居], 외조[全碩男] 이름이 보
이고, 본관이 수원水原으로 되어 있다. 그런데 《청구》와 《만성》의
《수원백씨보》에는 백시순의 가계가 보이지 않는다. 정주의 수원백씨
는 영조 대 이후 문과급제자 22명을 배출했다.

308 이준연李晙淵(1827~1895) 충청도 목천木川 사람으로 유학을 거
쳐 고종 13년 50세로 식년시에 병과로 급제하여 벼슬이 홍문관 교리
(정5품)에 이르렀다. 《방목》에는 벼슬이 없이 아버지[義柄], 할아버지
[蘊中], 증조[命擧], 외조[柳殷春] 이름이 보이고, 본관이 전주全州로 되
어 있다. 《전주이씨과거급제자총람》을 보면 이준연은 세종의 아들
광평대군廣平大君의 15대손으로 벼슬아치는 14대조가 준등시俊登試에
급제하고, 10대조가 첨정(종4품)을 지낸 것뿐이다.

309 이병위李秉緯(1826~?) 충청도 온양溫陽 사람으로 유학을 거쳐
고종 13년 51세로 식년시에 병과로 급제하여 벼슬이 사간원 정언(정6

---

33) 《고종실록》 권36, 고종 34년 9월 28일(양력).

품)과 사헌부 지평(정5품)에 이르렀다.《방목》에는 벼슬이 없이 아버지[升會], 할아버지[命老], 증조[協], 외조[金汲] 이름이 보이고, 본관이 광주廣州로 되어 있다. 그런데《청구》와《만성》의《광주이씨보》에는 이병위의 가계가 보이지 않는다.

　　310 **이택신**李宅臣(1825~?) 경상도 단성丹城 사람으로 유학을 거쳐 고종 13년 52세로 식년시에 병과로 급제했다.《방목》에는 벼슬이 없이 아버지[佑伯], 할아버지[存烈], 증조[膺龍], 외조[崔尙元] 이름이 보이고, 본관이 성주星州로 되어 있다. 그런데《청구》와《만성》의《성주이씨보》를 보면 아버지까지의 가계는 보이나 이택신의 이름은 빠져 있다. 다만, 아버지까지의 가계를 보면 그는 개국공신 이제李濟의 14대손으로 직계 조상 가운데 문과급제자는 오직 아버지뿐이다. 이택신의 이름이《족보》에서 빠진 것이 이상하다.

　　311 **서상태**徐相泰(1825~?) 평안도 박천博川 사람으로 유학을 거쳐 고종 13년 52세로 식년시에 병과로 급제하여 벼슬이 사헌부 지평(정5품)에 이르렀다.《방목》에는 벼슬이 없이 아버지[膺慶], 할아버지[鎭黙], 증조[重瑞], 외조[金宗烈] 이름이 보이고, 본관이 이천利川으로 되어 있다. 그런데《청구》와《만성》의《이천서씨보》에는 서상태의 가계가 보이지 않는다.

　　312 **이태섭**李泰燮(1847~?) 강원도 원주原州 사람으로 유학을 거쳐 고종 13년 30세로 식년시에 병과로 급제했다.《방목》에는 벼슬이 없이 아버지[正烈], 할아버지[信元], 증조[慶岳], 외조[金采彦] 이름이 보이고, 본관이 원주로 되어 있다. 그런데《청구》와《만성》의《원주이씨보》에는 이태섭의 가계가 보이지 않는다.

　　313 **백진섭**白珍燮(개명 珍翼, 1848~?) 평안도 태천泰川 사람으로 유학

을 거쳐 고종 13년 29세로 식년시에 병과로 급제했다.《방목》에는
벼슬이 없이 아버지[樂熙], 할아버지[履享], 증조[致祥], 외조[鮮于旭]
이름이 보이고, 본관이 수원水原으로 되어 있다. 그런데《청구》와
《만성》의《수원백씨보》에는 백진섭의 가계가 보이지 않는다. 태천
의 수원백씨는 영조 대 이후 문과급제자 14명을 배출했다.

　314 **한경근**韓敬根(1846~?) 충청도 청주淸州 사람으로 유학을 거쳐
고종 13년 31세로 식년시에 병과로 급제하여 벼슬이 사헌부 장령(정4
품)에 이르렀다.《방목》에는 벼슬이 없이 아버지[海德, 생부 海賢], 할
아버지[炯], 증조[楝], 외조[朴檄文] 이름이 보이고, 본관이 청주로 되
어 있다. 그런데《청구》와《만성》의《청주한씨보》에는 한경근의 가
계가 보이지 않는다.

　315 **이집호**李集鎬(1802, 또는 1862~?) 전라도 함평咸平 사람으로 유학
을 거쳐 고종 13년 75세(또는 15세)로 식년시에 병과로 급제하여 벼슬
이 사헌부 지평(정5품)에 이르렀다.《방목》에는 벼슬이 없이 아버지
[基燦], 할아버지[應齡], 증조[大運], 외조[崔鳳文] 이름이 보이고, 본관
이 경주慶州로 되어 있다. 그런데《청구》와《만성》의《경주이씨보》
에는 이집호의 가계가 보이지 않는다.

　316 **승이상**承履祥(1851~?) 평안도 정주定州 사람으로 유학을 거쳐
고종 13년 26세로 식년시에 병과로 급제했다.《방목》에는 벼슬이 없
이 아버지[鎭咸], 할아버지[基始], 증조[範祚], 외조[申泰運] 이름이 보
이고, 본관이 연일延日로 되어 있다. 그런데《만성》에는《연일승씨
보》자체가 없고,《청구》의《연일승씨보》에는 승이상의 가계가 보
이지 않는다. 2000년 현재 연일승씨 인구는 568가구 1,828명의 희성
으로 숙종 대 이후 문과급제자 8명을 배출했는데, 그 가운데 5명이

정조 대 이후 정주에서 급제한 것으로 확인되고 있다.

317 **윤영창**尹永昶(1817~?) 평안도 정주定州 사람으로 생원을 거쳐 고종 13년 60세로 식년시에 병과로 급제했다. 《방목》에는 벼슬이 없이 아버지[起鉉], 할아버지[在衡], 증조[眞基], 외조[洪就甸] 이름이 보이고, 본관이 파평坡平으로 되어 있다. 그런데 《청구》와 《만성》의 《파평윤씨보》에는 윤영창의 가계가 보이지 않는다.

318 **김신규**金信圭(1844~?) 평양平壤 사람으로 유학을 거쳐 고종 13년 33세로 식년시에 병과로 급제했다. 《방목》에는 벼슬이 없이 아버지[益烈], 할아버지[膺柱], 증조[致潭], 외조[盧泰賢] 이름이 보이고, 본관이 연안延安으로 되어 있다. 그런데 《청구》와 《만성》의 《연안김씨보》에는 김신규의 가계가 보이지 않는다.

319 **이돈욱**李敦煜(1824~?) 경상도 안동安東 사람으로 유학을 거쳐 고종 13년 53세로 식년시에 병과로 급제했다. 《방목》에는 벼슬이 없이 아버지[秀得], 할아버지[秉鉉], 증조[壁], 외조[應洙] 이름이 보이고, 본관이 한산韓山으로 되어 있다. 그런데 《청구》와 《만성》의 《한산이씨보》에는 이돈욱의 가계가 보이지 않는다.

320 **강석제**康錫濟(1832~?) 평안도 구성龜城 사람으로 유학을 거쳐 고종 13년 45세로 식년시에 병과로 급제했다. 《방목》에는 벼슬이 없이 아버지[啓成], 할아버지[允興], 증조[克贊], 외조[邊翼鳳] 이름이 보이고, 본관이 신천信川으로 되어 있다. 그런데 《청구》와 《만성》의 《신천강씨보》에는 강석제의 가계가 보이지 않는다.

321 **윤국주**尹國柱(1851~?) 평안도 가산嘉山 사람으로 유학을 거쳐 고종 13년 26세로 식년시에 병과로 급제하여 벼슬이 사헌부 지평(정5품)에 이르렀다. 《방목》에는 벼슬이 없이 아버지[達玄], 할아버지[學

曾], 증조[憲祖], 외조[金鴻麗] 이름이 보이고, 본관이 파평坡平으로 되어 있다. 그런데 《청구》와 《만성》의 《파평윤씨보》에는 윤국주의 가계가 보이지 않는다.

322 **정도순**鄭道淳(1850~?) 평안도 정주定州 사람으로 유학을 거쳐 고종 13년 27세로 식년시에 병과로 급제하여 벼슬이 예조정랑(정5품)에 이르렀다. 《방목》에는 벼슬이 없이 아버지[彝鉉] 이름만 보이고, 본관이 하동河東으로 되어 있다. 그런데 《청구》와 《만성》의 《하동정씨보》에는 정도순의 가계가 보이지 않는다.

323 **김진호**金鎭祜(1847~1924) 전라도 장성長城 사람으로 유학을 거쳐 고종 13년 30세로 식년시에 병과로 급제하여 벼슬이 승문원 부정자(종9품), 승정원 가주서(정7품), 성균관 전적(정6품), 사헌부 지평(정5품), 홍문관 교리(정5품), 사복시정(정3품 당하관)에 이르렀으며, 문집을 남기기도 했다. 《방목》에는 벼슬이 없이 아버지[義楨] 이름만 보이고, 본관이 울산蔚山으로 되어 있다. 그런데 《청구》와 《만성》의 《울산김씨보》에는 김진호의 가계가 보이지 않는다.

324 **양우준**梁禹濬(1820~?) 평안도 영변寧邊 사람으로 유학을 거쳐 고종 13년 57세로 식년시에 병과로 급제했다. 《방목》에는 벼슬이 없이 아버지[夏昀], 할아버지[碩範], 증조[臣祐], 외조[尹佐哲] 이름이 보이고, 본관이 남원南原으로 되어 있다. 그런데 《청구》와 《만성》의 《남원양씨보》에는 양우준의 가계가 보이지 않는다.

325 **이의용**李儀用(1827~1894) 충청도 은진恩津 사람으로 유학을 거쳐 고종 13년 50세로 식년시에 병과로 급제하여 벼슬이 사헌부 지평(정5품)을 거쳐 홍문관 교리(정5품)에 이르렀다. 《방목》에는 벼슬이 없이 아버지[承祚], 할아버지[繼洛], 증조[景達], 외조[南鏡] 이름이 보

이고, 본관이 전주全州로 되어 있다. 《전주이씨과거급제자총람》을 보면 이의용은 세조의 후궁 소생 덕원군德源君의 13대손으로 직계 조상 가운데 벼슬아치가 단 한 사람도 없다.

326 정운鄭澐(1828~?) 강원도 강릉江陵 사람으로 유학을 거쳐 고종 13년 49세로 식년시에 병과로 급제했다. 《방목》에는 벼슬이 없이 아버지[轍鎔], 할아버지[漢基], 증조[道乾], 외조[李大榮] 이름이 보이고, 본관이 영일迎日로 되어 있다. 그런데 《청구》와 《만성》의 《영일정씨보》에는 정운의 가계가 보이지 않는다.

327 김기서金起瑞(1850~?) 평안도 정주定州 사람으로 유학을 거쳐 고종 13년 27세로 식년시에 병과로 급제했다. 《방목》에는 벼슬이 없이 아버지[周錫], 할아버지[昌恒], 증조[聖默], 외조[文愼永] 이름이 보이고, 본관이 연안延安으로 되어 있다. 그런데 《청구》와 《만성》의 《연안김씨보》에는 김기서의 가계가 보이지 않는다. 증조는 순조 14년 문과에 급제했으나 벼슬을 얻지 못했다. 정주의 연안김씨가 영조대 이후 문과급제자 43명을 배출했음은 앞에서 설명했다.

328 유치일兪致―(1818~?) 충청도 보은報恩 사람으로 유학을 거쳐 고종 13년 59세로 식년시에 병과로 급제하여 벼슬이 홍문관 응교(정4품)에 이르렀다. 《방목》에는 벼슬이 없이 아버지[鏡煥], 할아버지[極柱], 증조[漢豊], 외조[李用敬] 이름이 보이고, 본관이 기계杞溪로 되어 있다. 《청구》와 《만성》의 《기계유씨보》를 보면 직계 6대조와 외조 가운데 벼슬아치가 없다.

329 한백규韓白奎(1831~?) 함경도 경성鏡城 사람으로 유학을 거쳐 고종 13년 46세로 함경도 도과에 갑과로 급제하여 벼슬이 홍문관 수찬(정6품)에 이르렀다. 《방목》에는 벼슬이 없이 아버지[宗信] 이름만

보이고, 본관이 청주淸州로 되어 있다. 그런데 《청구》와 《만성》의 《청주한씨보》에는 한백규의 가계가 보이지 않는다. 한편, 현행 《청주한씨보》를 보면 직계 10대조 가운데 7대조가 무과에 급제한 것을 제외하고 벼슬아치가 없다.

330 **주명상**朱明相(1815~?) 함경도 영흥永興 사람으로 생원을 거쳐 고종 13년 62세로 함경도 도과에 을과로 급제하여 벼슬이 사간원 정언(정6품)에 이르렀다. 《방목》에는 벼슬이 없이 아버지[采洙] 이름만 보이고, 본관이 전주全州로 되어 있다. 그런데 《청구》의 《전주주씨보》에는 주명상의 가계가 보이지 않으며, 《만성》의 《전주주씨보》를 보면 직계 4대조 가운데 벼슬아치가 없고 그 위로는 4대에 걸쳐 참봉(종9품)을 한 것으로 되어 있다. 2000년 현재 전주주씨 인구는 251가구 861명의 극희성으로 조선시대 문과급제자 22명을 배출했는데, 그 가운데 함흥咸興과 영흥에서 14명, 안변安邊에서 1명이 급제한 것으로 확인되고 있다. 전주주씨는 본래 조선 초기에 귀화한 여진족의 후손으로 주로 함흥 지역에 뿌리를 내리고 살았으며, 16세기 이후로 문과급제자가 나오기 시작했다.

331 **한전호**韓甸鎬(1857~?) 함경도 함흥咸興 사람으로 유학을 거쳐 고종 13년 20세로 함경도 도과에 병과로 급제했다. 《방목》에는 벼슬이 없이 아버지[致殷, 생부 致周] 이름만 보이고, 본관이 청주淸州로 되어 있다. 그런데 《청구》와 《만성》의 《청주한씨보》에는 한전호의 가계가 보이지 않는다. 함흥의 청주한씨는 인조 대 이후 문과급제자 14명을 배출하여 이 지역의 명문이 되었다.

332 **이찬식**李燦植(1835~?) 함경도 경성鏡城 사람으로 유학을 거쳐 고종 13년 42세로 함경도 도과에 병과로 급제하여 벼슬이 성균관 전

적(정6품)에 이르렀다. 《방목》에는 벼슬이 없이 아버지〔賢慶〕이름만 보이고, 본관이 전주全州로 되어 있다. 《전주이씨과거급제자총람》을 보면 이찬식은 《족보》에 오르지 못한 파미분류자로 되어 있다.

333 **이재석**李在祏(1847~?) 함경도 북청北靑 사람으로 유학을 거쳐 고종 13년 30세로 함경도 도과에 병과로 급제하여 벼슬이 부사과(종6품)를 거쳐 사헌부 지평(정5품)에 이르렀다. 《방목》에는 벼슬이 없이 아버지〔周性〕이름만 보이고, 본관이 청해靑海(北靑)로 되어 있다. 그런데 《청구》와 《만성》의 《청해이씨보》에는 이재석의 가계가 보이지 않는다. 청해이씨는 여진족으로 귀화하여 개국공신에 오른 이지란李之蘭의 후손으로 2000년 현재 인구는 3,713가구 1만 2,002명의 희성인데, 조선시대 문과급제자 8명을 배출했다.

334 **김기형**金璣衡(1815~?) 함경도 길주吉州 사람으로 유학을 거쳐 고종 13년 62세로 함경도 도과에 병과로 급제했다. 《방목》에는 벼슬이 없이 아버지〔精麗〕이름만 보이고, 본관이 광산光山으로 되어 있다. 그런데 《청구》와 《만성》의 《광산김씨보》에는 김기형의 가계가 보이지 않는다.

335 **위도원**魏道源(1838~?) 함경도 함흥咸興 사람으로 유학을 거쳐 고종 13년 39세로 함경도 도과에 병과로 급제하여 벼슬이 홍문관 수찬(정6품)에 이르렀다. 《방목》에는 벼슬이 없이 아버지〔鍾崑〕이름만 보이고, 본관이 장흥長興으로 되어 있다. 그런데 《만성》에는 《장흥위씨보》자체가 없고, 《청구》의 《장흥위씨보》에는 위도원의 가계가 보이지 않는다. 2000년 현재 장흥위씨 인구는 7,711가구 2만 4,654명의 희성으로 조선시대 문과급제자 13명을 배출했는데, 그 가운데 11명이 숙종 대 이후 함흥에서 급제하여 이 지역의 명문이 되었다.

336 박수창朴壽昌(1851~?) 함경도 경원慶源 사람으로 고종 13년 26세로 함경도 도과에 병과로 급제하여 벼슬이 사헌부 지평(정5품)을 거쳐 사간원 사간(종3품)에 이르렀다.《방목》에는 벼슬이 없이 아버지[風熏] 이름만 보이고, 본관이 밀양密陽으로 되어 있다. 그런데《청구》와《만성》의《밀양박씨보》에는 박수창의 가계가 보이지 않는다.

337 남병문南秉文(1827~?) 충청도 공주公州 사람으로 유학을 거쳐 고종 14년(1877) 51세로 경과정시에 을과로 급제하여 벼슬이 사간원 정언(정6품)에 이르렀다.《방목》에는 벼슬이 없이 아버지[永璉, 생부 永瓘], 할아버지[公鉉], 증조[有奎], 외조[鄭秀龜] 이름이 보이고, 본관이 의령宜寧으로 되어 있다.《청구》와《만성》의《의령남씨보》를 보면 직계 9대조와 외조 가운데 벼슬아치가 없다.

338 박병협朴秉協(1860~?) 평안도 정주定州 사람으로 유학을 거쳐 고종 14년 18세로 경과정시에 병과로 급제했다.《방목》에는 벼슬이 없이 아버지[元黙, 생부 貞黙], 할아버지[基秀], 증조[尙楷], 외조[李錫彙] 이름이 보이고, 본관이 밀양密陽으로 되어 있다. 그런데《청구》와《만성》의《밀양박씨보》에는 박병협의 가계가 보이지 않는다.

339 박제성朴齊聖(1836~?) 서울 사람으로 생원을 거쳐 고종 14년 42세로 경과정시에 병과로 급제하여 벼슬이 홍문관 부수찬(종6품)과 사헌부 집의(종3품)를 거쳐 승지(정3품 당상관)에 이르렀다.《방목》에는 벼슬이 없이 아버지[昶壽, 생부 增壽], 할아버지[宗赫], 증조[經源], 외조[李英謙] 이름이 보이고, 본관이 반남潘南으로 되어 있다.《청구》와《만성》의《반남박씨보》를 보면 직계 5대조와 외조 가운데 벼슬아치가 없다.

340 공재범孔在範(1847~?) 경기도 용인龍仁 사람으로 유학을 거쳐

고종 14년 31세로 경과정시에 병과로 급제하여 벼슬이 사간원 정언 (정6품)을 거쳐 홍문관 수찬(정6품)과 사헌부 집의(종3품)에 이르렀다. 《방목》에는 벼슬이 없이 아버지[光烈], 할아버지[毅東], 증조[夏鼎], 외조[李在明] 이름이 보이고, 본관이 곡부曲阜로 되어 있다. 그런데《청구》와《만성》의《곡부공씨보》에는 공재범의 가계가 보이지 않는다. 곡부공씨는 공자의 후손으로 조선시대 문과급제자 8명을 배출했다.

341 조병선曺秉先(1835~?) 서울 사람으로 생원을 거쳐 고종 14년 43세로 경과정시에 병과로 급제하여 벼슬이 사간원 정언(정6품)에 이르렀다.《방목》에는 벼슬이 없이 아버지[顯承, 생부 憲承], 할아버지[錫純], 증조[宜振], 외조[李亨奎] 이름이 보이고, 본관이 창녕昌寧으로 되어 있다.《청구》와《만성》의《창녕조씨보》를 보면 직계 3대조와 외조 가운데 벼슬아치가 없다.

342 김수형金秀馨(1840~?) 전라도 무장茂長 사람으로 유학을 거쳐 고종 14년 38세로 경과정시에 병과로 급제하여 벼슬이 사헌부 장령 (정4품)에 이르렀다.《방목》에는 벼슬이 없이 아버지[燾一], 할아버지[以奎], 증조[亮佑], 외조[高濟忠] 이름이 보이고, 본관이 청도淸道로 되어 있다. 그런데《청구》와《만성》의《청도김씨보》에는 김수형의 가계가 보이지 않는다.

343 오영탁吳瀁鐸(1843~?) 서울 사람으로 유학을 거쳐 고종 14년 35세로 경과정시에 병과로 급제하여 벼슬이 홍문관을 거쳐 군수(종4품)에 이르렀다.《방목》에는 벼슬이 없이 아버지[在哲], 할아버지[亨國], 증조[大恒], 외조[沈○○] 이름이 보이고, 본관이 동복同福으로 되어 있다. 그런데《청구》와《만성》의《동복오씨보》에는 오영탁의 가계가 보이지 않는다.

344 이재명李在明(1830~?) 서울 사람으로 유학을 거쳐 고종 14년 48세로 경과정시에 병과로 급제하여 벼슬이 사간원 정언(정6품)과 헌납(정5품)에 이르렀다. 《방목》에는 벼슬이 없이 아버지[鳳寧], 할아버지[顯相], 증조[漢雲], 외조[李世福] 이름이 보이고, 본관이 우계羽溪로 되어 있다. 그런데 《청구》와 《만성》의 《우계이씨보》에는 이재명의 가계가 보이지 않는다.

345 노영경盧泳敬(1848~?) 경상도 상주尙州 사람으로 유학을 거쳐 고종 14년 30세로 경과정시에 병과로 급제하여 벼슬이 홍문관 부교리(종5품)를 거쳐 대한제국 때 궁내부 특진관(칙임관)에 이르렀다. 《방목》에는 벼슬이 없이 아버지[光鍾], 할아버지[興文], 증조[尙元], 외조[金聖玖] 이름이 보이고, 본관이 광주光州로 되어 있다. 《청구》와 《만성》의 《광주노씨보》를 보면 직계 4대조와 외조 가운데 벼슬아치가 없다.

346 서정훈徐鼎勳(1804~?) 경기도 양주楊州 사람으로 유학을 거쳐 고종 14년 74세로 노인을 위한 기로유생 응제시耆老儒生 應製試에 급제하여 벼슬이 참판(종2품)에 이르렀다. 《방목》에는 벼슬이 없이 아버지[榮耆] 이름만 보이고, 본관이 부여扶餘로 되어 있다. 그런데 《청구》의 《부여서씨보》에는 서정훈의 가계가 보이지 않으며, 《만성》의 《부여서씨보》를 보면 직계 5대조 가운데 벼슬아치가 없다. 2000년 현재 부여서씨 인구는 4,486가구 1만 4,312명의 희성으로 선조 대 이후 문과급제자 4명을 배출했다.

347 한재현韓在絢(1808~?) 서울 사람으로 생원을 거쳐 고종 14년 70세로 기로유생 응제시에 급제하여 벼슬이 병조참의(정3품 당상관)에 이르렀다. 《방목》에는 벼슬이 없이 아버지[允爀] 이름만 보이고, 본

관이 청주淸州로 되어 있다. 《청구》와 《만성》의 《청주한씨보》를 보면 직계 5대조 가운데 벼슬아치가 없다.

348 고운정高雲佾(1850~?) 서울 사람으로 유학을 거쳐 고종 15년(1878) 29세로 경과정시에 갑과로 급제하여 벼슬이 홍문관 수찬(정6품)에 이르렀다. 《방목》에는 벼슬이 없이 아버지[奭鉉] 이름만 보이고, 본관이 제주濟州로 되어 있다. 그런데 《청구》와 《만성》의 《제주고씨보》에는 고운정의 가계가 보이지 않는다.

349 김창석金昌錫(1846~?) 전라도 임실任實 사람으로 생원을 거쳐 고종 15년 33세로 경과정시에 을과로 급제하여 벼슬이 부사과(종6품)를 거쳐 호남균전사湖南均田使에 이르렀으나, 동학난 무렵 백지징세白地徵稅한 것이 문제가 되어 유배당했다. 《방목》에는 벼슬이 없이 아버지[宇纘, 생부 宇泓] 이름만 보이고, 본관이 김해金海로 되어 있다. 그런데 《청구》와 《만성》의 《김해김씨보》에는 김창석의 가계가 보이지 않는다.

350 황일룡黃一龍(1848~?) 평안도 강동江東 사람으로 유학을 거쳐 고종 15년 31세로 경과정시에 병과로 급제했다. 《방목》에는 벼슬이 없이 아버지[起五] 이름만 보이고, 본관이 제안齊安(黃州)으로 되어 있다. 그런데 《청구》와 《만성》의 《제안황씨보》에는 황일룡의 가계가 보이지 않는다. 2000년 현재 제안황씨 인구는 870가구 2,752명의 희성으로 현종 대 이후 문과급제자 3명을 배출했는데, 그 가운데 2명이 평안도 출신으로 확인되고 있다.

351 신계해申啓海(1859~?) 평안도 숙천肅川 사람으로 유학을 거쳐 고종 15년 20세로 경과정시에 병과로 급제했다. 《방목》에는 벼슬이 없이 아버지[允凡] 이름만 보이고, 본관이 평산平山으로 되어 있다. 그

런데 《청구》와 《만성》의 《평산신씨보》에는 신계해의 가계가 보이
지 않는다.

352 **이용호**李容鎬(1842~?) 충청도 청주淸州 사람으로 유학을 거쳐
고종 15년 37세로 경과정시에 병과로 급제하여 벼슬이 충청도 암행
어사에 이르렀다가 죄를 짓고 유배되었다. 《방목》에는 벼슬이 없이
아버지[致庠] 이름만 보이고, 본관이 전주全州로 되어 있다. 《전주이
씨과거급제자총람》을 보면 이용호는 태종의 후궁 소생 경녕군敬寧君
의 15대손으로 직계 9대조 가운데 벼슬아치가 없다.

353 **양한용**梁漢容(1816~?) 전라도 남원南原 사람으로 유학을 거쳐
고종 15년 63세로 경과정시에 병과로 급제하여 벼슬이 정언(정6품)을
거쳐 홍문관 부교리(종5품)에 이르렀다. 《방목》에는 벼슬이 없이 아
버지[樗] 이름만 보이고, 본관이 남원으로 되어 있다. 그런데 《청구》
와 《만성》의 《남원양씨보》에는 양한용의 가계가 보이지 않는다.

354 **조병승**趙秉升(1844~?) 서울 사람으로 진사를 거쳐 고종 15년 35
세로 경과정시에 병과로 급제하여 벼슬이 홍문관과 대사간(정3품 당
상관)을 거쳐 대한제국 때 궁내부 특진관(칙임관)과 봉상사 제조(칙임
관)에 이르렀다. 《방목》에는 벼슬이 없이 아버지[禹永, 생부 揆永] 이름
만 보이고, 본관이 풍양豊壤으로 되어 있다. 《청구》와 《만성》의 《풍
양조씨보》를 보면 직계 6대조 가운데 벼슬아치는 4대조가 무과에 급
제한 것뿐이다.

355 **이경직**李景稙(1853~?) 서울 사람으로 유학을 거쳐 고종 15년 26
세로 경과정시에 병과로 급제했다. 《방목》에는 벼슬이 없이 아버지
[承耆] 이름만 보이고, 본관이 한산韓山으로 되어 있다. 그런데 《청
구》와 《만성》의 《한산이씨보》에는 이경직의 가계가 보이지 않는다.

356 정승현鄭承鉉(1852~?) 경상도 함양咸陽 사람으로 유학을 거쳐 고종 15년 27세로 경과정시에 병과로 급제하여 벼슬이 홍문관 응교 (정4품)에 이르렀다. 《방목》에는 벼슬이 없이 아버지[在學] 이름만 보이고, 본관이 하동河東으로 되어 있다. 《만성》의 《하동정씨보》를 보면 정승현은 조선 전기 문신 정여창鄭汝昌의 후손으로 아버지까지의 가계만 보이고, 정승현의 이름은 보이지 않는다. 직계 12대조 가운데 벼슬아치는 7대조가 음직蔭職을 받은 것뿐이다. 한편, 《청구》의 《하동정씨보》에는 9대조가 찰방(종6품)을 한 것으로 되어 있어 《만성》과 다르다.

357 김규영金奎榮(1829~?) 전라도 부안扶安 사람으로 유학을 거쳐 고종 15년 50세로 경과정시에 병과로 급제했다. 《방목》에는 벼슬이 없이 아버지[重勳] 이름만 보이고, 본관이 김해金海로 되어 있다. 그런데 《청구》와 《만성》의 《김해김씨보》에는 김규영의 가계가 보이지 않는다.

358 남정호南廷皓(1837~?) 서울 사람인데 거주지를 춘천春川으로 속여 진사를 거쳐 고종 16년(1879) 2월 43세로 경과정시에 갑과로 급제했으나, 도道 이름을 속인 죄로 삭과削科되었다가 뒤에 복과되어 벼슬이 홍문관 부수찬(종6품)에 이르렀다. 《방목》에는 벼슬이 없이 아버지[敎元] 이름만 보이고, 본관이 의령宜寧으로 되어 있다. 그런데 《청구》의 《의령남씨보》에는 할아버지까지의 가계만 보이고 그 뒤는 보이지 않으며, 《만성》의 《의령남씨보》를 보면 아버지까지의 가계만 보이고 남정호의 이름은 보이지 않는다. 다만, 직계 3대조 가운데 벼슬아치가 없다.

359 민영서閔泳序(1837~?) 경기도 광주廣州 사람인데 거주지를 상주

尙州로 속여 유학을 거쳐 고종 16년 2월 43세로 경과정시에 을과로 급제했으나, 도道 이름을 속인 죄로 삭과되었다가 뒤에 복과되었다. 《방목》에는 벼슬이 없이 아버지[舜鎬] 이름만 보이고, 본관이 여흥驪興으로 되어 있다. 그런데 《청구》와 《만성》의 《여흥민씨보》에는 민영서의 가계가 보이지 않는다.

360 **주낙규**朱洛珪(1855~?) 함경도 함흥咸興 사람으로 유학을 거쳐 고종 16년 2월 25세로 경과정시에 병과로 급제했다. 《방목》에는 벼슬이 없이 아버지[昇鍾] 이름만 보이고, 본관이 전주全州로 되어 있다. 그런데 《청구》와 《만성》의 《전주주씨보》에는 주낙규의 가계가 보이지 않는다. 함흥의 전주주씨는 영조 대 이후 문과급제자 14명을 배출하여 이 지역 신흥 명문으로 부상했다.

361 **조종린**趙鍾麟(1845~?) 충청도 정산定山 사람으로 유학을 거쳐 고종 16년 2월 35세로 경과정시에 병과로 급제했다. 《방목》에는 벼슬이 없이 아버지[東洙], 할아버지[仲鉉], 증조[炳], 외조[姜潗欽] 이름이 보이고, 본관이 한양漢陽으로 되어 있다. 그런데 《청구》와 《만성》의 《한양조씨보》에는 조종린의 가계가 보이지 않는다.

362 **윤창수**尹昌洙(1826~?) 평안도 성천成川 사람으로 유학을 거쳐 고종 16년 2월 54세로 경과정시에 병과로 급제했다. 《방목》에는 벼슬이 없이 아버지[錫權] 이름만 보이고, 본관이 파평坡平으로 되어 있다. 그런데 《청구》와 《만성》의 《파평윤씨보》에는 윤창수의 가계가 보이지 않는다.

363 **황학수**黃學秀(1831~?) 경기도 양주楊州 사람으로 진사를 거쳐 고종 16년 2월 49세로 경과정시에 병과로 급제하여 벼슬이 홍문관교리(정5품)에 이르렀다. 《방목》에는 벼슬이 없이 아버지[夏淵], 할아

버지[鍾萬], 증조[基定], 외조[尹應鉉] 이름이 보이고, 본관이 창원昌原으로 되어 있다. 《청구》와 《만성》의 《창원황씨보》를 보면 직계 6대조와 외조 가운데 벼슬아치가 없다.

364 한경혁韓景爀(1843~?) 함경도 정평定平 사람으로 유학을 거쳐 고종 16년 2월 37세로 경과정시에 병과로 급제하여 벼슬이 승정원 가주서(정7품)에 이르렀다. 《방목》에는 벼슬이 없이 아버지[一範] 이름만 보이고, 본관이 청주淸州로 되어 있다. 그런데 《청구》와 《만성》의 《청주한씨보》에는 한경혁의 가계가 보이지 않는다.

365 박태순朴台淳(개명 始淳, 1847~?) 황해도 평산平山 사람으로 유학을 거쳐 고종 16년 2월 33세로 경과정시에 병과로 급제하여 벼슬이 홍문관 수찬(정6품)을 거쳐 승지(정3품 당상관)에 이르렀다. 《방목》에는 벼슬이 없이 아버지[光錫] 이름만 보이고, 본관이 함양咸陽으로 되어 있다. 《청구》와 《만성》의 《함양박씨보》를 보면 직계 4대조 가운데 벼슬아치가 없다.

366 정현모鄭玄謨(1851~1923) 경상도 용궁龍宮 사람으로 유학을 거쳐 고종 16년 2월 29세로 경과정시에 병과로 급제했다. 《방목》에는 벼슬이 없이 아버지[寅七], 할아버지[老錫], 증조[圭秉], 외조[高夢壽] 이름이 보이고, 본관이 동래東萊로 되어 있다. 그런데 《청구》와 《만성》의 《동래정씨보》에는 정현모의 가계가 보이지 않는다.

367 이희당李禧戇(1855~?) 평안도 중화中和 사람인데 거주지를 제주濟州로 속여 유학을 거쳐 고종 16년 2월 25세로 경과정시에 병과로 급제했으나, 도道를 속인 죄로 급제가 취소되고 제주도에 충군充軍되었다가 다음 해 복과復科되었다. 《방목》에는 벼슬이 없이 아버지[膺燮] 이름만 보이고, 본관이 단양丹陽으로 되어 있다. 그런데 《청구》와

《만성》의《단양이씨보》에는 이희당의 가계가 보이지 않는다. 2000
년 현재 단양이씨 인구는 5,122가구 1만 6,213명의 희성으로 조선시
대 문과급제자 21명을 배출했는데, 그 가운데 11명이 정조 대 이후
평안도에서 급제했다.

368 유관수柳觀秀(1846~?) 충청도 문의文義 사람으로 유학을 거쳐
고종 16년 2월 34세로 경과정시에 병과로 급제하여 도당록에 올랐다.
《방목》에는 벼슬이 없이 아버지[錫奎], 할아버지[洛黙], 증조[晉興], 외
조[金春植] 이름이 보이고, 본관이 진주晉州로 되어 있다. 그런데《청
구》와《만성》의《진주유씨보》에는 유관수의 가계가 보이지 않는다.

369 권박연權博淵(1847~?) 경상도 예천醴泉 사람으로 유학을 거쳐
고종 16년 2월 33세로 경과정시에 병과로 급제했다.《방목》에는 벼
슬이 없이 아버지[龜夏] 이름만 보이고, 본관이 안동安東으로 되어 있
다. 그런데《청구》와《만성》의《안동권씨보》에는 권박연의 가계가
보이지 않는다.

370 손덕한孫德漢(1833~?) 서울 사람으로 유학을 거쳐 고종 16년 2
월 47세로 경과정시에 병과로 급제했다.《방목》에는 벼슬이 없이 아
버지[光運] 이름만 보이고, 본관이 밀양密陽으로 되어 있다. 그런데
《청구》와《만성》의《밀양손씨보》에는 손덕한의 가계가 보이지 않
는다.

371 김복성金復性(1842~?) 경기도 과천果川 사람으로 유학을 거쳐
고종 16년 2월 38세로 경과정시에 병과로 급제하여 벼슬이 홍문관
교리(정5품)에 이르렀다.《방목》에는 벼슬이 없이 아버지[東敎, 생부
東㸅] 이름만 보이고, 본관이 청풍淸風으로 되어 있다.《청구》와《만
성》의《청풍김씨보》를 보면 직계 3대조와 외조 가운데 벼슬아치가

없다.

372 이동연李東淵(1808, 또는 1814~1886[34]) 충청도 진천鎭川 사람으로 유학을 거쳐 고종 16년 3월 72세(또는 66세)로 경과정시에 갑과로 급제하여 벼슬이 사헌부 지평(정5품)과 홍문관 교리(정5품)를 거쳐 병조 참의(정3품 당상관)에 이르렀다. 《방목》에는 벼슬이 없이 아버지[義容] 이름만 보이고, 본관이 전주全州로 되어 있다. 《전주이씨과거급제자총람》을 보면 이동연은 세종의 아들 광평대군廣平大君의 15대손으로 직계 5대조와 외조 가운데 벼슬아치가 없다.

373 김동원金東源(1847~?) 경상도 김해金海 사람으로 유학을 거쳐 고종 16년 3월 33세로 경과정시에 을과로 급제했다. 《방목》에는 벼슬이 없이 아버지[鉄圭] 이름만 보이고, 본관이 김해로 되어 있다. 그런데 《청구》와 《만성》의 《김해김씨보》에는 김동원의 가계가 보이지 않는다.

374 임현주林顯周(1852~?) 평안도 안주安州 사람으로 유학을 거쳐 고종 16년 3월 28세로 경과정시에 을과로 급제했다. 《방목》에는 벼슬이 없이 아버지[燦奎], 할아버지[尙蕃], 증조[宗赫], 외조[劉龍權] 이름이 보이고, 본관이 전주全州로 되어 있다. 그런데 《청구》와 《만성》에는 《전주임씨보》 자체가 없다. 2000년 현재 전주임씨 인구는 1,328가구 4,273명의 희성으로 헌종 대 이후 문과급제자 3명이 배출되었는데, 그 가운데 2명은 평안도 출신이다.

375 유진규兪鎭奎(1845~?) 서울 사람으로 유학을 거쳐 고종 16년 3월 35세로 경과정시에 병과로 급제하여 벼슬이 도당록에 올랐다.

---

34) 《전주이씨과거급제자총람》에는 이동연의 출생연도가 1814년으로 되어 있어, 《방목》과 다르다.

《방목》에는 벼슬이 없이 아버지[致遠] 이름만 보이고, 본관이 기계杞
溪로 되어 있다. 그런데 《청구》의 《기계유씨보》에는 유진규의 가계
가 보이지 않으며, 《만성》의 《기계유씨보》를 보면 직계 5대조 가운
데 아버지가 음직蔭職을 가진 것으로 되어 있을 뿐 벼슬아치가 없다.

    376 한영석韓永錫(1803, 또는 1863~?) 개성開城 사람으로 유학을 거쳐
고종 16년 3월 77세(또는 17세)로 경과정시에 병과로 급제했다. 《방
목》에는 벼슬이 없이 아버지[重敎] 이름만 보이고, 본관이 청주淸州로
되어 있다. 그런데 《청구》와 《만성》의 《청주한씨보》에는 한영석의
가계가 보이지 않는다.

    377 이동기李東基(1839~?) 경상도 용궁龍宮 사람으로 유학을 거쳐
고종 16년 3월 41세로 경과정시에 병과로 급제했다. 《방목》에는 벼
슬이 없이 아버지[炳斗, 생부 炳老], 할아버지[槇根], 증조[益章], 외조[南
始會] 이름이 보이고, 본관이 성주星州로 되어 있다. 그런데 《청구》와
《만성》의 《성주이씨보》에는 이동기의 가계가 보이지 않는다.

    378 권태식權泰植(1856~?) 전라도 순창淳昌 사람으로 유학을 거쳐
고종 16년 24세로 식년시에 갑과로 급제하여 벼슬이 홍문관 수찬(정6
품)에 이르렀다. 《방목》에는 벼슬이 없이 아버지[永錫] 이름만 보이
고, 본관이 안동安東으로 되어 있다. 그런데 《청구》와 《만성》의 《안
동권씨보》에는 권태식의 가계가 보이지 않는다.

    379 이중언李中彦(1850~?) 경상도 예안禮安 사람으로 유학을 거쳐
고종 16년 30세로 식년시에 갑과로 급제하여 벼슬이 사간원 정언(정6
품)과 사헌부 장령(정4품)에 이르렀다. 《방목》에는 벼슬이 없이 아버
지[晩佑], 할아버지[彙濟], 증조[儒淳], 외조[金鎭斗] 이름이 보이고, 본
관이 진보眞寶로 되어 있다. 《청구》와 《만성》의 《진보이씨보》를 보

면 이중언은 이황李滉의 후손으로 직계 5대조와 외조 가운데 벼슬아치가 없다.

380 이동욱李東郁(1854~?) 황해도 서흥瑞興 사람으로 유학을 거쳐 고종 16년 26세로 식년시에 을과로 급제하여 벼슬이 승정원 주서(정7품)에 이르렀는데, 고향에서 토색질을 한 죄로 파면되었다. 《방목》에는 벼슬이 없이 아버지[澤秀] 이름만 보이고, 본관이 수안遂安으로 되어 있다. 그런데 《만성》에는 《수안이씨보》 자체가 없고, 《청구》의 《수안이씨보》에는 이동욱의 가계가 보이지 않는다. 2000년 현재 수안이씨 인구는 5,539가구 1만 7,677명의 희성으로 조선시대 문과급제자 26명을 배출했는데, 그 가운데 평안도에서 11명, 황해도에서 6명이 급제한 것으로 확인되고 있다.

381 김석열金奭烈(1836~?) 경상도 함양咸陽 사람으로 유학을 거쳐 고종 16년 44세로 식년시에 을과로 급제하여 벼슬이 사간원 정언(정6품)에 이르렀다. 《방목》에는 벼슬이 없이 아버지[仁秀], 할아버지[鼎淳], 증조[尙銓], 외조[崔擎昊] 이름이 보이고, 본관이 김해金海로 되어 있다. 그런데 《청구》와 《만성》의 《김해김씨보》에는 김석열의 가계가 보이지 않는다.

382 김지문金之文(1804, 또는 1864~?) 평안도 숙천肅川 사람으로 유학을 거쳐 고종 16년 76세(또는 16세)에 식년시에 을과로 급제했다. 《방목》에는 벼슬이 없이 아버지[樂朝], 할아버지[礪道], 증조[鎭袞], 외조[許環] 이름이 보이고, 본관이 진주晉州로 되어 있다. 그런데 《청구》와 《만성》의 《진주김씨보》에는 김지문의 가계가 보이지 않는다. 2000년 현재 진주김씨 인구는 6,096가구 1만 9,795명의 희성으로 광해군 대 이후 문과급제자 10명을 배출했는데, 그 가운데 6명이 영조

대 이후 평안도에서 급제한 것으로 확인되고 있다.

383 송관옥宋瑤玉(1832~?) 전라도 태인泰仁 사람으로 유학을 거쳐 고종 16년 48세로 식년시에 을과로 급제하여 벼슬이 봉상시 주부(종6품)에 이르렀는데, 1882년에는 부국강병책을 건의하는 상소를 올려 임금의 칭찬을 받았다.35) 《방목》에는 벼슬이 없이 아버지[持熙] 이름만 보이고, 본관이 여산礪山으로 되어 있다. 그런데 《청구》와 《만성》의 《여산송씨보》에는 송관옥의 가계가 보이지 않는다.

384 고시기高時冀(1842~?) 전라도 영광靈光 사람으로 유학을 거쳐 고종 16년 38세로 식년시에 을과로 급제했다. 《방목》에는 벼슬이 없이 아버지[有謙], 할아버지[萬源], 증조[應秀], 외조[梁達中] 이름이 보이고, 본관이 장흥長興으로 되어 있다. 그런데 《청구》와 《만성》의 《장흥고씨보》에는 고시기의 가계가 보이지 않는다.

385 정두흠鄭斗欽(1829~1910) 전라도 장흥長興 사람으로 유학을 거쳐 고종 16년 51세로 식년시에 을과로 급제하여 벼슬이 승정원 주서 (정7품), 성균관 전적(정6품), 사간원 정언(정6품)을 거쳐 사헌부 지평 (정5품)에 이르렀다. 개항에 반대하는 〈만언소〉를 올리기도 했으나 뜻을 이루지 못하자 향리로 은퇴했으며 1910년에 나라가 망하자 음독자살했다. 저서로 《운암집雲巖集》이 있다. 《방목》에는 벼슬이 없이 아버지[哲周], 할아버지[簡忠], 증조[仁明], 외조[金議] 이름이 보이고, 본관이 진주晉州로 되어 있다. 그런데 《청구》와 《만성》의 《진주정씨보》에는 정두흠의 가계가 보이지 않는다.

386 최병룡崔炳龍(1808~?) 전라도 진안鎭安 사람으로 유학을 거쳐

---

35) 《고종실록》 권19, 고종 19년 8월 27일 경진.

고종 16년 72세로 식년시에 병과로 급제했다. 《방목》에는 벼슬이 없이 아버지〔宋〕, 할아버지〔以直〕, 증조〔聖福〕, 외조〔柳衛〕 이름이 보이고, 본관이 탐진耽津으로 되어 있다. 그런데 《청구》와 《만성》의 《탐진최씨보》에는 최병룡의 가계가 보이지 않는다. 탐진최씨는 조선시대 문과급제자 7명을 배출했다.

387 **김진형**金鎭衡(1854~?) 평안도 정주定州 사람으로 유학을 거쳐 고종 16년 26세로 식년시에 병과로 급제했다. 《방목》에는 벼슬이 없이 아버지〔壇〕, 할아버지〔益默〕, 증조〔宏喆〕, 외조〔趙尙祖〕 이름이 보이고, 본관이 연안延安으로 되어 있다. 그런데 《청구》와 《만성》의 《연안김씨보》에는 김진형의 가계가 보이지 않는다. 정주의 연안김씨는 영조 대 이후 문과급제자 43명을 배출했는데, 고종 대에만 19명이 급제했다.

388 **양혁수**梁奕洙(1827~?) 경상도 진주晋州 사람으로 유학을 거쳐 고종 16년 53세로 식년시에 병과로 급제했다. 《방목》에는 벼슬이 없이 아버지〔挺宅〕, 할아버지〔益聖〕, 증조〔星燦〕, 외조〔金垕淳〕 이름이 보이고, 본관이 남원南原으로 되어 있다. 그런데 《청구》와 《만성》의 《남원양씨보》에는 양혁수의 가계가 보이지 않는다.

389 **윤희영**尹禧永(1856~?) 경기도 교하交河 사람으로 유학을 거쳐 고종 16년 24세로 식년시에 병과로 급제하여 벼슬이 장례원 좌장례(주임관)에 이르렀다. 《방목》에는 벼슬이 없이 아버지〔善泰〕 이름만 보이고 본관이 파평坡平으로 되어 있다. 그런데 《청구》의 《파평윤씨보》에는 윤희영의 가계가 보이지 않으며, 《만성》의 《파평윤씨보》를 보면 직계 8대조 가운데 벼슬아치는 5대조가 참봉(종9품)을 한 것뿐이다.

390 **채장오**蔡章五(1824~?) 경상도 상주尙州 사람으로 유학을 거쳐 고종 16년 56세로 식년시에 병과로 급제하여 벼슬이 사간원 정언(정6품)에 이르렀다. 《방목》에는 벼슬이 없이 아버지[嶷東], 할아버지[著朝], 증조[潚], 외조[金國燦] 이름이 보이고, 본관이 인천仁川으로 되어 있다. 그런데 《만성》의 《인천채씨보》에는 채장오의 가계가 보이지 않으며, 《청구》의 《인천채씨보》를 보면 직계 7대조 가운데 벼슬아치는 6대조가 참봉(종9품)을 한 것뿐이다.

391 **차두진**車斗鎭(1860~?) 평안도 정주定州 사람으로 유학을 거쳐 고종 16년 20세로 식년시에 병과로 급제했다. 《방목》에는 벼슬이 없이 아버지[基衡] 이름이 보이고, 본관이 연안延安으로 되어 있다. 그런데 《청구》와 《만성》의 《연안차씨보》에는 차두진의 가계가 보이지 않는다. 연안차씨는 조선시대 문과급제자 28명을 배출했는데, 그 가운데 15명이 영조 대 이후 평안도에서, 특히 숙천에서 6명이 급제했다. 그러나 이들은 모두 《족보》에 보이지 않는다.

392 **구건희**具健喜(1827~?) 충청도 보은報恩 사람으로 유학을 거쳐 고종 16년 53세로 식년시에 병과로 급제하여 벼슬이 사간원 정언(정6품)과 사헌부 장령(정4품)에 이르렀는데, 군비강화와 농지세農地稅 절감 등을 요구하는 상소를 올려 임금의 칭찬을 받았다.[36] 《방목》에는 벼슬이 없이 아버지[璘和] 이름만 보이고, 본관이 능성綾城으로 되어 있다. 그런데 《청구》와 《만성》의 《능성구씨보》에는 구건희의 가계가 보이지 않는다.

393 **양봉제**梁鳳濟(1851~?) 평안도 박천博川 사람으로 유학을 거쳐

---

36) 《고종실록》 권19, 고종 19년 8월 17일 경오.

고종 16년 29세로 식년시에 병과로 급제하여 벼슬이 사헌부 감찰(정6품)에 이르렀다. 《방목》에는 벼슬이 없이 아버지[禹浚] 이름만 보이고, 본관이 남원南原으로 되어 있다. 그런데 《청구》와 《만성》의 《남원양씨보》에는 양봉제의 가계가 보이지 않는다.

394 이장호李章浩(1857~?) 충청도 홍주洪州 사람으로 유학을 거쳐 고종 16년 23세로 식년시에 병과로 급제하여 벼슬이 병조참의(정3품 당상관)에 이르렀다. 《방목》에는 벼슬이 없이 아버지[鎭奎], 할아버지[觀喆], 증조[克昌], 외조[李繼馨] 이름이 보이고, 본관이 여주驪州로 되어 있다. 그런데 《청구》의 《여주이씨보》에는 이장호의 가계가 보이지 않으며, 《만성》의 《여주이씨보》를 보면 직계 6대조와 외조 가운데 벼슬아치가 없다.

395 이종필李種弼(1857~?) 서울 사람으로 유학을 거쳐 고종 16년 23세로 식년시에 병과로 급제하여 벼슬이 홍문관 교리(정5품), 사간원 헌납(정5품), 이조참의(정3품 당상관), 대사간(정3품 당상관)을 거쳐 승지(정3품 당상관)와 황해도 관찰사(정2품)에 이르렀다. 《방목》에는 벼슬이 없이 아버지[源永], 할아버지[敏星], 증조[宇信], 외조[兪致健] 이름이 보이고, 본관이 덕수德水로 되어 있다. 그런데 《청구》의 《덕수이씨보》에는 이종필의 가계가 보이지 않으며, 《만성》의 《덕수이씨보》를 보면 직계 7대조 가운데 할아버지가 감역監役(종9품)으로 되어 있을 뿐 벼슬아치가 없다.

396 백면행白冕行(1844~?) 평안도 정주定州 사람으로 유학을 거쳐 고종 16년 36세로 식년시에 병과로 급제했다. 《방목》에는 벼슬이 없이 아버지[時瑚], 할아버지[宗栢], 증조[慶權], 외조[金用銓] 이름이 보이고, 본관이 수원水原으로 되어 있다. 그런데 《청구》와 《만성》의 《수

원백씨보》에는 백면행의 가계가 보이지 않는다. 정주의 수원백씨는
영조 대 이후 문과급제자 22명을 배출하여 이 지역 신흥 명문으로 부
상했으나《족보》에 오르지는 못했다.[37] 하지만 영조 대 급제한 백인
환白仁煥은 사헌부 장령(정4품)에 오르고, 정조 대 급제한 백경해白慶
楷는 군수(종4품), 순조 대 급제한 백종걸白宗杰은 병조참의(정3품 당상
관), 철종 대 급제한 백의행白義行은 사헌부 집의(종3품), 고종 2년에
급제한 백봉삼白鳳三은 예문관 한림(7~9품), 고종 22년에 급제한 백극
행白克行은 홍문관원이 되었다.

　397 권종륜權鍾崙(1813~?) 강원도 강릉江陵 사람으로 유학을 거쳐
고종 16년 67세로 식년시에 병과로 급제하여 벼슬이 사간원 대사간
(정3품 당상관)에 이르렀다.《방목》에는 벼슬이 없이 아버지[晉榮] 이
름만 보이고, 본관이 안동安東으로 되어 있다. 그런데《청구》와《만
성》의《안동권씨보》에는 권종륜의 가계가 보이지 않는다.

　398 이극연李克淵(1851~?) 경상도 칠곡漆谷 사람으로 유학을 거쳐
고종 16년 29세로 식년시에 병과로 급제했다.《방목》에는 벼슬이 없
이 아버지[以鳳], 할아버지[亘運], 증조[東烈], 외조[權德壽] 이름이 보
이고, 본관이 광주廣州로 되어 있다. 그런데《청구》와《만성》의《광
주이씨보》에는 이극연의 가계가 보이지 않는다.

---

37) 영조 대 이후 정주의 수원백씨가 배출한 문과급제자 22명의 명단은 다음과 같다.
　영조 26년 백상우白相佑, 29년 백의환白義煥, 32년 백인환白仁煥(장령), 41년 백광택白光澤
　정조 10년 백경해白慶楷(군수), 19년 백문경白文璟
　순조 10년 백광유白光濡, 14년 백시원白時源, 15년 백시형白時亨, 31년 백윤학白潤鶴, 백종걸
　　白宗杰(병조참의)
　헌종 3년 백종전白宗佺, 12년 백시은白時殷
　철종 12년 백의행白義行(집의)
　고종 2년 백시범白時範(한림), 4년 백시흡白時洽, 7년 백영제白永濟, 백선행白璿行, 13년 백
　　시순白時淳, 16년 백면행白冕行, 20년 백문행白文行, 22년 백극행白克行(홍문관)

399 김동영金東纓(1856~?) 평안도 가산嘉山 사람으로 유학을 거쳐 고종 16년 24세로 식년시에 병과로 급제하여 벼슬이 승정원 가주서 (정7품)에 이르렀다. 《방목》에는 벼슬이 없이 아버지[觀洽, 생부 道洽], 할아버지[錫著], 증조[有麗], 외조[李基楚] 이름이 보이고, 본관이 안동 安東으로 되어 있다. 그런데 《청구》와 《만성》의 《안동김씨보》에는 김동영의 가계가 보이지 않는다.

400 이병섭李秉燮(1855~?) 황해도 황주黃州 사람으로 유학을 거쳐 고종 16년 25세로 식년시에 병과로 급제했다. 《방목》에는 벼슬이 없이 아버지[東植] 이름만 보이고, 본관이 수안遂安으로 되어 있다. 그런데 《만성》에는 《수안이씨보》 자체가 없고, 《청구》의 《수안이씨보》에는 이병섭의 가계가 보이지 않는다.

401 전석구全錫九(1843~?) 평안도 영변寧邊 사람으로 유학을 거쳐 고종 16년 37세로 식년시에 병과로 급제했다. 《방목》에는 벼슬이 없이 아버지[寅夏], 할아버지[國翊], 증조[昌元], 외조[李允馥] 이름이 보이고, 본관이 나주羅州로 되어 있다. 그런데 《만성》에는 《나주전씨보》 자체가 없고, 《청구》의 《나주전씨보》에는 전석구의 가계가 보이지 않는다. 2000년 현재 나주전씨 인구는 1,629가구 5,169명의 희성으로 숙종 대 이후 문과급제자 7명을 배출했다.

402 김홍규金弘圭(1848~?) 평양平壤 사람으로 유학을 거쳐 고종 16년 32세로 식년시에 병과로 급제하여 벼슬이 사헌부 지평(정5품)을 거쳐 이조참판(종2품)에 이르렀다. 《방목》에는 벼슬이 없이 아버지 [肯烈], 할아버지[膺和], 증조[致澂], 외조[金膺周] 이름이 보이고, 본관이 연안延安으로 되어 있다. 그런데 《청구》와 《만성》의 《연안김씨보》에는 김홍규의 가계가 보이지 않는다. 평양의 연안김씨는 헌종

대 이후 문과급제자 4명을 배출했다.

　　403 조상학趙尙學(1849~?) 평안도 의주義州 사람으로 유학을 거쳐 고종 16년 31세로 식년시에 병과로 급제하여 벼슬이 홍문관 교리(정5품)에 이르렀다가 1896년에 평양진위대에게 억울하게 피살되었다. 《방목》에는 벼슬이 없이 아버지[始坤], 할아버지[宜祿], 증조[觀行], 외조[鄭景淸] 이름이 보이고, 본관이 충주忠州로 되어 있다. 그런데 《청구》와 《만성》에는 《충주조씨보》 자체가 없을 만큼 집안이 한미하다. 2000년 현재 충주조씨 인구는 205가구 667명의 극희성으로 고종 대에 문과급제자 2명을 배출했는데, 모두 의주 사람이다.

　　404 방하진方夏鎭(1845~?) 평안도 정주定州 사람으로 고종 16년 35세로 식년시에 병과로 급제했다. 《방목》에는 벼슬이 없이 아버지[宗翰], 할아버지[啓璜], 증조[孝擧], 외조[卓雲日] 이름이 보이고, 본관이 온양溫陽으로 되어 있다. 그런데 《청구》와 《만성》의 《온양방씨보》에는 방하진의 가계가 보이지 않는다. 온양방씨는 조선시대 문과급제자 9명을 배출했는데, 그 가운데 8명이 숙종 대 이후 급제했으며, 정주에서만 6명이 나왔다.38) 하지만 역과譯科 49명, 의과醫科 36명, 음양과陰陽科 3명, 율과律科 4명, 주학籌學(算學) 3명 등 잡과급제자도 95명을 배출하여 전체적으로 본다면 전문기술직 중인가문에 속한다고 볼 수 있다.

　　405 박병서朴秉胥(1854~?) 평안도 정주定州 사람으로 유학을 거쳐

---

38) 정주에서 배출된 온양방씨 급제자 6명은 다음과 같다.
　　영조 32년 방우곤方禹坤, 44년 방태곤方泰坤
　　정조 16년 방역方易
　　철종 9년 방종한方宗翰
　　고종 2년 방효린方孝隣(판교), 16년 방하진方夏鎭

고종 16년 26세로 식년시에 병과로 급제했다. 《방목》에는 벼슬이 없이 아버지[珍黙, 생부 昇黙], 할아버지[基文], 증조[元楷], 외조[金仁楨] 이름이 보이고, 본관이 밀양密陽으로 되어 있다. 그런데 《청구》와 《만성》의 《밀양박씨보》에는 박병서의 가계가 보이지 않는다. 하지만 고종 14년에 같은 항렬의 친척인 박병협朴秉協이 문과에 급제한 사실이 있다.

406 김상운金尙運(1857~?) 평안도 태천泰川 사람으로 유학을 거쳐 고종 16년 23세로 식년시에 병과로 급제하여 벼슬이 홍문관 수찬(정6품)에 이르렀다. 《방목》에는 벼슬이 없이 아버지[奎晳] 이름만 보이고, 본관이 의성義城으로 되어 있다. 그런데 《청구》와 《만성》의 《의성김씨보》에는 김상운의 가계가 보이지 않는다. 평안도 사람으로 청직인 홍문관 수찬의 벼슬을 얻은 것은 파격적인 일이다.

407 백세진白世鎭(1823~?) 충청도 남포藍浦 사람으로 유학을 거쳐 고종 16년 57세로 식년시에 병과로 급제했다. 《방목》에는 벼슬이 없이 아버지[秉熙], 할아버지[師錫], 증조[尙潤], 외조[卜來成] 이름이 보이고, 본관이 남포로 되어 있다. 그런데 《만성》에는 《남포백씨보》자체가 없고, 《청구》의 《남포백씨보》에는 백세진의 가계가 보이지 않는다. 2000년 현재 남포백씨 인구는 1,816가구 6,052명의 희성으로 헌종 대 이후 문과급제자 2명을 배출했는데, 그가 두 번째다.

408 최침崔琛(1802, 또는 1862~?) 충청도 홍주洪州 사람으로 유학을 거쳐 고종 16년 78세(또는 18세)로 식년시에 병과로 급제하여 벼슬이 사헌부 지평(정5품)에 이르렀다. 《방목》에는 벼슬이 없이 아버지[完], 할아버지[宅恒], 증조[東範], 외조[鄭得僑] 이름이 보이고, 본관이 해주海州로 되어 있다. 그런데 《청구》와 《만성》의 《해주최씨보》에는 최

침의 가계가 보이지 않는다.

409 조진만趙鎭萬(1826~?) 충청도 연기燕岐 사람으로 유학을 거쳐 고종 16년 54세로 식년시에 병과로 급제하여 벼슬이 전사관典祀官을 거쳐 대한제국 때 종2품에 이르렀다.《방목》에는 벼슬이 없이 아버지[心圭, 생부 身圭] 이름만 보이고, 본관이 양주楊州로 되어 있다. 그런 데 《청구》의 《양주조씨보》에는 조진만의 가계가 보이지 않으며, 《만성》의 《양주조씨보》를 보면 직계 5대조 가운데 벼슬아치가 없다.

410 박내규朴來奎(1836~?) 평안도 안주安州 사람으로 유학을 거쳐 고종 16년 44세로 식년시에 병과로 급제했다.《방목》에는 벼슬이 없 이 아버지[基珍], 할아버지[致正], 증조[龍儀], 외조[金履喆] 이름이 보 이고, 본관이 밀양密陽으로 되어 있다. 그런데 《청구》와 《만성》의 《밀양박씨보》에는 박내규의 가계가 보이지 않는다.

411 김정묵金鼎黙(1844~?) 평안도 정주定州 사람으로 유학을 거쳐 고종 16년 36세로 식년시에 병과로 급제했다.《방목》에는 벼슬이 없 이 아버지[仁喆], 할아버지[致龜], 증조[再郁], 외조[朴景壽] 이름이 보 이고, 본관이 연안延安으로 되어 있다. 그런데 《청구》와 《만성》의 《연안김씨보》에는 김정묵의 가계가 보이지 않는다. 정주의 연안김씨 는 영조 대 이후 문과급제자 44명을 배출했다.[39)]

---

39) 영조 대 이후 배출된 정주의 연안김씨 문과급제자 44명의 명단은 다음과 같다.
　　영조 29년 김재욱金再郁, 35년 김상권金尙權, 44년 김봉현金鳳顯(한림), 47년 김상현金尙顯, 50년 김문서金文瑞(전적), 김양순金養純(좌랑)
　　정조 4년 김양척金良佃(군수), 10년 김초섭金初燮(장령), 13년 김원묵金元默, 14년 김경환金璟煥, 16년 김양철金良佶, 19년 김치룡金致龍(겸춘추), 22년 김상란金尙蘭
　　순조 14년 김성묵金聖黙, 19년 김상정金相鼎, 김인화金仁和, 김인수金麟洙, 22년 김건철金建喆, 김치현金致鉉, 26년 김이섭金彛燮, 28년 김태현金泰顯, 김용전金龍銓, 34년 김관섭金觀燮
　　헌종 3년 김용환金容煥, 6년 김문환金文煥, 김병섭金秉燮(장령), 15년 김기주金基周, 김영묵

412 이승구李承九(1848~?) 경기도 양주楊州 사람으로 유학을 거쳐 고종 17년(1880) 33세로 경과정시에 갑과로 급제하여 벼슬이 홍문관 교리(정5품)에 이르렀다. 《방목》에는 벼슬이 없이 아버지[鍾陽] 이름만 보이고, 본관이 여주驪州로 되어 있다. 그런데 《청구》와 《만성》의 《여주이씨보》에는 이승구의 가계가 보이지 않는다.

413 김홍섭金鴻燮(1860~?) 강원도 양구楊口 사람으로 유학을 거쳐 고종 17년 21세로 경과정시에 을과로 급제했다. 《방목》에는 벼슬이 없이 아버지[仁權] 이름만 보이고, 본관이 청풍淸風으로 되어 있다. 그런데 《청구》와 《만성》의 《청풍김씨보》에는 김홍섭의 가계가 보이지 않는다.

414 박두표朴斗杓(1843~?) 황해도 서흥瑞興 사람으로 유학을 거쳐 고종 17년 38세로 경과정시에 을과로 급제했다. 《방목》에는 벼슬이 없이 아버지[鍾運] 이름만 보이고, 본관이 밀양密陽으로 되어 있다. 그런데 《청구》와 《만성》의 《밀양박씨보》에는 박두표의 가계가 보이지 않는다.

415 이용일李龍鎰(1858~?) 서울 사람으로 유학을 거쳐 고종 17년 23세로 경과정시에 병과로 급제했다. 《방목》에는 벼슬이 없이 아버지[必宗] 이름만 보이고, 본관이 양성陽城으로 되어 있다. 그런데 《청구》와 《만성》의 《양성이씨보》에는 이용일의 가계가 보이지 않는다.

416 유진옥俞鎭沃(1846~?) 충청도 정산定山 사람으로 유학을 거쳐

金瑛黙(헌납), 김현철金顯喆
철종 6년 김긍환金肯煥, 김병철金秉喆, 9년 김희철金喜喆
고종 4년 김학제金學濟, 7년 김덕제金德濟, 10년 김성묵金性黙, 김창일金昌一, 김창하金昌夏, 김영제金永濟, 13년 김기서金起瑞, 16년 김진형金鎭衡, 김정묵金鼎黙, 20년 김지원金持元, 김지훈金持薰, 28년 김성기金聖基

고종 17년 35세로 증광별시에 장원급제하여 벼슬이 홍문관 응교(정4품)에 이르렀다. 《방목》에는 벼슬이 없이 아버지[致仁, 생부 致恒] 이름만 보이고, 본관이 기계杞溪로 되어 있다. 그런데 《청구》와 《만성》의 《기계유씨보》에는 유진옥의 가계가 보이지 않는다.

417 한익교韓益敎(1852~?) 경기도 양주楊州 사람으로 유학을 거쳐 고종 17년 29세로 증광별시에 을과로 급제하여 벼슬이 사간원 정언(정6품)에 이르렀다. 《방목》에는 벼슬이 없이 아버지[直履] 이름만 보이고, 본관이 청주淸州로 되어 있다. 그런데 《청구》와 《만성》의 《청주한씨보》에는 한익교의 가계가 보이지 않는다.

418 이종국李鍾國(1859~?) 경기도 포천抱川 사람으로 유학을 거쳐 고종 17년 22세로 증광별시에 을과로 급제하여 벼슬이 대간臺諫과 경연시독관經筵侍讀官(정5품)에 이르렀다. 《방목》에는 벼슬이 없이 아버지[主輔, 생부 主元] 이름만 보이고, 본관이 전주全州로 되어 있다. 《전주이씨과거급제자총람》을 보면 이종국은 정종의 후궁 소생 무림군茂林君의 14대손으로 직계 8대조 가운데 벼슬아치가 없다.

419 이인벽李寅璧(1858~?) 강원도 금화金化 사람으로 유학을 거쳐 고종 17년 23세로 증광별시에 을과로 급제했다. 《방목》에는 벼슬이 없이 아버지[鳳鉉] 이름만 보이고, 본관이 평산平山으로 되어 있다. 그런데 《청구》와 《만성》의 《평산이씨보》에는 이인벽의 가계가 보이지 않는다. 2000년 현재 평산이씨 인구는 1,047가구 3,394명의 희성으로 영조 대 이후 문과급제자 3명을 배출했다.

420 이익준李翊濬(1847~?) 평안도 성천成川 사람으로 유학을 거쳐 고종 17년 34세로 증광별시에 병과로 급제했다. 《방목》에는 벼슬이 없이 아버지[聖瞻] 이름만 보이고, 본관이 경주慶州로 되어 있다. 그런

데 《청구》와 《만성》의 《경주이씨보》에는 이익준의 가계가 보이지 않는다.

421 원용석元用奭(1845~?) 함경도 북청北靑 사람으로 유학을 거쳐 고종 17년 36세로 증광별시에 병과로 급제했는데, 이름을 속인 죄로 삭과되었다가 뒤에 용서를 받았다. 《방목》에는 벼슬이 없이 아버지 [思訥] 이름만 보이고, 본관이 원주原州로 되어 있다. 그런데 《청구》와 《만성》의 《원주원씨보》에는 원용석의 가계가 보이지 않는다.

422 조병건趙秉健(1853~?) 서울 사람으로 유학을 거쳐 고종 17년 28세로 증광별시에 병과로 급제하여 벼슬이 홍문관 수찬(정6품)과 학부 참의學部參議(주임관)에 이르렀다. 《방목》에는 벼슬이 없이 아버지[奭永] 이름만 보이고, 본관이 풍양豊壤으로 되어 있다. 그런데 《청구》와 《만성》의 《풍양조씨보》에는 조병건의 가계가 보이지 않는다.

423 심재건沈在建(1852~?) 서울 사람으로 유학을 거쳐 고종 17년 29세로 증광별시에 병과로 급제하여 벼슬이 승정원 주서(정7품)에 이르렀다. 《방목》에는 벼슬이 없이 아버지[裕慶] 이름만 보이고, 본관이 청송靑松으로 되어 있다. 그런데 《청구》와 《만성》의 《청송심씨보》에는 심재건의 가계가 보이지 않는다.

424 민영일閔泳一(1852~?) 경기도 여주驪州 사람으로 유학을 거쳐 고종 17년 29세로 증광별시에 병과로 급제하여 벼슬이 홍문관 수찬(정6품)에 이르렀다. 《방목》에는 벼슬이 없이 아버지[達鏞] 이름만 보이고, 본관이 여흥驪興으로 되어 있다. 그런데 《청구》와 《만성》의 《여흥민씨보》를 보면 아버지까지의 가계만 보이고 민영일의 이름은 빠져 있다.

425 정익조鄭益朝(1844~?) 서울 사람으로 유학을 거쳐 고종 17년 37

세로 증광별시에 병과로 급제하여 벼슬이 홍문관 교리(정5품)에 이르렀다. 《방목》에는 벼슬이 없이 아버지〔基明, 생부 基行〕이름만 보이고, 본관이 동래東萊로 되어 있다. 그런데 《청구》의 《동래정씨보》에는 정익조의 가계가 보이지 않으며, 《만성》의 《동래정씨보》를 보면 직계 3대조 가운데 벼슬아치가 없다.

426 조진설趙鎭卨(1843~?) 서울 사람으로 유학을 거쳐 고종 17년 38세로 증광별시에 병과로 급제하여 벼슬이 홍문관 응교(정4품)를 거쳐 사간원 사간(종3품)에 이르렀다. 《방목》에는 벼슬이 없이 아버지〔正奎〕이름만 보이고, 본관이 양주楊州로 되어 있다. 그런데 《청구》의 《양주조씨보》에는 조진설의 가계가 보이지 않으며, 《만성》의 《양주조씨보》를 보면 직계 4대조 가운데 벼슬아치가 없다.

427 박노수朴魯洙(1847~?) 서울 사람으로 유학을 거쳐 고종 17년 34세로 증광별시에 병과로 급제하여 벼슬이 홍문관 교리(정5품)에 이르렀다. 《방목》에는 벼슬이 없이 아버지〔敏東〕이름만 보이고, 본관이 순천順天으로 되어 있다. 그런데 《청구》와 《만성》의 《순천박씨보》에는 박노수의 가계가 보이지 않는다.

428 고봉한高鳳翰(1854~?) 평양平壤 사람으로 유학을 거쳐 고종 17년 27세로 증광별시에 병과로 급제했다. 《방목》에는 벼슬이 없이 아버지〔鷹河〕이름만 보이고, 본관은 제주濟州로 되어 있다. 그런데 《청구》와 《만성》의 《제주고씨보》에는 고봉한의 가계가 보이지 않는다.

429 홍종협洪鍾協(1844~?) 서울 사람으로 진사를 거쳐 고종 17년 37세로 증광별시에 병과로 급제했다. 《방목》에는 벼슬이 없이 아버지〔在黙〕이름만 보이고, 본관이 남양南陽으로 되어 있다. 그런데 《청구》와 《만성》의 《남양홍씨보》에는 홍종협의 가계가 보이지 않는다.

430 이연묵李淵黙(1819~?) 경상도 문경聞慶 사람으로 유학을 거쳐 고종 17년 62세로 증광별시에 병과로 급제하여 벼슬이 정랑(정5품)에 이르렀다. 《방목》에는 벼슬이 없이 아버지[東玉, 생부 東迺] 이름만 보이고, 본관이 진보眞寶(眞城)로 되어 있다. 그런데 《청구》와 《만성》의 《진보이씨보》를 보면 직계 6대조 가운데 벼슬아치가 없다.

431 고기승高基升(1845~1903) 경상도 상주尙州 사람으로 유학을 거쳐 고종 17년 36세로 증광별시에 병과로 급제하여 벼슬이 성균관 전적(정6품)을 거쳐 사헌부 지평(정5품)에 이르렀다가, 벼슬을 버리고 낙향하여 학문에 전념했으며 문집 《임당집恁堂集》을 남겼다. 《방목》에는 벼슬이 없이 아버지[景㷡] 이름만 보이고, 본관이 제주濟州로 되어 있다. 그런데 《청구》와 《만성》의 《제주고씨보》에는 고기승의 가계가 보이지 않는다. 그가 벼슬을 버리고 낙향한 것은 출신 배경과 관련이 있는 듯하다.

432 조병성趙秉聖(1848~?) 서울 사람으로 진사를 거쳐 고종 17년 33세로 증광별시에 병과로 급제하여 벼슬이 사헌부 지평(정5품), 비서원승(주임관), 참판(종2품)을 거쳐 대한제국 때 궁내부 특진관(칙임관)에 이르렀다. 《방목》에는 벼슬이 없이 아버지[駿永], 할아버지[雲始], 증조[亨鎭], 외조[洪性謨] 이름이 보이고, 본관이 풍양豊壤으로 되어 있다. 그런데 《청구》의 《풍양조씨보》에는 조병성의 가계가 보이지 않으며, 《만성》의 《풍양조씨보》를 보면 직계 7대조 가운데 할아버지만 부사(종3품)로 되어 있으나 《방목》에는 보이지 않아 실직인지 의심스럽다.

433 이재곤李載崑(1859~1945) 경기도 양주楊州 사람으로 유학을 거쳐 고종 17년 22세로 증광별시에 병과로 급제하여 벼슬이 홍문관 교

리(정5품)를 거쳐 관찰사(정2품)와 학부대신學部大臣(칙임관)에 이르렀다. 《방목》에는 벼슬이 없이 아버지[愼應] 이름만 보이고, 본관이 전주全州로 되어 있다. 《전주이씨과거급제자총람》을 보면 이재곤은 선조의 후궁 소생 경창군慶昌君의 11대손으로 직계 3대조와 외조 가운데 벼슬아치가 없다.

434 이최영李寂榮(1836~?) 경기도 용인龍仁 사람으로 유학을 거쳐 고종 17년 45세로 증광별시에 병과로 급제하여 벼슬이 사헌부 지평(정5품)과 홍문관 수찬(정6품)을 거쳐 승지(정3품 당상관)에 이르렀다. 1897년에는 고종이 황제에 즉위할 것을 요청하는 상소를 올리고, 1898년에는 독립협회를 비판하는 상소를 올려 고종의 입장을 적극 지지하는 입장을 견지했다. 《방목》에는 벼슬이 없이 아버지[鍾久] 이름만 보이고, 본관이 안성安城으로 되어 있다. 그런데 《청구》와 《만성》의 《안성이씨보》에는 이최영의 가계가 보이지 않는다.

435 김규영金奎濚(1834~?) 서울 사람으로 유학을 거쳐 고종 17년 47세로 증광별시에 병과로 급제하여 벼슬이 홍문관 교리(정5품)를 거쳐 사간원 사간(종3품)에 이르렀다. 《방목》에는 벼슬이 없이 아버지[浩性] 이름만 보이고, 본관이 청풍淸風으로 되어 있다. 《청구》와 《만성》의 《청풍김씨보》를 보면 직계 3대조 가운데 벼슬아치가 없다.

436 황시영黃時英(1844~?) 경상도 영천榮川 사람으로 유학을 거쳐 고종 17년 37세로 증광별시에 병과로 급제했다. 《방목》에는 벼슬이 없이 아버지[瑞龍] 이름만 보이고, 본관이 평해平海로 되어 있다. 그런데 《청구》와 《만성》의 《평해황씨보》에는 황시영의 가계가 보이지 않는다.

437 조장하趙章夏(1864~?) 서울 사람으로 유학을 거쳐 고종 17년 17

세로 증광별시에 병과로 급제하여 벼슬이 사간원 사간(종3품)에 이르렀다.《방목》에는 벼슬이 없이 아버지[秉恂] 이름만 보이고, 본관이 풍양豊壤으로 되어 있다. 그런데《청구》와《만성》의《풍양조씨보》에는 조장하의 가계가 보이지 않는다.

438 옥병관玉秉觀(1831~?) 평안도 용강龍岡 사람으로 유학을 거쳐 고종 17년 50세로 증광별시에 병과로 급제했다.《방목》에는 벼슬이 없이 아버지[鉉] 이름만 보이고, 본관이 의령宜寧으로 되어 있다. 그런데《만성》에는《의령옥씨보》자체가 없고,《청구》의《의령옥씨보》에는 옥병관의 가계가 보이지 않는다. 2000년 현재 의령옥씨 인구는 6,157가구 1만 9,368명의 희성으로 조선시대 문과급제자 5명을 배출했는데, 그가 마지막이다.

439 김우성金祐聖(1857~?) 서울 사람으로 진사를 거쳐 고종 17년 24세로 증광별시에 병과로 급제했다.《방목》에는 벼슬이 없이 아버지[東翰] 이름만 보이고, 본관이 청풍淸風으로 되어 있다. 그런데《청구》와《만성》의《청풍김씨보》에는 김우성의 가계가 보이지 않는다.

440 김순표金順豹(1847~?) 함경도 함흥咸興 사람으로 유학을 거쳐 고종 17년 34세로 증광별시에 병과로 급제했다.《방목》에는 벼슬이 없이 아버지[斗成] 이름만 보이고, 본관이 경주慶州로 되어 있다. 그런데《청구》와《만성》의《경주김씨보》에는 김순표의 가계가 보이지 않는다.

441 한필은韓必殷(1845~?) 함경도 정평定平 사람으로 유학을 거쳐 고종 17년 36세로 증광별시에 병과로 급제하여 벼슬이 사헌부 지평(정5품)에 이르렀다.《방목》에는 벼슬이 없이 아버지[履璟] 이름만 보이고, 본관이 청주淸州로 되어 있다. 그런데《청구》와《만성》의《청

주한씨보》에는 한필은의 가계가 보이지 않는다.

442 조동협趙東協(1851~?) 서울 사람으로 생원을 거쳐 고종 17년 30세로 증광별시에 병과로 급제하여 벼슬이 홍문관과 대사성(정3품 당상관), 이조참판(종2품)을 거쳐 대한제국 때 궁내부 특진관(칙임관)에 이르렀다.《방목》에는 벼슬이 없이 아버지[準夏, 생부 明夏] 이름만 보이고, 본관이 풍양豊壤으로 되어 있다.《청구》와《만성》의《풍양조씨보》를 보면 직계 6대조 가운데 벼슬아치가 없다.

443 안종면安鍾冕(1846~?) 서울 사람으로 유학을 거쳐 고종 17년 35세로 증광별시에 병과로 급제하여 벼슬이 사간원 정언(정6품)을 거쳐 사간(종3품)에 이르렀다.《방목》에는 벼슬이 없이 아버지[慶玉] 이름만 보이고, 본관이 순흥順興으로 되어 있다. 그런데《청구》와《만성》의《순흥안씨보》에는 안종면의 가계가 보이지 않는다.

444 정준섭丁駿燮(1843~?) 서울 사람으로 유학을 거쳐 고종 17년 38세로 증광별시에 병과로 급제하여 벼슬이 사헌부 감찰(정6품)에 이르렀다.《방목》에는 벼슬이 없이 아버지[大祚] 이름만 보이고, 본관이 나주羅州(押海)로 되어 있다. 그런데《청구》의《나주정씨보》에는 정준섭의 가계가 보이지 않으며,《만성》의《나주정씨보》에는 아버지 이름이 대조大肇로 되어 있어 혼란스럽다. 만약 동일인이라면 정준섭의 할아버지와 증조는 현감(종6품)을 지냈다.

445 이규일李圭一(1817~?) 경상도 상주尙州 사람으로 유학을 거쳐 고종 17년 64세로 증광별시에 병과로 급제했다.《방목》에는 벼슬이 없이 아버지[熙龍] 이름만 보이고, 본관이 재령載寧으로 되어 있다. 그런데《청구》와《만성》의《재령이씨보》에는 이규일의 가계가 보이지 않는다.

446 이중두李中斗(1836~?) 경상도 예안禮安 사람으로 생원을 거쳐 고종 17년 45세로 증광별시에 병과로 급제하여 벼슬이 홍문관 응교(정4품)를 거쳐 이조참의(정3품 당상관)에 이르렀다. 《방목》에는 벼슬이 없이 아버지[晚栢] 이름만 보이고, 본관이 진보眞寶로 되어 있다. 그런데 《청구》의 《진보이씨보》에는 이중두의 가계가 보이지 않으며, 《만성》의 《진보이씨보》를 보면 직계 5대조 가운데 벼슬아치가 없다.

447 함우복咸遇復(1835~?) 경기도 양주楊州 사람으로 유학을 거쳐 고종 17년 46세로 증광별시에 병과로 급제하여 벼슬이 사헌부 지평(정5품)에 이르렀다. 《방목》에는 벼슬이 없이 아버지[永輔, 생부 永弼] 이름만 보이고, 본관이 강릉江陵으로 되어 있다. 그런데 《청구》와 《만성》의 《강릉함씨보》에는 함우복의 가계가 보이지 않는다.

448 서행보徐行輔(1836~?) 경기도 부평富平 사람으로 유학을 거쳐 고종 17년 45세로 증광별시에 병과로 급제하여 벼슬이 홍문관 수찬(정6품)에 이르렀다. 《방목》에는 벼슬이 없이 아버지[有懃] 이름만 보이고, 본관이 대구大邱(達城)로 되어 있다. 그런데 《청구》와 《만성》의 《대구서씨보》에는 서행보의 가계가 보이지 않는다.

449 이명구李命九(1842~?) 충청도 서산瑞山 사람으로 유학을 거쳐 고종 17년 39세로 증광별시에 병과로 급제하여 벼슬이 홍문관 교리(정5품)에 이르렀다. 《방목》에는 벼슬이 없이 아버지[鍾陽, 생부 鍾華], 이름만 보이고, 본관이 여흥驪興(驪州)으로 되어 있다. 그런데 《청구》와 《만성》의 《여주이씨보》에는 이명구의 가계가 보이지 않는다. 고종 17년 경과정시에 급제한 이승구李承九와는 형제 관계로 보인다. 아버지 이름과 본관이 서로 같기 때문이다. 다만, 거주지가 다른데 이

승구는 양주楊州이고, 이명구는 서산이다.

450 임정모任定模(1834~?) 충청도 진천鎭川 사람으로 유학을 거쳐 고종 17년 47세로 증광별시에 병과로 급제했다.《방목》에는 벼슬이 없이 아버지[泰周] 이름만 보이고, 본관이 풍천豊川으로 되어 있다. 그런데 《청구》와 《만성》의 《풍천임씨보》에는 임정모의 가계가 보이지 않는다.

451 성기운成岐運(1847~1924) 충청도 공주公州 사람으로 은유학恩幼學을 거쳐 고종 17년 34세로 증광별시에 병과로 급제하여 벼슬이 홍문관 수찬(정6품)을 거쳐 칙임관인 농상아문협판, 회계원경, 특명전권공사, 주일공사, 의정부 찬정에 이르렀다. 1910년에는 일본으로부터 남작의 작위를 받았다.《방목》에는 출생연도 말고는 아무런 기록이 없어 신원을 알 수 없는데, 성씨의 본관은 창녕昌寧밖에 없다. 그런데 《청구》와 《만성》의 《창녕성씨보》에는 성기운의 가계가 보이지 않는다. 친일파가 되면서 《족보》에서 누락된 것인지, 원래 《족보》에 오르지 못한 것인지 알 수 없다.

452 박인환朴寅煥(1806~?) 강원도 춘천春川 사람으로 유학을 거쳐 고종 17년 75세로 춘당대시에 갑과로 급제하여 벼슬이 사헌부 장령(정4품)에 이르렀다.《방목》에는 벼슬이 없이 아버지[東旭] 이름만 보이고, 본관이 경주慶州로 되어 있다. 그런데 《청구》와 《만성》의 《경주박씨보》에는 박인환의 가계가 보이지 않는다.

453 김기호金基鎬(1843~?) 경기도 풍덕豊德 사람으로 유학을 거쳐 고종 17년 38세로 춘당대시에 을과로 급제했다.《방목》에는 벼슬이 없이 아버지[商容, 생부 敬容] 이름만 보이고, 본관이 덕수德水로 되어 있다. 그런데 《청구》와 《만성》의 《덕수김씨보》에는 김기호의 가계

가 보이지 않는다. 2000년 현재 덕수김씨 인구는 1,091가구 3,508명의 희성으로 조선시대 문과급제자 9명을 배출했다.

454 명범석明範錫(1865~?) 황해도 연안延安 사람으로 유학을 거쳐 고종 17년 16세로 춘당대시에 병과로 급제했다. 《방목》에는 벼슬이 없이 아버지[濟赫] 이름만 보이고, 본관이 서촉西蜀(延安)으로 되어 있다. 그런데 《청구》와 《만성》의 《서촉명씨보》에는 명범석의 가계가 보이지 않는다. 서촉명씨는 연안명씨로도 불리는데, 고려 말 중국 서촉의 임금이었던 명옥진明玉珍 후손이 고려에 귀화한 성씨이며 2000년 현재 인구는 1,809가구 5,861명으로 희성에 속한다. 조선시대 문과급제자는 4명으로 선조 대 명광계明光啓, 숙종 대 명정구明廷耉, 고종 대 명하율明夏律과 명범석明範錫이다.

455 정희동鄭熙東(1846~?) 강원도 횡성橫城 사람으로 유학을 거쳐 고종 17년 35세로 춘당대시에 병과로 급제했다. 《방목》에는 벼슬이 없이 아버지[敏植] 이름만 보이고, 본관이 진주晉州로 되어 있다. 그런데 《청구》와 《만성》의 《진주정씨보》에는 정희동의 가계가 보이지 않는다.

456 정인학鄭寅學(1839~1919) 서울 사람으로 유학을 거쳐 고종 17년 42세로 춘당대시에 병과로 급제하여 벼슬이 홍문관 부교리(종5품)를 거쳐 대사성(정3품 당상관), 이조참판(종2품)을 지낸 다음 대한제국 때 봉상사 제조(칙임관)와 궁내부 특진관(칙임관)에 이르렀다. 《방목》에는 벼슬이 없이 아버지[喜朝] 이름만 보이고, 본관이 동래東萊로 되어 있다. 《청구》와 《만성》의 《동래정씨보》를 보면 정인학은 조선 후기 문신 정치화鄭致和의 후손이지만, 직계 3대조와 외조 가운데 벼슬아치가 없다.

457 고득용高得溶(1851~?) 경상도 상주尙州 사람으로 유학을 거쳐 고종 17년 30세로 춘당대시에 병과로 급제했다.《방목》에는 벼슬이 없이 아버지[彦光] 이름만 보이고, 본관이 개성開城로 되어 있다. 그런 데《만성》의《개성고씨보》에는 고득용의 가계가 보이지 않으며, 《청구》의《개성고씨보》를 보면 직계 9대조 가운데 벼슬아치가 없다.

458 위익원魏翼源(1846~?) 함경도 함흥咸興 사람으로 유학을 거쳐 고종 17년 경과정시에 갑과로 급제했다.《방목》에는 벼슬이 없이 아버지[鍾晤, 생부 鍾嵒] 이름만 보이고, 본관이 장흥長興으로 되어 있다. 그런데《청구》와《만성》의《장흥위씨보》에는 위익원의 가계가 보이지 않는다. 장흥위씨는 조선시대 문과급제자 13명을 배출했는데, 그 가운데 11명이 숙종 대 이후 함흥에서 급제했다.

459 김인식金寅植(1856~?) 경기도 양주楊州 사람으로 진사를 거쳐 고종 17년 25세로 경과정시에 을과로 급제하여 벼슬이 홍문관 교리 (정5품)를 거쳐 1897년 사례소 부원史禮所 副員에 이르렀다.《방목》에 는 벼슬이 없이 아버지[敬益; 益敬] 이름만 보이고, 본관이 청풍淸風으로 되어 있다. 그런데《청구》와《만성》의《청풍김씨보》에는 김인식의 가계가 보이지 않는다.

460 이기봉李紀鳳(1850~?) 평양平壤 사람으로 유학을 거쳐 고종 18년(1881) 32세로 경과정시에 을과로 급제했다.《방목》에는 벼슬이 없이 아버지[瀅], 할아버지[君錫], 증조[正必], 외조[李喜祚] 이름이 보이고, 본관이 전주全州로 되어 있다.《전주이씨과거급제자총람》을 보면 이기봉은 가계를 모르는 파미분류자로 되어 있다.

461 이의형李義瀅(개명 義惠, 1860~?) 경기도 포천抱川 사람으로 유학을 거쳐 고종 18년 22세로 경과정시에 병과로 급제하여 벼슬이 사간

원 정언(정6품), 홍문관 응교(정4품), 사간원 대사간(정3품 당상관)을 거쳐 대한제국 때 궁내부 특진관(칙임관)에 이르렀다. 《방목》에는 벼슬이 없이 아버지[一寧], 할아버지[炳奎], 증조[華九], 외조[許皓], 처부[朴準基] 이름이 보이고, 본관이 연안延安으로 되어 있다. 《청구》와 《만성》의 《연안이씨보》를 보면 직계 8대조 가운데 벼슬아치는 아버지가 음직蔭職으로 도사(종5품)를 지낸 것밖에 없다.

　　462 백남도白南道(1855~?) 서울 사람으로 유학을 거쳐 고종 18년 27세로 경과정시에 병과로 급제하여 벼슬이 사간원 정언(정6품)에 이르렀다. 《방목》에는 벼슬이 없이 아버지[樂善], 할아버지[成洙], 증조[載鎭], 외조[盧俊哲] 이름이 보이고, 본관이 수원水原으로 되어 있다. 그런데 《청구》와 《만성》의 《수원백씨보》에는 백남도의 가계가 보이지 않는다.

　　463 김진성金振聲(1834~?) 충청도 충주忠州 사람으로 유학을 거쳐 고종 18년 48세로 경과정시에 병과로 급제했다. 《방목》에는 벼슬이 없이 아버지[卿舜], 할아버지[演義], 증조[秉元], 외조[沈完秀] 이름이 보이고, 본관이 강릉江陵으로 되어 있다. 그런데 《청구》와 《만성》의 《강릉김씨보》에는 김진성의 가계가 보이지 않는다.

　　464 박기훈朴岐勳(1858~?) 서울 사람으로 유학을 거쳐 고종 18년 24세로 경과정시에 병과로 급제하여 벼슬이 도당록에 올랐다. 《방목》에는 벼슬이 없이 아버지[受晩], 할아버지[膺臣], 증조[在進], 외조[李得元] 이름이 보이고, 본관이 밀양密陽으로 되어 있다. 그런데 《청구》와 《만성》의 《밀양박씨보》에는 박기훈의 가계가 보이지 않는다.

　　465 이주황李周璜(1848~1886) 서울 사람으로 유학을 거쳐 고종 18년 34세로 경과정시에 병과로 급제하여 벼슬이 사헌부 장령(정4품)에 이

르렀다.《방목》에는 벼슬이 없이 아버지〔承呂〕, 할아버지〔在甫〕, 증조
〔碩根〕, 외조〔禹守海〕 이름이 보이고, 본관이 전주全州로 되어 있다.
《전주이씨과거급제자총람》을 보면 이주황은 환조桓祖의 아들 의안대
군義安大君의 17대손으로 직계 8대조 가운데 벼슬아치가 없다.

466 노상익盧相益(1849~?) 경상도 창녕昌寧 사람으로 유학을 거쳐
고종 19년(1882) 34세로 경과별시에 을과로 급제하여 벼슬이 경연 시
강侍講(정4품)에 이르렀다.《방목》에는 벼슬이 없이 아버지〔佖淵〕 이
름만 보이고, 본관이 광주光州로 되어 있다. 그런데《만성》의《광주
노씨보》에는 노상익의 가계가 보이지 않으며,《청구》의《광주노씨
보》를 보면 직계 8대조 가운데 벼슬아치가 없다.

467 김병연金炳淵(1847~?) 서울 사람으로 진사를 거쳐 고종 19년 36
세로 경과별시에 을과로 급제하여 벼슬이 정자(정9품)에 이르렀다.
《방목》에는 벼슬이 없이 아버지〔鐸〕 이름만 보이고, 본관이 광산光山
으로 되어 있다. 그런데《청구》의《광산김씨보》에는 김병연의 가계
가 보이지 않으며,《만성》의《광산김씨보》를 보면 직계 7대조 가운
데 벼슬아치가 없다.

468 김형목金炯穆(1856~?) 황해도 평산平山 사람으로 유학을 거쳐
고종 19년 27세로 경과별시에 병과로 급제했다.《방목》에는 벼슬이
없이 아버지〔履鉉〕 이름만 보이고, 본관이 김해金海로 되어 있다. 그런
데《청구》와《만성》의《김해김씨보》에는 김형목의 가계가 보이지
않는다.

469 서재필徐載弼(1863~1951) 전라도 보성寶城 출신의 서울 사람으
로 유학을 거쳐 고종 19년 20세로 경과별시에 병과로 급제하였으며
벼슬이 교서관 부정자副正字(종9품)에서 시작하였다. 1884년에는 김옥

균 등과 갑신정변을 일으켰다가 실패하여 미국으로 망명했으며, 1895년에 귀국하여 교정소校正所 위원을 거쳐 독립협회운동을 전개했다. 《방목》에는 벼슬이 없이 아버지[光夏, 생부 光彦] 이름만 보이고, 본관이 대구大邱(達城)로 되어 있다. 그런데 《청구》의 《대구서씨보》에는 서재필의 가계가 보이지 않으며, 《만성》의 《대구서씨보》를 보면 생부는 광언으로 광하에게 입양되었는데, 양부의 직계 6대조 가운데 벼슬아치는 증조[范淳]가 감역(종9품)을 한 것뿐이다.

470 주영섬朱榮暹(1849~?) 함경도 함흥咸興 사람으로 유학을 거쳐 고종 19년 34세로 경과별시에 병과로 급제했다. 《방목》에는 벼슬이 없이 아버지[允塑] 이름만 보이고, 본관이 전주全州로 되어 있다. 그런데 《청구》와 《만성》의 《전주주씨보》에는 주영섬의 가계가 보이지 않는다. 2000년 현재 전주주씨 인구는 251가구 861명의 극희성으로 인조 대 이후 문과급제자 22명을 배출했는데, 그 가운데 16명이 효종 대 이후 함흥에서 급제한 것으로 확인되어 이 지역의 명문이 되었다.[40]

471 윤주선尹柱善(개명 柱成, 1862~?) 전라도 해남海南 사람으로 유학을 거쳐 고종 19년 21세로 경과별시에 병과로 급제하여 벼슬이 홍문록에 오르고 1907년에 명성황후의 혼전인 경효전景孝殿의 대축大祝(승지; 정3품 당상관)에 이르렀다. 《방목》에는 벼슬이 없이 아버지[旭浩] 이름만 보이고, 본관이 해남으로 되어 있다. 《청구》와 《만성》의 《해

---

40) 함흥의 전주주씨가 배출한 문과급제자 16명의 명단은 다음과 같다.
효종 2년 주진정朱震楨(좌랑)
숙종 5년 주택정朱宅正(정랑), 17년 주정朱椗(좌랑), 43년 주형리朱炯离(장령, 주정의 아들)
영조 11년 주기朱杞(현감), 22년 주형질朱炯質(장령, 주기의 아들), 32년 주남길朱南吉(학유), 50년 주중순朱重純(주형리의 아들), 주중훈朱重壎, 주종훈朱宗壎
순조 15년 주진민朱鎭民(주형질의 손자)
고종 16년 주낙규朱洛珪, 19년 주영섬朱榮暹, 주재빈朱在賓, 주욱환朱昱煥(주경환의 동생), 24년 주경환朱景煥

남윤씨보》를 보면 윤주선은 윤선도尹善道의 후손으로 직계 6대조 가운데 벼슬아치가 없다.

472 민영수閔泳壽(1842~?) 충청도 옥천沃川 사람으로 유학을 거쳐 고종 19년 41세로 경과별시에 병과로 급제하여 벼슬이 홍문관을 거쳐 군수(종4품)와 승지(정3품 당상관)에 이르렀다. 《방목》에는 벼슬이 없이 아버지[基鎬] 이름만 보이고, 본관이 여흥驪興으로 되어 있다. 《청구》와 《만성》의 《여흥민씨보》를 보면 직계 4대조 가운데 벼슬아치가 없다.

473 김진의金鎭懿(1856~?) 경상도 안동安東 사람으로 유학을 거쳐 고종 19년 27세로 경과별시에 병과로 급제하여 벼슬이 홍문관을 거쳐 승지(정3품 당상관)에 이르렀다. 《방목》에는 벼슬이 없이 아버지 [平壽] 이름만 보이고, 본관이 의성義城으로 되어 있다. 《청구》와 《만성》의 《의성김씨보》를 보면 직계 7대조 가운데 벼슬아치가 없다.

474 장석황莊錫滉(1861~?) 평양平壤 사람으로 유학을 거쳐 고종 19년 22세로 경과별시에 병과로 급제했다. 《방목》에는 벼슬이 없이 아버지[濟喆] 이름만 보이고, 본관이 전주全州로 되어 있다. 그런데 《청구》와 《만성》에는 《전주장씨보》 자체가 없어 신원을 알 수 없다. 조선시대 문과급제자는 장석황이 유일하다. 현재 장씨莊氏는 금천장씨衿川莊氏밖에 없다.

475 이봉구李鳳九(1841~?) 전라도 흥덕興德 사람으로 유학을 거쳐 고종 19년 42세로 경과별시에 병과로 급제하여 벼슬이 홍문관 교리(정5품)를 거쳐 대사간(정3품 당상관), 해방총관海防摠管, 충청도 수군절도사(정3품 당상관)에 이르렀다. 《방목》에는 벼슬이 없이 아버지[翊奇] 이름만 보이고, 본관이 봉산鳳山으로 되어 있다. 그런데 《만성》에는

《봉산이씨보》자체가 없으며,《청구》의《봉산이씨보》에는 이봉구의 가계가 보이지 않는다. 봉산이씨는 세종의 사부師傅였던 이수李隨를 시조로 하고 있는데, 2000년 현재 인구는 2,284가구 7,389명의 희성으로 조선시대 문과급제자는 이수와 이봉구 두 사람뿐이다.

476 윤상학尹尙學(1855~?) 충청도 진천鎭川 사람으로 유학을 거쳐 고종 19년 28세로 증광별시에 을과로 급제하여 벼슬이 홍문관을 거쳐 대사성(정3품 당상관), 승지(정3품 당상관), 봉상사 제조(칙임관)에 이르렀다.《방목》에는 벼슬이 없이 아버지〔永顯, 생부 永奭〕이름만 보이고, 본관이 칠원柒原으로 되어 있다.《청구》와《만성》의《칠원윤씨보》를 보면 직계 3대조와 외조 가운데 벼슬아치가 없다.

477 김성모金聲謨(1854~?) 평양平壤 사람으로 유학을 거쳐 고종 19년 29세로 증광별시에 을과로 급제했다.《방목》에는 벼슬이 없이 아버지〔泳〕이름만 보이고, 본관이 청풍淸風으로 되어 있다. 그런데《청구》와《만성》의《청풍김씨보》에는 김성모의 가계가 보이지 않는다.

478 유백원劉百源(1840~?) 서울 사람으로 유학을 거쳐 고종 19년 43세로 증광별시에 을과로 급제했다.《방목》에는 벼슬이 없이 아버지〔致聖〕이름만 보이고, 본관이 강릉江陵으로 되어 있다. 그런데《청구》와《만성》의《강릉유씨보》에는 유백원의 가계가 보이지 않는다. 강릉유씨는 조선시대 문과급제자 8명을 배출했다.

479 이회영李會英(1827~1893) 충청도 진천鎭川 사람으로 유학을 거쳐 고종 19년 56세로 증광별시에 을과로 급제하여 벼슬이 사헌부 장령(정4품)에 이르렀다.《방목》에는 벼슬이 없이 아버지〔義培〕이름만 보이고, 본관이 전주全州로 되어 있다.《전주이씨과거급제자총람》을 보면 이회영은 태종의 아들 효령대군孝寧大君의 15대손으로 직계 8대

조 가운데 벼슬아치가 없다.

480 윤철배尹喆培(1822~?) 경기도 적성積城 사람으로 유학을 거쳐 고종 19년 61세로 증광별시에 을과로 급제하여 벼슬이 홍문관 교리 (정5품)와 정언(정6품), 사헌부 장령(정4품)에 이르렀다. 《방목》에는 벼슬이 없이 아버지[憼] 이름만 보이고, 본관이 파평坡平으로 되어 있다. 《청구》와 《만성》의 《파평윤씨보》를 보면 직계 3대조와 외조 가운데 벼슬아치가 없다.

481 박종간朴宗玕(1843~?) 평안도 순안順安 사람으로 유학을 거쳐 고종 19년 40세로 증광별시에 을과로 급제했다. 《방목》에는 벼슬이 없이 아버지[天奎] 이름만 보이고, 본관이 무안務安으로 되어 있다. 그런데 《청구》와 《만성》의 《무안박씨보》에는 박종간의 가계가 보이지 않는다.

482 홍종찬洪鍾燦(개명 鍾檍, 1837~?) 서울 사람으로 유학을 거쳐 고종 19년 46세로 증광별시에 병과로 급제하여 벼슬이 홍문관 교리(정5품)에 이르렀다. 《방목》에는 벼슬이 없이 아버지[在潤] 이름만 보이고, 본관이 남양南陽으로 되어 있다. 《청구》와 《만성》의 《남양홍씨보》를 보면 직계 3대조와 외조 가운데 벼슬아치가 없다.

483 임필벽林必璧(1850~?) 강원도 간성杆城 사람으로 유학을 거쳐 고종 19년 33세로 증광별시에 병과로 급제했다. 《방목》에는 벼슬이 없이 아버지[錫烈] 이름만 보이고, 본관이 울진蔚珍으로 되어 있다. 그런데 《청구》와 《만성》에는 《울진임씨보》 자체가 없다. 2000년 현재 울진임씨 인구는 4,996가구 1만 5,334명의 희성으로 조선시대 문과급제자 6명을 배출했다. 시조는 숙종 대 문과에 급제한 임익빈林益彬이다.

484 이서영李瑞永(1855~?) 서울 사람으로 유학을 거쳐 고종 19년 28

세로 증광별시에 병과로 급제하여 벼슬이 홍문관 부응교(종4품)를 거쳐 대사간(정3품 당상관)과 이조참판(종2품)에 이르렀다. 《방목》에는 벼슬이 없이 아버지[敏星] 이름만 보이고, 본관이 덕수德水로 되어 있다. 그런데 《청구》의 《덕수이씨보》에는 이서영의 가계가 보이지 않으며, 《만성》의 《덕수이씨보》를 보면 직계 7대조 가운데 아버지만 감역(종9품)으로 되어 있다.

485 윤승필尹承弼(1857~?) 서울 사람으로 유학을 거쳐 고종 19년 26세로 증광별시에 병과로 급제하여 벼슬이 사헌부 지평(정5품)에 이르렀다. 《방목》에는 벼슬이 없이 아버지[鍾應] 이름만 보이고, 본관이 파평坡平으로 되어 있다. 《청구》와 《만성》의 《파평윤씨보》를 보면 직계 3대조와 외조 가운데 벼슬아치가 없다.

486 신규성愼奎晟(1855~?) 황해도 평산平山 사람으로 유학을 거쳐 고종 19년 28세로 증광별시에 병과로 급제하여 벼슬이 지평(정5품)을 거쳐 홍문관 교리(정5품)와 부사과(종6품)에 이르렀다. 《방목》에는 벼슬이 없이 아버지[宗佑], 할아버지[躋仁], 증조[永錫], 외조[安亨淳] 이름이 보이고, 본관이 거창居昌으로 되어 있다. 그런데 《청구》와 《만성》의 《거창신씨보》에는 신규성의 가계가 보이지 않는다.

487 이위李暐(1839~?) 서울 사람으로 판관(종5품)을 거쳐 고종 19년 44세로 증광별시에 병과로 급제하여 벼슬이 홍문관을 거쳐 정주목사定州牧使(정3품 당상관), 이조참의(정3품 당상관), 사헌부 대사헌(종2품)을 지내고, 1896년 중추원 의관(칙임관)에 이르렀다. 《방목》에는 벼슬이 없이 아버지[炳彬] 이름만 보이고, 본관이 덕수德水로 되어 있다. 그런데 《청구》의 《덕수이씨보》에는 이위의 가계가 보이지 않으며, 《만성》의 《덕수이씨보》를 보면 아버지 이름이 명빈命彬으로 되어 있

는데, 직계 5대조 가운데 벼슬아치가 없다.

488 김헌제金櫶濟(1812~?) 전라도 부안扶安 사람으로 유학을 거쳐 고종 19년 71세로 증광별시에 병과로 급제하여 벼슬이 사헌부 지평(정5품)에 이르렀다.《방목》에는 벼슬이 없이 아버지〔慶孝〕이름만 보이고, 본관이 부안으로 되어 있다. 그런데《청구》와《만성》의《부안김씨보》에는 김헌제의 가계가 보이지 않는다.

489 김기섭金基燮(1863~?) 평안도 숙천肅川 사람으로 유학을 거쳐 고종 19년 20세로 증광별시에 병과로 급제했다.《방목》에는 벼슬이 없이 아버지〔璨瀅; 璨洙〕이름만 보이고, 본관이 진주晋州로 되어 있다. 그런데《청구》와《만성》의《진주김씨보》에는 김기섭의 가계가 보이지 않는다. 2000년 현재 진주김씨 인구는 6,096가구 1만 9,795명의 희성으로 조선시대 문과급제자 10명을 배출했는데, 그 가운데 7명이 평안도 출신으로 확인되고 있다.

490 이익준李翊焌(1858~?) 평안도 선천宣川 사람으로 유학을 거쳐 고종 19년 25세로 증광별시에 병과로 급제했다.《방목》에는 벼슬이 없이 아버지〔靖楗〕이름만 보이고, 본관이 경주慶州로 되어 있다. 그런데《청구》와《만성》의《경주이씨보》에는 이익준의 가계가 보이지 않는다.

491 이민영李敏英(1843~?) 경기도 양주楊州 사람으로 유학을 거쳐 고종 19년 40세로 증광별시에 병과로 급제하여 벼슬이 홍문관 교리(정5품)를 거쳐 승지(정3품 당상관)에 이르렀다.《방목》에는 벼슬이 없이 아버지〔觀緒〕이름만 보이고, 본관이 함평咸平으로 되어 있다. 그런데《청구》의《함평이씨보》에는 이민영의 가계가 보이지 않으며,《만성》의《함평이씨보》를 보면 직계 8대조 가운데 벼슬아치가 없다.

492 강준영姜濬永(1834~?) 경상도 칠곡柒谷 사람으로 유학을 거쳐 고종 19년 49세로 증광별시에 병과로 급제하여 벼슬이 사간원 정언 (정6품)과 사헌부 장령(정4품)에 이르렀다.《방목》에는 벼슬이 없이 아버지[台俊] 이름만 보이고, 본관이 진주晉州로 되어 있다. 그런데 《청구》와《만성》의《진주강씨보》에는 강준영의 가계가 보이지 않는다.

493 민영진閔泳辰(1854~?) 황해도 평산平山 사람으로 유학을 거쳐 고종 19년 29세로 증광별시에 병과로 급제했다.《방목》에는 벼슬이 없이 아버지[膺鎬] 이름만 보이고, 본관이 여흥驪興으로 되어 있다. 그런데《청구》와《만성》의《여흥민씨보》에는 민영진의 가계가 보이지 않는다.

494 이성묵李性黙(1844~?) 황해도 송화松禾 사람으로 유학을 거쳐 고종 19년 39세로 증광별시에 병과로 급제했다.《방목》에는 벼슬이 없이 아버지[根培, 생부 益培] 이름만 보이고, 본관이 진위振威로 되어 있다. 그런데《만성》에는《진위이씨보》자체가 없으며,《청구》의《진위이씨보》에는 이성묵의 가계가 보이지 않는다.《세종실록》〈지리지〉에 진위이씨는 진위현의 토성土姓으로 되어 있으며, 2000년 현재 인구는 1,597가구 5,042명의 희성으로 조선시대 문과급제자 2명을 배출했다. 영조 대 급제한 이태온李泰韞과 고종 대 급제한 이성묵이다.

495 주재빈朱在賓(1865~?) 함경도 함흥咸興 사람으로 유학을 거쳐 고종 19년 18세로 증광별시에 병과로 급제하여 벼슬이 사간원 정언 (정6품)에 이르렀다.《방목》에는 벼슬이 없이 아버지[景煥] 이름만 보이고, 본관이 전주全州로 되어 있다. 그런데《청구》와《만성》의《전주주씨보》에는 주재빈의 가계가 보이지 않는다. 함흥의 전주주씨가

1. 고종 대 신분이 낮은 급제자와 벼슬 213

문과급제자 16명을 배출했음은 앞에서 설명했다.

496 김영리金永理(1854~?) 강원도 춘천春川 사람으로 유학을 거쳐 고종 19년 29세로 증광별시에 병과로 급제했다. 《방목》에는 벼슬이 없이 아버지〔偶鉉〕 이름만 보이고, 본관이 광산光山으로 되어 있다. 그런데 《청구》와 《만성》의 《광산김씨보》에는 김영리의 가계가 보이지 않는다.

497 홍익장洪益樟(1848~?) 평양平壤 사람으로 유학을 거쳐 고종 19년 35세로 증광별시에 병과로 급제했다. 《방목》에는 벼슬이 없이 아버지〔澤麒〕 이름만 보이고, 본관이 남양南陽으로 되어 있다. 그런데 《청구》와 《만성》의 《남양홍씨보》에는 홍익장의 가계가 보이지 않는다.

498 장기주張基周(1823~?) 황해도 연안延安 사람으로 유학을 거쳐 고종 19년 60세로 증광별시에 병과로 급제했다. 《방목》에는 벼슬이 없이 아버지〔商鎭〕 이름만 보이고, 본관이 울진蔚珍으로 되어 있다. 그런데 《청구》에는 《울진장씨보》 자체가 없고, 《만성》의 《울진장씨보》에는 장기주의 가계가 보이지 않는다. 2000년 현재 울진장씨 인구는 6,664가구 2만 791명의 희성으로 조선시대 문과급제자 6명을 배출했다.

499 홍수인洪秀寅(1832~?) 경상도 단성丹城 사람으로 유학을 거쳐 고종 19년 51세로 증광별시에 병과로 급제했다. 《방목》에는 벼슬이 없이 아버지〔龍源〕 이름만 보이고, 본관이 남양南陽으로 되어 있다. 그런데 《청구》와 《만성》의 《남양홍씨보》에는 홍수인의 가계가 보이지 않는다.

500 이택환李宅煥(1850~?) 충청도 단양丹陽 사람으로 유학을 거쳐

고종 19년 33세로 증광별시에 병과로 급제했다.《방목》에는 벼슬이 없이 아버지[道炯] 이름만 보이고, 본관이 성주星州로 되어 있다. 그런데《청구》와《만성》의《성주이씨보》에는 이택환의 가계가 보이지 않는다.

501 **이조연**李祖淵(1843~1884) 서울 사람으로 군수(종4품)를 거쳐 고종 19년 40세로 증광별시에 병과로 급제하여 벼슬이 홍문관과 사헌부 감찰(정6품), 군수(종4품)를 거쳐 종사관從事官(5~6품)으로 일본과 청나라를 다녀왔다. 임금을 호위하는 친군영親軍營의 좌영사左營使에 이르렀다. 1884년 갑신정변 때 김옥균 일파에게 화를 입고 세상을 떠나 충정공忠貞公의 시호를 받고 이조참판(종2품)에 추증되었다.《방목》에는 벼슬과 아버지[用奎] 이름이 보이고, 본관이 연안延安으로 되어 있다. 그런데《청구》와《만성》의《연안이씨보》에는 이조연의 가계가 보이지 않는다.

502 **민용호**閔龍鎬(1840~?) 황해도 해주海州 사람으로 유학을 거쳐 고종 19년 43세로 증광별시에 병과로 급제했다.《방목》에는 벼슬이 없이 아버지[致漢] 이름만 보이고, 본관이 여흥驪興으로 되어 있다. 그런데《청구》와《만성》의《여흥민씨보》에는 민용호의 가계가 보이지 않는다.

503 **김진룡**金振龍(1850~?) 경기도 파주坡州 사람으로 유학을 거쳐 고종 19년 33세로 증광별시에 병과로 급제했다.《방목》에는 벼슬이 없이 아버지[勛卿, 생부 華卿] 이름만 보이고, 본관이 강릉江陵으로 되어 있다. 그런데《청구》와《만성》의《강릉김씨보》에는 김진룡의 가계가 보이지 않는다.

504 **백영기**白霙基(1861~?) 충청도 충주忠州 사람으로 유학을 거쳐

고종 19년 22세로 증광별시에 병과로 급제했다. 《방목》에는 벼슬이 없이 아버지[南垣] 이름만 보이고, 본관이 수원水原으로 되어 있다. 그런데 《청구》와 《만성》의 《수원백씨보》에는 백영기의 가계가 보이지 않는다.

505 유영장柳榮壯(1856~?) 함경도 함흥咸興 사람으로 유학을 거쳐 고종 19년 27세로 증광별시에 병과로 급제했다. 《방목》에는 벼슬이 없이 아버지[麟源] 이름만 보이고, 본관이 진주晉州로 되어 있다. 그런데 《청구》와 《만성》의 《진주유씨보》에는 유영장의 가계가 보이지 않는다.

506 정인한鄭寅漢(1851~?) 전라도 고산高山 사람으로 유학을 거쳐 고종 19년 32세로 증광별시에 병과로 급제하여 홍문록을 거쳐 1898년에 6품에 올랐다. 《방목》에는 벼슬이 없이 아버지[貴朝] 이름만 보이고, 본관이 동래東萊로 되어 있다. 그런데 《청구》와 《만성》의 《동래정씨보》에는 정인한의 가계가 보이지 않는다.

507 주욱환朱昱煥(1843~?) 함경도 함흥咸興 사람으로 유학을 거쳐 고종 19년 40세로 증광별시에 병과로 급제하여 벼슬이 사간원 정언(정6품)에 이르렀다. 《방목》에는 벼슬이 없이 아버지[楨恪] 이름만 보이고, 본관이 전주全州로 되어 있다. 그런데 《청구》와 《만성》의 《전주주씨보》에는 주욱환의 가계가 보이지 않는다. 함흥의 전주주씨가 조선시대 문과급제자 16명을 배출했음은 앞에서 설명했다.

508 임선수林選洙(1853~?) 강원도 강릉江陵 사람으로 유학을 거쳐 고종 19년 30세로 증광별시에 병과로 급제했다. 《방목》에는 벼슬이 없이 아버지[成洛] 이름만 보이고, 본관이 나주羅州로 되어 있다. 그런데 《청구》와 《만성》의 《나주임씨보》에는 임선수의 가계가 보이지

않는다.

509 유치열俞致烈(1844~?) 서울 사람으로 유학을 거쳐 고종 19년 39세로 증광별시에 병과로 급제하여 벼슬이 홍문관 교리(정5품)에 이르렀다. 《방목》에는 벼슬이 없이 아버지[秤煥] 이름만 보이고, 본관이 기계杞溪로 되어 있다. 그런데《청구》의《기계유씨보》에는 유치열의 가계가 보이지 않으며,《만성》의《기계유씨보》를 보면 그의 이름이 보이나 아버지 이상의 가계가 보이지 않는다.

510 변상훈邊相勳(1827~?) 경상도 예천醴泉 사람으로 유학을 거쳐 고종 19년 56세로 증광별시에 병과로 급제하여 벼슬이 사헌부 지평(정5품)에 이르렀다. 《방목》에는 벼슬이 없이 아버지[啓東, 생부 錫東] 이름만 보이고, 본관이 원주原州로 되어 있다. 그런데《청구》와《만성》의《원주변씨보》에는 변상훈의 가계가 보이지 않는다.

511 최용삼崔龍三(1840~?) 평안도 강서江西 사람으로 유학을 거쳐 고종 19년 43세로 증광별시에 병과로 급제했다. 《방목》에는 벼슬이 없이 아버지[文鵬] 이름만 보이고, 본관이 경주慶州로 되어 있다. 그런데《청구》와《만성》의《경주최씨보》에는 최용삼의 가계가 보이지 않는다.

512 홍종헌洪鐘憲(1838~?) 서울 사람으로 유학을 거쳐 고종 19년 45세로 증광별시에 병과로 급제하여 벼슬이 사간원 정언(정6품)을 거쳐 비서원승(주임관)에 이르렀다. 《방목》에는 벼슬이 없이 아버지[在言, 생부 在紹] 이름만 보이고, 본관이 남양南陽으로 되어 있다. 《청구》와《만성》의《남양홍씨보》를 보면 직계 4대조와 외조 가운데 벼슬아치가 없다.

513 이만정李晚正(1830~?) 경상도 예안禮安 사람으로 유학을 거쳐

고종 19년 53세로 경과별시에 병과로 급제하여 벼슬이 사헌부 장령 (정4품)과 홍문관 응교(정4품)에 이르렀다. 《방목》에는 벼슬이 없이 아버지[彙徹] 이름만 보이고, 본관이 진보眞寶로 되어 있다. 《청구》와 《만성》의 《진보이씨보》를 보면 직계 7대조 가운데 벼슬아치가 없다.

514 윤기진尹起晋(1854~?) 서울 사람으로 유학을 거쳐 고종 19년 29 세로 경과별시에 병과로 급제하여 벼슬이 사간원 대사간(정3품 당상 관)을 거쳐 승지(정3품 당상관)에 이르렀다. 《방목》에는 벼슬이 없이 아버지[命勳] 이름만 보이고, 본관이 파평坡平으로 되어 있다. 《청구》 와 《만성》의 《파평윤씨보》를 보면 직계 5대조 가운데 벼슬아치가 없다.

515 윤호섭尹暭燮(1829~?) 경기도 양주楊州 사람으로 유학을 거쳐 고종 20년(1883) 55세로 식년문과에 장원급제하여 벼슬이 홍문관 부 교리(종5품)를 거쳐 사간원 사간(종3품)에 이르렀다. 《방목》에는 벼슬 이 없이 아버지[相大] 이름만 보이고, 본관이 파평坡平으로 되어 있다. 그런데 《청구》와 《만성》의 《파평윤씨보》에는 윤호섭의 가계가 보 이지 않는다.

516 백문행白文行(1850~?) 평안도 정주定州 사람으로 유학을 거쳐 고종 20년 34세로 식년시에 을과로 급제했다. 《방목》에는 벼슬이 없 이 아버지[始英] 이름만 보이고, 본관이 수원水原으로 되어 있다. 그런 데 《청구》와 《만성》의 《수원백씨보》에는 백문행의 가계가 보이지 않는다. 정주의 수원백씨는 영조 대 이후 문과급제자 22명을 배출하 여 이 지역 신흥 명문으로 부상했다.

517 예성질芮成質(1809~?) 평안도 태천泰川 사람으로 유학을 거쳐 고종 20년 75세로 식년시에 을과로 급제했다. 《방목》에는 벼슬이 없

이 아버지[文憲] 이름만 보이고, 본관이 의흥義興(缶溪)으로 되어 있다. 그런데《청구》와《만성》의《의흥예씨보》에는 예성질의 가계가 보이지 않는다. 2000년 현재 의성예씨 인구는 2,926가구 9,268명의 희성으로 문과급제자는 그가 유일하다.

518 홍재현洪在現(1862~?) 황해도 해주海州 사람으로 유학을 거쳐 고종 20년 22세로 식년시에 을과로 급제했다.《방목》에는 벼슬이 없이 아버지[文燮] 이름만 보이고, 본관이 남양南陽으로 되어 있다. 그런데《청구》와《만성》의《남양홍씨보》에는 홍재현의 가계가 보이지 않는다.

519 장익후張益厚(1860~?) 평안도 용천龍川 사람으로 유학을 거쳐 고종 20년 24세로 식년시에 을과로 급제했다.《방목》에는 벼슬이 없이 아버지[永善] 이름만 보이고, 본관이 인동仁同으로 되어 있다. 그런데《청구》와《만성》의《인동장씨보》에는 장익후의 가계가 보이지 않는다.

520 지석영池錫永(1855~1935) 서울 사람으로 유학을 거쳐 고종 20년 29세로 식년시에 을과로 급제하여 벼슬이 사헌부 장령(정4품), 형조 참의(정3품 당상관), 동래부사(종3품)를 거쳐 중추원 의관(칙임관)과 의학교장醫學校長(칙임관)에 이르렀다. 처음으로 종두법種痘法을 실시하고, 국문國文을 정리하여 큰 공을 세웠다.《방목》에는 벼슬이 없이 아버지[翼龍] 이름만 보이고, 본관이 충주忠州로 되어 있다. 그런데《청구》와《만성》의《충주지씨보》에는 지석영의 가계가 보이지 않는다. 충주지씨는 조선시대 문과급제자 10명을 배출했는데, 동시에 음양과陰陽科 14명, 율과律科 5명, 역과譯科 1명의 잡과급제자를 배출하여 중인가문으로 알려졌다.

521 박성근朴聖根(1842~?) 황해도 황주黃州 사람으로 진사를 거쳐 고종 20년 42세로 식년시에 을과로 급제하여 벼슬이 승정원 가주서 (정7품)에 이르렀다. 《방목》에는 벼슬이 없이 아버지[廷煥] 이름만 보이고, 본관이 춘천春川으로 되어 있다. 그런데 《만성》에는 《춘천박씨보》 자체가 없고, 《청구》의 《춘천박씨보》에는 박성근의 가계가 보이지 않는다. 《세종실록》〈지리지〉에 춘천박씨는 춘천의 토성土姓의 하나로 되어 있으며, 2000년 현재 인구는 5,274가구 1만 6,860명의 희성으로 조선시대 문과급제자 5명을 배출했다.

522 이두섭李斗燮(1852~?) 황해도 황주黃州 사람으로 유학을 거쳐 고종 20년 32세로 식년시에 병과로 급제했다. 《방목》에는 벼슬이 없이 아버지[東灝] 이름만 보이고, 본관이 수안遂安으로 되어 있다. 그런데 《만성》에는 《수안이씨보》 자체가 없고, 《청구》의 《수안이씨보》에는 이두섭의 가계가 보이지 않는다. 수안이씨는 조선시대 문과급제자 26명을 배출했는데, 그 가운데 평안도에서 11명, 황해도에서 6명이 급제했다.

523 홍우정洪祐禎(1830~?) 충청도 천안天安 사람으로 유학을 거쳐 고종 20년 54세로 식년시에 병과로 급제하여 벼슬이 사헌부 지평(정5품)과 홍문관 교리(정5품)에 이르렀다. 《방목》에는 벼슬이 없이 아버지[鎬周] 이름만 보이고, 본관이 풍산豊山으로 되어 있다. 그런데 《청구》와 《만성》의 《풍산홍씨보》에는 홍우정의 가계가 보이지 않는다.

524 노덕진盧悳鎭(1861~?) 황해도 신천信川 사람으로 유학을 거쳐 고종 20년 23세로 식년시에 병과로 급제하여 벼슬이 가감역관假監役官(종9품)에 이르렀다가 쌀 3천 석을 국가에 진자賑資로 바쳐 사과(정6품)의 벼슬을 거쳐 수령에 임명되었다. 《방목》에는 벼슬이 없이 아버

지(基昌) 이름만 보이고, 본관이 서하西河로 되어 있다.[41] 그런데《청구》와《만성》에는《서하노씨보》자체가 없다. 2000년 현재 서하노씨 인구는 95가구 316명의 극희성으로 조선시대 문과급제자는 노덕진이 유일하다.

525 박영학朴永學(1856~?) 평안도 상원祥原 사람으로 유학을 거쳐 고종 20년 28세로 식년시에 병과로 급제했다.《방목》에는 벼슬이 없이 아버지(鍾喜) 이름만 보이고, 본관이 강진康津으로 되어 있다. 그런데《만성》에는《강진박씨보》자체가 없고,《청구》의《강진박씨보》에는 박영학의 가계가 보이지 않으며, 영조 대 문과에 급제하여 시조가 된 상원 사람 박홍수朴鴻壽만 기록되어 있다. 2000년 현재 강진박씨 인구는 644가구 2,022명의 극희성으로 철종 대 이후 문과급제자 4명을 배출했는데, 그 가운데 3명이 상원 출신이고, 1명이 황해도 수안遂安 출신이다.

526 김기황金基璜(1841~?) 경상도 안동安東 사람으로 유학을 거쳐 고종 20년 43세로 식년시에 병과로 급제했다.《방목》에는 벼슬이 없이 아버지(性健) 이름만 보이고, 본관이 순천順天으로 되어 있다. 그런데《청구》와《만성》의《순천김씨보》에는 김기황의 가계가 보이지 않는다.

527 김지원金持元(1831~?) 평안도 정주定州 사람으로 유학을 거쳐 고종 20년 53세로 식년시에 병과로 급제했다.《방목》에는 벼슬이 없이 아버지(應煥) 이름만 보이고, 본관이 연안延安으로 되어 있다. 그런

---

41) 국립중앙도서관본《방목》에는 노덕진의 본관이 광주光州로 되어 있는데,《청구》와《만성》의《광주노씨보》에는 노덕진의 가계가 보이지 않는다. 서하노씨가 뒤에 광주노씨로 본관을 바꾼 듯하다.

데《청구》와《만성》의《연안김씨보》에는 김지원의 가계가 보이지
않는다. 정주의 연안김씨는 영조 대 이후 문과급제자 44명을 배출하
여 이 지역의 최고 명문으로 등장했는데, 그 가운데 12명은 고종 대
급제했으나《족보》에는 오르지 못했다.

528 신광오辛光五(1852~?) 황해도 송화松禾 사람으로 유학을 거쳐
고종 20년 32세로 식년시에 병과로 급제하여 벼슬이 사간원 정언(정6
품)에 이르렀다.《방목》에는 벼슬이 없이 아버지[昌鉉] 이름이 보이
고, 본관이 영산靈山으로 되어 있다. 그런데《청구》와《만성》의《영
산신씨보》에는 신광오의 가계가 보이지 않는다.

529 김용련金瑢鍊(1847~?) 평안도 개천价川 사람으로 유학을 거쳐
고종 20년 37세로 식년시에 병과로 급제했다.《방목》에는 벼슬이 없
이 아버지[奎鎭] 이름만 보이고, 본관이 양주楊州로 되어 있다. 그런데
《청구》에는《양주김씨보》자체가 없고,《만성》의《양주김씨보》에
는 오직 숙종 대 문과에 급제한 김운승金運乘 한 사람만 기록되어 있
을 뿐 김용련의 가계는 보이지 않는다. 2000년 현재 양주김씨 인구는
1,109가구 3,510명의 희성으로 광해군 대 이후 문과급제자 8명을 배
출했는데, 그 가운데 5명이 영조 대 이후 개천에서 급제했다.[42] 그러
나 김운승을 빼고는 모두《족보》에 오르지 못하고 있다.

530 이인권李寅權(1853~?) 평안도 곽산郭山 사람으로 유학을 거쳐
고종 20년 31세로 식년시에 병과로 급제했다.《방목》에는 벼슬이 없

---

42) 영조 대 이후 개천 출신 연안김씨 급제자 5명의 명단은 다음과 같다.
　　영조 32년 김처공金處恭
　　정조 13년 김종혁金宗赫
　　철종 9년 김국현金國顯(사간), 김내현金來顯
　　고종 20년 김용련金瑢鍊

이 아버지[泰甲] 이름만 보이고, 본관이 경주慶州로 되어 있다. 그런데 《청구》와 《만성》의 《경주이씨보》에는 이인권의 가계가 보이지 않는다.

531 **박영훈**朴永薰(1849~?) 황해도 수안遂安 사람으로 유학을 거쳐 고종 20년 35세로 식년시에 병과로 급제했다. 《방목》에는 벼슬이 없이 아버지[鍾甸] 이름만 보이고, 본관이 강진康津으로 되어 있다. 그런데 《만성》에는 《강진박씨보》 자체가 없고, 《청구》의 《강진박씨보》에는 영조 대 문과에 급제하여 시조가 된 상원祥原 출신 박홍수朴鴻壽 한 사람만 기록되어 있을 뿐 박영훈의 가계는 보이지 않는다. 강진박씨에 대해서는 앞에서 설명했다.

532 **김지훈**金持薰(1846~?) 평안도 정주定州 사람으로 유학을 거쳐 고종 20년 38세로 식년시에 병과로 급제했다. 《방목》에는 벼슬이 없이 아버지[洛喆] 이름만 보이고, 본관이 연안延安으로 되어 있다. 그런데 《청구》와 《만성》의 《연안김씨보》에는 김지훈의 가계가 보이지 않는다. 정주의 연안김씨에 대해서는 앞에서 이미 설명했다.

533 **임석희**林奭禧(1858~?) 평안도 구성龜城 사람으로 유학을 거쳐 고종 20년 26세로 식년시에 병과로 급제했다. 《방목》에는 벼슬이 없이 아버지[承茂] 이름만 보이고, 본관이 안의安義로 되어 있다. 그런데 《청구》와 《만성》에는 《안의임씨보》 자체가 없을 만큼 집안이 한미하다. 2000년 현재 안의임씨 인구는 530가구 1,681명의 극희성으로 조선시대 문과급제자 5명을 배출했다.

534 **노진혁**盧鎭奕(1839~?) 평안도 정주定州 사람으로 유학을 거쳐 고종 20년 45세로 식년시에 병과로 급제했다. 《방목》에는 벼슬이 없이 아버지[時奧] 이름만 보이고, 본관이 해주海州로 되어 있다. 그런데

《만성》에는 《해주노씨보》 자체가 없고, 《청구》의 《해주노씨보》를 보면 직계 5대조 가운데 벼슬아치가 없다. 2000년 현재 해주노씨 인구는 633가구 1,940명의 극희성으로 조선시대 문과급제자 18명을 배출했는데, 그 가운데 14명은 정조 대 이후 정주에서 급제했다.43)

535 유진삼兪鎭三(1809, 또는 1869～?) 경기도 용인龍仁 사람으로 유학을 거쳐 고종 20년 75세(또는 15세)로 식년시에 병과로 급제하여 벼슬이 사헌부 장령(정4품)에 이르렀다. 《방목》에는 벼슬이 없이 아버지〔鳳在〕 이름만 보이고, 본관이 천녕川寧으로 되어 있다.44) 그런데 《청구》와 《만성》의 《천녕유씨보》에는 유진삼의 가계가 보이지 않는다. 2000년 현재 천녕유씨 인구는 188가구 658명의 극희성으로 조선시대 문과급제자는 그가 유일하다.

536 이일언李日彦(1860～?) 평안도 선천宣川 사람으로 유학을 거쳐 고종 20년 24세로 식년시에 급제했다. 《방목》에는 벼슬이 없이 아버지〔爄〕 이름만 보이고, 본관이 단양丹陽으로 되어 있다. 그런데 《청구》와 《만성》의 《단양이씨보》에는 이일언의 가계가 보이지 않는다. 2000년 현재 단양이씨 인구는 5,122가구 1만 6,213명의 희성으로 조선시대 문과급제자 21명을 배출했는데, 그 가운데 11명이 평안도 출신이다.

537 박계현朴啓鉉(1844～?) 경상도 단성丹城 사람으로 유학을 거쳐

---

43) 정조 대 이후 정주의 해주노씨 문과급제자 14명의 명단은 다음과 같다.
　　정조 7년 노등盧橙, 13년 노단盧鐼, 16년 노상희盧尙熙, 19년 노휘盧鑼
　　순조 14년 노상의盧尙義, 19년 노상묵盧尙黙, 22년 노시무盧時懋, 28년 노시순盧時珣
　　헌종 3년 노진형盧鎭衡(승지), 노진태盧鎭泰
　　철종 12년 노진섭盧鎭燮(승지)
　　고종 6년 노덕순盧德純(전적), 7년 노덕룡盧德龍, 20년 노진혁盧鎭奕
44) 국립중앙도서관본에는 본관이 기계杞溪로 되어 있는데, 뒤에 본관을 바꾼 듯하다. 《청구》와 《만성》의 《기계유씨보》에는 유진삼의 가계가 보이지 않는다.

고종 20년 40세로 식년시에 병과로 급제하여 벼슬이 승지(정3품 당상
관)에 이르렀다. 《방목》에는 벼슬이 없이 아버지[奎漢] 이름만 보이
고, 본관은 순천順天으로 되어 있다. 《만성》의 《순천박씨보》를 보면
직계 7대조 가운데 벼슬아치가 없고, 《청구》의 《순천박씨보》를 보
면 직계 5대조 가운데 벼슬아치가 없다.

　　538 안효제安孝濟(1850~1912) 경상도 의령宜寧 사람으로 고종 20년
34세로 식년시에 병과로 급제하여 벼슬이 승문원 부정자(종9품)를 거
쳐 사간원 정언(정6품), 군수(종4품), 홍문관 수찬(정6품)에 이르렀다.
1895년 을미사변 이후 민비를 폐위하자 그 복위를 요청하는 상소를
올리기도 했으며, 일본에 강점된 뒤에는 작위를 받지 않고 은거했다.
《방목》에는 벼슬이 없이 아버지[欽] 이름만 보이고, 본관이 강진康津
(耽津)으로 되어 있다. 그런데 《청구》에는 《강진안씨보》 자체가 없
으며, 《만성》의 《강진안씨보》에는 안효제의 가계가 보이지 않는다.
2000년 현재 강진안씨 인구는 3,764가구 1만 2,248명의 희성으로 조
선시대 문과급제자 3명을 배출했는데, 태종 대 급제한 안지安止, 선조
대 급제한 안여지安汝止, 그리고 고종 대 급제한 안효제이다.

　　539 구연호具然鎬(1861~?) 경상도 진주晋州 사람으로 유학을 거쳐
고종 20년 23세로 식년시에 병과로 급제했다. 《방목》에는 벼슬이 없
이 아버지[德祖] 이름만 보이고, 본관이 능성綾城으로 되어 있다. 그런
데 《청구》의 《능성구씨보》에는 구연호의 가계가 보이지 않으며,
《만성》의 《능성구씨보》를 보면 직계 6대조 가운데 벼슬아치가 없다.

　　540 김석상金奭相(1857~?) 경상도 의성義城 사람으로 유학을 거쳐
고종 20년 27세로 식년시에 병과로 급제했다. 《방목》에는 벼슬이 없
이 아버지[濟淵] 이름만 보이고, 본관이 광산光山으로 되어 있다. 그런

데 《만성》의 《광산김씨보》에는 김석상의 가계가 보이지 않으며, 《청구》의 《광산김씨보》에는 아버지까지의 가계만 보이고 그의 이름은 보이지 않는다. 아버지까지의 가계를 보면 직계 8대조 가운데 벼슬아치가 없다.

541 김동주金東柱(1857~?) 전라도 장성長城 사람으로 유학을 거쳐 고종 20년 27세로 식년시에 병과로 급제했다. 《방목》에는 벼슬이 없이 아버지[健中] 이름만 보이고, 본관이 울산蔚山으로 되어 있다. 그런데 《만성》의 《울산김씨보》에는 김동주의 가계가 보이지 않으며, 《청구》의 《울산김씨보》를 보면 아버지까지의 가계만 보이고 그의 이름은 보이지 않는다. 아버지까지의 가계를 보면 그는 김인후金麟厚의 후손으로 직계 10대조 가운데 벼슬아치가 없다.

542 이근춘李根春(1830~?) 충청도 보은報恩 사람으로 유학을 거쳐 고종 20년 54세로 식년시에 병과로 급제하여 벼슬이 사간원 정언(정6품)을 거쳐 홍문관 수찬(정6품)에 이르렀다. 《방목》에는 벼슬이 없이 아버지[廷穆] 이름만 보이고, 본관이 예산禮山으로 되어 있다. 그런데 《청구》와 《만성》에는 《예산이씨보》 자체가 없을 만큼 집안이 한미하다. 2000년 현재 예산이씨 인구는 294가구 972명의 극희성으로 조선시대 문과급제자는 이근춘이 유일하다.

543 김영선金榮善(1846~?) 전라도 영광靈光 사람으로 유학을 거쳐 고종 20년 38세로 식년시에 병과로 급제하여 벼슬이 승문원 부정자(종9품)를 거쳐 성균관 직강(정5품), 사간원 사간(종3품)에 이르렀다. 《방목》에는 벼슬이 없이 아버지[鎭權] 이름만 보이고, 본관이 김해金海로 되어 있다. 그런데 《청구》와 《만성》의 《김해김씨보》에는 김영선의 가계가 보이지 않는다.

544 최병욱崔秉煜(1833~?) 전라도 나주羅州 사람으로 유학을 거쳐 고종 20년 51세로 식년시에 병과로 급제하여 벼슬이 예조좌랑(정6품)에 이르렀다. 《방목》에는 벼슬이 없이 아버지[相憲] 이름만 보이고, 본관이 낭주朗州(靈岩)로 되어 있다.45) 그런데 《청구》와 《만성》의 《낭주최씨보》에는 최병욱의 가계가 보이지 않는다. 《세종실록》〈지리지〉에는 최씨가 영암의 토성土姓으로 되어 있는데, 2000년 현재 낭주최씨 인구는 4,417가구 1만 4,264명의 희성으로 조선시대 문과급제자는 그가 유일하다.

545 현규근玄圭根(1853~?) 평안도 박천博川 사람으로 유학을 거쳐 고종 20년 31세로 식년시에 병과로 급제했다. 《방목》에는 벼슬이 없이 아버지[益濬] 이름만 보이고, 본관이 연안延安으로 되어 있다. 그런데 《청구》와 《만성》에는 《연안현씨보》 자체가 없을 정도로 집안이 한미하다. 2000년 현재 연안현씨 인구는 278가구 952명으로 극희성에 속하며, 조선시대 문과급제자는 현규근이 유일하다. 만약 연안현씨를 연주현씨延州玄氏로 본다면 문과급제자는 7명이다. 다만, 연주는 영변寧邊의 옛 이름으로 연안과는 다르다.

546 조광한趙光漢(1852~?) 평안도 정주定州 사람으로 유학을 거쳐 고종 20년 32세로 식년시에 병과로 급제했다. 《방목》에는 벼슬이 없이 아버지[儀祖] 이름만 보이고, 본관이 배천白川으로 되어 있다. 그런데 《청구》와 《만성》의 《배천조씨보》에는 조광한의 가계가 보이지 않는다. 정주의 배천조씨는 숙종 대 이후 문과급제자 26명을 배출하여 이 지역의 명문으로 떠올랐다.

---

45) 국립중앙도서관본 《방목》에는 본관이 해주海州로 되어 있는데, 뒤에 본관을 바꾼 듯하다. 《청구》와 《만성》의 《해주최씨보》에는 최병욱의 가계가 보이지 않는다.

547 왕제긍王濟肯(1846~?) 서울 사람으로 유학을 거쳐 고종 20년 38
세로 식년시에 병과로 급제하여 벼슬이 홍문관 수찬(정6품)을 거쳐
사간원 정언(정6품)과 사간(종3품)에 이르렀다.《방목》에는 벼슬이 없
이 아버지[曁說, 생부 翼說] 이름만 보이고, 본관이 제남濟南으로 되어
있다.46) 그런데《청구》와《만성》에는《제남왕씨보》자체가 없을 정
도로 집안이 한미하다. 제남왕씨는 호란 때 볼모로 잡혀간 봉림대군
鳳林大君(뒤에 효종)이 귀국할 때 호종하여 왔다가 귀화한 왕이문王以文
의 후손으로, 2000년 현재 인구는 244가구 792명으로 극희성에 속하
며, 문과급제자는 왕제긍이 유일하다.

548 박주현朴周鉉(1844~1910) 전라도 남원南原 사람으로 유학을 거
쳐 고종 20년 40세로 식년시에 병과로 급제하여 벼슬이 승문원 부정
자(종9품)를 거쳐 성균관 전적(정6품), 사헌부 장령(정4품), 홍문관 시
독侍讀, 그리고 대한제국 때 비서원승(주임관)에 이르렀으며, 민회民會
를 조직하여 항일운동을 하다가 죽었다.《방목》에는 벼슬이 없이 아
버지[奎張, 생부 奎燦] 이름만 보이고, 본관이 죽산竹山으로 되어 있다.
그런데《청구》와《만성》의《죽산박씨보》에는 박주현의 가계가 보
이지 않는다.

549 이대직李大稙(1822~?) 충청도 공주公州 사람으로 부사과(종6품)
를 거쳐 고종 20년 62세로 경과별시에 을과로 급제하여 벼슬이 홍문
관 수찬(정6품)을 거쳐 대사헌(종2품), 장례원 소경少卿(칙임관), 참판
(종2품)에 이르렀다.《방목》에는 벼슬이 없이 아버지[馨溥] 이름만 보
이고, 본관이 한산韓山으로 되어 있다.《청구》와《만성》의《한산이

씨보》를 보면 직계 4대조 가운데 벼슬아치가 없다.

　550 **장석유**張錫裕(1838~?) 경상도 인동仁同 사람으로 생원을 거쳐 고종 20년 46세로 경과별시에 병과로 급제하여 벼슬이 홍문관 부교리(종5품)를 거쳐 사헌부 장령(정4품)과 사간원 대사간(정3품 당상관)에 이르렀다. 《방목》에는 벼슬이 없이 아버지[運杓] 이름만 보이고, 본관이 인동으로 되어 있다. 그런데 《청구》와 《만성》의 《인동장씨보》에는 장석유의 가계가 보이지 않는다.

　551 **박치항**朴致恒(1844~?) 평안도 선천宣川 사람으로 진사를 거쳐 고종 20년 40세로 경과별시에 병과로 급제했다. 《방목》에는 벼슬이 없이 아버지[容鎭] 이름만 보이고, 본관이 죽산竹山으로 되어 있다.[47] 그런데 《청구》와 《만성》의 《죽산박씨보》에는 박치항의 가계가 보이지 않는다.

　552 **이민규**李敏奎(1853~?) 경기도 지평砥平 사람으로 유학을 거쳐 고종 22년(1885) 33세로 경과정시에 갑과로 급제하여 벼슬이 홍문관 교리(정5품)에 이르렀다. 《방목》에는 벼슬이 없이 아버지[寬信, 생부 亮信] 이름만 보이고, 본관이 덕수德水로 되어 있다. 《청구》와 《만성》의 《덕수이씨보》를 보면 이민규의 직계 3대조와 외조 가운데 벼슬아치가 없다.

　553 **임형곤**林衡坤(1869~?) 강원도 울진蔚珍 사람으로 유학을 거쳐 고종 22년 17세로 경과정시에 을과로 급제했다. 《방목》에는 벼슬이 없이 아버지[錫祚] 이름만 보이고, 본관이 울진으로 되어 있다. 그런데 《청구》와 《만성》에는 《울진임씨보》 자체가 없을 만큼 가문이 한

---

47) 국립중앙도서관본은 밀양密陽으로 기록되어 있는데, 뒤에 본관을 바꾼 듯하다. 《청구》와 《만성》의 《밀양박씨보》에는 박치항의 가계가 보이지 않는다.

미하다. 2000년 현재 울진임씨 인구는 4,996가구 1만 5,334명의 희성
으로 숙종 대 이후 문과급제자 6명을 배출했다.

554 **이익하**李益河(1812~?) 평양平壤 사람으로 유학을 거쳐 고종 22
년 74세로 경과정시에 을과로 급제했다.《방목》에는 벼슬이 없이 아
버지〔鍾浩〕이름만 보이고, 본관이 홍주洪州로 되어 있다. 그런데《청
구》와《만성》의《홍주이씨보》에는 이익하의 가계가 보이지 않는다.
2000년 현재 홍주이씨 인구는 4,733가구 1만 4,897명의 희성으로 조
선시대 문과급제자 9명을 배출했는데, 그 가운데 3명은 순조 대 이후
평양에서 급제한 것으로 확인되고 있다.

555 **이종의**李鍾義(1864~?) 평안도 용강龍岡 사람으로 유학을 거쳐
고종 22년 22세로 경과정시에 병과로 급제했다.《방목》에는 벼슬이
없이 아버지〔志圭〕이름만 보이고, 본관이 전주全州로 되어 있다. 그런
데《전주이씨과거급제자총람》에는 이종의의 이름과 가계가 보이지
않는다. 정체를 알 수 없는 인물이다.

556 **민원호**閔元鎬(1847~?) 충청도 진천鎭川 사람으로 유학을 거쳐
고종 22년 39세로 경과정시에 병과로 급제하여 벼슬이 사간원 정언
(정6품)에 이르렀다.《방목》에는 벼슬이 없이 아버지〔致中〕이름만 보
이고, 본관이 여흥驪興으로 되어 있다. 그런데《청구》와《만성》의
《여흥민씨보》에는 민원호의 가계가 보이지 않는다.

557 **김석룡**金錫龍(1857~?) 충청도 서천舒川 사람으로 유학을 거쳐
고종 22년 29세로 경과정시에 병과로 급제하여 벼슬이 사간원 정언
(정6품)을 거쳐 홍문관원으로 시강원 시독侍讀에 이르렀다.《방목》에
는 벼슬이 없이 아버지〔載吉〕, 할아버지〔彦海〕, 증조〔聖彩〕, 외조〔吳明
權〕이름이 보이고, 본관이 언양彦陽으로 되어 있다. 그런데《청구》와

《만성》의 《언양김씨보》에는 김석룡의 가계가 보이지 않는다. 언양 김씨는 조선시대 문과급제자 27명을 배출했다.

558 김명규金明圭(1848~?) 서울 사람으로 진사를 거쳐 고종 22년 38세로 경과정시에 병과로 급제하여 벼슬이 홍문관을 거쳐 대사성(정3품 당상관), 대사헌(종2품), 도승지(정3품 당상관), 그리고 칙임관인 비서원경, 농상공부 대신 그리고 의정부 찬정贊政에 이르렀다. 《방목》에는 벼슬이 없이 아버지[炳龍] 이름만 보이고, 본관이 안동安東으로 되어 있다. 《청구》와 《만성》의 《안동김씨보》를 보면 직계 4대조 가운데 벼슬아치가 없다.

559 조신호趙信鎬(1863~?) 충청도 충주忠州 사람으로 유학을 거쳐 고종 22년 23세로 경과정시에 병과로 급제하여 벼슬이 사헌부 지평(정5품)에 이르렀다. 《방목》에는 벼슬이 없이 아버지[載明] 이름만 보이고, 본관이 평양平壤으로 되어 있다. 그런데 《청구》와 《만성》의 《평양조씨보》에는 조신호의 가계가 보이지 않는다.

560 이운익李雲翼(1848~?) 전라도 운봉雲峰 사람으로 유학을 거쳐 고종 22년 38세로 경과정시에 병과로 급제하여 벼슬이 장령(정4품)과 부사과(종6품)를 거쳐 홍문관 부수찬(종6품)에 이르렀다. 《방목》에는 벼슬이 없이 아버지[喬愚] 이름만 보이고, 본관이 연안延安으로 되어 있다. 그런데 《청구》의 《연안이씨보》에는 이운익의 가계가 보이지 않으며, 《만성》의 《연안이씨보》를 보면 본인과 아버지(무직), 할아버지(무직)의 이름은 보이는데 할아버지 이상의 가계는 끊어져 있다.

561 이원희李源憙(1859~?) 충청도 청풍淸風 사람으로 유학을 거쳐 고종 22년 27세로 경과정시에 병과로 급제하여 벼슬이 홍문관 교리(정5품)와 장령(정4품)에 이르렀다. 《방목》에는 벼슬이 없이 아버지

〔穉鉉〕 이름만 보이고, 본관이 용인龍仁으로 되어 있다. 그런데《청구》와《만성》의《용인이씨보》를 보면 아버지까지의 가계는 보이나 이원희의 이름은 보이지 않는다. 아버지까지의 가계를 보면 직계 3대조(《청구》) 또는 4대조(《만성》) 가운데 벼슬아치가 없다.

562 **이면재**李勉宰(1842~?) 제주濟州 사람으로 유학을 거쳐 고종 22년 44세로 경과정시에 병과로 급제했다.《방목》에는 벼슬이 없이 아버지〔宗黙〕 이름만 보이고, 본관이 연안延安으로 되어 있다. 그런데《청구》와《만성》의《연안이씨보》에는 이면재의 가계가 보이지 않는다.

563 **강익수**姜益秀(1846~?) 충청도 충주忠州 사람으로 유학을 거쳐 고종 22년 40세로 경과정시에 병과로 급제하여 벼슬이 별감동別監董(6품)에 이르렀다.《방목》에는 벼슬이 없이 아버지〔運永〕 이름만 보이고, 본관이 진주晉州로 되어 있다. 그런데《청구》와《만성》의《진주강씨보》를 보면 아버지까지의 가계는 보이나 강익수의 이름은 보이지 않는다. 아버지까지의 가계를 보면 직계 11대조 가운데 벼슬아치가 없다.

564 **이민식**李敏植(1838~?) 전라도 남원南原 사람으로 유학을 거쳐 고종 22년 48세로 경과정시에 병과로 급제했다.《방목》에는 벼슬이 없이 아버지〔海龜〕 이름만 보이고, 본관이 전주全州로 되어 있다. 그런데《전주이씨과거급제자총람》에는 이민식의 이름과 가계가 보이지 않는다.

565 **김재선**金載善(1857~?) 평양平壤 사람으로 유학을 거쳐 고종 22년 29세로 경과정시에 병과로 급제했다.《방목》에는 벼슬이 없이 아버지〔觀錫〕 이름만 보이고, 본관이 김해金海로 되어 있다. 그런데《청

구》와 《만성》의 《김해김씨보》에는 김재선의 가계가 보이지 않는다.

566 김응권金應權(1810~?) 서울 사람으로 동몽교관童蒙教官(종9품)을 거쳐 고종 22년 76세로 경과정시에 병과로 급제했다. 《방목》에는 벼슬이 없이 아버지[溶桓] 이름만 보이고, 본관이 김해金海로 되어 있다. 그런데 《청구》와 《만성》의 《김해김씨보》에는 김응권의 가계가 보이지 않는다.

567 노장盧熀(1842~?) 평양平壤 사람으로 진사를 거쳐 고종 22년 44세로 경과정시에 병과로 급제하여 벼슬이 홍문록에 올랐다. 《방목》에는 벼슬이 없이 아버지[夢良, 생부 夢弼] 이름만 보이고, 본관이 장연長淵으로 되어 있다. 그런데 《청구》와 《만성》의 《장연노씨보》에는 노장의 가계가 보이지 않는다. 2000년 현재 장연노씨 인구는 2,672가구 8,394명의 희성으로 조선시대 문과급제자 7명을 배출했는데, 그 가운데 5명이 평안도 출신으로 확인되고 있다.

568 황종기黃鍾岐(1863~?) 서울 사람으로 유학을 거쳐 고종 22년 23세로 경과정시에 병과로 급제했다. 《방목》에는 벼슬이 없이 아버지[基宅] 이름만 보이고, 본관이 항주杭州로 되어 있다. 그런데 《청구》와 《만성》에는 《항주황씨보》 자체가 없다. 항주황씨는 호란 후 심양瀋陽에 볼모로 갔다가 돌아온 소현세자昭顯世子를 호종하여 왔다가 귀화한 아홉 명의 명나라 사람 가운데 하나인 황공黃功의 후손이다. 2000년 현재 인구는 122가구 402명에 지나지 않는 극희성이며, 황종기가 유일한 문과급제자이다.

569 오태은吳泰殷(1809, 또는 1869~?) 평안도 철산鐵山 사람으로 유학을 거쳐 고종 22년 17세(또는 77세)로 경과정시에 병과로 급제했다. 《방목》에는 벼슬이 없이 아버지[熙俊] 이름만 보이고, 본관이 해주海

州로 되어 있다. 그런데《청구》와《만성》의《해주오씨보》에는 오태은의 가계가 보이지 않는다.

570 **이흔**李俒(1839~?) 서울 사람으로 유학을 거쳐 고종 22년 47세로 경과정시에 병과로 급제하여 벼슬이 홍문관을 거쳐 궁내부 특진관(칙임관)에 이르렀다.《방목》에는 벼슬이 없이 아버지〔安善, 생부 兢善〕 이름만 보이고, 본관이 연안延安으로 되어 있다. 그런데《청구》의《연안이씨보》에는 이흔의 가계가 보이지 않으며,《만성》의《연안이씨보》에는 그의 이름이 보이나 그 윗대의 가계가 보이지 않는다.

571 **엄익조**嚴益祚(1849~?) 함경도 덕원德源 사람으로 유학을 거쳐 고종 22년 37세로 경과정시에 병과로 급제하여 벼슬이 승정원 주서(정7품)에 이르렀다.《방목》에는 벼슬이 없이 아버지〔昌鎬〕 이름만 보이고, 본관이 영월寧越로 되어 있다. 그런데《청구》와《만성》의《영월엄씨보》에는 엄익조의 가계가 보이지 않는다.

572 **심원하**沈遠河(1858~?) 서울 사람으로 유학을 거쳐 고종 22년 28세로 경과정시에 병과로 급제했다.《방목》에는 벼슬이 없이 아버지〔魯順〕 이름만 보이고, 본관이 청송靑松으로 되어 있다. 그런데《청구》의《청송심씨보》에는 심원하의 가계가 보이지 않으며,《만성》의《청송심씨보》를 보면 아버지까지의 가계는 보이나 그의 이름은 보이지 않는다. 아버지까지의 가계를 보면 직계 6대조 가운데 벼슬아치는 4대조가 봉사(종8품)로 되어 있을 뿐이다.

573 **남익원**南翊元(1833~?) 충청도 제천堤川 사람으로 유학을 거쳐 고종 22년 53세로 경과정시에 병과로 급제하여 벼슬이 사간원 정언(정6품)과 홍문관 교리(정5품)에 이르렀다.《방목》에는 벼슬이 없이 아버지〔駿義〕 이름만 보이고, 본관이 의령宜寧으로 되어 있다. 그런데

《청구》의 《의령남씨보》에는 남익원의 가계가 보이지 않으며, 《만성》의 《의령남씨보》를 보면 직계 4대조 가운데 벼슬아치가 없다.

574 **김익제**金翼濟(1866~?) 평안도 영변寧邊 사람으로 유학을 거쳐 고종 22년 20세로 경과정시에 병과로 급제하여 벼슬이 사간원 사간 (종3품)에 이르렀다. 《방목》에는 벼슬이 없이 아버지[在涵] 이름만 보이고, 본관이 경주慶州로 되어 있다. 그런데 《청구》와 《만성》의 《경주김씨보》에는 김익제의 가계가 보이지 않는다.

575 **박제경**朴齊璟(1831~?) 충청도 면천沔川 사람으로 진사를 거쳐 고종 22년 55세로 경과정시에 병과로 급제하여 벼슬이 홍문관 교리 (정5품)를 거쳐 장례원 소경(칙임관)과 궁내부 특진관(칙임관)에 이르렀다. 《방목》에는 벼슬이 없이 아버지[仁壽] 이름만 보이고, 본관이 반남潘南으로 되어 있다. 그런데 《청구》의 《반남박씨보》에는 박제경의 가계가 보이지 않으며, 《만성》의 《반남박씨보》를 보면 직계 4대조 가운데 벼슬아치가 없다.

576 **김종봉**金宗鳳(1829~?) 평안도 은산殷山 사람으로 유학을 거쳐 고종 22년 57세로 경과정시에 병과로 급제했다. 《방목》에는 벼슬이 없이 아버지[德仁] 이름만 보이고, 본관이 하음河陰(江華)으로 되어 있다. 그런데 《청구》와 《만성》에는 《하음김씨보》 자체가 없어 집안이 매우 한미한 것을 알 수 있다. 2000년 현재 하음김씨 인구는 158가구 503명의 극희성으로 조선시대 문과급제자는 김종봉이 유일하다.

577 **박돈양**朴暾陽(1847~?) 경기도 철원鐵原 사람으로 유학을 거쳐 고종 22년 39세로 경과정시에 병과로 급제하여 벼슬이 사헌부 지평 (정5품)과 홍문관을 거쳐 승지(정3품 당상관)에 이르렀다. 《방목》에는 벼슬이 없이 아버지[齊浩] 이름이 보이고, 본관이 반남潘南으로 되어

있다. 그런데 《청구》의 《반남박씨보》에는 박돈양의 가계가 보이지 않으며, 《만성》의 《반남박씨보》를 보면 그는 조선 중기 문신 박세채朴世采의 9대손으로 직계 8대조 가운데 벼슬아치는 6대조가 참봉(종9품)을 지낸 것뿐이다.

578 유기룡劉起龍(1857~?) 평안도 곽산郭山 사람으로 유학을 거쳐 고종 22년 29세로 경과정시에 병과로 급제했다. 《방목》에는 벼슬이 없이 아버지[仁晳] 이름만 보이고, 본관이 충주忠州로 되어 있다. 그런데 《만성》에는 《충주유씨보》 자체가 없고, 《청구》의 《충주유씨보》를 보면 고려 초기 인물로 시조가 된 유긍달劉兢達 한 사람만 보인다. 2000년 현재 충주유씨는 497가구 1,597명의 극희성으로 조선시대 문과급제자는 3명이며 모두 정조 대 이후 평안도에서 급제했다.

579 김우용金禹用(1848~?) 평안도 의주義州 사람으로 직장(종7품)을 거쳐 고종 22년 38세로 경과정시에 병과로 급제하여 벼슬이 사헌부 집의(종3품)를 거쳐 중추원 의관(칙임관)에 이르렀는데, 부국강병을 위한 상소를 여러 차례 올리면서 개혁을 요청하기도 했다. 《방목》에는 벼슬이 없이 아버지[成九] 이름만 보이고, 본관이 해미海美로 되어 있다. 그런데 《청구》와 《만성》에는 《해미김씨보》 자체가 없다. 2000년 현재 해미김씨 인구는 14가구 41명의 극희성으로 조선시대 문과급제자는 김우용이 유일하다.

580 송민수宋敏洙(1814~?) 충청도 옥천沃川 사람으로 유학을 거쳐 고종 22년 72세로 식년시에 장원급제하여 벼슬이 대한제국 때 칙임관인 시종원경侍從院卿과 중추원 의관에 이르렀다. 《방목》에는 벼슬이 없이 아버지[欽啓, 생부 欽文] 이름만 보이고, 본관이 은진恩津으로 되어 있다. 그런데 《청구》와 《만성》의 《은진송씨보》에는 송민수의

가계가 보이지 않는다.

581 유남식柳南植(1828~?) 경기도 양주楊州 사람으로 유학을 거쳐 고종 22년 58세로 식년시에 갑과로 급제하여 벼슬이 홍문관 교리(정5품)를 거쳐 우통례(정3품 당하관)에 이르렀다.《방목》에는 벼슬이 없이 아버지[駉] 이름만 보이고, 본관이 전주全州로 되어 있다. 그런데 《청구》의《전주유씨보》에는 할아버지까지의 가계는 보이나 그 뒤는 보이지 않으며,《만성》의《전주유씨보》를 보면 직계 4대조 가운데 벼슬아치가 없다.

582 장병익張炳翊(1856~?) 경상도 인동仁同 사람으로 유학을 거쳐 고종 22년 30세로 식년시에 갑과로 급제하여 벼슬이 사간원 정언(정6품)에 이르렀다.《방목》에는 벼슬이 없이 아버지[奎相] 이름만 보이고, 본관이 인동으로 되어 있다. 그런데《청구》와《만성》의《인동장씨보》에는 장병익의 가계가 보이지 않는다.

583 정항진鄭恒鎭(1866~?) 평안도 철산鐵山 사람으로 유학을 거쳐 고종 22년 20세로 식년시에 을과로 급제했다.《방목》에는 벼슬이 없이 아버지[鳳赫] 이름만 보이고, 본관이 하동河東으로 되어 있다. 그런데《청구》와《만성》의《하동정씨보》에는 정항진의 가계가 보이지 않는다.

584 어명룡魚命龍(1818~?) 충청도 보은報恩 사람으로 유학을 거쳐 고종 22년 68세로 식년시에 을과로 급제했다.《방목》에는 벼슬이 없이 아버지[在澤] 이름만 보이고, 본관이 함종咸從으로 되어 있다.《청구》의《함종어씨보》를 보면 직계 5대조 가운데 벼슬아치가 없고,《만성》의《함종어씨보》에는 어명룡의 가계가 보이지 않는다. 함종 어씨는 조선시대 문과급제자 24명을 배출했다.

585 박시규朴時奎(1861~?) 경상도 경주慶州 사람으로 유학을 거쳐 고종 22년 25세로 식년시에 을과로 급제하여 벼슬이 장례원 장례掌禮 (주임관)를 거쳐 1910년 규장각 부제학(정3품 당상관)에 이르렀다. 《방목》에는 벼슬이 없이 아버지[憲復, 생부 容復] 이름만 보이고, 본관이 밀양密陽으로 되어 있다. 그런데 《청구》와 《만성》의 《밀양박씨보》에는 박시규의 가계가 보이지 않는다.

586 김흥수金興洙(1864~?) 전라도 장성長城 사람으로 유학을 거쳐 고종 22년 22세로 식년시에 을과로 급제했다. 《방목》에는 벼슬이 없이 아버지[鳳浩] 이름만 보이고, 본관이 울산蔚山으로 되어 있다. 그런데 《청구》와 《만성》의 《울산김씨보》에는 김흥수의 가계가 보이지 않는다. 울산김씨는 조선시대 문과급제자 12명을 배출했다.

587 한상면韓相冕(1864~?) 평안도 성천成川 사람으로 유학을 거쳐 고종 22년 22세로 식년시에 을과로 급제했다. 《방목》에는 벼슬이 없이 아버지[炳洙] 이름만 보이고, 본관이 청주淸州로 되어 있다. 그런데 《청구》와 《만성》의 《청주한씨보》에는 한상면의 가계가 보이지 않는다.

588 황보연黃輔淵(1852~?) 경상도 진주晉州 사람으로 유학을 거쳐 고종 22년 34세로 식년시에 을과로 급제하여 벼슬이 사간원 헌납(정5품)에 이르렀다. 《방목》에는 벼슬이 없이 아버지[鍾運] 이름만 보이고, 본관이 창원昌原으로 되어 있다. 그런데 《청구》와 《만성》의 《창원황씨보》에는 황보연의 가계가 보이지 않는다.

589 박영규朴永奎(1864~?) 평안도 상원祥原 사람으로 유학을 거쳐 고종 22년 22세로 식년시에 병과로 급제하여 벼슬이 금루관禁漏官에 이르렀는데, 갑신정변 때 참화를 입고 죽은 뒤 공조좌랑(정6품)에 추

증되었다. 《방목》에는 벼슬이 없이 아버지[鍾善] 이름만 보이고, 본관이 강진康津으로 되어 있다. 그런데 《만성》에는 《강진박씨보》 자체가 없으며, 《청구》의 《강진박씨보》에는 아버지 이름이 보이나 박영규의 이름은 보이지 않는다. 아버지가 철종 대 문과에 급제하여 참판(종2품)에 이르렀는데도 그 아들이 《족보》에 오르지 못한 것이 이상하다. 2000년 현재 강진박씨 인구는 644가구 2,022명의 희성으로 영조 대 이후 문과급제자 5명을 배출했는데, 그 가운데 4명이 상원 출신이다.

590 김성훈金晟壎(1861~?) 평안도 희천熙川 사람으로 유학을 거쳐 고종 22년 25세로 식년시에 병과로 급제했다. 《방목》에는 벼슬이 없이 아버지[榮朝] 이름만 보이고, 본관이 김해金海로 되어 있다. 그런데 《청구》와 《만성》의 《김해김씨보》에는 김성훈의 가계가 보이지 않는다.

591 최석영崔錫瑛(1856~?) 함경도 명천明川 사람으로 유학을 거쳐 고종 22년 30세로 식년시에 병과로 급제했다. 《방목》에는 벼슬이 없이 아버지[在信] 이름만 보이고, 본관이 개성開城으로 되어 있다. 그런데 《만성》에는 《개성최씨보》 자체가 없고, 《청구》의 《개성최씨보》에는 최석영의 가계가 보이지 않는다. 2000년 현재 개성최씨 인구는 465가구 1,487명의 희성으로 조선시대 문과급제자는 연산군 대 최명창崔命昌(참판)과 고종 대 최석영 두 사람뿐이다.

592 송주훈宋柱勳(1858~?) 평안도 박천博川 사람으로 유학을 거쳐 고종 22년 28세로 식년시에 병과로 급제했다. 《방목》에는 벼슬이 없이 아버지[萬濂] 이름만 보이고, 본관이 여산礪山으로 되어 있다. 그런데 《청구》와 《만성》의 《여산송씨보》에는 송주훈의 가계가 보이지

않는다.

593 이인형李寅衡(1849~?) 평안도 곽산郭山 사람으로 유학을 거쳐 고종 22년 37세로 식년시에 병과로 급제했다.《방목》에는 벼슬이 없이 아버지[咸甲] 이름만 보이고, 본관이 경주慶州로 되어 있다. 그런데 《청구》와《만성》의《경주이씨보》에는 이인형의 가계가 보이지 않는다.

594 이완희李琬熙(1849~?) 평안도 개천价川 사람으로 유학을 거쳐 고종 22년 37세로 식년시에 병과로 급제하여 벼슬이 사간원 정언(정6품)에 이르렀다.《방목》에는 벼슬이 없이 아버지[寅甲] 이름만 보이고, 본관이 광주廣州로 되어 있다. 그런데《청구》와《만성》의《광주이씨보》에는 이완희의 가계가 보이지 않는다.

595 조창균趙昌均(1857~?) 평안도 정주定州 사람으로 유학을 거쳐 고종 22년 29세로 식년시에 병과로 급제하여 벼슬이 군수(종4품)에 이르렀다.《방목》에는 벼슬이 없이 아버지[光河] 이름만 보이고, 본관이 배천白川으로 되어 있다. 그런데《청구》와《만성》의《배천조씨보》에는 조창균의 가계가 보이지 않는다. 정주의 배천조씨는 숙종대 이후로 문과급제자 26명을 배출하여 이 지역 신흥 명문으로 등장했다.

596 김병도金秉燾(1853~?) 평안도 곽산郭山 사람으로 유학을 거쳐 고종 22년 33세로 식년시에 병과로 급제하여 벼슬이 제사와 의전을 맡아보던 봉상사 전사奉常司 典事(판임관)에 이르렀다.《방목》에는 벼슬이 없이 아버지[相寅] 이름만 보이고, 본관이 공주公州로 되어 있다. 그런데《청구》와《만성》의《공주김씨보》에는 김병도의 가계가 보이지 않는다. 2000년 현재 공주김씨 인구는 2,401가구 7,587명의 희

성으로 조선시대 문과급제자 12명을 배출했는데, 그 가운데 10명이 평안도에서 급제했다.

597 심의규沈宜奎(1842~?) 경상도 단성丹城 사람으로 유학을 거쳐 고종 22년 44세로 식년시에 병과로 급제하여 벼슬이 사헌부 지평(정5품)에 이르렀다. 《방목》에는 벼슬이 없이 아버지[履福] 이름만 보이고, 본관이 청송靑松으로 되어 있다. 그런데 《청구》와 《만성》의 《청송심씨보》에는 심의규의 가계가 보이지 않는다.

598 김창원金昶源(1862~?) 평안도 가산嘉山 사람으로 유학을 거쳐 고종 22년 24세로 식년시에 병과로 급제했다. 《방목》에는 벼슬이 없이 아버지[鎔] 이름만 보이고, 본관이 순천順天으로 되어 있다. 그런데 《청구》와 《만성》의 《순천김씨보》에는 김창원의 가계가 보이지 않는다. 가산의 순천김씨는 헌종 대 이후 문과급제자 7명을 배출하여 이 지역의 명문이 되었다.

599 김희규金熙圭(1862~?) 황해도 곡산谷山 사람으로 유학을 거쳐 고종 22년 24세로 식년시에 병과로 급제했다. 《방목》에는 벼슬이 없이 아버지[炳璿] 이름만 보이고, 본관이 안동安東으로 되어 있다. 그런데 《청구》와 《만성》의 《안동김씨보》에는 김희규의 가계가 보이지 않는다.

600 장정식張正植(1865~?) 평안도 용천龍川 사람으로 유학을 거쳐 고종 22년 21세로 식년시에 병과로 급제했다. 《방목》에는 벼슬이 없이 아버지[俊性] 이름만 보이고, 본관이 안동安東으로 되어 있다. 그런데 《청구》와 《만성》의 《안동장씨보》에는 장정식의 가계가 보이지 않는다. 안동장씨는 당나라 귀화인의 후손으로 2000년 현재 인구는 2만 5,552가구 8만 3,961명이며 인조 대 이후 문과급제자 4명을 배출

했는데, 그 가운데 3명이 평안도 출신으로 확인되고 있다.

601 김희진金憙鎭(1848~?) 강원도 양구楊口 사람으로 유학을 거쳐 고종 22년 38세로 식년시에 병과로 급제했다. 《방목》에는 벼슬이 없이 아버지[重烈] 이름만 보이고, 본관이 청도淸道로 되어 있다. 그런데 《청구》와 《만성》의 《청도김씨보》에는 김희진의 가계가 보이지 않는다.

602 차재형車載衡(1860~?) 평안도 숙천肅川 사람으로 유학을 거쳐 고종 22년 26세로 식년시에 병과로 급제했다. 《방목》에는 벼슬이 없이 아버지[炳觀] 이름만 보이고, 본관이 연안延安으로 되어 있다. 그런데 《청구》와 《만성》의 《연안차씨보》에는 차재형의 가계가 보이지 않는다. 숙천의 연안차씨는 철종 대 이후 문과급제자 6명을 배출했다. 연안차씨는 조선시대 문과급제자 28명을 배출했는데, 그 가운데 15명이 평안도 출신이다.

603 이봉수李鳳銖(1852~?) 평안도 숙천肅川 사람으로 유학을 거쳐 고종 22년 34세로 식년시에 병과로 급제했다. 《방목》에는 벼슬이 없이 아버지[元模] 이름만 보이고, 본관이 광주廣州로 되어 있다. 그런데 《청구》와 《만성》의 《광주이씨보》에는 이봉수의 가계가 보이지 않는다.

604 장영직張榮稷(1861~?) 전라도 금구金溝 사람으로 유학을 거쳐 고종 22년 25세로 식년시에 병과로 급제하여 벼슬이 사헌부 지평(정5품)에 이르렀다. 《방목》에는 벼슬이 없이 아버지[鼎秀] 이름만 보이고, 본관이 인동仁同으로 되어 있다. 그런데 《청구》와 《만성》의 《인동장씨보》에는 장영직의 가계가 보이지 않는다.

605 이계종李啓種(1845~?) 황해도 황주黃州 사람으로 진사를 거쳐 고

종 22년 41세로 식년시에 병과로 급제했다. 《방목》에는 벼슬이 없이 아버지[昌元] 이름만 보이고, 본관이 삼척三陟으로 되어 있다. 그런데 《만성》에는 《삼척이씨보》 자체가 없고, 《청구》의 《삼척이씨보》에는 고려 초의 인물로 시조가 된 이강제李康濟 한 사람만 기록하고 있을 뿐 이계종의 가계는 보이지 않는다. 2000년 현재 삼척이씨 인구는 176 가구 537명의 극희성으로 조선시대 문과급제자는 그가 유일하다.

606 유종정柳淙楨(1856~?) 평안도 박천博川 사람으로 유학을 거쳐 고종 22년 30세로 식년시에 병과로 급제했다. 《방목》에는 벼슬이 없이 아버지[仁懋] 이름만 보이고, 본관이 문화文化로 되어 있다. 그런데 《청구》와 《만성》의 《문화유씨보》에는 유종정의 가계가 보이지 않는다.

607 백호섭白虎燮(1862~?) 평안도 태천泰川 사람으로 유학을 거쳐 고종 22년 24세로 식년시에 병과로 급제하여 벼슬이 홍문관을 거쳐 중추원 의관(칙임관)에 이르렀는데, 1900년 강동에 있는 단군묘檀君墓 를 단군릉檀君陵으로 승격시키자고 주장하기도 했다. 《방목》에는 벼 슬이 없이 아버지[宗銼] 이름만 보이고, 본관이 수원水原으로 되어 있 다. 그런데 《청구》와 《만성》의 《수원백씨보》에는 백호섭의 가계가 보이지 않는다. 태천의 수원백씨는 헌종 대 이후 문과급제자 14명을 배출했으며, 평안도 전체에서는 42명이 급제했다.

608 이재영李載榮(1856~?) 평안도 박천博川 사람으로 유학을 거쳐 고종 22년 30세로 식년시에 병과로 급제하여 벼슬이 홍문록을 거쳐 사헌부 지평(정5품)과 사간원 정언(정6품)에 이르렀다. 대한제국 때는 황제의 측근으로 횡포를 일삼던 김홍륙金鴻陸을 비판하는 상소를 올 리기도 했다. 《방목》에는 벼슬이 없이 아버지[裕爗] 이름만 보이고,

본관이 경주慶州로 되어 있다. 그런데《청구》와《만성》의《경주이씨
보》에는 이재영의 가계가 보이지 않는다.

609 **최재린**崔在麟(1849~?) 평안도 정주定州 사람으로 유학을 거쳐
고종 22년 37세로 식년시에 병과로 급제했다.《방목》에는 벼슬이 없
이 아버지[重海] 이름만 보이고, 본관이 해주海州로 되어 있다. 그런데
《청구》와《만성》의《해주최씨보》에는 최재린의 가계가 보이지 않
는다.

610 **조기일**趙淇一(1842~?) 전라도 순천順天 사람으로 유학을 거쳐
고종 22년 44세로 식년시에 병과로 급제했다.《방목》에는 벼슬이 없
이 아버지[鎭瑀] 이름만 보이고, 본관이 배천白川으로 되어 있다. 그런
데《청구》와《만성》의《배천조씨보》에는 조기일의 가계가 보이지
않는다.

611 **이영빈**李英彬(1863~?) 평안도 의주義州 사람으로 유학을 거쳐
고종 22년 23세로 식년시에 병과로 급제했다.《방목》에는 벼슬이 없
이 아버지[鳳恩, 생부 鳳薰] 이름만 보이고, 본관이 한산韓山으로 되어
있다. 그런데《청구》와《만성》의《한산이씨보》에는 이영빈의 가계
가 보이지 않는다.

612 **안병건**安炳乾(1809, 또는 1869~?) 평안도 안주安州 사람으로 유학
을 거쳐 고종 22년 77세(또는 17세)로 식년시에 병과로 급제했다.《방
목》에는 벼슬이 없이 아버지[興植] 이름만 보이고, 본관이 순흥順興으
로 되어 있다. 그런데《청구》와《만성》의《순흥안씨보》에는 안병건
의 가계가 보이지 않는다. 안주의 순흥안씨는 숙종 대 이후 문과급제
자 26명을 배출하여 이 지역의 최고 명문으로 부상했다.

613 **유치익**兪致益(1822~?) 경기도 철원鐵原 사람으로 판관(종5품)을

거쳐 고종 22년 64세로 경과증광시에 장원급제하여 벼슬이 이조참의(정3품 당상관)와 승지(정3품 당상관)에 이르렀다. 《방목》에는 벼슬이 없이 아버지[雲煥] 이름만 보이고, 본관이 기계杞溪로 되어 있다. 그런데 《청구》의 《기계유씨보》에는 유치익의 가계가 보이지 않으며, 《만성》의 《기계유씨보》를 보면 직계 6대조 가운데 벼슬아치가 없다.

614 김윤성金允聲(1866~?) 평안도 상원祥原 사람으로 유학을 거쳐 고종 22년 20세로 경과증광시에 을과로 급제했다. 《방목》에는 벼슬이 없이 아버지[在弘] 이름만 보이고, 본관이 삼척三陟으로 되어 있다. 그런데 《청구》와 《만성》의 《삼척김씨보》에는 김윤성의 가계가 보이지 않는다. 삼척김씨는 조선시대 문과급제자 8명을 배출했는데, 동시에 역과譯科 23명, 의과醫科 19명, 음양과陰陽科 4명, 율과律科 13명, 주학籌學 1명 등 잡과급제자 60명을 배출하여 기술직 중인가문의 하나가 되었다.

615 변동익邊東翼(1868~?) 전라도 장성長城 사람으로 유학을 거쳐 고종 22년 18세로 경과증광시에 을과로 급제했다. 《방목》에는 벼슬이 없이 아버지[曾淵] 이름만 보이고, 본관이 황주黃州로 되어 있다. 그런데 《청구》의 《황주변씨보》에는 변동익의 가계가 보이지 않으며, 《만성》의 《황주변씨보》를 보면 직계 9대조 가운데 벼슬아치가 없다. 2000년 현재 황주변씨 인구는 2,109가구 6,848명의 희성으로 선조 대 이후 문과급제자 8명을 배출했다.

616 이문환李文煥(1859~?) 평양平壤 사람으로 유학을 거쳐 고종 22년 27세로 경과증광시에 을과로 급제했다. 《방목》에는 벼슬이 없이 아버지[寬植] 이름만 보이고, 본관이 경주慶州로 되어 있다. 그런데 《청구》와 《만성》의 《경주이씨보》에는 이문환의 가계가 보이지 않

는다.

617 김능기金能基(1858~?) 평안도 순천順川 사람으로 유학을 거쳐 고종 22년 28세로 경과증광시에 을과로 급제했다. 《방목》에는 벼슬이 없이 아버지[燦慶] 이름만 보이고, 본관이 순천으로 되어 있다. 그런데 《청구》와 《만성》의 《순천김씨보》에는 김능기의 가계가 보이지 않는다.

618 최병진崔秉鎭(1849~?) 함경도 회령會寧 사람으로 참봉(종9품)을 거쳐 고종 22년 37세로 경과증광시에 을과로 급제했다. 송시열宋時烈의 문인으로 회령 지방에 학문을 전파한 최신崔愼(참봉이었다가 죽은 뒤에 이조판서로 추증)의 후손이라 한다.[48] 《방목》에는 벼슬이 없이 아버지[志昇] 이름만 보이고, 본관이 해주海州로 되어 있다. 그런데 《청구》와 《만성》의 《해주최씨보》에는 최병진의 가계가 보이지 않는다.

619 백극행白克行(1857~?) 평안도 정주定州 사람으로 유학을 거쳐 고종 22년 29세로 경과증광시에 병과로 급제했다. 《방목》에는 벼슬이 없이 아버지[時珙, 생부 時瑄] 이름만 보이고, 본관이 수원水原으로 되어 있다. 그런데 《청구》와 《만성》의 《수원백씨보》에는 백극행의 가계가 보이지 않는다. 정주의 수원백씨는 영조 대 이후 문과급제자 22명을 배출하여 이 지역 신흥 명문으로 떠올랐다.

620 민치헌閔致憲(1844~1904) 경기도 여주驪州 사람으로 현감(종6품)을 거쳐 고종 22년 42세로 경과증광시에 병과로 급제하여 벼슬이 홍문관 부수찬(종6품)을 거쳐 이조참의(정3품 당상관), 중추원 1등의관, 궁내부 특진관(칙임관), 의정부 찬정(칙임관)에 이르렀다. 《방목》에는

---

48) 《고종실록》 권22, 고종 22년 9월 18일 계축.

벼슬이 없이 아버지[泰顯] 이름만 보이고, 본관이 여흥驪興으로 되어
있다. 그런데 《청구》와 《만성》의 《여흥민씨보》에는 민치헌의 가계
가 보이지 않는다.

621 **이경직**李耕稙(1851~?) 서울 사람으로 유학을 거쳐 고종 22년 35
세로 경과증광시에 병과로 급제하여 벼슬이 홍문관 부수찬(종6품)을
거쳐 대사성(정3품 당상관), 관찰사(종2품), 궁내부 대신(칙임관)에 이르
렀다가 1895년 을미사변 때 일본군에게 피살되었다. 《방목》에는 벼
슬이 없이 아버지[善溥, 생부 鼎溥] 이름만 보이고, 본관이 한산韓山으
로 되어 있다. 《청구》와 《만성》의 《한산이씨보》를 보면 직계 4대조
가운데 벼슬아치가 없다.

622 **김약제**金若濟(1856~?) 충청도 서산瑞山 사람으로 진사를 거쳐
고종 23년(1886) 31세로 을과에 급제하여 벼슬이 홍문관 부교리(종5
품)에 이르렀다. 《방목》에는 벼슬이 없이 아버지[商鶴] 이름만 보이
고, 본관이 경주慶州로 되어 있다. 그런데 《청구》의 《경주김씨보》에
는 김약제의 가계가 보이지 않으며, 《만성》의 《경주김씨보》를 보면
직계 5대조 가운데 벼슬아치가 없다.

623 **박규능**朴圭能(1830~?) 평안도 삼화三和 사람으로 유학을 거쳐
고종 23년 57세로 경과정시에 을과로 급제했다. 《방목》에는 벼슬이
없이 아버지[性熙] 이름만 보이고, 본관이 평택平澤으로 되어 있다. 그
런데 《청구》와 《만성》에는 《평택박씨보》 자체가 없어 가계를 알 수
없다. 2000년 현재 평택박씨 인구는 202가구 629명의 극희성으로 조
선시대 문과급제자는 박규능이 유일하다.

624 **심원익**沈遠翼(1853~?) 경기도 양주楊州 사람으로 유학을 거쳐
고종 23년 34세로 경과정시에 병과로 급제하여 벼슬이 홍문관 응교

(정4품)를 거쳐 청나라에 서장관(4~6품)으로 다녀오고, 장례원 장례掌禮(주임관)와 비서원승(주임관)에 이르렀다. 《방목》에는 벼슬이 없이 아버지[宜光], 할아버지[樂書], 증조[春永] 이름이 보이고, 본관이 청송靑松으로 되어 있다. 그런데 《청구》의 《청송심씨보》에는 심원익의 가계가 보이지 않으며, 《만성》의 《청송심씨보》를 보면 직계 7대조 가운데 벼슬아치가 없다.

625 **한영원**韓永元(1854~?) 경기도 광주廣州 사람으로 유학을 거쳐 고종 23년 33세로 경과정시에 병과로 급제하여 벼슬이 사헌부 장령(정4품)과 홍문관 부수찬(종6품)을 거쳐 승지(정3품 당상관)에 이르렀다. 《방목》에는 벼슬이 없이 아버지[益鏞] 이름만 보이고, 본관이 청주淸州로 되어 있다. 그런데 《청구》와 《만성》의 《청주한씨보》에는 한영원의 가계가 보이지 않는다.

626 **차병호**車炳虎(1858~?) 평안도 숙천肅川 사람으로 유학을 거쳐 고종 23년 29세로 경과정시에 병과로 급제했다. 《방목》에는 벼슬이 없이 아버지[濟模] 이름만 보이고, 본관이 연안延安으로 되어 있다. 그런데 《청구》와 《만성》의 《연안차씨보》에는 차병호의 가계가 보이지 않는다. 숙천의 연안차씨는 순조 대 이후 문과급제자 6명을 배출한 것으로 확인되고 있다.

627 **이신영**李臣榮(1837~?) 경상도 칠곡柒谷 사람으로 생원을 거쳐 고종 23년 50세로 경과정시에 병과로 급제하여 벼슬이 홍문관 교리(정5품)에 이르렀다. 《방목》에는 벼슬이 없이 아버지[相善] 이름만 보이고, 본관이 광주廣州로 되어 있다. 《청구》와 《만성》의 《광주이씨보》를 보면 직계 8대조 가운데 실직 벼슬아치가 없다.

628 **곽기**郭琦(1854~?) 서울 사람으로 유학을 거쳐 고종 23년 33세

로 경과정시에 병과로 급제하여 벼슬이 홍문관 수찬(정6품)에 이르렀다. 《방목》에는 벼슬이 없이 아버지[宗亨] 이름만 보이고, 본관이 현풍玄風(苞山)으로 되어 있다. 그런데 《청구》와 《만성》의 《현풍곽씨보》에는 곽기의 가계가 보이지 않는다.

629 박기주朴瀷柱(1866~?) 평안도 삼등三登 사람으로 유학을 거쳐 고종 23년 21세로 경과정시에 병과로 급제했다. 《방목》에는 벼슬이 없이 아버지[八土] 이름만 보이고, 본관이 청산靑山으로 되어 있다. 그런데 《청구》와 《만성》에는 《청산박씨보》 자체가 없을 만큼 집안이 한미하다. 2000년 현재 청산박씨 인구는 6가구 18명의 극희성으로 조선시대 문과급제자는 박기주가 유일하다.

630 황세영黃世英(1856~?) 경상도 영천榮川 사람으로 유학을 거쳐 고종 23년 31세로 경과정시에 병과로 급제했다. 《방목》에는 벼슬이 없이 아버지[浩] 이름만 보이고, 본관이 평해平海로 되어 있다. 그런데 《청구》와 《만성》의 《평해황씨보》에는 황세영의 가계가 보이지 않는다.

631 김기항金基恒(1848~?) 함경도 영흥永興 사람으로 유학을 거쳐 고종 23년 39세로 경과정시에 병과로 급제했다. 《방목》에는 벼슬이 없이 아버지[學涫, 생부 學淙] 이름만 보이고, 본관이 김해金海로 되어 있다. 그런데 《청구》와 《만성》의 《김해김씨보》에는 김기항의 가계가 보이지 않는다.

632 윤필은尹弼殷(1861~?) 경상도 양산梁山 사람으로 유학을 거쳐 고종 23년 26세로 경과정시에 병과로 급제하여 벼슬이 사간원 정언(정6품)을 거쳐 1900년 동래감리 겸 동래부윤東萊監理 兼 東萊府尹(정3품)에 이르렀다. 《방목》에는 벼슬이 없이 아버지[洪奭] 이름만 보이

고, 본관이 파평坡平으로 되어 있다. 그런데《청구》와《만성》의《파평윤씨보》에는 윤필은의 가계가 보이지 않는다.

　　633 송병학宋秉學(1853~?) 충청도 공주公州 사람으로 유학을 거쳐 고종 23년 34세로 경과정시에 병과로 급제하여 벼슬이 홍문관 부교리(종5품)를 거쳐 성균관 대사성(정3품 당상관)과 비서승(주임관)에 이르렀다.《방목》에는 벼슬이 없이 아버지[能洙] 이름만 보이고, 본관이 은진恩津으로 되어 있다. 그런데《청구》의《은진송씨보》에는 송병학의 가계가 보이지 않으며,《만성》의《은진송씨보》를 보면 그는 송시열宋時烈의 10대손으로 직계 6대조 가운데 벼슬아치는 아버지가 감역(종9품)을 한 것뿐이다.

　　634 김경준金敬濬(1862~?) 평안도 의주義州 사람으로 유학을 거쳐 고종 23년 25세로 평안도 도과에 갑과로 급제했다.《방목》에는 벼슬이 없이 아버지[尙謙] 이름만 보이고, 본관이 김해金海로 되어 있다. 그런데《청구》와《만성》의《김해김씨보》에는 김경준의 가계가 보이지 않는다.《방목》을 보면 그의 형 김도준金道濬이 고종 24년 경과정시에 급제하여 벼슬이 시종원 부경(칙임관)에 이르렀다.

　　635 윤진형尹鎭衡(1867~?) 평안도 상원祥原 사람으로 유학을 거쳐 고종 23년 20세로 평안도 도과에 을과로 급제했다.《방목》에는 벼슬이 없이 아버지[鼎善] 이름만 보이고, 본관이 파평坡平으로 되어 있다. 그런데《청구》와《만성》의《파평윤씨보》에는 윤진형의 가계가 보이지 않는다.

　　636 장덕화張德華(1813~?) 평안도 용천龍川 사람으로 동몽교관(종9품)을 거쳐 고종 23년 74세로 평안도 도과에 병과로 급제했다.《방목》에는 벼슬이 없이 아버지[禎善] 이름만 보이고, 본관이 인동仁同으

로 되어 있다. 그런데《청구》와《만성》의《인동장씨보》에는 장덕화의 가계가 보이지 않는다.

637 이교수李敎洙(1863~?) 평안도 개천价川 사람으로 유학을 거쳐 고종 23년 24세로 평안도 도과에 병과로 급제했다.《방목》에는 벼슬이 없이 아버지〔庭采〕 이름만 보이고, 본관이 광주廣州로 되어 있다. 그런데《청구》와《만성》의《광주이씨보》에는 이교수의 가계가 보이지 않는다.

638 홍재정洪在珽(1868~?) 평안도 삭주朔州 사람으로 유학을 거쳐 고종 23년 19세로 평안도 도과에 병과로 급제했다.《방목》에는 벼슬이 없이 아버지〔文燮〕 이름만 보이고, 본관이 남양南陽으로 되어 있다. 그런데《청구》와《만성》의《남양홍씨보》에는 홍재정의 가계가 보이지 않는다.

639 김진범金鎭範(1857~?) 평안도 순안順安 사람으로 유학을 거쳐 고종 23년 30세로 평안도 도과에 병과로 급제했다.《방목》에는 벼슬이 없이 아버지〔奎泳〕 이름만 보이고, 본관이 청풍淸風으로 되어 있다. 그런데《청구》와《만성》의《청풍김씨보》에는 김진범의 가계가 보이지 않는다.

640 황입黃岦(1850~?) 평양平壤 사람으로 유학을 거쳐 고종 23년 37세로 평안도 도과에 병과로 급제했다.《방목》에는 벼슬이 없이 아버지〔肯祖〕 이름만 보이고, 본관이 황주黃州로 되어 있다. 그런데《만성》에는《황주황씨보》자체가 없으며,《청구》의《황주황씨보》에는 황입의 가계가 보이지 않는다. 황씨는 조선 초기 황주의 토성土姓이었으며, 2000년 현재 황주황씨 인구는 260가구 861명의 극희성으로 선조 대 이후 문과급제자 5명을 배출했다.

641 신석하申錫廈(1863~?) 평안도 영변寧邊 사람으로 유학을 거쳐 고종 23년 24세로 평안도 도과에 병과로 급제했다.《방목》에는 벼슬이 없이 아버지〔在鶴〕이름만 보이고, 본관이 평산平山으로 되어 있다. 그런데《청구》와《만성》의《평산신씨보》에는 신석하의 가계가 보이지 않는다.

642 김명준金明濬(1812, 또는 1872~?) 평안도 삼등三登 사람으로 유학을 거쳐 고종 23년 75세(또는 15세)로 평안도 도과에 병과로 급제하여 벼슬이 원외랑員外郞(5~6품)[49]에 이르렀는데, 1895년에 내정개혁을 촉구하는 상소를 올리기도 했다.《방목》에는 벼슬이 없이 아버지〔錫仁〕이름만 보이고, 본관이 전주全州로 되어 있다. 그런데《만성》에는 《전주김씨보》자체가 없으며,《청구》의《전주김씨보》에는 김명준의 가계가 보이지 않는다. 전주김씨는 선조 대 이후 문과급제자 22명을 배출했는데, 그 가운데 16명이 영조 대 이후 평안도에서 급제한 것으로 확인되고 있다.[50]

643 정익주鄭益周(1812, 또는 1872~?) 평안도 철산鐵山 사람으로 유학을 거쳐 고종 23년 75세(또는 15세)로 평안도 도과에 병과로 급제했다.《방목》에는 벼슬이 없이 아버지〔晋錫〕이름만 보이고, 본관이 하

---

49) 원외랑이란 음관蔭官이나 무관武官 가운데서 벼슬을 오래 한 사람을 말한다.《고종실록》권37, 고종 35년 8월 26일(양력).

50) 숙종 대 이후 평안도 지역 전주김씨 문과급제자는 다음과 같다.(괄호 안은 출신 지역)
숙종 5년 김성진金聲振, 41년 김우추金宇樞
영조 23년 김익후金益厚(은산), 44년 김홍철金泓哲(의주)
정조 13년 김상려金尙礪(안주)
순조 16년 김국헌金國憲(박천), 25년 김희유金熙逌(안주)
헌종 3년 김준金濬(철산), 6년 김용정金用鼎(안주), 15년 김정헌金鼎獻(은산)
철종 3년 김재환金載瓛(은산), 5년 김경金璥(안변)
고종 5년 김학린金學璘(순안), 23년 김명준金明濬(삼등), 25년 김석태金錫泰(중화)

동河東으로 되어 있다. 그런데 《청구》와 《만성》의 《하동정씨보》에는 정익주의 가계가 보이지 않는다.

644 안규식安圭植(1811, 또는 1871~?) 평안도 정주定州 사람으로 유학을 거쳐 고종 23년 76세(또는 16세)로 평안도 도과에 병과로 급제했다. 《방목》에는 벼슬이 없이 아버지[國, 생부 淙] 이름만 보이고, 본관이 순흥順興으로 되어 있다. 그런데 《청구》와 《만성》의 《순흥안씨보》에는 안규식의 가계가 보이지 않는다.

645 김두성金斗性(1840~?) 평안도 운산雲山 사람으로 유학을 거쳐 고종 23년 47세로 평안도 도과에 병과로 급제하여 벼슬이 사헌부 지평(정5품)에 이르렀다. 《방목》에는 벼슬이 없이 아버지[炳賀] 이름만 보이고, 본관이 평산平山으로 되어 있다. 그런데 《청구》와 《만성》에는 《평산김씨보》 자체가 없을 만큼 집안이 한미하다. 김씨는 조선 초기 평산의 토성土姓 가운데 하나이지만, 2000년 현재 평산김씨 인구는 538가구 1,591명의 희성으로 조선시대 문과급제자는 김두성이 유일하다.

646 서백륜徐百倫(1859~?) 함경도 함흥咸興 사람으로 유학을 거쳐 고종 24년(1887) 29세로 함경도 도과에 갑과로 급제했다. 《방목》에는 벼슬이 없이 아버지[昇周] 이름만 보이고, 본관이 이천利川으로 되어 있다. 그런데 《청구》와 《만성》의 《이천서씨보》에는 서백륜의 가계가 보이지 않는다.

647 한용갑韓龍甲(1840~?) 함경도 정평定平 사람으로 유학을 거쳐 고종 24년 48세로 함경도 도과에 병과로 급제하여 벼슬이 성균관 전적(정6품)에 이르렀다. 《방목》에는 벼슬이 없이 아버지[將祿] 이름만 보이고, 본관이 청주淸州로 되어 있다. 그런데 《청구》와 《만성》의

《청주한씨보》에는 한용갑의 가계가 보이지 않는다.

　　648 김하련金河璉(1862~?) 함경도 명천明川 사람으로 유학을 거쳐 고종 24년 26세로 함경도 도과에 병과로 급제했다. 《방목》에는 벼슬이 없이 아버지[舜鉉] 이름만 보이고, 본관이 김해金海로 되어 있다. 그런데 《청구》와 《만성》의 《김해김씨보》에는 김하련의 가계가 보이지 않는다.

　　649 남정구南廷逑(1866~?) 함경도 덕원德源 사람으로 유학을 거쳐 고종 24년 22세로 함경도 도과에 병과로 급제했다. 《방목》에는 벼슬이 없이 아버지[禮元] 이름만 보이고, 본관이 의령宜寧으로 되어 있다. 그런데 《청구》와 《만성》의 《의령남씨보》에는 남정구의 가계가 보이지 않는다.

　　650 채동영蔡東英(1850~?) 함경도 경원慶源 사람으로 유학을 거쳐 고종 24년 38세로 함경도 도과에 병과로 급제하여 벼슬이 부정자(종9품)에 이르렀는데, 죄를 짓고 영구히 사적仕籍에서 삭제당했다. 《방목》에는 벼슬이 없이 아버지[修範] 이름만 보이고, 본관이 평강平康으로 되어 있다. 그런데 《청구》와 《만성》의 《평강채씨보》에는 채동영의 가계가 보이지 않는다.

　　651 주경환朱景煥(1838~?) 함경도 함흥咸興 사람으로 생원을 거쳐 고종 24년 50세로 함경도 도과에 병과로 급제하여 벼슬이 사헌부 집의(종3품)에 이르렀다. 《방목》에는 벼슬이 없이 아버지[楨恪] 이름만 보이고, 본관이 전주全州로 되어 있다. 그런데 《청구》와 《만성》의 《전주주씨보》에는 주경환의 가계가 보이지 않는다. 하지만 아들 주재빈朱在賓은 아버지보다 앞서 고종 19년 18세로 문과에 급제한 사실이 있고, 주경환의 동생 주욱환朱昱煥도 고종 19년 문과에 급제했다.

이 밖에도 함흥의 전주주씨는 숙종 대 이후 문과급제자 16명을 배출하여 이 지역의 명문으로 떠올랐다.

652 이희석李羲錫(1849~?) 함경도 경성鏡城 사람으로 유학을 거쳐 고종 24년 39세로 함경도 도과에 병과로 급제하여 벼슬이 원외랑 (5~6품)에 이르렀다. 《방목》에는 벼슬이 없이 아버지[鉉敎] 이름만 보이고, 본관이 전주全州로 되어 있다. 《전주이씨과거급제자총람》을 보면 이희석은 태조의 아들 진안대군鎭安大君 이방우李芳雨의 18대손으로 벼슬아치는 12대조가 사헌부 지평(정5품)을 한 것밖에는 없다.

653 백낙순白樂舜(1814~?) 제주濟州 사람으로 유학을 거쳐 고종 24년 3월 74세로 경과정시에 을과로 급제했다. 《방목》에는 벼슬이 없이 아버지[○洙] 이름만 보이고, 본관이 수원水原으로 되어 있다. 그런데 《청구》와 《만성》의 《수원백씨보》에는 백낙순의 가계가 보이지 않는다.

654 신한섭申翰燮(1869~?) 평안도 숙천肅川 사람으로 유학을 거쳐 고종 24년 3월 19세로 경과정시에 을과로 급제했다. 《방목》에는 벼슬이 없이 아버지[榮文] 이름만 보이고, 본관이 평산平山으로 되어 있다. 그런데 《청구》와 《만성》의 《평산신씨보》에는 신한섭의 가계가 보이지 않는다.

655 안효철安孝轍(1855~?) 경상도 밀양密陽 사람으로 유학을 거쳐 고종 24년 3월 33세로 경과정시에 병과로 급제했다. 《방목》에는 벼슬이 없이 아버지[太重] 이름만 보이고, 본관이 광주廣州로 되어 있다. 그런데 《만성》의 《광주안씨보》에는 안효철의 가계가 보이지 않으며, 《청구》의 《광주안씨보》를 보면 직계 7대조 가운데 벼슬아치가 없다.

656 **현명호**玄明昊(1863~?) 평양平壤 사람으로 진사를 거쳐 고종 24년 3월 25세로 경과정시에 병과로 급제했다.《방목》에는 벼슬이 없이 아버지[壽益] 이름만 보이고, 본관이 순천順天으로 되어 있다. 그런데《청구》와《만성》의《순천현씨보》에는 현명호의 가계가 보이지 않는다. 2000년 현재 순천현씨 인구는 279가구 904명의 극희성으로 영조 대 이후 문과급제자 4명을 배출했다.

657 **홍종찬**洪鍾璨(1850~?) 서울 사람으로 유학을 거쳐 고종 24년 3월 38세로 경과정시에 병과로 급제하여 벼슬이 홍문관 교리(정5품)에 이르렀다.《방목》에는 벼슬이 없이 아버지[在穆] 이름만 보이고, 본관이 남양南陽으로 되어 있다. 그런데《청구》와《만성》의《남양홍씨보》에는 홍종찬의 가계가 보이지 않는다.

658 **박운기**朴運岐(1855~?) 함경도 종성鍾城 사람으로 유학을 거쳐 고종 24년 3월 33세로 경과정시에 병과로 급제했다.《방목》에는 벼슬이 없이 아버지[允謹] 이름만 보이고, 본관이 밀양密陽으로 되어 있다. 그런데《청구》와《만성》의《밀양박씨보》에는 박운기의 가계가 보이지 않는다.

659 **조성덕**趙性德(1849~?) 경기도 파주坡州 사람으로 유학을 거쳐 고종 24년 3월 39세로 경과정시에 병과로 급제하여 벼슬이 홍문관 교리(정5품)에 이르렀다.《방목》에는 벼슬이 없이 아버지[光植] 이름만 보이고, 본관이 함안咸安으로 되어 있다. 그런데《청구》의《함안조씨보》에는 조성덕의 가계가 보이지 않으며,《만성》의《함안조씨보》를 보면 직계 8대조 가운데 벼슬아치가 없다.

660 **최익서**崔翼瑞(1857~?) 평안도 의주義州 사람으로 진사를 거쳐 고종 24년 3월 31세로 경과정시에 병과로 급제하여 벼슬이 사헌부

장령(정4품)에 이르렀다.《방목》에는 벼슬이 없이 아버지[德明] 이름
만 보이고, 본관이 경주慶州로 되어 있다. 그런데《청구》와《만성》의
《경주최씨보》에는 최익서의 가계가 보이지 않는다. 아버지 최덕명은
고종 3년 문과에 급제한 것으로 되어 있다. 따라서 의주의 경주최씨
는《족보》에 오르지 못한 평민으로 내려오다가 고종 대 이르러 벼슬
길에 오르기 시작한 것으로 보인다.

　　661 조정선趙丁善(1857~?) 황해도 평산平山 사람으로 유학을 거쳐
고종 24년 3월 31세로 경과정시에 병과로 급제했다.《방목》에는 벼
슬이 없이 아버지[天松] 이름만 보이고, 본관이 한양漢陽으로 되어 있
다. 그런데《청구》와《만성》의《한양조씨보》에는 조정선의 가계가
보이지 않는다.

　　662 최인휴崔麟休(1862~?) 전라도 무장茂長 사람으로 유학을 거쳐
고종 24년 3월 26세로 경과정시에 병과로 급제하여 벼슬이 찰방(종6
품)에 이르렀다.《방목》에는 벼슬이 없이 아버지[潤容] 이름만 보이
고, 본관이 수성隋城(水原)으로 되어 있다. 그런데《청구》와《만성》
의《수원최씨보》에는 최인휴의 가계가 보이지 않는다.

　　663 왕성순王性淳(1868~?) 개성開城 사람으로 유학을 거쳐 고종 24
년 3월 20세로 경과정시에 병과로 급제했다.《방목》에는 벼슬이 없
이 아버지[庭麟] 이름만 보이고, 본관이 개성으로 되어 있다. 그런데
《청구》와《만성》의《개성왕씨보》에는 왕성순의 가계가 보이지 않
는다. 2000년 현재 개성왕씨 인구는 6,148가구 1만 9,808명의 희성으
로 조선시대 문과급제자 9명을 배출했는데, 개성에서 고종 대에만 3
명이 급제했다.

　　664 전건하田健夏(1852~?) 평양平壤 사람으로 유학을 거쳐 고종 24

년 3월 36세로 경과정시에 병과로 급제하여 벼슬이 사헌부 장령(정4품)에 이르렀다. 《방목》에는 벼슬이 없이 아버지〔樂耕〕이름만 보이고, 본관이 남원南原으로 되어 있다. 그런데 《청구》와 《만성》에는 《남원전씨보》자체가 없을 만큼 집안이 한미하다. 2000년 현재 남원전씨 인구는 319가구 1,009명의 극희성으로 고종 대에만 문과급제자 2명을 배출했다.

　　665 민우식閔愚植(1864~?) 경기도 여주驪州 사람으로 유학을 거쳐 고종 24년 3월 24세로 경과정시에 병과로 급제하여 벼슬이 홍문관 정자(정9품), 규장각 대교待敎(정8품)를 거쳐 승정원 주서(정7품)에 이르렀다. 《방목》에는 벼슬이 없이 아버지〔泳穆, 생부 泳弼〕이름만 보이고, 본관이 여흥驪興으로 되어 있다. 그런데 《청구》와 《만성》의 《여흥민씨보》에는 아버지까지의 가계는 보이나 민우식의 이름은 보이지 않는다. 아버지 민영목은 민씨정권의 핵심인물 가운데 하나로 갑신정변 때 참살당했다.

　　666 이탁李倬(1863~?) 경기도 용인龍仁 사람으로 유학을 거쳐 고종 24년 3월 25세로 경과정시에 병과로 급제하여 벼슬이 홍문관 교리(정5품)에 이르렀다. 《방목》에는 벼슬이 없이 아버지〔祖淵, 참판〕이름만 보이고, 본관이 연안延安으로 되어 있다. 그런데 《청구》의 《연안이씨보》에는 이탁의 가계가 보이지 않으며, 《만성》의 《연안이씨보》를 보면 아버지까지의 가계는 보이나 그 아들이 이억李億으로 되어 있고, 이탁은 이조묵李祖默의 양자로 되어 있다. 그런데 이조묵의 가계를 보면 직계 7대조에 걸쳐 벼슬아치가 없다.

　　667 김도준金道濬(1854~?) 평안도 의주義州 사람으로 진사를 거쳐 고종 24년 3월 34세로 경과정시에 병과로 급제하여 벼슬이 1906년

시종원 부경(칙임관)에 이르렀다. 《방목》에는 벼슬이 없이 아버지〔尚
謙〕이름만 보이고, 본관이 김해金海로 되어 있다. 《방목》을 보면 아
우 김경준金敬濬이 고종 23년 문과에 급제한 사실이 있다. 하지만,
《청구》와 《만성》의 《김해김씨보》에는 김도준의 가계가 보이지 않
는다.

668 우제일禹濟─(1858~?) 개성開城 사람으로 유학을 거쳐 고종 24
년 30세로 개성부 별시에 갑과로 급제했다. 《방목》에는 벼슬이 없이
아버지〔錫厚〕이름만 보이고, 본관이 단양丹陽으로 되어 있다. 그런데
《청구》와 《만성》의 《단양우씨보》에는 우제일의 가계가 보이지 않
는다.

669 최재도崔在道(1870~?) 개성開城 사람으로 유학을 거쳐 고종 24
년 18세로 개성부 별시에 을과로 급제했다. 《방목》에는 벼슬이 없이
아버지〔尚峻〕이름만 보이고, 본관이 양천陽川으로 되어 있다. 그런데
《청구》와 《만성》의 《양천최씨보》에는 최재도의 가계가 보이지 않
는다. 2000년 현재 양천최씨 인구는 2,205가구 6,914명의 희성으로
조선시대 문과급제자 7명을 배출했다.

670 박문규朴文達(1805~?) 개성開城 사람으로 유학을 거쳐 고종 24
년 83세로 개성부 별시에 병과로 급제하여 벼슬이 병조참지(정3품 당
상관)에 이르렀다.51) 《방목》에는 벼슬이 없이 아버지〔有馨〕이름만
보이고, 본관이 순창淳昌으로 되어 있다. 그런데 《청구》에는 《순창박
씨보》 자체가 없고, 《만성》의 《순창박씨보》에는 박문규의 가계가
보이지 않는다. 2000년 현재 순창박씨 인구는 582가구 1,817명의 희

---

51) 《승정원일기》 고종 25년 1월 2일(갑인) 기사에 보면 80세 이상으로 법전에 따라 가선대부
(종2품)에 가자되는 내용이 있다.

성으로 조선시대 문과급제자는 그가 유일하다.

671 **홍종석**洪鍾奭(1859~?) 개성開城 사람으로 고종 24년 29세로 개성부 별시에 병과로 급제했다.《방목》에는 벼슬이 없이 아버지[聖述] 이름만 보이고, 본관이 남양南陽으로 되어 있다. 그런데《청구》와 《만성》의《남양홍씨보》에는 홍종석의 가계가 보이지 않는다.

672 **한상만**韓相晩(1860~?) 개성開城 사람으로 유학을 거쳐 고종 24년 28세로 개성부 별시에 병과로 급제했다.《방목》에는 벼슬이 없이 아버지[炳洙] 이름만 보이고, 본관이 청주淸州로 되어 있다. 그런데 《청구》와 《만성》의《청주한씨보》에는 한상만의 가계가 보이지 않는다.

673 **정용묵**鄭容默(1866~?) 개성開城 사람으로 유학을 거쳐 고종 24년 22세로 개성부 별시에 병과로 급제하여 벼슬이 1903년 경연시독관(정5품)에 이르렀다.《방목》에는 벼슬이 없이 아버지[器璉] 이름만 보이고, 본관이 하동河東으로 되어 있다. 그런데《청구》와《만성》의 《하동정씨보》에는 정용묵의 가계가 보이지 않는다.

674 **박정수**朴鼎壽(1867~?) 서울 사람으로 유학을 거쳐 고종 24년 12월 21세로 경과정시에 갑과로 급제하여 벼슬이 사간원 정언(정6품)과 도당록都堂錄을 거쳐 승지(정3품 당상관)에 이르렀다.《방목》에는 벼슬이 없이 아버지[宗璇] 이름만 보이고, 본관이 반남潘南으로 되어 있다. 그런데《청구》의《반남박씨보》에는 박정수의 가계가 보이지 않으며,《만성》의《반남박씨보》를 보면 직계 9대조 가운데 벼슬아치가 없다.

675 **이계필**李啓弼(1860~?) 경기도 여주驪州 사람으로 유학을 거쳐 고종 24년 12월 28세로 경과정시에 을과로 급제하여 벼슬이 홍문관

부교리(종5품)를 거쳐 1901년 외서주사外署主事(판임관)에 이르렀다. 《방목》에는 벼슬이 없이 아버지[近憲] 이름만 보이고, 본관이 함평咸 平으로 되어 있다. 그런데《청구》의《함평이씨보》에는 이계필의 가 계가 보이지 않으며,《만성》의《함평이씨보》를 보면 직계 7대조 가 운데 벼슬아치가 없다.

676 **이방섭**李邦燮(1853~1895) 경상도 상주尙州 사람으로 유학을 거 쳐 고종 24년 12월 35세로 경과정시에 을과로 급제하여 벼슬이 홍문 관 부교리(종5품)에 이르렀다.《방목》에는 벼슬이 없이 아버지[根載] 이름만 보이고, 본관이 전주全州로 되어 있다.《전주이씨과거급제자 총람》을 보면 이방섭은 성종의 후궁 소생 영산군寧山君의 14대손으로 실직 벼슬아치가 한 사람도 없다.

677 **김현익**金顯翊(1846~?) 충청도 충주忠州 사람으로 유학을 거쳐 고종 24년 12월 42세로 경과정시에 병과로 급제하여 벼슬이 승문원 부정자(종9품)에 이르렀는데, 을미사변을 일으킨 역적들을 규탄하는 상소를 올리기도 했다.《방목》에는 벼슬이 없이 아버지[永植] 이름만 보이고, 본관이 김해金海로 되어 있다.《청구》와《만성》의《김해김 씨보》를 보면 직계 10대조 가운데 벼슬아치는 6대조가 참봉(종9품)을 지낸 것밖에 없다.

678 **이원규**李源奎(1844~?) 함경도 덕원德原 사람으로 유학을 거쳐 고종 24년 12월 44세로 경과정시에 병과로 급제했다.《방목》에는 벼 슬이 없이 아버지[寅鎬] 이름만 보이고, 본관이 공주公州로 되어 있다. 그런데《청구》와《만성》의《공주이씨보》에는 이원규의 가계가 보 이지 않는다.

679 **장복현**張復炫(1855~?) 황해도 봉산鳳山 사람으로 유학을 거쳐

고종 24년 12월 33세로 경과정시에 병과로 급제했다.《방목》에는 벼슬이 없이 아버지〔漢模〕이름만 보이고, 본관이 결성結城으로 되어 있다. 그런데《청구》와《만성》의《결성장씨보》에는 장복현의 가계가 보이지 않는다. 결성장씨는 영조 대 이후로 문과급제자 5명을 배출했는데, 그 가운데 황해도 봉산에서 3명이 급제했다.

680 조범구趙範九(1857~?) 충청도 충주忠州 사람으로 생원을 거쳐 고종 24년 12월 31세로 경과정시에 병과로 급제하여 벼슬이 홍문관 부교리(종5품)를 거쳐 사헌부 집의(종3품)에 이르렀다.《방목》에는 벼슬이 없이 아버지〔東赫〕이름만 보이고, 본관이 풍양豊壤으로 되어 있다. 그런데《청구》의《풍양조씨보》에는 조범구의 가계가 보이지 않으며,《만성》의《풍양조씨보》를 보면 아버지까지의 가계는 보이나 그의 이름은 보이지 않는다. 아버지까지의 가계를 보면 4대조 가운데 벼슬아치가 없다.

681 민영회閔泳會(1872, 또는 1812~?) 충청도 청주淸州 사람으로 유학을 거쳐 고종 24년 12월 16세(또는 76세)로 경과정시에 병과로 급제하여 벼슬이 1903년에 선전관宣箋官(승지; 정3품 당상관)에 이르렀다.《방목》에는 벼슬이 없이 아버지〔尙鎬〕이름만 보이고, 본관이 여흥驪興으로 되어 있다. 그런데《청구》의《여흥민씨보》에는 민영회의 가계가 보이지 않으며,《만성》의《여흥민씨보》를 보면 아버지까지의 가계만 보이고 그의 이름은 보이지 않는다.

682 김병년金炳季(1855~?) 충청도 홍주洪州 사람으로 유학을 거쳐 고종 24년 12월 33세로 경과정시에 병과로 급제하여 벼슬이 홍문관 부교리(종5품)와 수찬(정6품)을 거쳐 일기청 낭청郎廳에 이르렀다.《방목》에는 벼슬이 없이 아버지〔鳳根〕이름만 보이고, 본관이 안동安東으

로 되어 있다. 그런데《청구》의《안동김씨보》에는 김병년의 가계가
보이지 않으며,《만성》의《안동김씨보》를 보면 직계 3대조 가운데
벼슬아치가 없다.

  683 김의선金義善(1850~?) 경상도 함양咸陽 사람으로 유학을 거쳐
고종 24년 12월 38세로 경과정시에 병과로 급제했다.《방목》에는 벼
슬이 없이 아버지[敏喆], 할아버지[致穆], 증조[弘迪], 외조[裵聖淑] 이
름이 보이고, 본관이 영암靈巖으로 되어 있다. 그런데《청구》와《만
성》의《영암김씨보》에는 김의선의 가계가 보이지 않는다. 2000년 현
재 영암김씨 인구는 787가구 2,568명의 희성으로, 조선시대 문과급제
자 5명을 배출했다.

  684 이인근李寅根(1845~?) 경상도 성주星州 사람으로 유학을 거쳐
고종 24년 12월 43세로 경과정시에 병과로 급제하여 벼슬이 도당록
을 거쳐 사헌부 장령(정4품)과 3품에 이르렀다.《방목》에는 벼슬이
없이 아버지[培仁], 할아버지[得奎], 증조[尙運], 외조[金商鉉] 이름이
보이고, 본관이 경주慶州로 되어 있다. 그런데《청구》와《만성》의
《경주이씨보》에는 이인근의 가계가 보이지 않는다.

  685 김정재金鼎載(1839~?) 평안도 강동江東 사람으로 유학을 거쳐
고종 24년 12월 49세로 경과정시에 병과로 급제했다.《방목》에는 벼
슬이 없이 아버지[錫豊], 할아버지[潤順], 증조[致成], 외조[李光燁] 이
름이 보이고, 본관이 화순和順으로 되어 있다. 그런데《만성》에는
《화순김씨보》자체가 없으며,《청구》의《화순김씨보》에는 숙종 대
문과에 급제하여 벼슬이 현감(종6품)에 오른 김익구金益九와 그 아버
지 이름만 보일 뿐 김정재의 가계는 보이지 않는다. 2000년 현재 화
순김씨 인구는 504가구 1,570명의 희성으로 조선시대 문과급제자는

김익구와 김정재 두 사람뿐이다.

686 박노수朴魯洙(1855~?) 전라도 보성寶城 사람으로 유학을 거쳐 고종 24년 12월 33세로 경과정시에 병과로 급제했다. 《방목》에는 벼슬이 없이 아버지[應柱] 이름만 보이고, 본관이 밀양密陽으로 되어 있다. 그런데 《청구》와 《만성》의 《밀양박씨보》에는 박노수의 가계가 보이지 않는다.

687 황치호黃致鎬(1865~?) 평안도 용천龍川 사람으로 유학을 거쳐 고종 24년 12월 23세로 경과정시에 병과로 급제했다. 《방목》에는 벼슬이 없이 아버지[正潤] 이름만 보이고, 본관이 창원昌原으로 되어 있다. 그런데 《청구》와 《만성》의 《창원황씨보》에는 황치호의 가계가 보이지 않는다.

688 윤상섭尹相燮(1853~?) 전라도 남원南原 사람으로 유학을 거쳐 고종 24년 12월 35세로 경과정시에 병과로 급제하여 벼슬이 홍문관 부수찬(종6품)에 이르렀다. 《방목》에는 벼슬이 없이 아버지[秉澳], 할아버지[泰五], 증조[益鉉], 외조[盧在壽] 이름이 보이고, 본관이 남원으로 되어 있다. 그런데 《청구》와 《만성》의 《남원윤씨보》에는 윤상섭의 가계가 보이지 않는다.

689 김병용金秉庸(1845~?) 경상도 선산善山 사람으로 생원을 거쳐 고종 24년 12월 43세로 경과정시에 병과로 급제하여 벼슬이 홍문관 부수찬(종6품)을 거쳐 사헌부 지평(정5품)과 승지(정3품 당상관)에 이르렀다. 《방목》에는 벼슬이 없이 아버지[福永], 할아버지[錫弼], 증조[壎], 외조[朴豊鉉] 이름이 보이고, 본관이 선산으로 되어 있다. 《청구》의 《선산김씨보》를 보면 직계 8대조 가운데 벼슬아치가 없고, 《만성》의 《선산김씨보》를 보면 직계 8대조 가운데 5대조[履逸]가 승

지(정3품 당상관)를 한 것으로 되어 있으나 사마시나 문과를 거치지
않고 승지가 되었다는 것은 믿기 어렵다. 《실록》에도 김병용의 이름
이 보이지 않는다.

690 **이병호**李秉昊(1813, 또는 1873~?) 서울 사람으로 유학을 거쳐 고
종 24년 12월 15세(또는 75세)로 경과정시에 병과로 급제하여 벼슬이
사간원 정언(정6품)과 도당록을 거쳐 통례원 상례(종3품)에 올랐다.
《방목》에는 벼슬이 없이 아버지[侃], 할아버지[安善], 증조[用觀], 외
조[申錫萬] 이름이 보이고, 본관이 연안延安으로 되어 있다. 그런데
《청구》와 《만성》의 《연안이씨보》에는 이병호의 가계가 보이지 않
는다.

691 **이양직**李養稙(1859~?) 경상도 상주尙州 사람으로 유학을 거쳐
고종 24년 12월 29세로 경과정시에 병과로 급제했다. 《방목》에는 벼
슬이 없이 아버지[承祀] 이름만 보이고, 본관이 한산韓山으로 되어 있
다. 그런데 《청구》와 《만성》의 《한산이씨보》에는 이양직의 가계가
보이지 않는다.

692 **이상유**李尙柔(1868~?) 평안도 선천宣川 사람으로 유학을 거쳐
고종 24년 12월 20세로 경과정시에 병과로 급제했다. 《방목》에는 벼
슬이 없이 아버지[日光] 이름만 보이고, 본관이 단양丹陽으로 되어 있
다. 그런데 《청구》와 《만성》의 《단양이씨보》에는 이상유의 가계가
보이지 않는다. 2000년 현재 단양이씨 인구는 5,122가구 1만 6,213명
의 희성으로 조선시대 문과급제자 21명을 배출했는데, 그 가운데 정
조 대 이후 평안도에서만 11명이 급제하여 이 지역 신흥 명문으로 부
상했다.[52]

693 **정대건**丁大乾(1855~?) 서울 사람으로 유학을 거쳐 고종 24년 12

월 33세로 경과정시에 병과로 급제했다.《방목》에는 벼슬이 없이 아버지[學敏] 이름만 보이고, 본관이 나주羅州(押海)로 되어 있다. 그런데《청구》와《만성》의《나주정씨보》에는 정대건의 가계가 보이지 않는다.

694 서상봉徐相鳳(1808~?) 경기도 포천抱川 사람으로 유학을 거쳐 고종 25년(1888) 81세로 기로유생 응제시耆老儒生 應製試에 급제하여 벼슬이 예조참의(정3품 당상관), 대사간(정3품 당상관), 성균관장成均館長(칙임관)에 이르렀다.《방목》에는 벼슬이 없이 아버지[集淳] 이름만 보이고, 본관이 대구大邱(達城)로 되어 있다. 그런데《청구》와《만성》의《대구서씨보》에는 서상봉의 가계가 보이지 않는다.

695 박화규朴和圭(1809~?) 경기도 양주楊州 사람으로 유학을 거쳐 고종 25년 80세로 기로유생 응제시에 급제하여 벼슬이 공조참의(정3품 당상관), 대사간(정3품 당상관)을 거쳐 참판(종2품)에 이르렀다.《방목》에는 벼슬이 없이 아버지[芝榮] 이름만 보이고, 본관이 고령高靈으로 되어 있다.《청구》와《만성》의《고령박씨보》를 보면 직계 4대조 가운데 벼슬아치가 없다.

696 오춘영吳春泳(1848~?) 서울 사람으로 진사를 거쳐 고종 25년 41세로 경과정시에 갑과로 급제하여 벼슬이 홍문관 수찬(정6품)에 이르렀다.《방목》에는 벼슬이 없이 아버지[聖善] 이름만 보이고, 본관이 해주海州로 되어 있다. 그런데《청구》의《해주오씨보》에는 오춘영의

52) 조선 후기 평안도 지역 단양이씨 문과급제자 명단은 다음과 같다.
  정조 대 이종열李宗烈(용천)
  순조 대 이우중李寓中(용천), 이동운李東韻(태천), 이식李湜(영변)
  헌종 대 이동함李東諴(태천)
  고종 대 이일언李日彦(선천), 이석영李錫泳(용천), 이경호李鏡昈(태천), 이상유李尙柔(선천)

가계가 보이지 않으며,《만성》의《해주오씨보》를 보면 직계 5대조 가운데 벼슬아치가 없다.

697 박희인朴羲寅(1861~?) 강원도 금성金城 사람으로 유학을 거쳐 고종 25년 28세로 경과정시에 을과로 급제하여 벼슬이 1910년 정3품에 이르렀다.《방목》에는 벼슬이 없이 아버지[東洙] 이름만 보이고, 본관이 죽산竹山으로 되어 있다. 그런데《청구》와《만성》의《죽산박씨보》에는 박희인의 가계가 보이지 않는다.

698 채홍백蔡弘伯(1839~?) 전라도 전주全州 사람으로 유학을 거쳐 고종 25년 50세로 경과정시에 병과로 급제했다.《방목》에는 벼슬이 없이 아버지[河恭] 이름만 보이고, 본관이 평강平康으로 되어 있다. 그런데《청구》와《만성》의《평강채씨보》에는 채홍백의 가계가 보이지 않는다.

699 이희일李羲一(1848~?) 서울 사람으로 유학을 거쳐 고종 25년 41세로 경과정시에 병과로 급제하여 벼슬이 승정원 주서(정7품)에 이르렀다.《방목》에는 벼슬이 없이 아버지[好英] 이름만 보이고, 본관이 전주全州로 되어 있다.《전주이씨과거급제자총람》을 보면 이희일은 태종의 후궁 소생 온령군溫寧君의 16대손으로 직계 8대조 가운데 벼슬아치가 없다.

700 이희모李熙模(1874~1946) 충청도 청주淸州 사람으로 동몽교관(종9품)을 거쳐 고종 25년 15세로 경과정시에 병과로 급제하여 벼슬이 승문원 정자(정9품)에 이르렀다.《방목》에는 벼슬이 없이 아버지[源植] 이름만 보이고, 본관이 전주全州로 되어 있다.《전주이씨과거급제자총람》을 보면 이희모는 정종의 후궁 소생 진남군鎭南君의 17대손으로 직계 11대조 가운데 벼슬아치가 없다.

701 **진갑현**陳甲鉉(1814, 또는 1874~?) 전라도 남원南原 사람으로 유학을 거쳐 고종 25년 75세(또는 15세)로 경과정시에 병과로 급제했다. 《방목》에는 벼슬이 없이 아버지[啓玉] 이름만 보이고, 본관이 여양驪陽으로 되어 있다. 그런데 《청구》와 《만성》의 《여양진씨보》에는 진갑현의 가계가 보이지 않는다.

702 **김정식**金庭植(1861~?) 평안도 개천价川 사람으로 유학을 거쳐 고종 25년 28세로 경과정시에 병과로 급제했다. 《방목》에는 벼슬이 없이 아버지[英濟] 이름만 보이고, 본관이 연안延安으로 되어 있다. 그런데 《청구》와 《만성》의 《연안김씨보》에는 김정식의 가계가 보이지 않는다.

703 **정규삼**鄭奎三(1858~?) 전라도 고창高敞 사람으로 유학을 거쳐 고종 25년 31세로 경과정시에 병과로 급제했다. 《방목》에는 벼슬이 없이 아버지[仁聲] 이름만 보이고, 본관이 진주晋州로 되어 있다. 그런데 《청구》와 《만성》의 《진주정씨보》에는 정규삼의 가계가 보이지 않는다.

704 **윤상호**尹相祜(1844~?) 충청도 공주公州 사람으로 유학을 거쳐 고종 25년 45세로 경과정시에 병과로 급제했다. 《방목》에는 벼슬이 없이 아버지[泰重, 생부 泰敬] 이름만 보이고, 본관이 파평坡平으로 되어 있다. 그런데 《청구》와 《만성》의 《파평윤씨보》에는 윤상호의 가계가 보이지 않는다.

705 **박달명**朴達名(1859~?) 황해도 서흥瑞興 사람으로 유학을 거쳐 고종 25년 30세로 경과정시에 병과로 급제했다. 《방목》에는 벼슬이 없이 아버지[成枝] 이름만 보이고, 본관이 밀양密陽으로 되어 있다. 그런데 《청구》와 《만성》의 《밀양박씨보》에는 박달명의 가계가 보이

지 않는다.

706 유진찬俞鎭贊(1866~?) 서울 사람으로 진사를 거쳐 고종 25년 23세로 경과정시에 병과로 급제하여 벼슬이 홍문관 수찬(정6품)을 거쳐 대한제국 때 외부교섭국장(칙임관)과 판리공사辦理公使(칙임관)에 이르렀다. 《방목》에는 벼슬이 없이 아버지[致喜] 이름만 보이고, 본관이 기계杞溪로 되어 있다. 그런데 《청구》의 《기계유씨보》에는 할아버지까지의 가계만 보이고, 아버지와 유진찬의 이름은 보이지 않는다. 한편, 《만성》의 《기계유씨보》에는 그의 가계가 모두 보이나 아버지는 치희가 아니라 치록致錄으로 되어 있으며, 직계 6대조 가운데 벼슬아치가 없다. 하지만 치희의 가계는 벼슬아치가 많다. 《족보》가 맞는지 《방목》이 맞는지 알 수 없으나, 《족보》를 따르면 집안이 한미하다.

707 김의수金懿秀(1839~?) 경기도 적성積城 사람으로 유학을 거쳐 고종 25년 50세로 식년시에 장원급제하여 벼슬이 홍문관 부교리(종5품)에 이르렀다. 《방목》에는 벼슬이 없이 아버지[重淵, 생부 奎淵], 할아버지[鋏], 증조[載穆], 외조[具亨錫] 이름이 보이고, 본관이 연안延安으로 되어 있다. 그런데 《청구》와 《만성》의 《연안김씨보》에는 김의수의 가계가 보이지 않는다.

708 김달준金達埈(1851~?) 평안도 상원祥原 사람으로 유학을 거쳐 고종 25년 38세로 식년시에 을과로 급제했다. 《방목》에는 벼슬이 없이 아버지[昌禹], 할아버지[儀宅], 증조[潤海], 외조[朴涇黙] 이름이 보이고, 본관이 삼척三陟으로 되어 있다. 그런데 《청구》와 《만성》의 《삼척김씨보》에는 김달준의 가계가 보이지 않는다. 삼척김씨는 조선시대 문과급제자 8명을 배출했으나, 동시에 역과譯科 23명, 의과醫科 19명, 음양과陰陽科 4명, 율과律科 13명, 주학籌學 1명 등 잡과급제자

60명을 배출하여 중인가문으로 알려져 있다.

709 **김석태**金錫泰(1871~?) 평안도 중화中和 사람으로 유학을 거쳐 고종 25년 18세로 식년시에 을과로 급제했다.《방목》에는 벼슬이 없이 아버지[燦奎] 이름만 보이고, 본관이 전주全州로 되어 있다. 그런데 《만성》에는 《전주김씨보》자체가 없고,《청구》의《전주김씨보》에는 김석태의 가계가 보이지 않는다. 전주김씨는 선조 대 이후 문과급제자 21명을 배출했는데, 그 가운데 16명이 영조 대 이후 평안도에서 급제한 것으로 확인되고 있다.

710 **박문상**朴文相(1851~?) 평안도 은산殷山 사람으로 진사를 거쳐 고종 25년 38세로 식년시에 을과로 급제했다.《방목》에는 벼슬이 없이 아버지[彝永, 생부 泰永], 할아버지[麟錫], 증조[敬喆], 외조[文起八] 이름이 보이고, 본관이 밀양密陽으로 되어 있다. 그런데《청구》와《만성》의《밀양박씨보》에는 박문상의 가계가 보이지 않는다.

711 **박충빈**朴忠彬(1857~?) 충청도 공주公州 사람으로 유학을 거쳐 고종 25년 32세로 식년시에 을과로 급제했다.《방목》에는 벼슬이 없이 아버지[永俊] 이름만 보이고, 본관이 고령高靈으로 되어 있다. 그런데《청구》와《만성》의《고령박씨보》에는 박충빈의 가계가 보이지 않는다.

712 **김상호**金相昊(1865~?) 전라도 순창淳昌 사람으로 유학을 거쳐 고종 25년 24세로 식년시에 을과로 급제했다.《방목》에는 벼슬이 없이 아버지[鶴洙] 이름만 보이고, 본관이 울산蔚山으로 되어 있다. 그런데《청구》의《울산김씨보》에는 김상호의 가계가 보이지 않으며, 《만성》의《울산김씨보》를 보면 직계 8대조 가운데 벼슬아치가 없다.

713 **전영덕**全永悳(1873~?) 평안도 박천博川 사람으로 유학을 거쳐

고종 25년 16세로 식년시에 을과로 급제했다. 《방목》에는 벼슬이 없이 아버지[龍九], 할아버지[世貞], 증조[膺履], 외조[姜仁謙] 이름이 보이고, 본관이 정선旌善으로 되어 있다. 그런데 《청구》와 《만성》의 《정선전씨보》에는 전영덕의 가계가 보이지 않는다. 정선전씨는 조선시대 문과급제자 9명을 배출했다.

714 조광함趙光涵(1858~?) 평안도 정주定州 사람으로 유학을 거쳐 고종 25년 31세로 식년시에 을과로 급제했다. 《방목》에는 벼슬이 없이 아버지[任祖], 할아버지[永熙], 증조[夢旭], 외조[尹集鉉] 이름이 보이고, 본관이 배천白川으로 되어 있다. 그런데 《청구》와 《만성》의 《배천조씨보》에는 조광함의 가계가 보이지 않는다. 정주의 배천조씨는 숙종 대 이후로 문과급제자 26명을 배출하여 이 지역의 명문으로 등장했다.

715 장석오張錫五(1835~?) 경상도 문경聞慶 사람으로 도사(종5품)를 거쳐 고종 25년 54세로 식년시에 병과로 급제하여 벼슬이 홍문관 응교(정4품)를 거쳐 함창군수(종4품)에 이르렀다. 《방목》에는 벼슬이 없이 아버지[俊模], 할아버지[彦敬], 증조[守漢], 외조[金樂洙] 이름이 보이고, 본관이 인동仁同으로 되어 있다. 그런데 《청구》와 《만성》의 《인동장씨보》에는 장석오의 가계가 보이지 않는다.

716 윤이선尹履璿(1862~?) 평안도 상원祥原 사람으로 유학을 거쳐 고종 25년 27세로 식년시에 병과로 급제했다. 《방목》에는 벼슬이 없이 아버지[斗熙], 할아버지[之虎], 증조[景濂], 외조[金成義] 이름이 보이고, 본관이 파평坡平으로 되어 있다. 그런데 《청구》와 《만성》의 《파평윤씨보》에는 윤이선의 가계가 보이지 않는다.

717 최규승崔圭升(1839~?) 경상도 삼가三嘉 사람으로 유학을 거쳐

고종 25년 50세로 식년시에 병과로 급제했다.《방목》에는 벼슬이 없
이 아버지[台鎭], 할아버지[必泰], 증조[祥珏], 외조[尹宅範] 이름이 보
이고, 본관이 전주全州로 되어 있다. 그런데《청구》와《만성》의《전
주최씨보》에는 최규승의 가계가 보이지 않는다.

718 **이길구**李吉九(1863~?) 전라도 전주全州 사람으로 진사를 거쳐
고종 25년 26세로 식년시에 병과로 급제하여 벼슬이 성균관 전적(정6
품)을 거쳐 부사과(종6품)에 이르렀다.《방목》에는 벼슬이 없이 아버
지[重翼], 할아버지[圭燮], 증조[學豊], 외조[柳禧] 이름이 보이고, 본관
이 연안延安으로 되어 있다. 그런데《청구》와《만성》의《연안이씨
보》에는 이길구의 가계가 보이지 않는다.

719 **장제한**張齊翰(1862~?) 평안도 의주義州 사람으로 유학을 거쳐
고종 25년 27세로 식년시에 병과로 급제했다.《방목》에는 벼슬이 없
이 아버지[膺善], 할아버지[孝鎭], 증조[道憲], 외조[李承鶴] 이름이 보
이고, 본관이 안동安東으로 되어 있다. 그런데《청구》와《만성》의
《안동장씨보》에는 장제한의 가계가 보이지 않는다.

720 **민영석**閔泳錫(1849~?) 충청도 부여扶餘 사람으로 유학을 거쳐
고종 25년 40세로 식년시에 병과로 급제하여 벼슬이 사간원 정언(정6
품)을 거쳐 홍문관 교리(정5품)에 이르렀다.《방목》에는 벼슬이 없이
아버지[宗鎬], 할아버지[致泓], 증조[匡黙], 외조[安毅重] 이름이 보이고,
본관이 여흥驪興으로 되어 있다. 그런데《청구》와《만성》의《여흥민
씨보》에는 민영석의 가계가 보이지 않는다.

721 **양주혁**梁柱赫(1866~?) 평안도 안주安州 사람으로 유학을 거쳐
고종 25년 23세로 식년시에 병과로 급제했다.《방목》에는 벼슬이 없
이 아버지[淳道, 생부 淳績], 할아버지[克哲], 증조[準耆], 외조[康履坦] 이

름이 보이고, 본관이 남원南原으로 되어 있다. 그런데《청구》와《만성》의《남원양씨보》에는 양주혁의 가계가 보이지 않는다.

722 송재회宋在會(1861~?) 전라도 동복同福 사람으로 유학을 거쳐 고종 25년 28세로 식년시에 병과로 급제하여 벼슬이 홍문관 수찬(정6품)에 이르렀다.《방목》에는 벼슬이 없이 아버지[正勉], 할아버지[仁萬], 증조[周純], 외조[高七柱] 이름이 보이고, 본관이 여산礪山으로 되어 있다.《청구》와《만성》의《여산송씨보》를 보면 직계 8대조 가운데 벼슬아치는 할아버지가 감역(종9품)을 지낸 것밖에 없다.

723 이능복李能馥(1833~?) 경상도 경주慶州 사람으로 유학을 거쳐 고종 25년 56세로 식년시에 병과로 급제했다.《방목》에는 벼슬이 없이 아버지[在海], 할아버지[翼祥], 증조[鼎扶], 외조[崔思得] 이름이 보이고, 본관이 여주驪州로 되어 있다. 그런데《청구》의《여주이씨보》에는 아버지까지의 가계만 보이고 이능복의 이름은 보이지 않는데, 그는 이언적李彦迪의 후손으로 직계 8대조 가운데 벼슬아치가 없다. 한편,《만성》의《여주이씨보》에는 그의 가계가 모두 보이는데, 직계 9대조 가운데 벼슬아치가 없다.

724 이경호李鏡旿(1864~?) 평안도 태천泰川 사람으로 유학을 거쳐 고종 25년 25세로 식년시에 병과로 급제했다.《방목》에는 벼슬이 없이 아버지[同顯], 할아버지[明奎], 증조[建五], 외조[金奎獻] 이름이 보이고, 본관이 단양丹陽으로 되어 있다. 그런데《청구》와《만성》의《단양이씨보》에는 이경호의 가계가 보이지 않는다. 2000년 현재 단양이씨 인구는 5,122가구 1만 6,213명의 희성으로 조선시대 문과급제자 21명을 배출했는데, 그 가운데 11명이 정조 대 이후 평안도에서 급제했다.

725 **이석영**李錫泳(1870~?) 평안도 용천龍川 사람으로 유학을 거쳐 고종 25년 19세로 식년시에 병과로 급제했다.《방목》에는 벼슬이 없이 아버지[義奎], 할아버지[敬煜], 증조[載華], 외조[洪學義] 이름이 보이고, 본관이 단양丹陽으로 되어 있다.53) 그런데《청구》와《만성》의 《단양이씨보》에는 이석영의 가계가 보이지 않는다.

726 **조기영**曹基榮(1873, 또는 1813~?) 평양平壤 사람으로 유학을 거쳐 고종 25년 16세(또는 76세)로 식년시에 병과로 급제했다.《방목》에는 벼슬이 없이 아버지[景煥], 할아버지[秉薰], 증조[學源], 외조[金觀喜] 이름이 보이고, 본관이 창녕昌寧으로 되어 있다. 그런데《청구》와 《만성》의《창녕조씨보》에는 조기영의 가계가 보이지 않는다.

727 **양원성**楊源成(1873, 또는 1813~?) 평양平壤 사람으로 유학을 거쳐 고종 25년 16세(또는 76세)로 식년시에 병과로 급제했다.《방목》에는 벼슬이 없이 아버지[基春, 생부 基謙], 할아버지[喆熙], 증조[漢濚], 외조 [黃承禧] 이름이 보이고, 본관이 중화中和로 되어 있다. 그런데《청구》 와《만성》의《중화양씨보》에는 양원성의 가계가 보이지 않는다. 2000년 현재 중화양씨 인구는 1,682가구 5,468명의 희성으로 조선시대 문과급제자 5명을 배출했다.

728 **장지렴**張志濂(1852~?) 평안도 곽산郭山 사람으로 진사를 거쳐 고종 25년 37세로 식년시에 병과로 급제했다.《방목》에는 벼슬이 없이 아버지[錫珏], 할아버지[埴], 증조[夢采], 외조[李珏] 이름이 보이고, 본관이 인동仁同으로 되어 있다. 그런데《청구》와《만성》의《인동장 씨보》에는 장지렴의 가계가 보이지 않는다.

---

53) 국립중앙도서관본에는 본관이 공주公州로 되어 있다.

729 김면수金冕洙(1874, 또는 1814~?) 서울 사람으로 유학을 거쳐 고종 25년 15세(또는 75세)로 식년시에 병과로 급제했다.《방목》에는 벼슬이 없이 아버지[善柱], 할아버지[膺周], 증조[升奎], 외조[李可鎭] 이름이 보이고, 본관이 개성開城으로 되어 있다. 그런데《청구》와《만성》의《개성김씨보》에는 김면수의 가계가 보이지 않는다. 원래 그의 본관은 개성이 아니고 김해金海인데, 아버지 김선주金善柱가 서자라는 것을 속이기 위해 본관을 개성으로 바꾸고 고종 원년 문과에 급제하여 벼슬이 승지(정3품 당상관)에까지 올랐다.54) 진짜 개성김씨는 조선시대 문과급제자 10명을 배출했으며, 김득신金得臣, 김석신金碩臣 형제 등 화원畫員을 배출했다.

730 유흥룡劉興龍(1854~?) 거주지를 알 수 없다. 진사를 거쳐 고종 25년 35세로 식년시에 병과로 급제하여 벼슬이 사간원 정언(정6품)을 거쳐 산릉 감조관山陵 監造官에 이르렀다.《방목》에는 벼슬이 없이 아버지[宇豐], 할아버지[贊圭], 증조[會良], 외조[金奎昱] 이름이 보이나 본관이 없다.《청구》와《만성》의 어느 유씨보에도 유흥룡의 가계는 보이지 않는다.55) 정체를 알 수 없다.

731 김배윤金培胤(1869~?) 거주지를 알 수 없는데, 유학을 거쳐 고종 25년 20세로 식년시에 병과로 급제했다.《방목》에는 벼슬이 없이 아버지[永燮], 할아버지[禧龜], 증조[履浩], 외조[崔哲孝] 이름이 보이고, 본관이 서흥瑞興으로 되어 있다. 그런데《청구》와《만성》의《서흥김씨보》에는 김배윤의 가계가 보이지 않는다. 2000년 현재 서흥김씨 인구는 8,980가구 2만 8,313명으로 조선시대 문과급제자 9명을 배출

54)《고종실록》권11, 고종 11년 4월 24일 병자.
55) 국립중앙도서관본《방목》에 따르면 본관은 강릉江陵, 거주지는 가산嘉山으로 되어 있다.

했다.

732 박승항朴勝恒(1866~?) 평안도 박천博川 사람으로 유학을 거쳐 고종 25년 23세로 식년시에 병과로 급제했다. 《방목》에는 벼슬이 없이 아버지[益陽], 할아버지[齊喆], 증조[耆壽], 외조[安簾珍] 이름이 보이고, 본관이 반남潘南으로 되어 있다. 그런데 《청구》와 《만성》의 《반남박씨보》에는 박승항의 가계가 보이지 않는다.

733 김태욱金泰郁(1870~?) 평안도 정주定州 사람으로 유학을 거쳐 고종 25년 19세로 식년시에 병과로 급제하여 벼슬이 찰방(종6품)에 이르렀다. 《방목》에는 벼슬이 없이 아버지[廷華] 이름만 보이고, 본관이 진주晉州로 되어 있다. 그런데 《청구》와 《만성》의 《진주김씨보》에는 김태욱의 가계가 보이지 않는다. 2000년 현재 진주김씨 인구는 6,096가구 1만 9,795명의 희성으로 광해군 대 이후로 문과급제자 11명을 배출했는데,56) 그 가운데 8명이 평안도에서 급제했다.

734 송재삼宋在三(1819~?) 거주지를 알 수 없다. 유학을 거쳐 고종 25년 70세로 식년시에 병과로 급제하여 벼슬이 홍문관 수찬(정6품)에 이르렀다. 《방목》에는 벼슬이 없이 아버지[文吉, 생부 文昇] 이름만 보이고, 본관이 진천鎭川으로 되어 있다. 그런데 《청구》와 《만성》의 《진천송씨보》에는 송재삼의 가계가 보이지 않는다.

735 박용주朴用柱(1871~?) 전라도 광주光州 사람으로 유학을 거쳐 고종 25년 18세로 식년시에 병과로 급제하여 벼슬이 도당록에 올랐

---

56) 조선시대 진주김씨 문과급제자 11명의 명단은 다음과 같다.
  광해군 대 김우진金遇辰(의주, 전적)
  영조 대 김초직金楚直(미상, 좌랑), 김명려金命礪(미상), 김학수金學洙(안주), 김이권金履權(가산), 김전金纏(태천)
  고종 대 김지문金之文(숙천), 김낙조金樂朝(숙천), 김기섭金基燮(숙천), 김태욱金泰郁(정주, 찰방), 김재항金在恒(청송)

다. 《방목》에는 벼슬이 없이 아버지[源弘], 할아버지[鼎休], 증조[孝碩], 외조[金勉中] 이름이 보이고, 본관이 충주忠州로 되어 있다. 그런데 《청구》와 《만성》의 《충주박씨보》에는 박용주의 가계가 보이지 않는다.

736 이태건李台健(1864~?) 평안도 상원祥原 사람으로 유학을 거쳐 고종 25년 25세로 경과별시에 병과로 급제했다. 《방목》에는 벼슬이 없이 아버지[奉煥] 이름만 보이고, 본관이 광주廣州로 되어 있다. 그런데 《청구》와 《만성》의 《광주이씨보》에는 이태건의 가계가 보이지 않는다.

737 노태연盧泰淵(1867~?) 함경도 함흥咸興 사람으로 유학을 거쳐 고종 25년 22세로 경과별시에 병과로 급제했다. 《방목》에는 벼슬이 없이 아버지[斗鉉] 이름만 보이고, 본관이 광주光州로 되어 있다. 그런데 《청구》와 《만성》의 《광주노씨보》에는 노태연의 가계가 보이지 않는다.

738 유운섭柳雲燮(1872~?) 황해도 배천白川 사람으로 유학을 거쳐 고종 25년 17세로 경과별시에 병과로 급제했다. 《방목》에는 벼슬이 없이 아버지[來復] 이름만 보이고, 본관이 진주晉州로 되어 있다. 그런데 《청구》와 《만성》의 《진주유씨보》에는 유운섭의 가계가 보이지 않는다.

739 홍현일洪顯一(1857~?) 제주濟州 사람으로 유학을 거쳐 고종 25년 32세로 경과별시에 병과로 급제했다. 《방목》에는 벼슬이 없이 아버지[大健] 이름만 보이고, 본관이 남양南陽으로 되어 있다. 그런데 《청구》와 《만성》의 《남양홍씨보》에는 홍현일의 가계가 보이지 않는다.

740 조계호趙啓鎬(1838~?) 경기도 인천仁川 사람으로 유학을 거쳐 고종 25년 51세로 경과별시에 병과로 급제했다. 《방목》에는 벼슬이 없이 아버지[在鼎] 이름만 보이고, 본관이 임천林川으로 되어 있다. 그런데 《청구》와 《만성》의 《임천조씨보》에는 조계호의 가계가 보이지 않는다.

741 김휘병金輝柄(1856~?) 경상도 영천榮川 사람으로 유학을 거쳐 고종 25년 33세로 경과별시에 병과로 급제하여 벼슬이 승정원 주서(정7품)에 이르렀다. 《방목》에는 벼슬이 없이 아버지[樂洙] 이름만 보이고, 본관이 예안禮安(宣城)으로 되어 있다. 그런데 《청구》의 《예안김씨보》에는 김휘병의 가계가 보이지 않으며, 《만성》의 《예안김씨보》를 보면 직계 5대조 가운데 벼슬아치는 할아버지가 감역(종9품)으로 되어 있을 뿐이다.

742 이종원李種元(1849~?) 경기도 여주驪州 사람으로 현감(종6품)을 거쳐 고종 25년 40세로 경과별시에 병과로 급제하여 벼슬이 홍문관 부교리(종5품)를 거쳐 대한제국 때 사례소 부원과 승지(정3품 당상관)에 이르렀다. 《방목》에는 벼슬이 없이 아버지[福永, 생부 祉永] 이름만 보이고, 본관이 덕수德水로 되어 있다. 그런데 《청구》의 《덕수이씨보》에는 이종원의 가계가 보이지 않으며, 《만성》의 《덕수이씨보》를 보면 직계 5대조 가운데 벼슬아치가 없다.

743 이성열李聖烈(1865~?) 서울 사람으로 판관(종5품)을 거쳐 고종 25년 24세로 경과별시에 병과로 급제하여 벼슬이 도당록을 거쳐 대한제국 때 관찰사(종2품)와 궁내부 특진관(칙임관)에 이르렀다. 《방목》에는 벼슬이 없이 아버지[相逌, 생부 相勳] 이름만 보이고, 본관이 예안禮安으로 되어 있다. 그런데 《청구》의 《예안이씨보》에는 이성열

의 가계가 보이지 않으며, 《만성》의 《예안이씨보》를 보면 직계 4대
조와 외조 가운데 벼슬아치가 없다.

　　744 장기연張紀淵(1856~?) 경상도 예천禮泉 사람으로 유학을 거쳐
고종 25년 33세로 경과별시에 병과로 급제하여 벼슬이 경흥감리慶興
監理(주임관)를 거쳐 경흥부윤慶興府尹(종2품)에 이르렀다. 《방목》에는
벼슬이 없이 아버지[奎鎭] 이름만 보이고, 본관이 인동仁同으로 되어
있다. 그런데 《청구》와 《만성》의 《인동장씨보》에는 장기연의 가계
가 보이지 않는다.

　　745 이하준李河駿(1857~?) 서울 사람으로 유학을 거쳐 고종 25년 32
세로 경과별시에 병과로 급제했다. 《방목》에는 벼슬이 없이 아버지
[翊欽] 이름만 보이고, 본관이 청송靑松으로 되어 있다.57) 그런데 《만
성》에는 《청송이씨보》 자체가 없고, 《청구》의 《청송이씨보》에는 영
조 41년 문과에 급제한 평안도 창성昌城 사람 이양복李陽馥 한 사람만
기록되어 있을 뿐 이하준의 가계는 보이지 않는다. 2000년 현재 청송
이씨 인구는 247가구 814명의 극희성으로, 조선시대 문과급제자는
이양복과 이하준 두 사람뿐이다.

　　746 이호용李浩溶(1849~?) 전라도 진안鎭安 사람으로 유학을 거쳐
고종 25년 40세로 경과별시에 병과로 급제했다. 《방목》에는 벼슬이
없이 아버지[相哲] 이름만 보이고, 본관이 광주廣州로 되어 있다.58)
그런데 《청구》와 《만성》의 《광주이씨보》에는 이호용의 가계가 보
이지 않는다.

---

57) 국립중앙도서관본 《방목》에는 본관이 청해靑海로 되어 있다. 그런데 《청구》와 《만성》의
　　《청해이씨보》에는 이하준의 가계가 보이지 않는다.
58) 국립중앙도서관본 《방목》에는 본관이 진안鎭安으로 되어 있으나, 《청구》와 《만성》에는
　　《진안이씨보》 자체가 없다.

747 **김형선**金亨善(1862~?) 경기도 양근楊根 사람으로 유학을 거쳐 고종 26년(1889) 28세로 알성문과에 을과로 급제했다. 《방목》에는 벼슬이 없이 아버지[基奎] 이름만 보이고, 본관이 청풍淸風으로 되어 있다. 그런데 《청구》와 《만성》의 《청풍김씨보》에는 김형선의 가계가 보이지 않는다.

748 **장세용**張世瑢(1865~?) 황해도 봉산鳳山 사람으로 유학을 거쳐 고종 26년 25세로 알성문과에 을과로 급제했다. 《방목》에는 벼슬이 없이 아버지[綏炫] 이름만 보이고, 본관이 결성結城으로 되어 있다. 그런데 《청구》와 《만성》의 《결성장씨보》에는 장세용의 가계가 보이지 않는다. 2000년 현재 결성장씨 인구는 6,708가구 2만 1,068명의 희성으로 영조 대 이후 문과급제자 5명을 배출했는데, 그 가운데 2명이 봉산 출신이다.

749 **박겸재**朴謙載(1843~?) 서울 사람으로 유학을 거쳐 고종 26년 47세로 알성문과에 병과로 급제했다. 《방목》에는 벼슬이 없이 아버지〔友燮〕이름만 보이고, 본관이 밀양密陽으로 되어 있다. 그런데 《청구》와 《만성》의 《밀양박씨보》에는 박겸재의 가계가 보이지 않는다.

750 **유재두**劉載斗(1856~?) 경기도 수원水原 사람으로 유학을 거쳐 고종 26년 34세로 알성문과에 병과로 급제했다. 《방목》에는 벼슬이 없이 아버지[鼎烈] 이름만 보이고, 본관이 강릉江陵으로 되어 있다. 그런데 《청구》와 《만성》의 《강릉유씨보》에는 유재두의 가계가 보이지 않는다.

751 **김남재**金南載(1875~?) 강원도 강릉江陵 사람으로 동몽교관(종9품)을 거쳐 고종 26년 15세로 알성문과에 병과로 급제했다. 《방목》에는 벼슬이 없이 아버지〔濾起〕이름만 보이고, 본관이 강릉으로 되어

있다. 그런데 《청구》와 《만성》의 《강릉김씨보》에는 김남재의 가계가 보이지 않는다.

752 박창서朴昌緒(1871~?) 서울 사람으로 유학을 거쳐 고종 26년 19세로 알성문과에 병과로 급제하여 벼슬이 홍문관 수찬(정6품)을 거쳐 비서원승(주임관)에 이르렀다. 《방목》에는 벼슬이 없이 아버지[勝惠] 이름만 보이고, 본관이 반남潘南으로 되어 있다. 그런데 《청구》의 《반남박씨보》에는 박창서의 가계가 보이지 않으며, 《만성》의 《반남박씨보》를 보면 직계 4대조 가운데 벼슬아치가 없다.

753 이봉순李鳳淳(1814~?) 서울 사람으로 유학을 거쳐 고종 26년 76세로 알성문과에 병과로 급제하여 벼슬이 병조참의(정3품 당상관)에 이르렀다. 《방목》에는 벼슬이 없이 아버지[錫悌] 이름만 보이고, 본관이 평창平昌으로 되어 있다. 그런데 《청구》와 《만성》의 《평창이씨보》에는 이봉순의 가계가 보이지 않는다.

754 김경규金敬圭(1851~?) 충청도 목천木川 사람으로 유학을 거쳐 고종 26년 39세로 알성문과에 병과로 급제하여 벼슬이 홍문관 부교리(종5품)를 거쳐 군수(종4품)에 이르렀다. 《방목》에는 벼슬이 없이 아버지[炳心] 이름만 보이고, 본관이 안동安東으로 되어 있다. 그런데 《청구》의 《안동김씨보》에는 김경규의 가계가 보이지 않으며, 《만성》의 《안동김씨보》를 보면 직계 5대조 가운데 벼슬아치가 없다.

755 이채李寀(1856~?) 서울 사람으로 유학을 거쳐 고종 26년 34세로 알성문과에 병과로 급제하여 벼슬이 홍문관 교리(정5품)와 사간원 정언(정6품)에 이르렀다. 《방목》에는 벼슬이 없이 아버지[寅奎] 이름만 보이고, 본관이 한산韓山으로 되어 있다. 그런데 《청구》의 《한산이씨보》에는 이채의 가계가 보이지 않으며, 《만성》의 《한산이씨보》

를 보면 직계 5대조와 외조 가운데 벼슬아치가 없다.

756 **서기홍**徐基弘(1870~?) 평안도 용강龍岡 사람으로 유학을 거쳐 고종 26년 20세로 알성문과에 병과로 급제했다. 《방목》에는 벼슬이 없이 아버지[泰根] 이름만 보이고, 본관이 이천利川으로 되어 있다. 그런데 《청구》와 《만성》의 《이천서씨보》에는 서기홍의 가계가 보이지 않는다.

757 **오희선**吳羲善(1858~?) 경상도 선산善山 사람으로 유학을 거쳐 고종 26년 32세로 알성문과에 병과로 급제했다. 《방목》에는 벼슬이 없이 아버지[謹然] 이름만 보이고, 본관이 해주海州로 되어 있다. 그런데 《청구》와 《만성》의 《해주오씨보》에는 오희선의 가계가 보이지 않는다.

758 **강시갑**康始甲(1874~?) 경상도 상주尙州 사람으로 유학을 거쳐 고종 26년 16세로 알성문과에 병과로 급제하여 벼슬이 승정원 가주서(정7품)에 올랐다. 《방목》에는 벼슬이 없이 아버지[翼然] 이름만 보이고, 본관이 진천鎭川으로 되어 있으나 신천信川의 오기로 보인다.59) 그런데 《청구》와 《만성》의 《신천강씨보》에는 강시갑의 가계가 보이지 않는다.

759 **장남정**張南正(1852~?) 평안도 가산嘉山 사람으로 유학을 거쳐 고종 26년 38세로 알성문과에 병과로 급제했다. 《방목》에는 벼슬이 없이 아버지[龍淳] 이름만 보이고, 본관이 인동仁同으로 되어 있다. 그런데 《청구》와 《만성》의 《인동장씨보》에는 장남정의 가계가 보이지 않는다.

---

59) 《향토문화대전》을 보면 강시갑의 본관은 신천信川으로 되어 있고, 벼슬이 승정원 가주서(정7품)에 올랐다고 한다.

760 윤하일尹夏—(1853~?) 충청도 충주忠州 사람으로 유학을 거쳐 고종 26년 37세로 알성문과에 병과로 급제하여 벼슬이 사헌부 장령 (정4품)에 이르렀다.《방목》에는 벼슬이 없이 아버지[景浩] 이름만 보이고, 본관이 파평坡平으로 되어 있다. 그런데《만성》의《파평윤씨보》에는 윤하일의 가계가 보이지 않으며,《청구》의《파평윤씨보》를 보면 직계 9대조 가운데 벼슬아치가 없다.

761 김용순金龍淳(1868~?) 전라도 전주全州 사람으로 유학을 거쳐 고종 26년 22세로 알성문과에 병과로 급제했다.《방목》에는 벼슬이 없이 아버지[鎭鶴] 이름만 보이고, 본관이 김해金海로 되어 있다. 그런데《청구》와《만성》의《김해김씨보》에는 김용순의 가계가 보이지 않는다.

762 정제호鄭濟鎬(1821~?) 전라도 전주全州 사람으로 유학을 거쳐 고종 26년 69세로 알성문과에 병과로 급제했다.《방목》에는 벼슬이 없이 아버지[碩行] 이름만 보이고, 본관이 연일延日로 되어 있다. 그런데《청구》와《만성》의《연일정씨보》에는 정제호의 가계가 보이지 않는다.

763 김필현金弼鉉(1847~?) 충청도 제천堤川 사람으로 유학을 거쳐 고종 26년 43세로 알성문과에 병과로 급제하여 벼슬이 찰방(종6품)에 이르렀다.《방목》에는 벼슬이 없이 아버지[在學] 이름만 보이고, 본관이 광산光山으로 되어 있다. 그런데《청구》의《광산김씨보》에는 김필현의 가계가 보이지 않으며,《만성》의《광산김씨보》를 보면 직계 7대조 가운데 벼슬아치가 없다.

764 김용악金容岳(1865~?) 서울 사람으로 진사를 거쳐 고종 26년 25세로 알성문과에 병과로 급제하여 벼슬이 1902년에 법부 사리국장法

部 司理局長(칙임관)에 이르렀다. 《방목》에는 벼슬이 없이 아버지[秀寶, 생부 秀盍] 이름이 보이고 본관이 경주慶州로 되어 있다. 그런데 《청구》의 《경주김씨보》에는 김용악의 가계가 보이지 않으며, 《만성》의 《경주김씨보》를 보면 직계 6대조 가운데 벼슬아치는 4대조(고조) 김시구金蓍耉가 동돈녕同敦寧(종2품)에 오른 것뿐이다.

765 **지봉령**池鳳翎(1838~?) 함경도 명천明川 사람으로 유학을 거쳐 고종 26년 52세로 알성문과에 병과로 급제했다. 《방목》에는 벼슬이 없이 아버지[錫禹] 이름만 보이고, 본관이 충주忠州로 되어 있다. 그런데 《청구》와 《만성》의 《충주지씨보》에는 지봉령의 가계가 보이지 않는다. 2000년 현재 충주지씨 인구는 3만 6,937가구 11만 8,211명이며 조선시대에 문과급제자 10명을 배출했는데,[60] 동시에 역과譯科 1명, 음양과陰陽科 14명, 율과律科 5명의 잡과급제자를 배출하여 중인 가문으로 알려지고 있다. 그도 중인 출신일 가능성이 있다.

766 **김중환**金重煥(1869~?) 서울 사람으로 유학을 거쳐 고종 26년 21세로 알성문과에 병과로 급제하여 벼슬이 사헌부 지평(정5품)을 거쳐 내부협판內部協辦(칙임관), 중추원 의관(칙임관), 1905년에는 특명전권공사特命全權公使에 이르렀다. 《방목》에는 벼슬이 없이 아버지[宗侃] 이름만 보이고, 본관이 풍산豊山으로 되어 있다. 그런데 《청구》와 《만성》의 《풍산김씨보》에는 김중환의 가계가 보이지 않는다.

---

60) 충주지씨 문과급제자 10명의 명단은 다음과 같다.
　　세조 11년 지달하池達河
　　광해군 10년 지성해池成海
　　인조 2년 지덕해池德海
　　숙종 12년 지천석池天錫, 28년 지흠池欽
　　영조 28년 지응룡池應龍(청주), 50년 지덕빈池德斌
　　고종 20년 지석영池錫永(서울), 26년 지봉령池鳳翎(명천), 28년 지봉현池鵬鉉(토산)

767 김상한金尚翰(1853~?) 서울 사람으로 유학을 거쳐 고종 26년 37
세로 알성문과에 병과로 급제하여 벼슬이 사간원 정언(정6품)에 이르
렀다. 《방목》에는 벼슬이 없이 아버지[秀漢] 이름만 보이고, 본관이
경주慶州로 되어 있다. 그런데 《청구》와 《만성》의 《경주김씨보》에
는 김상한의 가계가 보이지 않는다.

768 송필주宋弼周(1843~?) 황해도 재령載寧 사람으로 유학을 거쳐
고종 26년 47세로 알성문과에 병과로 급제했다. 《방목》에는 벼슬이
없이 아버지[敏玉] 이름만 보이고, 본관이 여산礪山으로 되어 있다. 그
런데 《청구》와 《만성》의 《여산송씨보》에는 송필주의 가계가 보이
지 않는다.

769 백학구白鶴九(1860~?) 평안도 태천泰川 사람으로 유학을 거쳐
고종 26년 30세로 알성문과에 병과로 급제했다. 《방목》에는 벼슬이
없이 아버지[晟楷] 이름만 보이고, 본관이 수원水原으로 되어 있다. 그
런데 《청구》와 《만성》의 《수원백씨보》에는 백학구의 가계가 보이
지 않는다. 태천의 수원백씨는 영조 대 이후 문과급제자 14명을 배출
하여 이 지역 신흥 가문으로 성장했다. 영조 대 이후로 정주定州에서
는 22명, 헌종 대 이후로 강동江東과 벽동碧潼에서 각각 1명, 순조 대
이후로 운산雲山에서 3명, 모두 41명의 급제자가 평안도에서 급제했
는데, 그 가운데 고종 대 급제자가 19명이다.[61] 이를 보면 수원백씨

---

61) 영조 대 이후 평안도에서 배출된 수원백씨 문과급제자 41명의 명단은 다음과 같다.
　　영조 26년 백상우白相右(정주), 29년 백의환白義煥(정주), 32년 백인환白仁煥(정주, 장령),
　　41년 백광택白光澤(정주), 42년 백봉주白鳳周(태천, 직강)
　　정조 10년 백경해白慶楷(정주, 군수), 백흥삼白興三(벽동), 19년 백문경白文璟(정주), 22년
　　백대성白大成(운산)
　　순조 10년 백사곤白思坤(태천), 백광유白光濡(정주), 14년 백시원白時源(정주), 15년 백시형
　　白時亨(정주), 29년 백문봉白文鳳(운산), 31년 백윤학白潤鶴(정주), 백종걸白宗杰(정
　　주, 참의)

가 고종 대 이후로 급성장했음을 알 수 있다.

770 김재항金在恒(1874~?) 경상도 청송靑松 사람으로 유학을 거쳐 고종 26년 16세로 알성문과에 병과로 급제했다. 《방목》에는 벼슬이 없이 아버지[光煥] 이름만 보이고, 본관이 진주晉州로 되어 있다. 그런 데 《만성》의 《진주김씨보》에는 광해군 대 문과에 급제한 김우진金遇辰 한 사람만 보이고, 김재항의 가계는 보이지 않는다. 《청구》의 《진 주김씨보》에도 그의 가계는 보이지 않는다. 진주김씨는 조선시대 문 과급제자 10명을 배출했는데, 그 가운데 6명이 평안도 출신이다.

771 송주현宋冑顯(1862~?) 경기도 광주廣州 사람으로 유학을 거쳐 고종 26년 28세로 알성문과에 병과로 급제하여 벼슬이 홍문록을 거 쳐 부호군(종4품)과 참의(정3품 당상관)에 이르렀다. 《방목》에는 벼슬 이 없이 아버지[星會] 이름만 보이고, 본관이 여산礪山으로 되어 있다. 《청구》와 《만성》의 《여산송씨보》를 보면 직계 3대조와 외조 가운데 벼슬아치가 없다.

772 정해관鄭海觀(1807~?) 충청도 제천堤川 사람으로 유학을 거쳐 고종 27년(1890) 84세로 기로유생 응제시에 급제하여 벼슬이 대사간 (정3품 당상관)을 거쳐 이조참판(종2품)이 이르렀다. 《방목》에는 벼슬 이 없이 아버지[澤鉉] 이름만 보이고, 본관이 연일延日로 되어 있다.

헌종 3년 백종전白宗佺(정주), 6년 백문진白文辰(태천), 12년 백시은白時殷(정주), 백종규白 宗逵(강동)

철종 6년 백봉삼白鳳三(태천), 9년 백오진白五珍(태천), 12년 백의행白義行(정주, 집의)

고종 2년 백시범白時範(정주, 한림), 4년 백시흡白時洽(정주), 7년 백영제白永濟(정주), 백 선행白璿行(정주), 백규섭白奎燮(태천), 백낙흥白樂興(태천), 10년 백취규白聚奎(운 산), 백시현白昰玄(태천), 백주범白周範(태천), 13년 백진섭白珍燮(태천), 백시순白時 淳(정주), 16년 백면행白冕行(정주), 20년 백문행白文行(정주), 22년 백호섭白虎燮(태 천, 중추의관), 백극행白克行(정주, 홍문록), 26년 백학구白鶴九(태천), 28년 백현곤白 顯袞(태천), 30년 백현진白顯震(태천)

그런데 《청구》의 《연일정씨보》에는 정해관의 가계가 보이지 않으며, 《만성》의 《연일정씨보》를 보면 직계 4대조와 외조 가운데 벼슬아치가 없다.

773 **양봉기**梁鳳驥(1869~?) 함경도 함흥咸興 사람으로 유학을 거쳐 고종 27년 22세로 경과별시에 을과로 급제했다. 《방목》에는 벼슬이 없이 아버지[達浩] 이름만 보이고, 본관이 남원南原으로 되어 있다. 그런데 《청구》와 《만성》의 《남원양씨보》에는 양봉기의 가계가 보이지 않는다.

774 **신성묵**辛成黙(1850~?) 경기도 파주坡州 사람으로 유학을 거쳐 고종 27년 41세로 경과별시에 을과로 급제하여 벼슬이 홍문관 교리(정5품)를 거쳐 1910년 정3품에 이르렀다. 《방목》에는 벼슬이 없이 아버지[奎集] 이름만 보이고, 본관이 영월寧越로 되어 있다. 그런데 《청구》의 《영월신씨보》에는 신성묵의 가계가 보이지 않으며, 《만성》의 《영월신씨보》를 보면 직계 6대조 가운데 벼슬아치는 4대조(고조)가 도사(종5품)를 지낸 것뿐이다.

775 **박시룡**朴時龍(1852~?) 경상도 경주慶州 사람으로 유학을 거쳐 고종 27년 39세로 경과별시에 을과로 급제했다. 《방목》에는 벼슬이 없이 아버지[容復] 이름만 보이고, 본관이 밀양密陽으로 되어 있다. 그런데 《청구》와 《만성》의 《밀양박씨보》에는 박시룡의 가계가 보이지 않는다.

776 **엄복연**嚴復淵(1850~?) 서울 사람으로 유학을 거쳐 고종 27년 41세로 경과별시에 병과로 급제하여 벼슬이 사헌부 지평(정5품)에 이르렀다. 《방목》에는 벼슬이 없이 아버지[錫] 이름만 보이고, 본관이 영월寧越로 되어 있다. 그런데 《청구》와 《만성》의 《영월엄씨보》에는

엄복연의 가계가 보이지 않는다.

777 이근보李根輔(1858~?) 서울 사람으로 유학을 거쳐 고종 27년 33세로 경과별시에 병과로 급제하여 벼슬이 승문원 부정자(종9품)를 거쳐 홍문관 교리(정5품)에 이르렀다. 《방목》에는 벼슬이 없이 아버지〔教源〕이름만 보이고, 본관이 양성陽城으로 되어 있다. 그런데 《청구》와 《만성》의 《양성이씨보》에는 이근보의 가계가 보이지 않는다.

778 임치상林致相(1848~?) 황해도 서흥瑞興 사람으로 유학을 거쳐 고종 27년 43세로 경과별시에 병과로 급제했다.《방목》에는 벼슬이 없이 아버지〔兢演〕이름만 보이고, 본관이 서택瑞澤으로 되어 있다. 그런데 《청구》와 《만성》에는 《서택임씨보》자체가 없다. 임치상이 유일한 문과급제자이다. 현재 서택임씨는 없으며, 아마 평택임씨平澤林氏로 통합된 듯하다.

779 유인철柳寅哲(1854~?) 충청도 공주公州 사람으로 유학을 거쳐 고종 27년 37세로 경과별시에 병과로 급제하여 벼슬이 홍문관을 거쳐 비서원랑秘書院郎(판임관)에 이르렀다. 《방목》에는 벼슬이 없이 아버지〔達永〕이름만 보이고, 본관이 문화文化로 되어 있다. 그런데 《청구》와 《만성》의 《문화유씨보》에는 유인철의 가계가 보이지 않는다.

780 임병두林炳斗(1855~?) 충청도 공주公州 사람으로 유학을 거쳐 고종 27년 36세로 경과별시에 병과로 급제했다. 《방목》에는 벼슬이 없이 아버지〔學洙〕이름만 보이고, 본관이 부안扶安으로 되어 있다. 그런데 《청구》에는 《부안임씨보》자체가 없고, 《만성》의 《부안임씨보》에는 임병두의 가계가 보이지 않는다. 2000년 현재 부안임씨 인구는 1만 9,537가구 6만 3,589명으로 중종 대 이후 문과급제자 6명을 배출했다.

781 **장응진**張應軫(1871~?) 평안도 가산嘉山 사람으로 유학을 거쳐 고종 27년 20세로 경과별시에 병과로 급제했다. 《방목》에는 벼슬이 없이 아버지[南翼] 이름만 보이고, 본관이 인동仁同으로 되어 있다. 그런데 《청구》와 《만성》의 《인동장씨보》에는 장응진의 가계가 보이지 않는다.

782 **박상범**朴尙範(1854~?) 경상도 영천榮川 사람으로 유학을 거쳐 고종 27년 37세로 경과별시에 병과로 급제했다. 《방목》에는 벼슬이 없이 아버지[鎭壽] 이름만 보이고, 본관이 춘천春川(春城)으로 되어 있다. 그런데 《만성》에는 《춘천박씨보》 자체가 없고, 《청구》의 《춘천박씨보》에는 박상범의 가계가 보이지 않는다. 2000년 현재 춘천박씨 인구는 5,274가구 1만 6,860명의 희성으로 조선시대 문과급제자 6명을 배출했다.

783 **강원형**姜遠馨(1862~?) 경상도 칠곡漆谷 사람으로 유학을 거쳐 고종 27년 29세로 경과별시에 병과로 급제하여 벼슬이 경연시독관 (정5품)에 이르렀다. 1905년에는 을사늑약의 부당성을 신랄하게 비판하는 상소를 올리기도 했다. 《방목》에는 벼슬이 없이 아버지[漢永, 생부 灝永] 이름만 보이고, 본관이 진주晉州로 되어 있다. 그런데 《청구》와 《만성》의 《진주강씨보》에는 강원형의 가계가 보이지 않는다.

784 **조병용**曺秉庸(1836~?) 경상도 영천永川 사람으로 유학을 거쳐 고종 27년 55세로 경과별시에 병과로 급제했다. 《방목》에는 벼슬이 없이 아버지[啓承] 이름만 보이고, 본관이 창녕昌寧으로 되어 있다. 그런데 《청구》와 《만성》의 《창녕조씨보》에는 조병용의 가계가 보이지 않는다.

785 **이원호**李元浩(1841~?) 경상도 예안禮安 사람으로 유학을 거쳐

고종 27년 50세로 경과별시에 병과로 급제했다.《방목》에는 벼슬이 없이 아버지[奎行] 이름만 보이고, 본관이 진보眞寶로 되어 있다. 그런데《청구》의《진보이씨보》에는 이원호의 가계가 보이지 않으며,《만성》의《진보이씨보》를 보면 직계 9대조 가운데 벼슬아치는 7대조가 도정(정3품 당상관)을 한 것밖에 없다.

786 **심상준**沈相駿(1866~?) 충청도 대흥大興 사람으로 유학을 거쳐 고종 27년 25세로 경과별시에 병과로 급제하여 벼슬이 홍문관 수찬(정6품)에 이르렀다.《방목》에는 벼슬이 없이 아버지[永澤] 이름만 보이고, 본관이 청송靑松으로 되어 있다. 그런데《청구》의《청송심씨보》에는 심상준의 가계가 보이지 않으며,《만성》의《청송심씨보》를 보면 직계 4대조 가운데 벼슬아치가 없다.

787 **김철수**金哲洙(1874~?) 경상도 안동安東 사람으로 유학을 거쳐 고종 27년 17세로 경과별시에 병과로 급제했다.《방목》에는 벼슬이 없이 아버지[永廈] 이름만 보이고, 본관이 광산光山으로 되어 있다. 그런데《청구》와《만성》의《광산김씨보》에는 김철수의 가계가 보이지 않는다.

788 **이병관**李炳觀(1858~?) 경기도 파주坡州 사람으로 유학을 거쳐 고종 27년 33세로 경과별시에 병과로 급제하여 벼슬이 홍문관 수찬(정6품)을 거쳐 참판(종2품)과 서북철도국장(칙임관)에 이르렀다.《방목》에는 벼슬이 없이 아버지[星九] 이름만 보이고, 본관이 연안延安으로 되어 있다. 그런데《청구》의《연안이씨보》에는 이병관의 가계가 보이지 않으며,《만성》의《연안이씨보》를 보면 직계 6대조 가운데 벼슬아치가 없다.

789 **최종호**崔宗鎬(1848~?) 충청도 직산稷山 사람으로 유학을 거쳐

고종 27년 43세로 경과별시에 병과로 급제하여 홍문록에 올랐다. 《방목》에는 벼슬이 없이 아버지[東憲] 이름만 보이고, 본관이 수성隋城(水原)으로 되어 있다. 그런데 《청구》에는 《수성최씨보》 자체가 없고, 《만성》의 《수성최씨보》에는 최종호의 가계가 보이지 않는다. 2000년 현재 수성최씨 인구는 1만 5,964가구 5만 1,780명으로 영조대 이후 문과급제자 4명을 배출했는데, 그 가운데 3명이 고종 대 급제했다.

    790 이붕익李鵬翼(1868~?) 강원도 금화金化 사람으로 유학을 거쳐 고종 27년 23세로 경과별시에 병과로 급제했다. 《방목》에는 벼슬이 없이 아버지[宜朝] 이름만 보이고, 본관이 평산平山으로 되어 있다. 그런데 《청구》와 《만성》의 《평산이씨보》에는 이붕익의 가계가 보이지 않는다. 2000년 현재 평산이씨 인구는 1,047가구 3,394명의 희성으로 조선시대 문과급제자 4명을 배출했다. 영조 대 2명, 고종 대 2명이 급제했으며, 고종 대 급제자는 모두 금화 사람이다.

    791 정현鄭玹(1854~?) 경상도 성주星州 사람으로 유학을 거쳐 고종 27년 37세로 경과별시에 병과로 급제하여 벼슬이 홍문록에 올랐다. 《방목》에는 벼슬이 없이 아버지[來彦] 이름만 보이고, 본관이 연일延日로 되어 있다. 그런데 《청구》와 《만성》의 《연일정씨보》에는 정현의 가계가 보이지 않는다.

    792 이정연李鼎淵(1859~?) 충청도 옥천沃川 사람으로 도사(종5품)를 거쳐 고종 27년 32세로 경과별시에 병과로 급제하여 벼슬이 홍문관 부수찬(정6품)을 거쳐 승지(정3품 당상관)에 이르렀다. 《방목》에는 벼슬이 없이 아버지[義平, 생부 義弘] 이름만 보이고, 본관이 전주全州로 되어 있다. 《전주이씨과거급제자총람》을 보면 이정연은 세종의 아들

광평대군廣平大君의 후손으로 직계 3대조와 외조 가운데 벼슬아치가
없다.

793 박용표朴龍杓(1854~?) 함경도 함흥咸興 사람으로 유학을 거쳐
고종 28년(1891) 3월 38세로 경과별시에 을과로 급제했다. 《방목》에
는 벼슬이 없이 아버지[昌元] 이름만 보이고, 본관이 밀양密陽으로 되
어 있다. 그런데 《청구》와 《만성》의 《밀양박씨보》에는 박용표의 가
계가 보이지 않는다.

794 김병홍金秉弘(1852~?) 평양平壤 사람으로 유학을 거쳐 고종 28
년 3월 40세로 경과별시에 을과로 급제했다. 《방목》에는 벼슬이 없
이 아버지[祉瀯] 이름만 보이고, 본관이 김해金海로 되어 있다. 그런데
《청구》와 《만성》의 《김해김씨보》에는 김병홍의 가계가 보이지 않
는다.

795 김우현金禹鉉(1855~?) 충청도 청산靑山 사람으로 유학을 거쳐
고종 28년 3월 37세로 경과별시에 병과로 급제했다. 《방목》에는 벼
슬이 없이 아버지[炯基] 이름만 보이고, 본관이 옥천沃川으로 되어 있
다. 그런데 《만성》에는 《옥천김씨보》 자체가 없고, 《청구》의 《옥천
김씨보》에는 김우현의 가계가 보이지 않는다. 2000년 현재 옥천김씨
인구는 215가구 723명으로 조선시대 문과급제자 2명을 배출했다.

796 민두현閔斗顯(1866~?) 황해도 평산平山 사람으로 유학을 거쳐
고종 28년 4월 26세로 경과별시에 장원급제했다. 《방목》에는 벼슬이
없이 아버지[百孝] 이름만 보이고, 본관이 여흥驪興으로 되어 있다. 그
런데 《청구》와 《만성》의 《여흥민씨보》에는 민두현의 가계가 보이
지 않는다.

797 김술조金述祖(1845~?) 평안도 강동江東 사람으로 유학을 거쳐

고종 28년 4월 47세로 경과별시에 을과로 급제했다.《방목》에는 벼슬이 없이 아버지〔錬〕이름만 보이고, 본관이 경주慶州로 되어 있다. 그런데《청구》와《만성》의《경주김씨보》에는 김술조의 가계가 보이지 않는다.

798 김경현金璟鉉(1869~?) 경기도 양지陽智 사람으로 유학을 거쳐 고종 28년 4월 23세로 경과별시에 병과로 급제했다.《방목》에는 벼슬이 없이 아버지〔在周〕이름만 보이고, 본관이 광산光山으로 되어 있다. 그런데《청구》와《만성》의《광산김씨보》에는 김경현의 가계가 보이지 않는다.

799 조남철趙南轍(1867~?) 충청도 서천舒川 사람으로 유학을 거쳐 고종 28년 4월 25세로 경과별시에 병과로 급제했다.《방목》에는 벼슬이 없이 아버지〔奭九〕이름만 보이고, 본관이 풍양豊壤으로 되어 있다. 그런데《청구》의《풍양조씨보》에는 조남철의 가계가 보이지 않으며,《만성》의《풍양조씨보》를 보면 직계 5대조 가운데 벼슬아치가 없다.

800 김병칠金秉七(1865~?) 평안도 용강龍岡 사람으로 유학을 거쳐 고종 28년 4월 27세로 경과별시에 병과로 급제했다.《방목》에는 벼슬이 없이 아버지〔尙郁, 생부 昇郁〕이름만 보이고, 본관이 경주慶州로 되어 있다. 그런데《청구》와《만성》의《경주김씨보》에는 김병칠의 가계가 보이지 않는다.

801 최현필崔鉉弼(1860~?) 경상도 경주慶州 사람으로 유학을 거쳐 고종 28년 4월 32세로 경과별시에 병과로 급제하여 벼슬이 정자(정9품)에 이르렀다.《방목》에는 벼슬이 없이 아버지〔廈壽, 생부 敎壽〕이름만 보이고, 본관이 경주로 되어 있다. 그런데《만성》의《경주최씨

보》에는 최현필의 가계가 보이지 않으며, 《청구》의 《경주최씨보》를
보면 직계 9대조 가운데 벼슬아치가 없다.

　802 **한응원**韓應源(1844~?) 강원도 원주原州 사람으로 유학을 거쳐
고종 28년 4월 48세로 경과별시에 병과로 급제했다. 《방목》에는 벼
슬이 없이 아버지[鎭敎] 이름만 보이고, 본관이 청주淸州로 되어 있다.
그런데 《청구》와 《만성》의 《청주한씨보》에는 한응원의 가계가 보
이지 않는다.

　803 **황낙성**黃樂成(1860~?) 경상도 풍기豊基 사람으로 유학을 거쳐
고종 28년 4월 32세로 경과별시에 병과로 급제했다. 《방목》에는 벼
슬이 없이 아버지[在九] 이름만 보이고, 본관이 창원昌原으로 되어 있
다. 그런데 《청구》와 《만성》의 《창원황씨보》에는 황낙성의 가계가
보이지 않는다.

　804 **임백영**任百瑛(1868~?) 경기도 부평富平 사람으로 유학을 거쳐
고종 28년 4월 24세로 경과별시에 병과로 급제하여 벼슬이 홍문관원
으로 경연시독관(정5품)에 이르렀다. 《방목》에는 벼슬이 없고, 본관
이 풍천豊川으로 되어 있다. 그런데 《청구》의 《풍천임씨보》에는 임
백영의 가계가 보이지 않으며, 《만성》의 《풍천임씨보》를 보면 직계
5대조 가운데 벼슬아치가 없다.

　805 **권익수**權翼洙(1862~?) 황해도 해주海州 사람으로 유학을 거쳐
고종 28년 4월 30세로 경과별시에 병과로 급제했다. 《방목》에는 벼
슬이 없이 아버지[達協] 이름만 보이고, 본관이 안동安東으로 되어 있
다. 그런데 《청구》와 《만성》의 《안동권씨보》에는 권익수의 가계가
보이지 않는다.

　806 **조형규**趙瑩奎(1861~?) 경상도 청송靑松 사람으로 유학을 거쳐

고종 28년 4월 31세로 경과별시에 병과로 급제했다.《방목》에는 벼
슬이 없이 아버지[性義] 이름만 보이고, 본관이 함안咸安으로 되어 있
다. 그런데《청구》와《만성》의《함안조씨보》에는 조형규의 가계가
보이지 않는다.

807 **나순영**羅純榮(1857~?) 평안도 안주安州 사람으로 유학을 거쳐
고종 28년 4월 35세로 경과별시에 병과로 급제했다.《방목》에는 벼
슬이 없이 아버지[錫珪] 이름만 보이고, 본관이 나주羅州로 되어 있다.
그런데《청구》와《만성》의《나주나씨보》에는 나순영의 가계가 보
이지 않는다.

808 **정한진**鄭漢鎭(1857~?) 경상도 밀양密陽 사람으로 유학을 거쳐
고종 28년 4월 35세로 경과별시에 병과로 급제했다.《방목》에는 벼
슬이 없이 아버지[潤海] 이름만 보이고, 본관이 동래東萊로 되어 있다.
그런데《청구》와《만성》의《동래정씨보》에는 정한진의 가계가 보
이지 않는다.

809 **권영승**權永昇(1865~?) 충청도 공주公州 사람으로 유학을 거쳐
고종 28년 4월 27세로 경과별시에 병과로 급제하여 벼슬이 홍문관을
거쳐 승지(정3품 당상관)에 이르렀다.《방목》에는 벼슬이 없이 아버지
[麟銓] 이름만 보이고, 본관이 안동安東으로 되어 있다.《청구》와《만
성》의《안동권씨보》를 보면 직계 4대조 가운데 벼슬아치가 없다.

810 **정항조**鄭恒朝(1844~1924) 충청도 홍주洪州 사람으로 현감(종6품)
을 거쳐 고종 28년 48세로 증광시에 갑과로 급제하여 벼슬이 사간원
대사간(정3품 당상관)을 거쳐 대한제국 때 중추원 의관(칙임관)과 옥구
감리沃溝監理(정3품)에 이르렀다.《방목》에는 벼슬이 없이 아버지[基
達, 생부 基昌] 이름만 보이고, 본관이 동래東萊로 되어 있다. 그런데

《청구》의 《동래정씨보》에는 정항조의 가계가 보이지 않으며, 《만성》의 《동래정씨보》를 보면 직계 5대조와 외조 가운데 벼슬아치가 없다.

811 **조응국**趙應國(1830~?) 평양平壤 사람으로 문안文案을 거쳐 고종 28년 62세로 증광시에 을과로 급제했다. 《방목》에는 벼슬이 없이 아버지[心恬] 이름만 보이고, 본관이 진주晉州로 되어 있다. 그런데 《청구》와 《만성》에는 《진주조씨보》 자체가 없다. 2000년 현재 진주조씨 인구는 412가구 1,379명의 극희성으로 조선시대 문과급제자는 조응국이 유일하다.

812 **박예양**朴澧陽(1848~?) 평양平壤 사람으로 유학을 거쳐 고종 28년 44세로 증광시에 을과로 급제했다. 《방목》에는 벼슬이 없이 아버지[鑴] 이름만 보이고, 본관이 반남潘南으로 되어 있다. 그런데 《청구》와 《만성》의 《반남박씨보》에는 박예양의 가계가 보이지 않는다.

813 **도진삼**都鎭三(1863~?) 함경도 함흥咸興 사람으로 유학을 거쳐 고종 28년 29세로 증광시에 을과로 급제했다. 《방목》에는 벼슬이 없이 아버지[義珪] 이름만 보이고, 본관이 성주星州(八莒)로 되어 있다. 그런데 《청구》와 《만성》의 《성주도씨보》에는 도진삼의 가계가 보이지 않는다.

814 **지붕현**池鵬鉉(1857~?) 황해도 토산兎山 사람으로 유학을 거쳐 고종 28년 35세로 증광시에 을과로 급제했다. 《방목》에는 벼슬이 없이 아버지[元協] 이름만 보이고, 본관이 충주忠州로 되어 있다. 그런데 《청구》와 《만성》의 《충주지씨보》에는 지붕현의 가계가 보이지 않는다. 충주지씨는 조선시대 문과급제자 10명을 배출했는데, 동시에 무과武科 39명, 역과譯科 1명, 음양과陰陽科 14명, 율과律科 5명의 잡과

급제자를 배출하여 기술직 중인가문의 하나가 되었다.

815 김서희金瑞熙(1827~?) 황해도 평산平山 사람으로 유학을 거쳐 고종 28년 65세로 증광시에 병과로 급제했다. 《방목》에는 벼슬이 없이 아버지[道集] 이름만 보이고, 본관이 경주慶州로 되어 있다. 그런데 《청구》와 《만성》의 《경주김씨보》에는 김서희의 가계가 보이지 않는다.

816 김석헌金錫憲(1847~?) 평안도 성천成川 사람으로 진사를 거쳐 고종 28년 45세로 증광시에 병과로 급제했다. 《방목》에는 벼슬이 없이 아버지[國民] 이름만 보이고, 본관이 김해金海로 되어 있다. 그런데 《청구》와 《만성》의 《김해김씨보》에는 김석헌의 가계가 보이지 않는다.

817 계용혁桂龍赫(1858~?) 평안도 선천宣川 사람으로 유학을 거쳐 고종 28년 34세로 증광시에 병과로 급제했다. 《방목》에는 벼슬이 없이 아버지[運奎] 이름만 보이고, 본관이 수안遂安으로 되어 있다. 그런데 《청구》와 《만성》의 《수안계씨보》에는 계용혁의 가계가 보이지 않는다. 수안계씨는 고려 말 중국에서 귀화한 성씨로 2000년 현재 1,951가구 6,242명의 희성이며 영조 대 이후 문과급제자 3명을 배출했다. 영조 대 계덕신桂德新과 계덕해桂德海, 고종 대 계용혁이 모두 평안도 선천 출신이다.

818 김병만金炳晚(1858~?) 충청도 홍주洪州 사람으로 유학을 거쳐 고종 28년 34세로 증광시에 병과로 급제했다. 《방목》에는 벼슬이 없이 아버지[泰根] 이름만 보이고, 본관이 안동安東으로 되어 있다. 그런데 《청구》의 《안동김씨보》에는 김병만의 가계가 보이지 않으며, 《만성》의 《안동김씨보》에는 아버지까지의 가계는 보이나 그의 이름

은 보이지 않는다. 아버지까지의 가계를 보면 3대조 가운데 벼슬아치
가 없다.

819 이용필李容弼(1856~?) 충청도 충주忠州 사람으로 유학을 거쳐
고종 28년 36세로 증광시에 병과로 급제하여 벼슬이 홍문관 교리(정5
품)에 이르렀다.《방목》에는 벼슬이 없이 아버지〔儀來〕이름만 보이
고, 본관이 광주廣州로 되어 있다. 그런데《청구》의《광주이씨보》에
는 이용필의 가계가 보이지 않으며,《만성》의《광주이씨보》를 보면
직계 5대조 가운데 벼슬아치가 없다.

820 박세구朴世九(1864~?) 경기도 용인龍仁 사람으로 유학을 거쳐
고종 28년 28세로 증광시에 병과로 급제했다.《방목》에는 벼슬이 없
이 아버지〔遇昇〕이름만 보이고, 본관이 고령高靈으로 되어 있다. 그런
데《청구》와《만성》의《고령박씨보》에는 박세구의 가계가 보이지
않는다.

821 남정숙南廷淑(1845~?) 서울 사람으로 유학을 거쳐 고종 28년 47
세로 증광시에 병과로 급제했다.《방목》에는 벼슬이 없이 아버지〔恒
敎, 생부 學敎〕이름만 보이고, 본관이 의령宜寧으로 되어 있다. 그런데
《청구》의《의령남씨보》에는 남정숙의 가계가 보이지 않으며,《만
성》의《의령남씨보》를 보면 직계 4대조와 외조 가운데 벼슬아치가
없다.

822 김내룡金來龍(1871~?) 평양平壤 사람으로 유학을 거쳐 고종 28
년 21세로 증광시에 병과로 급제했다.《방목》에는 벼슬이 없이 아버
지〔潤瑞〕이름만 보이고, 본관이 광주廣州로 되어 있다. 그런데《청
구》와《만성》의《광주김씨보》에는 김내룡의 가계가 보이지 않는다.
2000년 현재 광주김씨 인구는 6,845가구 2만 1,926명의 희성으로 철

종 대 이후 문과급제자 2명을 배출했는데, 모두 평양 출신이다.[62]

　823 임규상林圭相(1871~?) 전라도 남원南原 사람으로 유학을 거쳐 고종 28년 21세로 증광시에 병과로 급제했다. 《방목》에는 벼슬이 없이 아버지[源鼎] 이름만 보이고, 본관이 부안扶安으로 되어 있다. 그런데 《청구》에는 《부안임씨보》 자체가 없고, 《만성》의 《부안임씨보》에는 임규상의 가계가 보이지 않는다. 부안임씨에 대해서는 앞에서 설명했다.

　824 차광현車光炫(1859~?) 전라도 함열咸悅 사람으로 유학을 거쳐 고종 28년 33세로 증광시에 병과로 급제했다. 《방목》에는 벼슬이 없이 아버지[南震] 이름만 보이고, 본관이 연안延安으로 되어 있다. 그런데 《청구》와 《만성》의 《연안차씨보》에는 차광현의 가계가 보이지 않는다.

　825 손경현孫庚鉉(1856~?) 경상도 밀양密陽 사람으로 유학을 거쳐 고종 28년 36세로 증광시에 병과로 급제하여 벼슬이 홍문관 부수찬 (종6품)을 거쳐 부제학(정3품 당상관)에 이르렀다. 《방목》에는 벼슬이 없이 아버지[振九] 이름만 보이고, 본관이 밀양으로 되어 있다. 《청구》와 《만성》의 《밀양손씨보》를 보면 직계 9대조 가운데 벼슬아치가 없다.

　826 심상옥沈相玉(1874~?) 충청도 진천鎭川 사람으로 유학을 거쳐 고종 28년 18세로 증광시에 병과로 급제했다. 《방목》에는 벼슬이 없이 아버지[正澤] 이름만 보이고, 본관이 청송靑松으로 되어 있다. 그런

---

62) 광주김씨 문과급제자 2명의 명단은 다음과 같다.
　철종 14년 김병건金秉鍵(평양)
　고종 28년 김내룡金來龍(평양)

데 《청구》의 《청송심씨보》에는 심상옥의 가계가 보이지 않으며, 《만성》의 《청송심씨보》에는 그의 이름은 보이지 않고 아버지까지의 가계만 보이는데, 직계 8대조 가운데 벼슬아치가 없다.

827 **최면형**崔롯亨(1852~?) 황해도 해주海州 사람으로 유학을 거쳐 고종 28년 40세로 증광시에 병과로 급제했다. 《방목》에는 벼슬이 없이 아버지[軾東] 이름만 보이고, 본관이 해주로 되어 있다. 그런데 《청구》와 《만성》의 《해주최씨보》에는 최명형의 가계가 보이지 않는다.

828 **오재승**吳在升(1868~?) 전라도 용담龍潭 사람으로 생원을 거쳐 고종 28년 24세로 증광시에 병과로 급제하여 벼슬이 장례원 집례執禮 (주임관)에 이르렀다. 《방목》에는 벼슬이 없이 아버지[榮錫] 이름만 보이고, 본관이 보성寶城으로 되어 있다. 그런데 《청구》와 《만성》의 《보성오씨보》에는 오재승의 가계가 보이지 않는다.

829 **서흥순**徐興淳(1874~?) 충청도 공주公州 사람으로 유학을 거쳐 고종 28년 18세로 증광시에 병과로 급제했다. 《방목》에는 벼슬이 없이 아버지[賢輔] 이름만 보이고, 본관이 대구大邱로 되어 있다. 그런데 《청구》와 《만성》의 《대구서씨보》에는 서흥순의 가계가 보이지 않는다.

830 **민상호**閔商鎬(1870~?) 서울 사람으로 현감(종6품)을 거쳐 고종 28년 22세로 증광시에 병과로 급제하여 벼슬이 홍문관 부교리(정5품)를 거쳐 학부협판(칙임관), 의정부 찬정(칙임관), 1907년 헌병사령관憲兵司令官에 이르렀다. 《방목》에는 벼슬이 없이 아버지[致憲, 생부 致億] 이름만 보이고, 본관이 여흥驪興으로 되어 있다. 그런데 《청구》와 《만성》의 《여흥민씨보》에는 민상호의 가계가 보이지 않는다.

831 이정직李鼎稙(1854~?) 서울 사람으로 부수副率(정7품)를 거쳐 고
종 28년 38세로 증광시에 병과로 급제하여 벼슬이 홍문관 부교리(종5
품)를 거쳐 성균관 대사성(정3품 당상관)과 승지(정3품 당상관)에 이르
렀다. 《방목》에는 벼슬이 없이 아버지[承萬, 생부 承岳] 이름만 보이고,
본관이 한산韓山으로 되어 있다. 그런데 《청구》의 《한산이씨보》에는
이정직의 가계가 보이지 않으며, 《만성》의 《한산이씨보》를 보면 직
계 4대조 가운데 벼슬아치가 없다.

832 강민수姜民秀(1852~?) 서울 사람으로 유학을 거쳐 고종 28년 40
세로 증광시에 병과로 급제했다. 《방목》에는 벼슬이 없이 아버지[運
永] 이름만 보이고, 본관이 진주晉州로 되어 있다. 그런데 《청구》의
《진주강씨보》에는 강민수의 가계가 보이지 않으며, 《만성》의 《진주
강씨보》에는 아버지까지의 가계만 보이고 그의 이름은 보이지 않는
데, 직계 3대조 가운데 벼슬아치가 없다.

833 최영룡崔泳龍(1974~?) 함경도 회령會寧 사람으로 유학을 거쳐
고종 28년 18세로 증광시에 병과로 급제했다. 《방목》에는 벼슬이 없
이 아버지[秉鎭, 생부 溟鎭] 이름만 보이고, 본관이 해주海州로 되어 있
다. 그런데 《청구》와 《만성》의 《해주최씨보》에는 최영룡의 가계가
보이지 않는다.

834 이선영李善永(1831~?) 경기도 안산安山 사람으로 유학을 거쳐
고종 28년 61세로 증광시에 병과로 급제하여 벼슬이 홍문관원으로
대축大祝(승지; 정3품 당상관)에 이르렀다. 《방목》에는 벼슬이 없이 아
버지[炳軫, 생부 炳稷] 이름만 보이고, 본관이 양성陽城으로 되어 있다.
그런데 《청구》와 《만성》의 《양성이씨보》에는 이선영의 가계가 보
이지 않는다.

835 **이원긍**李源兢(1849~1919) 서울 사람으로 판관(종5품)을 거쳐 고종 28년 43세로 증광시에 병과로 급제하여 벼슬이 홍문관 교리(정5품)를 거쳐 관찰사(종2품)와 법부협판(칙임관)에 이르렀다. 《방목》에는 벼슬이 없이 아버지[斗鎭] 이름만 보이고, 본관이 전주全州로 되어 있다. 《전주이씨과거급제자총람》을 보면 이원긍은 정종의 후궁 소생 선성군宣城君의 15대손으로 직계 6대조 가운데 벼슬아치가 없다.

836 **김세익**金世益(1876~?) 서울 사람으로 유학을 거쳐 고종 28년 16세로 증광시에 병과로 급제하여 벼슬이 대한제국 때 장례원 집례(주임관)와 장전관掌典官에 이르렀다. 《방목》에는 벼슬이 없이 아버지[得鍊, 생부 百鍊] 이름만 보이고, 본관이 우봉牛峰으로 되어 있다. 그런데 《청구》와 《만성》의 《우봉김씨보》에는 김세익의 가계가 보이지 않는다. 2000년 현재 우봉김씨 인구는 915가구 2,980명의 희성으로 조선시대 문과급제자 4명을 배출했는데, 동시에 역과譯科 93명, 의과醫科 2명, 음양과陰陽科 3명, 율과律科 1명, 주학籌學 15명 등 잡과급제자 114명을 배출하여 전형적인 기술직 중인가문이 되었다.

837 **이병옥**李炳鑿(1849~?) 서울 사람으로 진사를 거쳐 고종 28년 43세로 증광시에 병과로 급제하여 벼슬이 홍문관 교리(정5품)를 거쳐 군수(종4품)에 이르렀다. 《방목》에는 벼슬이 없이 아버지[錫九] 이름만 보이고, 본관이 연안延安으로 되어 있다. 《청구》와 《만성》의 《연안이씨보》를 보면 직계 4대조와 외조 가운데 벼슬아치가 없다.

838 **심주택**沈周澤(1867~?) 경기도 용인龍仁 사람으로 유학을 거쳐 고종 28년 25세로 증광시에 병과로 급제하여 벼슬이 홍문관 부교리(종5품)를 거쳐 도감都監의 도청都廳(칙임관)에 이르렀다. 《방목》에는 벼슬이 없이 아버지[宜允] 이름만 보이고, 본관이 청송靑松으로 되어

있다. 그런데《청구》와《만성》의《청송심씨보》에는 심주택의 가계
가 보이지 않는다.

839 장이관張履觀(1872~?) 평안도 용천龍川 사람으로 유학을 거쳐
고종 28년 20세로 증광시에 병과로 급제했다.《방목》에는 벼슬이 없
이 아버지[世國] 이름만 보이고, 본관이 인동仁同으로 되어 있다. 그런
데《청구》와《만성》의《인동장씨보》에는 장이관의 가계가 보이지
않는다.

840 이병룡李炳龍(1868~?) 경상도 문경聞慶 사람으로 유학을 거쳐
고종 28년 24세로 경과별시에 갑과로 급제했다.《방목》에는 벼슬이
없이 아버지[興九] 이름만 보이고, 본관이 연안延安으로 되어 있다. 그
런데《청구》의《연안이씨보》에는 가계가 보이지 않으며,《만성》의
《연안이씨보》를 보면 직계 4대조와 외조 가운데 벼슬아치가 없다.

841 한기룡韓基龍(1852~?) 서울 사람으로 유학을 거쳐 고종 28년 40
세로 경과별시에 을과로 급제했다.《방목》에는 벼슬이 없이 아버지
[俊彦] 이름만 보이고, 본관이 청주淸州로 되어 있다. 그런데《청구》
와《만성》의《청주한씨보》에는 한기룡의 가계가 보이지 않는다.

842 이학상李鶴相(1858~1936) 전라도 나주羅州 사람으로 유학을 거
쳐 고종 28년 34세로 경과별시에 을과로 급제하여 벼슬이 정자(정9
품)와 춘추관 기주관記注官(5품)에 이르렀다.《방목》에는 벼슬이 없이
아버지[承守] 이름만 보이고, 본관이 전주全州로 되어 있다.《전주이
씨과거급제자총람》을 보면 이학상은 태종의 후궁 소생 근녕군謹寧君
의 17대손으로 직계 11대조 가운데 벼슬아치가 없다.

843 박민보朴民輔(1841~?) 충청도 옥천沃川 사람으로 유학을 거쳐
고종 28년 51세로 경과별시에 병과로 급제했다.《방목》에는 벼슬이

없이 아버지[性浩] 이름만 보이고, 본관이 밀양密陽으로 되어 있다. 그런데 《청구》의 《밀양박씨보》에는 박민보의 가계가 보이지 않으며, 《만성》의 《밀양박씨보》를 보면 직계 3대조와 외조 가운데 벼슬아치가 없다.

844 손명섭孫明燮(1861~?) 전라도 금산錦山 사람으로 유학을 거쳐 고종 28년 31세로 경과별시에 병과로 급제했다. 《방목》에는 벼슬이 없이 아버지[秉一] 이름만 보이고, 본관이 밀양密陽으로 되어 있다. 그런데 《청구》와 《만성》의 《밀양손씨보》에는 손명섭의 가계가 보이지 않는다.

845 홍원표洪元杓(1868~?) 황해도 황주黃州 사람으로 유학을 거쳐 고종 28년 24세로 경과별시에 병과로 급제했다. 《방목》에는 벼슬이 없이 아버지[淳國] 이름만 보이고, 본관이 남양南陽으로 되어 있다. 그런데 《청구》와 《만성》의 《남양홍씨보》에는 홍원표의 가계가 보이지 않는다.

846 석방진石邦珒(1831~?) 평안도 숙천肅川 사람으로 유학을 거쳐 고종 28년 61세로 경과별시에 병과로 급제했다. 《방목》에는 벼슬이 없이 아버지[勝壙] 이름만 보이고, 본관이 충주忠州로 되어 있다. 그런데 《청구》와 《만성》의 《충주석씨보》에는 석방진의 가계가 보이지 않는다. 2000년 현재 충주석씨 인구는 1만 1,011가구 3만 5,461명의 희성으로 조선시대 문과급제자 3명을 배출했는데, 모두 헌종 대 이후 급제했다. 그 가운데 2명이 숙천 사람으로, 고종 2년에 급제한 석종진石宗珍과 고종 28년에 급제한 석방진이다.

847 선진규宣鎭奎(1850~?) 평안도 영변寧邊 사람으로 유학을 거쳐 고종 28년 42세로 경과별시에 병과로 급제했다. 《방목》에는 벼슬이

없이 아버지〔德淳〕이름만 보이고, 본관이 보성寶城으로 되어 있다. 그런데 《청구》와 《만성》의 《보성선씨보》에는 선진규의 가계가 보이지 않는다. 보성선씨는 조선시대 문과급제자 7명을 배출했다.

848 이제선李濟宣(1862~?) 서울 사람으로 유학을 거쳐 고종 28년 30세로 경과별시에 병과로 급제했다. 《방목》에는 벼슬이 없이 아버지〔膺善〕이름만 보이고, 본관이 태안泰安으로 되어 있다. 그런데 《만성》에는 《태안이씨보》자체가 없고, 《청구》의 《태안이씨보》에는 이제선의 가계가 보이지 않는다. 태안이씨는 조선시대 문과급제자 6명을 배출했는데, 동시에 의과醫科 45명, 역과譯科 22명, 음양과陰陽科 3명, 율과律科 2명, 주학籌學(計士) 103명 등 잡과급제자 175명을 배출하여 대표적인 중인가문의 하나를 형성했다. 그런데 이제선의 아버지 이응선은 바로 대대로 주학의 직을 이어온 사람이다.63)

849 정성검鄭晟儉(1836~?) 경상도 경주慶州 사람으로 유학을 거쳐 고종 28년 56세로 경과별시에 병과로 급제했다. 《방목》에는 벼슬이 없이 아버지〔來曳〕이름만 보이고, 본관이 연일延日로 되어 있다. 그런데 《청구》와 《만성》의 《연일정씨보》에는 정성검의 가계가 보이지 않는다.

850 홍승두洪承斗(1856~?) 경기도 고양高陽 사람으로 유학을 거쳐 고종 28년 36세로 경과별시에 병과로 급제하여 벼슬이 홍문관 부교리(종5품)를 거쳐 비서원승(주임관)에 이르렀다. 《방목》에는 벼슬이 없이 아버지〔祐說〕이름만 보이고, 본관이 풍산豊山으로 되어 있다. 그런데 《청구》의 《풍산홍씨보》에는 아버지까지의 가계만 보이고, 《만

---

63) 황원구, 이종영 편, 《朝鮮後期 曆算家譜·索引》(한국문화사, 1991) 참고.

성》의《풍산홍씨보》에는 홍승두의 가계까지 모두 보이는데, 직계 3
대조와 외조 가운데 벼슬아치가 없다.

851 **허일**許鎰(1853~?) 경기도 안산安山 사람으로 생원을 거쳐 고종
28년 39세로 경과별시에 병과로 급제하여 벼슬이 홍문관 수찬(정6품)
에 이르렀다.《방목》에는 벼슬이 없이 아버지〔梳〕 이름만 보이고, 본
관이 양천陽川으로 되어 있다. 그런데《청구》의《양천허씨보》에는
허일의 가계가 보이지 않으며,《만성》의《양천허씨보》에는 아버지
까지의 가계만 보이고 본인의 이름은 보이지 않는다. 아버지까지의
가계를 보면 직계 6대조 가운데 벼슬아치가 없다.

852 **안기원**安基元(1877~?) 강원도 원주原州 사람으로 동몽교관(종9
품)을 거쳐 고종 28년 15세로 경과별시에 병과로 급제했다.《방목》에
는 벼슬이 없이 아버지〔道榮〕 이름만 보이고, 본관이 순흥順興으로 되
어 있다. 그런데《청구》와《만성》의《순흥안씨보》에는 안기원의 가
계가 보이지 않는다.

853 **심후택**沈厚澤(1858~?) 강원도 춘천春川 사람으로 유학을 거쳐
고종 28년 34세로 경과별시에 병과로 급제하여 벼슬이 홍문관 교리
(정5품)를 거쳐 감리監理(정3품)에 이르렀다.《방목》에는 벼슬이 없이
아버지〔宜立〕 이름만 보이고, 본관이 청송靑松으로 되어 있다. 그런데
《청구》와《만성》의《청송심씨보》에는 심후택의 가계가 보이지 않
는다.

854 **민치은**閔致殷(1859~?) 경상도 산청山淸 사람으로 유학을 거쳐
고종 28년 33세로 식년시에 장원급제하여 벼슬이 홍문관을 거쳐 대
한제국 때 중추원 의관(칙임관)에 이르렀다.《방목》에는 벼슬이 없이
아버지〔東爀〕 이름만 보이고, 본관이 여흥驪興으로 되어 있다. 그런데

《청구》와 《만성》의 《여흥민씨보》에는 민치은의 가계가 보이지 않는다.

855 양선모梁善謨(1857~?) 전라도 남원南原 사람으로 유학을 거쳐 고종 28년 35세로 식년시에 갑과로 급제하여 벼슬이 장례원 장례(주임관)에 이르렀다. 《방목》에는 벼슬이 없이 아버지[在浩] 이름만 보이고, 본관이 남원으로 되어 있다. 그런데 《청구》의 《남원양씨보》에는 양선모의 가계가 보이지 않으며, 《만성》의 《남원양씨보》를 보면 직계 7대조 가운데 벼슬아치가 없다.

856 김헌수金憲洙(1865~?) 전라도 장성長城 사람으로 진사를 거쳐 고종 28년 27세로 식년시에 갑과로 급제하여 벼슬이 홍문록에 올랐다. 《방목》에는 벼슬이 없이 아버지[鳳祜] 이름만 보이고, 본관이 울산蔚山으로 되어 있다. 그런데 《청구》와 《만성》의 《울산김씨보》에는 김헌수의 가계가 보이지 않는다. 울산김씨는 조선시대 문과급제자 12명을 배출했는데, 장성에서 나온 급제자는 모두 5명으로 순조대 김우휴金羽休, 고종 대 김진호金鎭祜, 김동주金東柱, 김흥수金興洙, 김헌수金憲洙이고 순창에서 나온 급제자는 김상호金相昊, 김상희金相熙 등 2명으로 대부분 전라도에서 급제했다.

857 이규백李圭白(1863~?) 충청도 충주忠州 사람으로 유학을 거쳐 고종 28년 29세로 식년시에 을과로 급제하여 벼슬이 대한제국 때 탁지부 주사主事(판임관)에 이르렀다. 《방목》에는 벼슬이 없이 아버지[仁榮, 생부 汝榮] 이름만 보이고, 본관이 경주慶州로 되어 있다. 그런데 《청구》의 《경주이씨보》에는 이규백의 가계가 보이지 않으며, 《만성》의 《경주이씨보》에는 아버지까지의 가계만 보이는데, 직계 8대조 가운데 벼슬아치가 없다.

858 **김학규**金學奎(1875~?) 평안도 곽산郭山 사람으로 유학을 거쳐 고종 28년 17세로 식년시에 을과로 급제했다. 《방목》에는 벼슬이 없이 아버지[夢璘] 이름만 보이고, 본관이 정선旌善으로 되어 있다. 그런데 《청구》에는 《정선김씨보》 자체가 없고, 《만성》의 《정선김씨보》에는 김학규의 가계가 보이지 않는다. 2000년 현재 정선김씨 인구는 294가구 1,005명의 극희성으로 조선시대 문과급제자는 그가 유일하다.

859 **안형진**安衡鎭(1859~?) 평안도 안주安州 사람으로 유학을 거쳐 고종 28년 33세로 식년시에 을과로 급제하여 벼슬이 승정원 주서(정7품)에 이르렀다. 《방목》에는 벼슬이 없이 아버지[允譚] 이름만 보이고, 본관이 순흥順興으로 되어 있다. 그런데 《청구》와 《만성》의 《순흥안씨보》에는 안형진의 가계가 보이지 않는다. 안주의 순흥안씨는 숙종 대 이후 문과급제자 28명을 배출하여 이 지역의 최고 명문으로 등장했다.

860 **주봉한**周鳳翰(1860~?) 평안도 가산嘉山 사람으로 유학을 거쳐 고종 28년 32세로 식년시에 을과로 급제했다. 《방목》에는 벼슬이 없이 아버지[永一] 이름만 보이고, 본관이 상주尙州로 되어 있다. 그런데 《청구》와 《만성》의 《상주주씨보》에는 주봉한의 가계가 보이지 않는다. 2000년 현재 상주주씨 인구는 5,745가구 1만 8,384명의 희성으로 조선시대 문과급제자 6명을 배출했다.

861 **김동훈**金東薰(1864~?) 평안도 가산嘉山 사람으로 유학을 거쳐 고종 28년 28세로 식년시에 을과로 급제했다. 《방목》에는 벼슬이 없이 아버지[台洽] 이름만 보이고, 본관이 안동安東으로 되어 있다. 그런데 《청구》와 《만성》의 《안동김씨보》에는 김동훈의 가계가 보이지 않는다.

862 백현곤白顯袞(1862~?) 평안도 태천泰川 사람으로 유학을 거쳐 고종 28년 30세로 식년시에 을과로 급제했는데, 다음 해 고향에서 토색질을 하다가 처벌을 받았다. 《방목》에는 벼슬이 없이 아버지[應鳳] 이름만 보이고, 본관이 수원水原으로 되어 있다. 그런데 《청구》와 《만성》의 《수원백씨보》에는 백현곤의 가계가 보이지 않는다. 태천의 수원백씨는 영조 대 이후 문과급제자 14명을 배출했다.64)

863 박봉양朴鳳陽(1837~?) 전라도 남원南原 사람으로 유학을 거쳐 고종 28년 55세로 식년시에 을과로 급제하여 벼슬이 승정원 주서(정7품)를 거쳐 1894년 참모관參謀官(영관급)에 이르렀다. 《방목》에는 벼슬이 없이 아버지[相曾] 이름만 보이고, 본관이 밀양密陽으로 되어 있다. 그런데 《청구》와 《만성》의 《밀양박씨보》에는 박봉양의 가계가 보이지 않는다.

864 김영헌金永憲(1838~?) 평안도 순천順川 사람으로 유학을 거쳐 고종 28년 54세로 식년시에 병과로 급제하여 벼슬이 1909년 보병부령步兵副領(부연대장)에 이르렀다. 《방목》에는 벼슬이 없이 아버지[龍錫] 이름만 보이고, 본관이 순천順天으로 되어 있다. 그런데 《청구》와 《만성》의 《순천김씨보》에는 김영헌의 가계가 보이지 않는다. 평안도의 순천김씨는 영조 대 이후 문과급제자 13명을 배출했는데, 가산嘉山에서 7명, 순천에서 1명이 급제했다.65)

---

64) 평안도 태천의 수원백씨 문과급제자 14명의 명단은 다음과 같다.
  영조 42년 백봉주白鳳周(직강)
  순조 10년 백사곤白思坤
  헌종 6년 백문진白文振(정正)
  철종 6년 백봉삼白鳳三, 9년 백오진白五珍
  고종 7년 백낙흥白樂興, 백규섭白奎燮, 10년 백주범白周範, 백시현白昰玄, 13년 백진섭白珍燮, 22년 백호섭白虎燮(중추의관), 26년 백학구白鶴九, 28년 백현곤白顯袞, 30년 백현진白顯震

865 김상희金相熙(1864~?) 전라도 순창淳昌 사람으로 유학을 거쳐 고종 28년 28세로 식년시에 병과로 급제했다.《방목》에는 벼슬이 없이 아버지[學洙] 이름만 보이고, 본관이 울산蔚山으로 되어 있다. 그런데《청구》《울산김씨보》에는 김상희의 가계가 보이지 않으며,《만성》의《울산김씨보》를 보면 그는 김인후金麟厚의 후손으로 직계 8대조 가운데 벼슬아치가 없다.

866 임정교任正敎(1856~?) 충청도 아산牙山 사람으로 유학을 거쳐 고종 28년 36세로 식년시에 병과로 급제하여 벼슬이 홍문관 교리(정5품)를 거쳐 대축(승지; 정3품 당상관)에 이르렀다.《방목》에는 벼슬이 없이 아버지[憲斗, 생부 憲台] 이름만 보이고, 본관이 풍천豊川으로 되어 있다. 그런데《청구》의《풍천임씨보》에는 임정교의 가계가 보이지 않으며,《만성》의《풍천임씨보》를 보면 직계 3대조와 외조 가운데 벼슬아치가 없다.

867 홍재구洪在九(1835~?) 강원도 원주原州 사람으로 유학을 거쳐 고종 28년 57세로 식년시에 병과로 급제하여 벼슬이 홍문록에 올랐다.《방목》에는 벼슬이 없이 아버지[廷爕] 이름만 보이고, 본관이 남양南陽으로 되어 있다. 그런데《청구》의《남양홍씨보》에는 홍재구의 가계가 보이지 않으며,《만성》의《남양홍씨보》를 보면 직계 4대조와 외조 가운데 벼슬아치가 없다.

---

65) 평안도 지방의 순천김씨 급제자 13명의 명단은 다음과 같다.
　　영조 20년 김홍집金弘漢(가산)
　　정조 14년 김석태金錫泰(가산)
　　순조 9년 김양복金陽復(양덕), 22년 김정金鼎(의주), 26년 김성金聲(강동)
　　헌종 6년 김준金畯(가산, 정正), 김하진金夏鎭(철산), 15년 김현金睍(가산)
　　철종 4년 김수간金壽侃(가산, 장령), 6년 김수인金壽仁(가산)
　　고종 4년 김유金畩(영변), 22년 김창원金昶源(가산), 28년 김영헌金永憲(순천)

868 강연姜演(1842~?) 경상도 안동安東 사람으로 유학을 거쳐 고종 28년 50세로 식년시에 병과로 급제하여 벼슬이 홍문관을 거쳐 장례원 좌장례左掌禮(주임관)에 이르렀다.《방목》에는 벼슬이 없이 아버지〔鏵〕이름만 보이고, 본관이 진주晉州로 되어 있다. 그런데《청구》의《진주강씨보》에는 강연의 가계가 보이지 않으며,《만성》의《진주강씨보》를 보면 직계 9대조 가운데 벼슬아치가 없다.

869 이학영李鶴永(1867~?) 평안도 숙천肅川 사람으로 유학을 거쳐 고종 28년 25세로 식년시에 병과로 급제했는데, 다음 해 고향에서 토색질을 하다가 발각되어 처벌을 받았다.《방목》에는 벼슬이 없이 아버지〔龍俊〕이름만 보이고, 본관이 덕수德水로 되어 있다. 그런데《청구》와《만성》의《덕수이씨보》에는 이학영의 가계가 보이지 않는다.

870 윤영수尹榮洙(1870~?) 충청도 홍주洪州 사람으로 유학을 거쳐 고종 28년 22세로 식년시에 병과로 급제했다.《방목》에는 벼슬이 없이 아버지〔錫一〕이름만 보이고, 본관이 파평坡平으로 되어 있다. 그런데《청구》와《만성》의《파평윤씨보》에는 윤영수의 가계가 보이지 않는다.

871 김종걸金宗杰(1824~?) 평안도 상원祥原 사람으로 유학을 거쳐 고종 28년 68세로 식년시에 병과로 급제했다.《방목》에는 벼슬이 없이 아버지〔鳳彦〕이름만 보이고, 본관이 경주慶州로 되어 있다. 그런데《청구》와《만성》의《경주김씨보》에는 김종걸의 가계가 보이지 않는다.

872 윤길선尹吉善(1874~?) 평안도 상원祥原 사람으로 유학을 거쳐 고종 28년 18세로 식년시에 병과로 급제했다.《방목》에는 벼슬이 없이 아버지〔斗炯〕이름만 보이고, 본관이 파평坡平으로 되어 있다. 그런

데 《청구》와 《만성》의 《파평윤씨보》에는 윤길선의 가계가 보이지 않는다.

873 **김봉섭**金鳳燮(1874~?) 평안도 상원祥原 사람으로 유학을 거쳐 고종 28년 18세로 식년시에 병과로 급제했다. 《방목》에는 벼슬이 없이 아버지[應圭] 이름만 보이고, 본관이 연안延安으로 되어 있다. 그런데 《청구》와 《만성》의 《연안김씨보》에는 김봉섭의 가계가 보이지 않는다.

874 **조강환**曺康煥(1851~?) 전라도 영광靈光 사람으로 좌랑(정6품)을 거쳐 고종 28년 41세로 식년시에 병과로 급제하여 벼슬이 홍문록을 거쳐 사헌부 지평(정5품)에 이르렀다. 《방목》에는 벼슬이 없이 아버지[秉武] 이름만 보이고, 본관이 창녕昌寧으로 되어 있다. 그런데 《청구》와 《만성》의 《창녕조씨보》에는 조강환의 가계가 보이지 않는다.

875 **이희문**李喜文(1821~?) 충청도 청주淸州 사람으로 유학을 거쳐 고종 28년 71세로 식년시에 병과로 급제하여 벼슬이 성균관 전적(정6품)에 이르렀다. 《방목》에는 벼슬이 없이 아버지[昇泰] 이름만 보이고, 본관이 전주全州로 되어 있다. 《전주이씨과거급제자총람》을 보면 이희문은 태종의 후궁 소생 경녕군敬寧君의 16대손으로 직계 8대조 가운데 벼슬아치가 없다.

876 **김윤엽**金潤燁(1874~?) 전라도 전주全州 사람으로 생원을 거쳐 고종 28년 18세로 식년시에 병과로 급제했다. 《방목》에는 벼슬이 없이 아버지[昌錫] 이름만 보이고, 본관이 김해金海로 되어 있다. 그런데 《청구》와 《만성》의 《김해김씨보》에는 김윤엽의 가계가 보이지 않는다.

877 **나두영**羅斗永(1859~?) 전라도 낙안樂安 사람으로 유학을 거쳐

고종 28년 33세로 식년시에 병과로 급제했다.《방목》에는 벼슬이 없이 아버지[龍集] 이름만 보이고, 본관이 나주羅州로 되어 있다. 그런데 《청구》와 《만성》의 《나주나씨보》에는 나두영의 가계가 보이지 않는다.

878 김성기金聖基(1863~?) 평안도 정주定州 사람으로 유학을 거쳐 고종 28년 29세로 식년시에 병과로 급제하여 벼슬이 홍문관을 거쳐 중추원 의관(칙임관)에 이르렀다. 1906년에는 덕천 지방에서 민요民擾를 선동했다는 죄로 처벌을 받았다.《방목》에는 벼슬이 없이 아버지[鏻, 생부 鎔] 이름만 보이고, 본관이 연안延安으로 되어 있다. 그런데 《청구》와 《만성》의 《연안김씨보》에는 김성기의 가계가 보이지 않는다. 정주의 연안김씨는 영조 대 이후 문과급제자 44명을 배출하여 이 지역의 최고 명문으로 등장했다.

879 김석원金錫源(1855~?) 경상도 청도淸道 사람으로 유학을 거쳐 고종 28년 37세로 식년시에 병과로 급제했다.《방목》에는 벼슬이 없이 아버지[灝坤] 이름만 보이고, 본관이 서흥瑞興으로 되어 있다. 그런데 《청구》와 《만성》의 《서흥김씨보》에는 김석원의 가계가 보이지 않는다.

880 장유상張有相(1841~?) 경상도 인동仁同 사람으로 유학을 거쳐 고종 28년 51세로 식년시에 병과로 급제하여 벼슬이 홍문록에 올랐다.《방목》에는 벼슬이 없이 아버지[守遠] 이름만 보이고, 본관이 인동으로 되어 있다. 그런데 《만성》의 《인동장씨보》에는 장유상의 가계가 보이지 않으며, 《청구》의 《인동장씨보》를 보면 그는 장현광張顯光의 12대손으로 직계 7대조 가운데 벼슬아치가 없다.

881 정재교鄭在敎(1852~?) 경상도 성주星州 사람으로 유학을 거쳐

고종 28년 40세로 식년시에 병과로 급제하여 벼슬이 홍문관 교리(정5품)에 이르렀다. 《방목》에는 벼슬이 없이 아버지[泰容] 이름만 보이고, 본관이 청주淸州로 되어 있다. 《청구》와 《만성》의 《청주정씨보》를 보면 정재교는 조선 중기 문신 정구鄭逑의·14대손으로 직계 5대조 가운데 벼슬아치가 없다.

882 **이상표**李相標(1846~?) 경상도 칠곡柒谷 사람으로 유학을 거쳐 고종 28년 46세로 식년시에 병과로 급제하여 벼슬이 승정원 주서(정7품)에 이르렀다. 《방목》에는 벼슬이 없이 아버지[沂秀] 이름만 보이고, 본관이 광주廣州로 되어 있다. 《청구》와 《만성》의 《광주이씨보》를 보면 직계 6대조 가운데 벼슬아치가 없다.

883 **김형근**金瀅根(1858~?) 평안도 곽산郭山 사람으로 유학을 거쳐 고종 28년 34세로 식년시에 병과로 급제하여 벼슬이 1906년 6품에 이르렀다. 《방목》에는 벼슬이 없이 아버지[時溰] 이름만 보이고, 본관이 안동安東으로 되어 있다. 그런데 《청구》와 《만성》의 《안동김씨보》에는 김형근의 가계가 보이지 않는다.

884 **전석원**田錫元(1874~?) 평안도 선천宣川 사람으로 유학을 거쳐 고종 28년 18세로 식년시에 병과로 급제하여 벼슬이 홍문관을 거쳐 비서승秘書丞(주임관)에 이르렀다. 《방목》에는 벼슬이 없이 아버지[學鷹] 이름만 보이고, 본관이 담양潭陽으로 되어 있다. 그런데 《청구》와 《만성》의 《담양전씨보》에는 전석원의 가계가 보이지 않는다. 담양 전씨는 조선시대 문과급제자 12명을 배출했다.

885 **김여현**金呂鉉(1860~?) 평안도 영변寧邊 사람으로 유학을 거쳐 고종 28년 32세로 식년시에 병과로 급제했는데, 다음 해 평안도에서 토색질을 일삼아 처벌받았다. 《방목》에는 벼슬이 없이 아버지[鼎三]

이름만 보이고, 본관이 경주慶州로 되어 있다. 그런데《청구》와《만성》의《경주김씨보》에는 김여현의 가계가 보이지 않는다.

　886 정해두鄭海斗(1858~?) 전라도 창평昌平 사람으로 유학을 거쳐 고종 28년 34세로 식년시에 병과로 급제하여 벼슬이 1910년 종3품에 이르렀다.《방목》에는 벼슬이 없이 아버지〔薩〕이름만 보이고, 본관이 영일迎日로 되어 있다. 그런데《청구》의《영일정씨보》에는 정해두의 가계가 보이지 않으며,《만성》의《영일정씨보》를 보면 직계 7대조와 외조 가운데 벼슬아치가 없다.

　887 이태경李台慶(1863~?) 평안도 덕천德川(또는 雲山) 사람으로 유학을 거쳐 고종 28년 29세로 식년시에 병과로 급제했는데, 다음 해 평안도에서 토색질이 발각되어 처벌을 받았다.《방목》에는 벼슬이 없이 아버지〔秉龍〕이름만 보이고, 본관이 수안遂安으로 되어 있다. 그런데《만성》에는《수안이씨보》자체가 없고,《청구》의《수안이씨보》에는 이태경의 가계가 보이지 않는다. 2000년 현재 수안이씨 인구는 5,539가구 1만 7,677명의 희성으로 조선시대 문과급제자 26명을 배출했는데, 그 가운데 숙종 대 이후 평안도에서 10명, 황해도에서 6명, 함경도에서 1명이 급제했다.66) 따라서 수안이씨는 남쪽 지역에서

---

66) 조선 후기에 평안도, 황해도, 함경도에서 배출된 수안이씨 문과급제자 17명의 명단은 다음과 같다.
　숙종 25년 이만춘李萬春(순안)
　정조 1년 이익서李益瑞(삼등), 8년 이익열李益烈(운산)
　순조 10년 이홍수李興遂(장진), 이득영李得英(황주), 11년 이승열李升烈(운산, 현감), 13년 이제학李齊學(위원), 22년 이지봉李之鳳(운산), 이우영李遇榮(서흥), 34년 이택李澤(위원)
　헌종 12년 이기李基(수안)
　철종 8년 이현초李賢初(성천)
　고종 11년 이두양李斗陽(평양), 16년 이동욱李東郁(서흥), 이병섭李秉燮(황주), 20년 이두섭李斗燮(황주), 28년 이태경李台慶(덕천, 또는 운산)

는 명문이 아니지만 북쪽 지역에서는 명문이었음을 알 수 있다.

888 이조익李祖益(1832~?) 경기도 고양高陽 사람으로 유학을 거쳐 고종 28년 60세로 식년시에 병과로 급제했다. 《방목》에는 벼슬이 없이 아버지[用和] 이름만 보이고, 본관이 연안延安으로 되어 있다. 그런데 《청구》와 《만성》의 《연안이씨보》에는 이조익의 가계가 보이지 않는다.

889 최국현崔國鉉(1834~?) 황해도 해주海州 사람으로 유학을 거쳐 고종 29년(1892) 59세로 경과별시에 장원급제했다. 《방목》에는 벼슬이 없이 아버지[載性] 이름만 보이고, 본관이 해주로 되어 있다. 그런데 《청구》와 《만성》의 《해주최씨보》에는 최국현의 가계가 보이지 않는다.

890 김충계金忠桂(1878~?) 평안도 용강龍岡 사람으로 유학을 거쳐 고종 29년 15세로 경과별시에 을과로 급제했다. 《방목》에는 벼슬이 없이 아버지[仁錫] 이름만 보이고, 본관이 경주慶州로 되어 있다. 그런데 《청구》와 《만성》의 《경주김씨보》에는 김충계의 가계가 보이지 않는다.

891 김용일金鏞一(1871~?) 함경도 함흥咸興 사람으로 유학을 거쳐 고종 29년 22세로 경과별시에 병과로 급제했다. 《방목》에는 벼슬이 없이 아버지[益聲] 이름만 보이고, 본관이 청주淸州로 되어 있다. 그런데 《청구》와 《만성》의 《청주김씨보》에는 김용일의 가계가 보이지 않는다. 2000년 현재 청주김씨 인구는 9,161가구 2만 9,198명의 희성으로 조선시대 문과급제자 8명을 배출했는데, 그 가운데 7명이 인조대 이후에 급제했다.

892 나경성羅經成(1847~?) 전라도 나주羅州 사람으로 유학을 거쳐

고종 29년 46세로 경과별시에 병과로 급제했다.《방목》에는 벼슬이
없이 아버지〔廷憲〕이름만 보이고, 본관이 금성錦城으로 되어 있다. 그
런데《청구》와《만성》의《금성나씨보》에는 나경성의 가계가 보이
지 않는다. 2000년 현재 금성나씨 인구는 1만 2,869가구 4만 493명으
로 조선시대 문과급제자 3명을 배출했는데, 중종 대 1명, 고종 대 2명
이 급제했다. 나주나씨와 금성나씨는 다르다.

　　893 서상윤徐相允(1876~?) 서울 사람으로 진사를 거쳐 고종 29년 17
세로 경과별시에 병과로 급제했다.《방목》에는 벼슬이 없이 아버지
〔胄淳〕이름만 보이고, 본관이 대구大邱로 되어 있다. 그런데《청구》
와《만성》의《대구서씨보》에는 서상윤의 가계가 보이지 않는다.

　　894 한희원韓熙元(1871~?) 강원도 원주原州 사람으로 유학을 거쳐
고종 29년 22세로 경과별시에 병과로 급제했다.《방목》에는 벼슬이
없이 아버지〔國曄〕이름만 보이고, 본관이 청주淸州로 되어 있다. 그런
데《청구》와《만성》의《청주한씨보》에는 한희원의 가계가 보이지
않는다.

　　895 손종하孫鍾夏(1862~?) 경상도 예천醴泉 사람으로 유학을 거쳐
고종 29년 31세로 경과별시에 병과로 급제했다.《방목》에는 벼슬이
없이 아버지〔鎭厚〕이름만 보이고, 본관이 경주慶州로 되어 있다. 그런
데《청구》와《만성》의《경주손씨보》에는 손종하의 가계가 보이지
않는다.

　　896 이용구李容九(1859~?) 충청도 보은報恩 사람으로 위수衛率(종6
품)를 거쳐 고종 29년 34세로 경과별시에 병과로 급제하여 벼슬이 홍
문관 부수찬(종6품)을 거쳐 정위正尉와 경기순찰사(종2품)에 이르렀다.
《방목》에는 벼슬이 없이 아버지〔元用, 생부 道用〕이름만 보이고, 본관

이 우봉牛峰으로 되어 있다. 그런데《청구》의《우봉이씨보》에는 이
용구의 가계가 보이지 않으며,《만성》의《우봉이씨보》를 보면 아버
지 이원용의 이름은 보이나 이용구의 이름은 보이지 않고, 이용구의
이름은 보이나 아버지 이름이 인용仁用으로 되어 있어 갈피를 잡을
수 없다. 아버지 이원용의 가계를 살펴보면, 직계 7대조 가운데 벼슬
아치가 없다.

897 이길하李吉夏(1869~1898) 서울 사람으로 진사를 거쳐 고종 29년
24세로 경과별시에 병과로 급제하여 벼슬이 전주판관(종5품)에 이르
렀는데, 5년 뒤에 세상을 떠났다.《방목》에는 벼슬이 없이 아버지[寅
錫] 이름만 보이고, 본관이 전주全州로 되어 있다.《전주이씨과거급제
자총람》을 보면 이길하는 세종의 아들 광평대군廣平大君의 17대손으
로 직계 7대조 가운데 벼슬아치가 없다.

898 인석보印錫輔(1852~?) 평안도 용강龍岡 사람으로 유학을 거쳐
고종 29년 41세로 경과별시에 병과로 급제하여 벼슬이 홍문관 교리
(정5품)를 거쳐 세무관稅務官에 이르렀고, 1910년 규장각 부제학(정3품
당상관)에 추증되었다.《방목》에는 벼슬이 없이 아버지[大坤] 이름만
보이고, 본관이 교동喬桐으로 되어 있다. 그런데《청구》와《만성》에
는《교동인씨보》자체가 없을 만큼 집안이 한미하다. 2000년 현재
교동인씨 인구는 5,403가구 1만 7,448명의 희성으로 인석보가 유일한
문과급제자이다.

899 김정룡金正龍(1860~?) 경기도 이천利川 사람으로 유학을 거쳐
고종 29년 33세로 경과별시에 병과로 급제하여 벼슬이 홍문관을 거
쳐 선전관宣箋官(승지; 정3품 당상관)에 이르렀다.《방목》에는 벼슬이
없이 아버지[敎源] 이름만 보이고, 본관이 경주慶州로 되어 있다. 그런

데 《청구》와 《만성》의 《경주김씨보》에는 김정룡의 가계가 보이지 않는다.

900 채기선蔡基善(1864~?) 경기도 적성積城 사람으로 유학을 거쳐 고종 29년 29세로 경과별시에 병과로 급제했다. 《방목》에는 벼슬이 없이 아버지[脩黙] 이름만 보이고, 본관이 평강平康으로 되어 있다. 그런데 《청구》와 《만성》의 《평강채씨보》에는 채기선의 가계가 보이지 않는다.

901 조종룡趙鍾龍(1874~?) 황해도 평산平山 사람으로 유학을 거쳐 고종 29년 19세로 경과별시에 병과로 급제했는데, 호적을 바꾼 것이 발각되어 삭과되었다가 뒤에 복과되었다. 《방목》에는 벼슬이 없이 아버지[汶植] 이름만 보이고, 본관이 한양漢陽으로 되어 있다. 그런데 《청구》와 《만성》의 《한양조씨보》에는 조종룡의 가계가 보이지 않는다. 호적을 바꾼 이유도 심각한 신분적 하자를 감추기 위함일 것이다.

902 임응철林應喆(1873~?) 전라도 태인泰仁 사람으로 유학을 거쳐 고종 29년 20세로 경과별시에 급제했다. 《방목》에는 벼슬이 없이 아버지[炳瓚, 1851~1916] 이름만 보이고, 본관이 평택平澤으로 되어 있다. 아버지 임병찬은 한말과 일제강점기에 의병장으로 이름을 떨쳤다. 그런데 《청구》와 《만성》의 《평택임씨보》에는 그와 아버지 이름이 모두 보이지 않는다.

903 정현재鄭顯載(1860~?) 경상도 경주慶州 사람으로 유학을 거쳐 고종 29년 33세로 경과별시에 병과로 급제하여 벼슬이 홍문관원으로서 경연시독관(정5품)이 되었다. 《방목》에는 벼슬이 없이 아버지[行儆] 이름만 보이고, 본관이 영일迎日(延日)로 되어 있다. 그런데 《청구》와 《만성》의 《영일정씨보》에는 정현재의 가계가 보이지 않는다.

904 **양재팔**梁在八(1848~?) 경상도 함양咸陽 사람으로 유학을 거쳐 고종 29년 45세로 경과별시에 병과로 급제했다.《방목》에는 벼슬이 없이 아버지[致煥] 이름만 보이고, 본관이 남원南原으로 되어 있다. 그런데《청구》와《만성》의《남원양씨보》에는 양재팔의 가계가 보이지 않는다.

905 **박홍주**朴洪柱(1874~?) 전라도 장흥長興 사람으로 유학을 거쳐 고종 29년 19세로 경과별시에 병과로 급제했다.《방목》에는 벼슬이 없이 아버지[命祚, 생부 命信] 이름만 보이고, 본관이 밀양密陽으로 되어 있다. 그런데《청구》와《만성》의《밀양박씨보》에는 박홍주의 가계가 보이지 않는다.

906 **박영소**朴永韶(1870~?) 경기도 광주廣州 사람으로 유학을 거쳐 고종 29년 23세로 경과별시에 병과로 급제했다.《방목》에는 벼슬이 없이 아버지[顯鎭] 이름만 보이고, 본관이 밀양密陽으로 되어 있다. 그런데《청구》와《만성》의《밀양박씨보》에는 박영소의 가계가 보이지 않는다.

907 **김학수**金鶴秀(1864~?) 충청도 옥천沃川 사람으로 유학을 거쳐 고종 29년 29세로 경과별시에 병과로 급제했다.《방목》에는 벼슬이 없이 아버지[溶和] 이름만 보이고, 본관이 김해金海로 되어 있다. 그런데《청구》와《만성》의《김해김씨보》에는 김학수의 가계가 보이지 않는다.

908 **이용유**李庸逌(1855~?) 평안도 용강龍岡 사람으로 유학을 거쳐 고종 29년 38세로 경과별시에 병과로 급제했다.《방목》에는 벼슬이 없이 아버지[翼晋] 이름만 보이고, 본관이 광주廣州로 되어 있다. 그런데《청구》와《만성》의《광주이씨보》에는 이용유의 가계가 보이지

않는다.

909 황헌黄壎(1874~?) 경기도 장단長湍 사람으로 유학을 거쳐 고종 29년 19세로 경과별시에 병과로 급제했는데, 호적을 바꾼 죄로 삭과 되었다가 다시 복과되었다. 《방목》에는 벼슬이 없이 아버지[世煥] 이름만 보이고, 본관이 평해平海로 되어 있다. 그런데 《청구》와 《만성》 의 《평해황씨보》에는 황헌의 가계가 보이지 않는다. 호적을 바꾼 것은 그의 신분에 심각한 하자가 있음을 말해 준다.

910 현석태玄錫泰(1865~?) 평안도 정주定州 사람으로 유학을 거쳐 고종 29년 28세로 경과별시에 병과로 급제했다. 《방목》에는 벼슬이 없이 아버지[殷濟] 이름만 보이고, 본관이 연주延州(寧邊)로 되어 있다. 그런데 《청구》와 《만성》의 《연주현씨보》에는 현석태의 가계가 보이지 않는다.

911 서태환徐泰煥(1867~?) 경기도 수원水原 사람으로 생원을 거쳐 고종 29년 26세로 경과별시에 병과로 급제했다. 《방목》에는 벼슬이 없이 아버지[贊祖] 이름만 보이고, 본관이 이천利川으로 되어 있다. 그런데 《청구》와 《만성》의 《이천서씨보》에는 서태환의 가계가 보이지 않는다.

912 김대원金大元(1874~?) 함경도 함흥咸興 사람으로 유학을 거쳐 고종 29년 19세로 경과별시에 병과로 급제했다. 《방목》에는 벼슬이 없이 아버지[進明] 이름만 보이고, 본관이 경주慶州로 되어 있다. 그런데 《청구》와 《만성》의 《경주김씨보》에는 김대원의 가계가 보이지 않는다.

913 송관헌宋觀憲(1878~?) 충청도 청주淸州 사람으로 유학을 거쳐 고종 29년 15세로 경과별시에 병과로 급제하여 벼슬이 홍문관을 거

쳐 비서승(주임관)에 이르렀다. 《방목》에는 벼슬이 없이 아버지[秉穆]
이름만 보이고, 본관이 은진恩津으로 되어 있다. 그런데 《청구》의
《은진송씨보》에는 송관헌의 가계가 보이지 않으며,《만성》의 《은진
송씨보》를 보면 직계 4대조와 외조 가운데 벼슬아치가 없다.

　914 권익규權益圭(1818~?) 경기도 양근楊根 사람으로 유학을 거쳐
고종 29년 75세로 경과별시에 병과로 급제했다. 《방목》에는 벼슬이
없이 아버지[思永] 이름만 보이고, 본관이 안동安東으로 되어 있다. 그
런데 《청구》와 《만성》의 《안동권씨보》에는 권익규의 가계가 보이
지 않는다.

　915 박영락朴永駱(개명 永大, 1867~?) 서울 사람으로 유학을 거쳐 고종
29년 26세로 경과별시에 병과로 급제했는데, 호적을 바꾼 것이 발각
되어 삭과되었다가 뒤에 복과되어 벼슬이 홍문관원으로 경연시독관
(정5품)에 이르렀다. 《방목》에는 벼슬이 없이 아버지[奎鎭, 생부 菜鎭]
이름만 보이고, 본관이 밀양密陽으로 되어 있다. 그런데 《청구》와 《만
성》의 《밀양박씨보》에는 박영락의 가계가 보이지 않는다. 응시할 때
호적을 속인 것은 신분적 하자를 감추기 위한 것으로 보인다.

　916 현동건玄東健(1843~?) 서울 사람으로 유학을 거쳐 고종 29년 50
세로 경과별시에 병과로 급제하여 벼슬이 사간원 정언(정6품)을 거쳐
평리원 검사平理院 檢事(주임관)에 이르렀다. 《방목》에는 벼슬이 없이
아버지[星運, 생부 昌運] 이름만 보이고, 본관이 연주延州(寧邊)로 되어
있다. 그런데 《청구》와 《만성》의 《연주현씨보》에는 현동건의 가계
가 보이지 않는다. 2000년 현재 연주현씨 인구는 1만 8,686가구 5만
9,096명으로 정조 대 이후 문과급제자 7명을 배출했는데, 정주定州 출
신이 3명, 영변과 박천博川 출신이 각각 1명, 함경도 출신이 1명, 그리

고 서울 출신이 1명이다.

　　917 임정묵林廷黙(1861~?) 평양平壤 사람으로 유학을 거쳐 고종 29
년 32세로 경과별시에 병과로 급제했다.《방목》에는 벼슬이 없이 아
버지[雲鶴] 이름만 보이고, 본관이 안의安義로 되어 있다. 그런데《청
구》와《만성》에는《안의임씨보》자체가 없을 만큼 집안이 한미하
다. 2000년 현재 안의임씨 인구는 530가구 1,681명의 극희성으로 순
조 대 이후 문과급제자 5명을 배출했는데, 그 가운데 4명이 평안도
출신으로 확인되고 있다.

　　918 정석오鄭錫五(1861~?) 평양平壤 사람으로 유학을 거쳐 고종 29
년 32세로 경과별시에 병과로 급제하여 벼슬이 승문원 부정자(종9품)
를 거쳐 예문관 검열(정9품), 시강원 문학(정5품)에 이르렀는데, 원래
는 응시할 때 호적을 바꾼 죄로 삭과되었다가 뒤에 복과된 인물이다.
《방목》에는 벼슬이 없이 아버지[載㵆] 이름만 보이고, 본관이 진주晉
州로 되어 있다. 그런데《청구》와《만성》의《진주정씨보》에는 정석
오의 가계가 보이지 않는다. 호적을 바꾼 것으로 보아 신분에 심각한
하자가 있는 것으로 보인다.

　　919 유중식劉中植(1859~?) 강원도 강릉江陵 사람으로 유학을 거쳐
고종 29년 34세로 경과별시에 병과로 급제했다.《방목》에는 벼슬이
없이 아버지[漢奎] 이름만 보이고, 본관이 배천白川으로 되어 있다. 그
런데《청구》에는《배천유씨보》자체가 없으며,《만성》의《배천유씨
보》에는 유중식의 가계가 보이지 않는다. 2000년 현재 배천유씨 인
구는 2,051가구 6,573명의 희성으로 문과급제자는 2명인데, 고종 3년
에 유원식劉元植이 첫 급제자이고, 그가 두 번째이다.

　　920 최우락崔禹洛(1869~?) 전라도 익산益山 사람으로 유학을 거쳐

고종 29년 24세로 경과별시에 병과로 급제했다.《방목》에는 벼슬이 없이 아버지〔鍾黃〕이름만 보이고, 본관이 강화江華로 되어 있다. 그런데《청구》와《만성》의《강화최씨보》에는 최우락의 가계가 보이지 않는다. 강화최씨는 조선시대 문과급제자는 19명을 배출했다.

921 **고영중**高永中(1867~?) 경기도 강화江華 사람으로 유학을 거쳐 고종 29년 26세로 경과별시에 병과로 급제했는데, 호적을 바꾼 죄로 삭과되었다가 뒤에 복과되어 벼슬이 승문원 정자(정9품)에 이르렀다.《방목》에는 벼슬이 없이 아버지〔在鳳〕이름만 보이고, 본관이 제주濟州로 되어 있다. 그런데《청구》와《만성》의《제주고씨보》에는 고영중의 가계가 보이지 않는다.

922 **양도옥**梁燾鈺(1848~?) 함경도 장진長津 사람으로 유학을 거쳐 고종 29년 45세로 경과별시에 병과로 급제했다.《방목》에는 벼슬이 없이 아버지〔禹衡〕이름만 보이고, 본관이 남원南原으로 되어 있다. 그런데《청구》와《만성》의《남원양씨보》에는 양도옥의 가계가 보이지 않는다.

923 **박해철**朴海喆(1868~?) 경상도 밀양密陽 사람으로 유학을 거쳐 고종 29년 25세로 경과별시에 병과로 급제하여 벼슬이 홍문록에 올랐다.《방목》에는 벼슬이 없이 아버지〔文琥〕이름만 보이고, 본관이 밀양으로 되어 있다. 그런데《청구》와《만성》의《밀양박씨보》에는 박해철의 가계가 보이지 않는다.

924 **이면규**李冕奎(1855~?) 강원도 춘천春川 사람으로 유학을 거쳐 고종 29년 38세로 경과별시에 병과로 급제했다.《방목》에는 벼슬이 없이 아버지〔昇益〕이름만 보이고, 본관이 연안延安으로 되어 있다. 그런데《청구》와《만성》의《연안이씨보》에는 이면규의 가계가 보이

지 않는다.

925 **김재서**金在序(1869~?) 경상도 성주星州 사람으로 유학을 거쳐 고종 29년 24세로 경과별시에 병과로 급제하여 벼슬이 홍문록을 거쳐 비서감랑秘書監郎(5~6품)에 이르렀다.《방목》에는 벼슬이 없이 아버지[秉勳] 이름만 보이고, 본관이 해평海平으로 되어 있다. 그런데 《청구》와《만성》의《해평김씨보》에는 김재서의 가계가 보이지 않는다. 2000년 현재 해평김씨 인구는 1,449가구 4,643명의 희성으로, 조선시대 문과급제자 6명을 배출했다.

926 **이인창**李寅昌(1845~1906) 서울 사람으로 생원을 거쳐 고종 29년 8월 11일 48세로 경과정시에 갑과로 급제하여 벼슬이 홍문관 수찬(정6품)을 거쳐 사헌부 지평(정5품)과 승지(정3품 당상관)에 이르렀다.《방목》에는 벼슬이 없이 아버지[容九] 이름만 보이고, 본관이 전주全州로 되어 있다.《전주이씨과거급제자총람》을 보면 이인창은 세종의 아들 광평대군廣平大君의 후손으로 직계 5대조 가운데 벼슬아치가 없다.

927 **김용기**金龍騎(1866~?) 경상도 영해寧海 사람으로 유학을 거쳐 고종 29년 8월 11일 27세로 경과정시에 을과로 급제했다.《방목》에는 벼슬이 없이 아버지[秉寬] 이름만 보이고, 본관이 강릉江陵으로 되어 있다. 그런데《청구》와《만성》의《강릉김씨보》에는 김용기의 가계가 보이지 않는다.

928 **심계택**沈啓澤(1861~?) 경기도 통진通津 사람으로 진사를 거쳐 고종 29년 8월 11일 32세로 경과정시에 을과로 급제하여 벼슬이 홍문관 교리(정5품)와 수찬(정6품)을 거쳐 대한제국 때 비서승(주임관)에 이르렀다.《방목》에는 벼슬이 없이 아버지[宜駿] 이름만 보이고, 본관이 청송青松으로 되어 있다. 그런데《청구》와《만성》의《청송심씨

보》에는 심계택의 가계가 보이지 않는다.

929 박진형朴鎭瀅(1859~?) 평안도 강서江西 사람으로 유학을 거쳐
고종 29년 8월 11일 34세로 경과정시에 병과로 급제했다. 《방목》에
는 벼슬이 없이 아버지[升彦] 이름만 보이고, 본관이 밀양密陽으로 되
어 있다. 그런데 《청구》와 《만성》의 《밀양박씨보》에는 박진형의 가
계가 보이지 않는다.

930 홍순승洪淳昇(1875~?) 함경도 덕원德源 사람으로 유학을 거쳐
고종 29년 8월 11일 18세로 경과정시에 병과로 급제했다. 《방목》에
는 벼슬이 없이 아버지[鍾律] 이름만 보이고, 본관이 남양南陽으로 되
어 있다. 그런데 《청구》와 《만성》의 《남양홍씨보》에는 홍순승의 가
계가 보이지 않는다.

931 김명뢰金鳴雷(1856~?) 평안도 중화中和 사람으로 유학을 거쳐
고종 29년 8월 11일 37세로 경과정시에 병과로 급제했다. 《방목》에
는 벼슬이 없이 아버지[鳳昊] 이름만 보이고, 본관이 김해金海로 되어
있다. 그런데 《청구》와 《만성》의 《김해김씨보》에는 김명뢰의 가계
가 보이지 않는다.

932 박예병朴禮秉(1874~?) 경기도 양주楊州 사람으로 동몽교관(종9
품)을 거쳐 고종 29년 8월 11일 19세로 경과정시에 병과로 급제했다.
《방목》에는 벼슬이 없이 아버지[承林] 이름만 보이고, 본관이 밀양密
陽으로 되어 있다. 그런데 《청구》의 《밀양박씨보》에는 박예병의 가
계가 보이지 않으며, 《만성》의 《밀양박씨보》를 보면 아버지까지의
가계는 보이나 그의 이름은 보이지 않는다. 아버지까지의 가계를 보
면 직계 6대조 가운데 벼슬아치는 할아버지가 참봉(종9품)을 한 것이
전부이다.

933 **김경제**金慶濟(1843~?) 충청도 서산瑞山 사람으로 진사를 거쳐 고종 29년 8월 11일 50세로 경과정시에 병과로 급제하여 벼슬이 사간원 정언(정6품)을 거쳐 홍문관 수찬(정6품)에 이르렀다.《방목》에는 벼슬이 없이 아버지[商珀] 이름만 보이고, 본관이 경주慶州로 되어 있다. 그런데《청구》와《만성》의《경주김씨보》에는 김경제의 가계가 보이지 않는다.

934 **정인표**鄭寅杓(1855~?) 충청도 진천鎭川 사람으로 진사를 거쳐 고종 29년 8월 11일 38세로 경과정시에 병과로 급제하여 벼슬이 홍문관 교리(정5품)를 거쳐 순찰사(종2품)에 이르렀다.《방목》에는 벼슬이 없이 아버지[旭朝] 이름만 보이고, 본관이 동래東萊로 되어 있다. 그런데《청구》의《동래정씨보》에는 정인표의 가계가 보이지 않으며,《만성》의《동래정씨보》를 보면 그는 조선 후기 문신 정태화鄭太和의 후손으로 직계 6대조 가운데 벼슬아치가 없다.

935 **김재사**金在司(1874~?) 경상도 성주星州 사람으로 유학을 거쳐 고종 29년 8월 11일 19세로 경과정시에 병과로 급제하여 벼슬이 홍문관원으로 경연시독관(정5품)에 이르렀다.《방목》에는 벼슬이 없이 아버지[秉勳] 이름만 보이고, 본관이 해평海平으로 되어 있다. 그런데《청구》와《만성》의《해평김씨보》에는 김재사의 가계가 보이지 않는다. 다만, 친형 김재서金在序도 같은 해 경과별시에 급제하여 벼슬이 비서랑(판임관)에 이르렀음은 앞에서 소개한 바 있다. 2000년 현재 해평김씨 인구는 1,449가구 4,643명의 희성으로 조선시대 문과급제자 6명을 배출했다.

936 **안정간**安廷偘(1846~?) 황해도 황주黃州 사람으로 유학을 거쳐 고종 29년 8월 16일 47세로 경과별시에 갑과로 급제했다.《방목》에

는 벼슬이 없이 아버지[秉直] 이름만 보이고, 본관이 순흥順興으로 되어 있다. 그런데 《청구》와 《만성》의 《순흥안씨보》에는 안정간의 가계가 보이지 않는다.

937 권유하權有夏(1852~?) 경상도 예천醴泉 사람으로 유학을 거쳐 고종 29년 8월 16일 41세로 경과별시에 을과로 급제했다. 《방목》에는 벼슬이 없이 아버지[秀珠, 생부 秀玹] 이름만 보이고, 본관이 안동安東으로 되어 있다. 그런데 《청구》와 《만성》의 《안동권씨보》에는 권유하의 가계가 보이지 않는다.

938 김한경金翰經(1873~?) 함경도 북청北靑 사람으로 유학을 거쳐 고종 29년 8월 16일 20세로 경과별시에 병과로 급제했다. 《방목》에는 벼슬이 없이 아버지[正祜, 생부 正洴] 이름만 보이고, 본관이 경주慶州로 되어 있다. 그런데 《청구》와 《만성》의 《경주김씨보》에는 김한경의 가계가 보이지 않는다.

939 송정섭宋廷燮(1852~?) 충청도 청주淸州 사람으로 도사(종5품)를 거쳐 고종 29년 8월 16일 41세로 경과별시에 병과로 급제하여 벼슬이 홍문관 수찬(정6품)을 거쳐 사헌부 지평(정5품)과 홍문관 교리(정5품)에 이르렀다. 《방목》에는 벼슬이 없이 아버지[柱憲] 이름만 보이고, 본관이 여산礪山으로 되어 있다. 《청구》와 《만성》의 《여산송씨보》를 보면 직계 8대조 가운데 벼슬아치가 없다.

940 권옥연權玉淵(1836~?) 경상도 안동安東 사람으로 유학을 거쳐 고종 29년 8월 16일 57세로 경과별시에 병과로 급제했다. 《방목》에는 벼슬이 없이 아버지[定夏] 이름만 보이고, 본관이 안동으로 되어 있다. 그런데 《청구》의 《안동권씨보》에는 권옥연의 가계가 보이지 않으며, 《만성》의 《안동권씨보》를 보면 직계 7대조와 외조 가운데

벼슬아치가 없다.

941 이용건李鏞健(1872~?) 함경도 함흥咸興 사람으로 유학을 거쳐 고종 29년 8월 16일 21세로 경과별시에 병과로 급제했다.《방목》에는 벼슬이 없이 아버지〔致煥〕이름만 보이고, 본관이 광주廣州로 되어 있다. 그런데《청구》와《만성》의《광주이씨보》에는 이용건의 가계가 보이지 않는다.

942 천광록千光祿(1848~?) 경상도 김해金海 사람으로 유학을 거쳐 고종 29년 45세로 알성시에 장원급제했다.《방목》에는 벼슬이 없이 아버지〔時億〕이름만 보이고, 본관이 영양潁陽으로 되어 있다. 그런데《청구》와《만성》의《영양천씨보》에는 천광록의 가계가 보이지 않는다. 2000년 현재 영양천씨 인구는 2만 3,014가구 7만 3,118명으로 조선시대 문과급제자는 그가 유일하다. 조선 후기 송석원松石園을 중심으로 중인문학을 주도한 천수경千壽慶도 영양천씨다.

943 유병일柳炳一(1853~?) 강원도 춘천春川 사람으로 유학을 거쳐 고종 29년 40세로 알성시에 병과로 급제했다.《방목》에는 벼슬이 없이 아버지〔珏〕이름만 보이고, 본관이 문화文化로 되어 있다. 그런데《청구》와《만성》의《문화유씨보》에는 유병일의 가계가 보이지 않는다.

944 조병일趙炳一(1859~?) 전라도 남원南原 사람으로 유학을 거쳐 고종 29년 10월 34세로 경과별시에 을과로 급제했다.《방목》에는 벼슬이 없이 아버지〔興標〕이름만 보이고, 본관이 순창淳昌으로 되어 있다. 그런데《청구》와《만성》의《순창조씨보》에는 조병일의 가계가 보이지 않는다. 2000년 현재 순창조씨 인구는 5,669가구 1만 7,923명의 희성으로 조선시대 문과급제자 17명을 배출했다.

945 이한주李漢柱(1875~?) 평양平壤 사람으로 유학을 거쳐 고종 29년 10월 18세로 경과별시에 을과로 급제했다.《방목》에는 벼슬이 없이 아버지[廷麟] 이름만 보이고, 본관이 덕수德水로 되어 있다. 그런데《청구》와《만성》의《덕수이씨보》에는 이한주의 가계가 보이지 않는다.

946 여인섭呂仁燮(1865~?) 황해도 해주海州 사람으로 유학을 거쳐 고종 29년 10월 28세로 경과별시에 병과로 급제했다.《방목》에는 벼슬이 없이 아버지[東昊] 이름만 보이고, 본관이 함양咸陽으로 되어 있다. 그런데《청구》와《만성》의《함양여씨보》에는 여인섭의 가계가 보이지 않는다. 2000년 현재 함양여씨 인구는 8,040가구 2만 5,667명의 희성으로 조선시대 문과급제자 32명을 배출했다.

947 배한주裵漢周(1849~?) 경상도 풍기豊基 사람으로 유학을 거쳐 고종 29년 10월 44세로 경과별시에 병과로 급제하여 벼슬이 승정원 주서(정7품)에 이르렀다.《방목》에는 벼슬이 없이 아버지[顯八] 이름만 보이고, 본관이 흥해興海로 되어 있다. 그런데《청구》에는《흥해배씨보》자체가 없고,《만성》의《흥해배씨보》에는 배한주의 가계가 보이지 않는다. 2000년 현재 흥해배씨 인구는 9,130가구 2만 9,210명의 희성으로 조선시대 문과급제자 13명을 배출했다.

948 이기정李基楨(1844~1901) 함경도 함흥咸興 사람으로 유학을 거쳐 고종 29년 10월 49세로 경과별시에 병과로 급제하여 벼슬이 성균관 전적(정6품)에 이르렀다.《방목》에는 벼슬이 없이 아버지[宅源] 이름만 보이고, 본관이 전주全州로 되어 있다.《전주이씨과거급제자총람》을 보면 이기정은 목조의 아들 안원대군安原大君의 20대손으로 직계 12대조 가운데 벼슬아치가 한 사람도 없다.

949 조대환曺大煥(1856~?) 강원도 강릉江陵 사람으로 유학을 거쳐 고종 29년 10월 37세로 경과별시에 병과로 급제했다.《방목》에는 벼슬이 없이 아버지[秉衡] 이름만 보이고, 본관이 창녕昌寧으로 되어 있다. 그런데《청구》와《만성》의《창녕조씨보》에는 조대환의 가계가 보이지 않는다.

950 이인규李寅奎(1856~1933) 경기도 광주廣州 사람으로 생원을 거쳐 고종 29년 10월 37세로 경과별시에 병과로 급제하여 벼슬이 홍문관 부교리(종5품)를 거쳐 규장각 직각直閣(종6품)에 이르렀다.《방목》에는 벼슬이 없이 아버지[在淵] 이름만 보이고, 본관이 전주全州로 되어 있다.《전주이씨과거급제자총람》을 보면 이인규는 세종의 아들 광평대군廣平大君의 16대손으로 직계 5대조 가운데 벼슬아치가 없다.

951 변종헌卞鍾献(1857~?) 서울 사람으로 유학을 거쳐 고종 29년 10월 36세로 경과별시에 병과로 급제하여 벼슬이 홍문관 교리(정5품)를 거쳐 농상공부 통신국장(칙임관)에 이르렀다.《방목》에는 벼슬이 없이 아버지[元圭, 생부 原圭] 이름만 보이고, 본관이 밀양密陽(草溪)으로 되어 있다. 그런데《청구》와《만성》의《밀양변씨보》에는 변종헌의 가계가 보이지 않는다. 2000년 현재 밀양변씨 인구는 5,298가구 1만 6,911명으로 조선시대 문과급제자 16명을 배출했는데, 동시에 역과譯科 106명, 의과醫科 28명, 율과律科 22명, 주학籌學 10명 등 잡과급제자 166명을 배출하여 대표적인 중인가문을 이루었다. 조선 전기에는 변계량卞季良, 변중량卞仲良 등 많은 문관을 배출했다가 조선 후기에는 기술직 중인, 그 가운데서도 역관에 속하는 가문이라고 할 수 있다. 변종헌의 아버지 변원규는 역관으로 개화기에 별견당상別遣堂上으로 청나라에 영선사領選使를 따라가서 활약하고 돌아온 인물이다. 따라

서 변종헌은 역관의 후손이다.

　952 **윤교영**尹喬榮(1860~?) 경기도 여주驪州 사람으로 참봉(종9품)을 거쳐 고종 29년 10월 33세로 경과별시에 병과로 급제하여 벼슬이 홍문관 수찬(정6품)을 거쳐 장례원 겸장례兼掌禮(주임관)에 이르렀다. 《방목》에는 벼슬이 없이 아버지[行源, 생부 濟翼] 이름만 보이고, 본관이 해평海平으로 되어 있다. 그런데 《청구》의 《해평윤씨보》에는 윤교영의 가계가 보이지 않으며, 《만성》의 《해평윤씨보》를 보면 직계 9대조 가운데 벼슬아치가 없다.

　953 **민상현**閔象鉉(1868~?) 서울 사람으로 주사主事(판임관)를 거쳐 고종 29년 10월 24세로 경과별시에 병과로 급제하여 벼슬이 홍문관 교리(정5품)를 거쳐 주미공사관 참서관(주임관)에 이르렀다. 《방목》에는 벼슬이 없이 아버지[載天] 이름만 보이고, 본관이 여흥驪興으로 되어 있다. 그런데 《청구》의 《여흥민씨보》에는 민상현의 가계가 보이지 않으며, 《만성》의 《여흥민씨보》를 보면 직계 8대조 가운데 벼슬아치가 없다.

　954 **최한응**崔漢膺(1869~?) 경기도 수원水原 사람으로 유학을 거쳐 고종 29년 10월 24세로 경과별시에 병과로 급제했다. 《방목》에는 벼슬이 없이 아버지[宗鎬] 이름만 보이고, 본관이 수성隋城(水原)으로 되어 있다. 그런데 《청구》와 《만성》에는 《수성최씨보》 자체가 없어 신원을 알 수 없다. 2000년 현재 수성최씨 인구는 1만 5,964가구 5만 1,780명으로 비교적 희성에 속하는데, 영조 대 이후 문과급제자 4명을 배출했다.

　955 **윤두한**尹斗漢(1841~?) 황해도 해주海州 사람으로 유학을 거쳐 고종 29년 10월 52세로 경과별시에 병과로 급제했다. 《방목》에는 벼

슬이 없이 아버지〔遵鉉〕 이름만 보이고, 본관이 파평坡平으로 되어 있다. 그런데《청구》와《만성》의《파평윤씨보》에는 윤두한의 가계가 보이지 않는다.

956 이기호李琦浩(1852~?) 경상도 문경聞慶 사람으로 유학을 거쳐 고종 29년 10월 41세로 경과별시에 병과로 급제했다.《방목》에는 벼슬이 없이 아버지〔起行, 생부 泰行〕 이름만 보이고, 본관이 진보眞寶로 되어 있다. 그런데《청구》의《진보이씨보》에는 이기호의 가계가 보이지 않으며,《만성》의《진보이씨보》를 보면 그는 이황의 형 이해李瀣의 후손으로 직계 6대조와 외조 가운데 벼슬아치가 없다.

957 오영吳英(1874~?) 황해도 평산平山 사람으로 유학을 거쳐 고종 30년(1893) 20세로 경과정시에 갑과로 급제했다.《방목》에는 벼슬이 없이 아버지〔益周〕 이름만 보이고, 본관이 해주海州로 되어 있다. 그런데《청구》와《만성》의《해주오씨보》에는 오영의 가계가 보이지 않는다.

958 박도상朴道常(1862~?) 경기도 풍덕豊德 사람으로 유학을 거쳐 고종 30년 32세로 경과정시에 병과로 급제했다.《방목》에는 벼슬이 없이 아버지〔寅大〕 이름만 보이고, 본관이 밀양密陽으로 되어 있다. 그런데《청구》와《만성》의《밀양박씨보》에는 박도상의 가계가 보이지 않는다.

959 황용환黃龍煥(1874~?) 경기도 장단長湍 사람으로 유학을 거쳐 고종 30년 20세로 경과정시에 병과로 급제했다.《방목》에는 벼슬이 없이 아버지〔桓〕 이름만 보이고, 본관이 평해平海로 되어 있다. 그런데《청구》와《만성》의《평해황씨보》에는 황용환의 가계가 보이지 않는다. 평해황씨는 조선시대 문과급제자 22명을 배출했다.

960 이신李信(1857~?) 서울 사람으로 유학을 거쳐 고종 30년 37세로 경과정시에 병과로 급제했다. 《방목》에는 벼슬이 없이 아버지〔祖憲〕 이름만 보이고, 본관이 연안延安으로 되어 있다. 그런데 《청구》의 《연안이씨보》에는 이신의 가계가 보이지 않으며, 《만성》의 《연안이씨보》를 보면 아버지까지의 가계는 보이나 그의 이름은 보이지 않는다.

961 홍재두洪在斗(1852~?) 평양平壤 사람으로 유학을 거쳐 고종 30년 42세로 경과정시에 병과로 급제했다. 《방목》에는 벼슬이 없이 아버지〔熙明〕 이름만 보이고, 본관이 남양南陽으로 되어 있다. 그런데 《청구》와 《만성》의 《남양홍씨보》에는 홍재두의 가계가 보이지 않는다.

962 김용현金龍玹(1874~?) 전라도 남원南原 사람으로 동몽교관(종9품)을 거쳐 고종 30년 20세로 경과정시에 병과로 급제했다. 《방목》에는 벼슬이 없이 아버지〔漢斗〕 이름만 보이고, 본관이 부안扶安으로 되어 있다. 그런데 《청구》와 《만성》의 《부안김씨보》에는 김용현의 가계가 보이지 않는다.

963 차영한車永翰(1874~?) 경상도 상주尙州 사람으로 유학을 거쳐 고종 30년 20세로 경과정시에 병과로 급제했다. 《방목》에는 벼슬이 없이 아버지〔象鎭〕 이름만 보이고, 본관이 연안延安으로 되어 있다. 그런데 《청구》와 《만성》의 《연안차씨보》에는 차영한의 가계가 보이지 않는다.

964 손달원孫達遠(1847~?) 경상도 양산梁山 사람으로 유학을 거쳐 고종 30년 47세로 경과정시에 병과로 급제하여 벼슬이 홍문관 교리(정5품)에 이르렀다. 《방목》에는 벼슬이 없이 아버지〔鳳永〕 이름만 보이고, 본관이 안동安東(一直)으로 되어 있다. 《청구》의 《안동손씨보》

를 보면 직계 11대조 가운데 벼슬아치가 없다.

965 변규창邊奎昌(1854~?) 경상도 예천醴泉 사람으로 유학을 거쳐 고종 30년 40세로 경과정시에 병과로 급제하여 벼슬이 홍문관을 거쳐 대축(승지; 정3품 당상관)에 이르렀다. 《방목》에는 벼슬이 없이 아버지〔致勳, 생부 相勳〕 이름만 보이고, 본관이 원주原州로 되어 있다. 그런데 《청구》와 《만성》의 《원주변씨보》에는 변규창의 가계가 보이지 않는다. 2000년 현재 원주변씨 인구는 1만 1,503가구 3만 7,505명으로 조선시대 문과급제자 31명을 배출했는데, 조선 후기에는 역과譯科 33명, 의과醫科 29명, 음양과陰陽科 5명, 율과律科 3명 등 잡과급제자 70명을 배출하여 중인가문을 이루기도 했다.

966 이명직李明稙(1867~?) 서울 사람으로 유학을 거쳐 고종 30년 27세로 경과정시에 병과로 급제하여 벼슬이 홍문관 부수찬(종6품)을 거쳐 내장원경內藏院卿(칙임관)과 궁내부 특진관(칙임관)에 이르렀다. 《방목》에는 벼슬이 없이 아버지〔承大〕 이름만 보이고, 본관이 한산韓山으로 되어 있다. 그런데 《청구》와 《만성》의 《한산이씨보》에는 이명직의 가계가 보이지 않는다.

967 전규풍田圭豊(1874~?) 경상도 안동安東 사람으로 유학을 거쳐 고종 30년 20세로 경과정시에 병과로 급제했다. 《방목》에는 벼슬이 없이 아버지〔龍洽〕 이름만 보이고, 본관이 담양潭陽으로 되어 있다. 그런데 《청구》와 《만성》의 《담양전씨보》에는 전규풍의 가계가 보이지 않는다. 담양전씨는 조선시대 문과급제자 12명을 배출했다.

968 장영석張永錫(1874~?) 서울 사람으로 유학을 거쳐 고종 30년 20세로 경과정시에 병과로 급제했다. 《방목》에는 벼슬이 없이 아버지〔虎祥〕 이름만 보이고, 본관이 진주晋州로 되어 있다. 그런데 《청구》

와 《만성》에는 《진주장씨보》 자체가 없을 만큼 집안이 한미하다. 2000년 현재 진주장씨 인구는 421가구 1,371명의 극희성으로, 조선시대 문과급제자 2명을 배출했는데, 숙종 43년에 급제한 장두주張斗周와 고종 30년에 급제한 장영석이다.

969 유정柳珽(1874~?) 경기도 양지陽智 사람으로 유학을 거쳐 고종 30년 20세로 경과정시에 병과로 급제했다. 《방목》에는 벼슬이 없이 아버지[茂根] 이름만 보이고, 본관이 전주全州로 되어 있다. 그런데 《청구》와 《만성》의 《전주유씨보》에는 유정의 가계가 보이지 않는다.

970 김용덕金溶悳(1863~?) 경기도 양주楊州 사람으로 유학을 거쳐 고종 30년 31세로 경과정시에 병과로 급제하여 벼슬이 예식원 통례원 상례相禮(종3품)에 이르렀다. 《방목》에는 벼슬이 없이 아버지[宇聲], 할아버지[致仁] 이름이 보이고, 본관이 김녕金寧으로 되어 있다. 그런데 《청구》와 《만성》의 《김녕김씨보》에는 김용덕의 가계가 보이지 않는다. 2000년 현재 김녕김씨 인구는 16만 2,204가구 51만 3,015명의 대성大姓이지만 조선시대 문과급제자는 3명이다. 그 가운데 1명은 세종 대 급제하여 사육신 사건에 참여했던 김문기金文起(초명 孝起)이고, 2명은 고종 대에 급제했다.

971 김두직金斗稷(1862~?) 전라도 남원南原 사람으로 유학을 거쳐 고종 30년 32세로 경과정시에 병과로 급제했다. 《방목》에는 벼슬이 없이 아버지[敬浩] 이름만 보이고, 본관이 김해金海로 되어 있다. 그런데 《청구》와 《만성》의 《김해김씨보》에는 김두직의 가계가 보이 않는다.

972 오석규吳錫奎(1864~?) 전라도 남원南原 사람으로 유학을 거쳐 고종 30년 30세로 경과정시에 병과로 급제했다. 《방목》에는 벼슬이

없이 아버지[永基] 이름만 보이고, 본관이 함양咸陽으로 되어 있다. 그런데 《청구》와 《만성》의 《함양오씨보》에는 오석규의 가계가 보이지 않는다.

973 윤행근尹行根(1874~?) 평안도 태천泰川 사람으로 유학을 거쳐 고종 30년 20세로 경과정시에 병과로 급제했다. 《방목》에는 벼슬이 없이 아버지[斗漢] 이름만 보이고, 본관이 파평坡平으로 되어 있다. 그런데 《청구》와 《만성》의 《파평윤씨보》에는 윤행근의 가계가 보이지 않는다.

974 이중찬李中燦(1862~?) 경상도 예안禮安 사람으로 유학을 거쳐 고종 30년 32세로 경과정시에 병과로 급제했다. 《방목》에는 벼슬이 없이 아버지[晩琮] 이름만 보이고, 본관이 진보眞寶로 되어 있다. 《청구》와 《만성》의 《진보이씨보》를 보면 직계 5대조(또는 4대조)와 외조 가운데 벼슬아치가 없다.[67]

975 백현진白顯震(1859~?) 평안도 태천泰川 사람으로 유학을 거쳐 고종 30년 35세로 경과정시에 병과로 급제했다. 《방목》에는 벼슬이 없이 아버지[應夔] 이름만 보이고, 본관이 수원水原으로 되어 있다. 그런데 《청구》와 《만성》의 《수원백씨보》에는 백현진의 가계가 보이지 않는다. 태천의 수원백씨는 영조 대 이후 문과급제자 14명을 배출하여 이 지역 신흥 명문으로 부상했다.

976 민영순閔泳純(1849~?) 서울 사람으로 유학을 거쳐 고종 30년 45세로 경과정시에 병과로 급제했다. 《방목》에는 벼슬이 없이 아버지 [信鎬, 생부 翼鎬] 이름만 보이고, 본관이 여흥驪興으로 되어 있다. 그런

---

67) 《청구》의 《진보이씨보》에는 5대조[世胤]가 현감(종6품)으로 되어 있고, 《만성》의 《진보이씨보》에는 5대조의 벼슬이 없다.

데 《청구》와 《만성》의 《여흥민씨보》에는 민영순의 가계가 보이지 않는다.

977 **이용태**李龍泰(1865~?) 평안도 영변寧邊 사람으로 유학을 거쳐 고종 30년 29세로 알성문과에 갑과로 급제했다. 《방목》에는 벼슬이 없이 아버지[賢銖] 이름만 보이고, 본관이 광주廣州로 되어 있다.[68] 그런데 《청구》와 《만성》의 《광주이씨보》에는 이용태의 가계가 보이지 않는다.

978 **오학선**吳鶴善(1853~?) 전라도 나주羅州 사람으로 유학을 거쳐 고종 30년 41세로 경과정시에 병과로 급제했다. 《방목》에는 벼슬이 없이 아버지[在璟] 이름만 보이고, 본관이 나주로 되어 있다. 그런데 《청구》와 《만성》의 《나주오씨보》에는 오학선의 가계가 보이지 않는다.

979 **조성재**趙性載(1865~?) 서울 사람으로 생원을 거쳐 고종 30년 29세로 경과정시에 병과로 급제하여 벼슬이 홍문관을 거쳐 평강군수(종4품)에 이르렀다. 《방목》에는 벼슬이 없이 아버지[熙一] 이름만 보이고, 본관이 풍양豊壤으로 되어 있다. 그런데 《청구》와 《만성》의 《풍양조씨보》에는 조성재의 가계가 보이지 않는다.

980 **안필호**安弼鎬(1869~?) 충청도 진천鎭川 사람으로 유학을 거쳐 고종 30년 25세로 경과정시에 병과로 급제하여 벼슬이 예식원의 선표관宣表官(주임관)에 이르렀다. 《방목》에는 벼슬이 없이 아버지[致元] 이름만 보이고, 본관이 순흥順興으로 되어 있다. 그런데 《청구》와 《만성》의 《순흥안씨보》에는 안필호의 가계가 보이지 않는다.

---

68) 규장각한국학연구원본은 이용태의 본관이 경주慶州로 되어 있으나, 《청구》와 《만성》의 《경주이씨보》에는 그의 가계가 보이지 않는다.

981 **이종익**李鍾翊(1855~?) 경기도 파주坡州 사람으로 진사를 거쳐 고종 30년 10월 39세로 경과정시에 갑과로 급제했다. 《방목》에는 벼슬이 없이 아버지〔圭憲〕 이름만 보이고, 본관이 경주慶州로 되어 있다. 그런데 《청구》와 《만성》의 《경주이씨보》에는 이종익의 가계가 보이지 않는다.

982 **이진영**李晋永(1831~?) 서울 사람으로 유학을 거쳐 고종 30년 10월 63세로 경과정시에 을과로 급제했다. 《방목》에는 벼슬이 없이 아버지〔鎰〕 이름만 보이고, 본관이 양성陽城으로 되어 있다. 그런데 《청구》와 《만성》의 《양성이씨보》에는 이진영의 가계가 보이지 않는다.

983 **김명수**金鳴洙(1852~?) 충청도 직산稷山 사람으로 유학을 거쳐 고종 30년 10월 42세로 경과정시에 을과로 급제했다. 《방목》에는 벼슬이 없이 아버지〔澤鉉〕 이름만 보이고, 본관이 언양彦陽으로 되어 있다. 그런데 《청구》와 《만성》의 《언양김씨보》에는 김명수의 가계가 보이지 않는다.

984 **허만필**許萬弼(1874~?) 서울 사람으로 진사를 거쳐 고종 30년 10월 20세로 경과정시에 을과로 급제하여 벼슬이 비서랑(판임관)에 이르렀다. 《방목》에는 벼슬이 없이 아버지〔晦秀〕 이름만 보이고, 본관이 김해金海로 되어 있다. 그런데 《청구》와 《만성》의 《김해허씨보》에는 허만필의 가계가 보이지 않는다.

985 **이종근**李鍾根(1872~?) 경기도 풍덕豊德 사람으로 유학을 거쳐 고종 30년 10월 22세로 경과정시에 병과로 급제했다. 《방목》에는 벼슬이 없이 아버지〔圭錫〕 이름만 보이고, 본관이 경주慶州로 되어 있다. 그런데 《청구》와 《만성》의 《경주이씨보》를 보면 아버지까지의 가계만 보이고 이종근의 이름은 보이지 않는다. 아버지까지의 가계를

보면《청구》에는 조선 후기 문신 이광좌李光佐의 후손으로 직계 7대
조 가운데 벼슬아치가 없고,《만성》에는 직계 4대조 가운데 벼슬아
치가 없다.

　　986 이위래李渭來(1861~?) 서울 사람으로 유학을 거쳐 고종 30년 10
월 33세로 경과정시에 병과로 급제하여 벼슬이 비서원승(주임관)에
이르렀다. 1905년에는 을사늑약을 강력하게 비판하고 역적의 처단을
요구하는 상소를 올렸다.《방목》에는 벼슬이 없이 아버지〔秉翊〕이름
만 보이고, 본관이 광주廣州로 되어 있다. 그런데《청구》와《만성》의
《광주이씨보》에는 이위래의 가계가 보이지 않는다.

　　987 이종협李鍾浹(1842~?) 서울 사람으로 유학을 거쳐 고종 30년 10
월 52세로 경과정시에 병과로 급제하여 벼슬이 홍문관 수찬(정6품)을
거쳐 대한제국 때 외부참서관外部參書官(주임관)으로 총영사관을 겸했
다.《방목》에는 벼슬이 없이 아버지〔圭浩, 생부 圭復〕이름만 보이고,
본관이 경주慶州로 되어 있다. 그런데《청구》와《만성》의《경주이씨
보》에는 이종협의 가계가 보이지 않는다.

　　988 오천환吳天煥(1869~?) 황해도 해주海州 사람으로 유학을 거쳐
고종 30년 10월 25세로 경과정시에 병과로 급제했다.《방목》에는 벼
슬이 없이 아버지〔聖根〕이름만 보이고, 본관이 해주로 되어 있다. 그
런데《청구》와《만성》의《해주오씨보》에는 오천환의 가계가 보이
지 않는다.

　　989 유병훈柳炳勳(1865~?) 황해도 서흥瑞興 사람으로 유학을 거쳐
고종 30년 10월 29세로 경과정시에 병과로 급제했다.《방목》에는 벼
슬이 없이 아버지〔贊〕이름만 보이고, 본관이 문화文化로 되어 있다.
그런데《청구》와《만성》의《문화유씨보》에는 유병훈의 가계가 보

이지 않는다.

990 강경희姜景熙(1871~?) 경상도 상주尙州 사람으로 유학을 거쳐 고종 30년 10월 25세로 경과정시에 병과로 급제했다.《방목》에는 벼슬이 없이 아버지[益馨] 이름만 보이고, 본관이 진주晉州로 되어 있다. 그런데《청구》와《만성》의《진주강씨보》에는 강경희의 가계가 보이지 않는다.

991 임고학林皐鶴(1860~?) 경상도 상주尙州 사람으로 유학을 거쳐 고종 30년 10월 34세로 경과정시에 병과로 급제했다.《방목》에는 벼슬이 없이 아버지[思震] 이름만 보이고, 본관이 예천醴泉으로 되어 있다. 그런데《청구》와《만성》의《예천임씨보》에는 임고학의 가계가 보이지 않는다. 2000년 현재 예천임씨 인구는 1만 8,301가구 5만 8,403명으로 조선시대 문과급제자는 2명이며 명종 대 첫 급제자가 나온 이후 그가 두 번째이다.

992 윤계수尹啓洙(1858~?) 함경도 홍원洪原 사람으로 유학을 거쳐 고종 30년 10월 36세로 경과정시에 병과로 급제했다.《방목》에는 벼슬이 없이 아버지[庸錫] 이름만 보이고, 본관이 파평坡平으로 되어 있다. 그런데《청구》와《만성》의《파평윤씨보》에는 윤계수의 가계가 보이지 않는다.

993 김진영金鎭永(1852~?) 경상도 대구大邱 사람으로 유학을 거쳐 고종 30년 10월 42세로 경과정시에 병과로 급제했다.《방목》에는 벼슬이 없이 아버지[瑢彦] 이름만 보이고, 본관이 김녕金寧으로 되어 있다. 그런데《청구》와《만성》의《김녕김씨보》에는 김진영의 가계가 보이지 않는다. 김녕김씨에 대해서는 앞에서 설명했다.

994 전재덕全在悳(1861~?) 함경도 북청北靑 사람으로 유학을 거쳐

고종 30년 10월 33세로 경과정시에 병과로 급제했다.《방목》에는 벼슬이 없이 아버지[尙潤] 이름만 보이고, 본관이 정선旌善으로 되어 있다. 그런데《청구》와《만성》의《정선전씨보》에는 전재덕의 가계가 보이지 않는다. 정선전씨는 조선시대 문과급제자 9명을 배출했다.

995 오연근吳年根(1852~?) 황해도 해주海州 사람으로 유학을 거쳐 고종 30년 10월 42세로 경과정시에 병과로 급제하여 벼슬이 승정원 가주서(정7품)에 이르렀다.《방목》에는 벼슬이 없이 아버지[觀泳] 이름만 보이고, 본관이 해주로 되어 있다. 그런데《청구》의《해주오씨보》에는 오연근의 가계가 보이지 않으며,《만성》의《해주오씨보》를 보면 아버지까지의 가계만 보일 뿐 그의 이름은 보이지 않는다. 아버지까지의 가계를 보면 직계 8대조 가운데 아버지, 할아버지, 증조만 무과에 급제한 것으로 되어 있고 그 윗대는 모두 벼슬아치가 없다.

996 신응선申應善(1834~?) 충청도 보령保寧 사람으로 진사를 거쳐 고종 30년 10월 60세로 경과정시에 병과로 급제하여 벼슬이 사간원 헌납(정5품)과 성균관 대사성(정3품 당상관)을 거쳐 중추원 의관(칙임관)에 이르렀다.《방목》에는 벼슬이 없이 아버지[祥朝] 이름만 보이고, 본관이 평산平山으로 되어 있다. 그런데《청구》의《평산신씨보》에는 할아버지까지의 가계만 보이고 아버지와 신응선의 이름은 보이지 않으며,《만성》의《평산신씨보》를 보면 그는 신흠申欽의 후손으로 직계 4대조 가운데 벼슬아치가 없다.

997 정윤鄭潤(1852~?) 경기도 광주廣州 사람으로 유학을 거쳐 고종 30년 10월 42세로 경과정시에 병과로 급제했다.《방목》에는 벼슬이 없이 아버지[珬] 이름만 보이고, 본관이 진주晉州로 되어 있다. 그런데《청구》와《만성》의《진주정씨보》에는 정윤의 가계가 보이지 않는다.

998 **김윤기**金潤起(1870~?) 평안도 영유永柔 사람으로 고종 30년 24세로 평안도 영유와 의주義州 사람을 대상으로 한 영의과永義科에 갑과로 급제했다.《방목》에는 이름 말고 아무런 기록이 없으나, 규장각본《방목》을 보면 본관이 풍산豊山으로 알려지고 있다. 그러나《풍산김씨보》에는 김윤기의 가계가 보이지 않는다.

999 **김연희**金淵禧(1872~?) 평안도 영유永柔 사람으로 고종 30년 22세로 평안도 영의과에 을과로 급제했다.《방목》에는 이름 말고 아무런 기록이 없으나, 규장각본《방목》을 보면 본관이 원주原州로 알려지고 있다. 그러나《원주김씨보》에는 김연희의 가계가 보이지 않는다.

1000 **김성직**金性稷(1863~?) 평안도 영유永柔 사람으로 고종 30년 31세로 평안도 영의과에 병과로 급제했다.《방목》에는 이름 말고 아무런 기록이 없으나, 규장각본《방목》을 보면 본관이 전주全州로 알려지고 있다. 그러나《전주김씨보》에는 김성직의 가계가 보이지 않는다.

1001 **윤동건**尹東健(1848~?) 평안도 의주義州 사람으로 생원을 거쳐 고종 30년 평안도 영의과에 병과로 급제했다.《방목》에는 아버지[致周] 이름 말고 아무런 기록이 없으나, 규장각본《방목》을 보면 본관이 파평坡平으로 알려지고 있다. 그러나《파평윤씨보》에는 윤동건의 가계가 보이지 않는다.

1002 **윤희주**尹希周 평안도 의주義州 사람으로 고종 30년 평안도 영의과에 병과로 급제했다.《방목》에는 이름 말고 아무런 기록이 없어 신원을 알 수 없다.

1003 **신종익**愼宗翼(1857~?) 거주지를 알 수 없는데, 생원을 거쳐 고종 31년(1894) 4월 38세로 조선왕조 마지막 문과시험인 식년시에 장원급제했다.《방목》에는 아버지[炳坤] 이름만 보이고, 그 밖에 아무

런 기록이 없다. 신씨의 본관은 거창居昌밖에 없는데,《청구》와《만성》의《거창신씨보》에는 신종익의 가계가 보이지 않는다.

　　1004 오계련吳啓鍊 유학을 거쳐 고종 31년 4월 식년시에 을과로 급제하여 벼슬이 홍문관에 이르렀다.《방목》에는 아버지[載奎] 이름만 보이고, 아무런 기록이 없어 신원을 알 수 없다. 그런데 고종 29년에 동복同福 사람 오계련이 부모를 잘 섬기고, 친족과 화목하며, 재물을 내어 가난한 사람을 구제한 공으로 정부에서 포상을 받은 일이 있는데,[69] 이 사람이 바로 문과에 급제한 사람이라면 오계련은 동복 사람임을 알 수 있고, 본관도 동복일 가능성이 크다. 그러나《청구》와《만성》의《동복오씨보》에는 그의 가계가 보이지 않는다.

　　1005 여봉준呂鳳駿 유학을 거쳐 고종 31년 4월 식년시에 을과로 급제했다.《방목》에는 아버지[應鍾] 이름만 보이고, 그 밖에 아무런 기록이 없어 신원을 알 수 없다. 여씨의 본관은 함양咸陽과 성주星州밖에 없는데,《청구》와《만성》의 어느 여씨보에도 여봉준의 가계가 보이지 않는다.

　　1006 최종덕崔鍾德 유학을 거쳐 고종 31년 식년시에 을과로 급제했다.《방목》에는 벼슬이 없이 아버지[賢岳] 이름만 보이고, 그 밖에 아무런 기록이 없어 신원을 알 수 없다.《청구》와《만성》의 어느 최씨보에도 최종덕의 가계는 보이지 않는다.

　　1007 배철순裵哲淳 유학을 거쳐 고종 31년 4월 식년시에 을과로 급제했다.《방목》에는 아버지[永烈] 이름 말고 아무런 기록이 없어 신원을 알 수 없다.《청구》와《만성》의 어느 배씨보에도 배철순의 가

---

69)《고종실록》권29, 고종 29년 7월 18일 계묘.

계는 보이지 않는다.

　　1008 차은조車殷祚 유학을 거쳐 고종 31년 식년시에 병과로 급제했
다.《방목》에는 아버지〔鳳紀〕이름만 보이고, 그 밖에 아무런 기록이
없어 신원을 알 수 없다.《청구》와《만성》의 어느 차씨보에도 차은
조의 가계는 보이지 않는다.

　　1009 이문구李文求 경상도 예안禮安 사람으로 유학을 거쳐 고종 31
년 식년시에 병과로 급제하여 벼슬이 비서감 선조관宣詔官(승지; 정3품
당상관)에 이르렀다.《방목》에는 벼슬이 없이 아버지〔冕鎬〕이름이 보
이고, 본관이 진보眞寶로 되어 있다. 그런데《청구》의《진보이씨보》
에는 이문구의 가계가 보이지 않으며,《만성》의《진보이씨보》를 보
면 직계 6대조 가운데 벼슬아치가 없다.

　　1010 안종화安鍾和(1860~1924) 충청도 홍양洪陽이 고향이지만 서울
에 살면서 과거에 응시하여 진사를 거쳐 고종 31년 35세로 식년시에
병과로 급제하여 벼슬이 홍문관 시독관侍讀官(주임관)을 거쳐 승지(정
3품 당상관)와 중추원 의관(칙임관)에 이르렀다. 을사늑약에 분노하여
벼슬을 버리고 애국계몽운동에 참가했다. 안종화는 역사책으로 고종
15년(1878)에《동사절요東史節要》(1904년 간행)를 편찬하고, 1909년에
는《국조인물지國朝人物志》등을 편찬했다.[70]《국조인물지》는 조선
후기 서울의 기술직 중인이나 서얼 가운데 명인들, 이른바 위항인委
巷人의 전기를 많이 수록한 것이 특색이다.《방목》에는 아버지〔基遠〕
이름이 보이고, 본관이 광주廣州로 되어 있다. 그런데《만성》의《광
주안씨보》에는 그의 가계가 보이지 않으며,《청구》의《광주안씨보》

---

70) 한영우,〈개화기 안종화의 역사서술〉,《한국민족주의 역사학》(일조각, 1994) 참고.

를 보면 아버지까지의 가계는 보이나 안종화의 이름은 보이지 않는
다. 아버지까지의 가계를 보면 직계 9대조 가운데 아버지 안기원이
주사主事(판임관)를 한 것으로 되어 있을 뿐 벼슬아치가 없다. 그러나
안기원은 19세기 초 위항시인委巷詩人의 한 사람으로 벼슬을 하지 않
았다.

1011 **홍종우**洪鍾宇(1850~1913) 유학을 거쳐 고종 31년 4월 45세로
식년시에 병과로 급제하여 벼슬이 홍문관 교리(정5품)를 거쳐 비서승
(주임관), 의정부 총무국장(칙임관), 중추원 의관(칙임관), 법부 사리국
장(칙임관)에 이르렀다. 급제하기 전에 프랑스에 유학갔다가 돌아오
는 길에 상해에서 김옥균金玉均을 사살하여 고종의 총애를 받았으며,
황국협회에 가담하여 친일적인 독립협회를 공격하기도 하는 등 적극
적인 친왕세력으로 활동했다.《방목》에는 벼슬이 없이 아버지[在源]
이름만 보이고, 그 밖에 아무런 기록이 없다. 본관은 남양南陽으로 알
려져 있는데,《청구》와《만성》의《남양홍씨보》에는 홍종우의 가계
가 보이지 않는다.

1012 **박해용**朴海容 경상도 단성丹城 사람으로 유학을 거쳐 고종 31
년 4월 식년시에 병과로 급제하여 벼슬이 승정원 가주서(정7품)와 홍
문관을 거쳐 승지(정3품 당상관)에 이르렀다.《방목》에는 아버지[宜鉉]
이름이 보이고, 본관이 순천順天으로 되어 있다. 그런데《만성》의
《순천박씨보》에는 박해용의 가계가 보이지 않으며,《청구》의《순천
박씨보》를 보면 직계 6대조 가운데 벼슬아치가 없다.

1013 **박세익**朴世翼 유학을 거쳐 고종 31년 식년시에 병과로 급제했
다.《방목》에는 벼슬이 없이 아버지[晉柱] 이름만 보이고, 그 밖에 아
무런 기록이 없어 신원을 알 수 없다.《청구》와《만성》의 어느 박씨

보에도 박세익의 가계는 보이지 않는다.

1014 서병태徐炳泰 유학을 거쳐 고종 31년 식년시에 병과로 급제했다. 《방목》에는 아버지[相烈] 이름만 보이고, 그 밖에 아무런 기록이 없어 신원을 알 수 없다. 《청구》와 《만성》의 어느 서씨보에도 서병태의 가계는 보이지 않는다.

1015 김홍락金鴻洛(1863~1933) 경상도 군위軍威 출신으로 김홍락金興洛의 문하에서 유학을 공부하고 고종 31년 4월 32세로 식년시에 병과로 급제하여 벼슬이 경연시독관(정5품, 주임관)을 거쳐 승지(정3품 당상관)에 이르렀다. 《방목》에는 아버지[鎭嶷] 이름만 보이고, 그 밖에 아무런 기록이 없다. 그런데 《청구》의 《의성김씨보義城金氏譜》를 보면 김홍락은 조선 중기 문신 김성일金誠一의 11대손으로 직계 6대조 가운데 벼슬아치가 없다.

1016 서상룡徐相龍 유학을 거쳐 고종 31년 식년시에 병과로 급제하여 벼슬이 홍문관 시독侍讀(주임관)을 거쳐 중추원 의관(칙임관), 경무사警務使, 법부 법무국장法務局長(칙임관)에 올랐다. 《방목》에는 아버지[德禧] 이름만 보이고, 그 밖에 아무런 기록이 없어 신원을 알 수 없다. 《청구》와 《만성》의 어느 서씨보에도 서상룡의 가계는 보이지 않는다.

1017 명광석明光錫 유학을 거쳐 고종 31년 4월 식년시에 병과로 급제했다. 《방목》에는 아버지[仁憲] 이름 말고 아무런 기록이 없다. 명씨의 가장 큰 본관은 서촉西蜀인데,[71] 《청구》의 《서촉명씨보》에는 명광석의 가계가 보이지 않는다. 서촉명씨는 고려 말 중국에서 귀화

---

[71] 명씨의 본관은 본래 아홉 개로 개성開城, 면천沔川, 성도成都, 중화中和, 청양青陽, 해주海州, 황해黃海, 서촉西蜀, 연안延安이다. 그런데 그 가운데 서촉명씨 인구가 가장 많다.

한 성씨로 2000년 현재 서촉명씨 인구는 1,809가구 5,861명의 희성이며 조선시대 문과급제자 4명을 배출했다.[72]

　　1018 김종관金鍾瓘 유학을 거쳐 고종 31년 4월 식년시에 급제하여 벼슬이 홍문관원으로 도청都廳(칙임관)에 이르렀다.《방목》에는 아버지[赫基] 이름만 보이고, 그 밖에 아무런 기록이 없다. 그런데《만성》의《연안김씨보延安金氏譜》를 보면 아버지까지의 가계만 보이고 김종관의 이름은 보이지 않는다. 한편,《청구》의《연안김씨보》에는 가계가 보이지 않는다. 아버지까지의 가계를 보면 직계 7대조 가운데 아버지만 주사主事(판임관)로 되어 있고, 나머지는 벼슬이 없다.

　　1019 박봉주朴鳳柱(1868~1936) 전라도 광주光州 출신으로 진사를 거쳐 고종 31년 27세로 식년시에 병과로 급제하여 벼슬이 홍문관을 거쳐 궁내부 특진관(칙임관)과 봉상사 제조(칙임관)에 이르렀으며 일제강점기에 중추원 참의를 지내며 친일파로 활동했다.《방목》에는 아버지[源明] 이름만 보이고, 그 밖에 아무런 기록이 없다. 본관은 충주忠州로 알려져 있으나《청구》와《만성》의《충주박씨보》에는 박봉주의 가계가 보이지 않는다.

　　1020 오재은吳在殷(1874~?) 평안도 철산鐵山 출신으로 진사를 거쳐 고종 31년 4월 21세로 식년시에 병과로 급제하여 벼슬이 6품에 이르렀다.《방목》에는 아버지[熙德] 이름만 보이고, 그 밖에 아무런 기록이 없다. 본관은 해주海州로 알려져 있는데,《청구》와《만성》의《해주오씨보》에는 오재은의 가계가 보이지 않는다.

---

72) 서촉명씨 문과급제자 명단은 다음과 같다.
　　선조 9년 명광계明光啓
　　숙종 19년 명정구明廷耈
　　고종 3년 명하율明夏律, 17년 명범석明範錫

1021 **강수철**姜洙哲 평안도 구성龜城 출신으로 유학을 거쳐 고종 31년 식년시에 병과로 급제했다. 《방목》에는 아버지[世鎭] 이름만 보이고, 그 밖에 아무런 기록이 없어 신원을 알 수 없다. 《청구》와 《만성》의 어느 강씨보에도 강수철의 가계는 보이지 않는다.

1022 **허영복**許永福(1868~?) 평안도 구성龜城 출신으로 유학을 거쳐 고종 31년 27세로 식년시에 병과로 급제했다. 《방목》에는 아버지[命善] 이름만 보이고, 그 밖에 아무런 기록이 없다. 본관은 양천陽川으로 알려져 있는데, 《청구》와 《만성》의 《양천허씨보》에는 허영복의 가계가 보이지 않는다.

1023 **박해창**朴海昌(1874~?) 전라도 남원南原 출신으로 진사를 거쳐 고종 31년 21세로 식년시에 병과로 급제하여 벼슬이 비서랑(판임관)에 이르렀다. 《방목》에는 아버지[周鉉] 이름만 보이고, 그 밖에 아무런 기록이 없다. 본관은 죽산竹山으로 알려져 있는데, 오히려 아버지와 박해창의 돌림자로 볼 때 순천박씨順天朴氏로 보인다. 하지만 《청구》와 《만성》의 어느 박씨보에도 그의 가계가 보이지 않는다.

1024 **이헌영**李憲榮(1854~?) 생원을 거쳐 고종 31년 41세로 식년시에 병과로 급제하여 벼슬이 홍문관 부교리(종5품)를 거쳐 군수(종4품)에 이르렀다. 《방목》에는 아버지[奎秉, 생부 均相] 이름만 보이고, 그밖에 아무런 기록이 없다. 그런데 《만성》의 《용인이씨보龍仁李氏譜》에 이헌영의 가계가 보이는데 직계 3대조와 외조 가운데 벼슬아치가 없고, 《청구》의 《용인이씨보》에는 그의 가계가 보이지 않는다.

1025 **조범석**趙範錫 유학을 거쳐 고종 31년 식년시에 병과로 급제했다. 《방목》에는 아버지[得均] 이름만 보이고, 그 밖에 아무런 기록이 없어 신원을 알 수 없다. 《청구》와 《만성》의 어느 조씨보에도 조범

석의 가계는 보이지 않는다.

1026 **정홍석**鄭鴻錫(1845~?) 유학을 거쳐 고종 31년 50세로 식년시
에 병과로 급제하여 벼슬이 비서랑(판임관)에 이르렀는데, 을사늑약
에 참여한 대신들을 역적으로 규탄하는 상소를 올리기도 했다. 《방
목》에는 아버지[壽元, 생부 煥敎] 이름만 보이고, 그 밖에 아무런 기록
이 없어 신원을 알 수 없다. 본관이 해주海州로 알려져 있으나 《청
구》와 《만성》의 《해주정씨보》에는 정홍석의 가계가 보이지 않는다.

1027 **장국한**張國翰 유학을 거쳐 고종 31년 식년시에 병과로 급제했
다. 《방목》에는 아버지[德奎] 이름만 보이고, 그 밖에 아무런 기록이
없어 신원을 알 수 없다. 《청구》와 《만성》의 어느 장씨보에는 장국
한의 가계는 보이지 않는다.

1028 **임식**林埴 유학을 거쳐 고종 31년 식년시에 병과로 급제했다.
《방목》에는 아버지[雨夏] 이름만 보이고, 그 밖에 아무런 기록이 없
어 신원을 알 수 없다. 《청구》와 《만성》의 어느 임씨보에도 임식의
가계는 보이지 않는다.

1029 **오수근**吳洙根 유학을 거쳐 고종 31년 식년시에 병과로 급제했
다. 《방목》에는 아버지[璟泰] 이름만 보이고, 그 밖에 아무런 기록
이 없어 신원을 알 수 없다. 《청구》와 《만성》의 어느 오씨보에도 오수
근의 가계는 보이지 않는다.

1030 **윤진삼**尹鎭三 유학을 거쳐 고종 31년 식년시에 병과로 급제했
다. 《방목》에는 아버지[喜善] 이름만 보이고, 그 밖에 아무런 기록이
없어 신원을 알 수 없다. 《청구》와 《만성》의 어느 윤씨보에도 윤진
삼의 가계는 보이지 않는다.

1031 **이찬의**李燦儀(1860~1911) 전라도 순천順天 사람으로 유학을 거

쳐 고종 31년 35세로 식년시에 병과로 급제하여 벼슬이 홍문관을 거쳐 비서원승(주임관)에 이르렀다. 《방목》에는 아버지〔景宇〕 이름만 보이고, 그 밖에 아무런 기록이 없다. 그런데 《전주이씨과거급제자총람》을 보면 이찬의는 태종의 아들 효령대군孝寧大君의 17대손으로 직계 11대조 가운데 벼슬아치가 없다.

2
조선시대
신분이 낮은 급제자에 대한
총괄적 정리

1) 시험 종류와 급제자의 추이

조선시대 과거제도는 태조(1392~1398) 대부터 시행되어 고종 31년(1894)에 갑오경장甲午更張으로 폐지될 때까지 503년 동안 시행되었다. 그 사이 선발한 문과급제자는 모두 1만 4,615명이다. 해마다 평균 29.05명을 선발한 셈이다. 3년마다 시행되는 정기시험인 식년시式年試만 치렀다면 이런 수치가 나올 수 없다. 식년시는 각 시험마다 33명을 선발하도록 《경국대전》에 규정되어 있기 때문에 식년시만 시행되었다면 매년 평균 급제자는 11명에 지나지 않을 것이다.

해마다 평균 급제자가 29.05명에 이른 것은 식년시 말고도 증광시增廣試, 알성시謁聖試, 정시庭試, 별시別試, 춘당대시春塘臺試, 도과道科 등 다양한 시험을 함께 치렀기 때문이다. 식년시에서 선발한 인원만으로는 관직 수요를 충당할 수 없기에 다양한 시험을 치른 것이다. 하지만 식년시와 그 밖의 시험은 성격이 다르다. 식년시는 최종 급제

자 수의 7배수인 240명을 초시급제자로 선발하면서, 그 인원을 8도의
인구비율로 배분했다는 점이 다른 시험과 근본적으로 다르다. 《경국
대전》을 보면 지역별로 배당된 급제자 인원이 다음과 같다.

종 류	《경국대전》	《속대전》
관시館試	50명	
한성시漢城試	40명	60명
향시鄕試		
경기도	20명	한성시에 통합
충청도	25명	
전라도	25명	
경상도	30명	
강원도	15명	
평안도	15명	
황해도	10명	
함경도	10명	13명
합 계	240명	243명

　위 표를 보면, 성균관 유생을 대상으로 한 관시는 50명으로 가장
많고, 서울 유생을 대상으로 한 한성시가 40명으로 두 번째로 많으
며, 이를 합치면 90명으로 전체 인원의 37.5퍼센트를 차지한다. 8도
에서 선발한 인원은 150명으로 전체 급제자의 62.5퍼센트를 차지한
다. 얼핏 보면 이런 수치는 인구비율에 맞지 않는다고 생각할 수 있
지만 실제로는 그렇지 않다. 관시와 한성시에 급제한 사람은 실제로
순수한 서울 사람만이 아니라 8도에서 모여든 엘리트층이 합쳐져 있
기 때문에 실제로는 인구비율을 충분히 고려했다고 볼 수 있다.
　그런데 영조 22년(1746)에 《속대전續大典》을 편찬하면서 초시급제

자의 지역별 인원에 약간의 변화가 일어났다. 경기도에 배정된 20명을 없애고 그 인원을 한성시에 합쳤으며, 함경도 인원을 13명으로 늘렸다. 경기도 인원을 한성시에 합친 것은 시험을 보는 장소가 모두 서울이기 때문이었다. 또한 함경도 인원을 3명 더 늘린 것은 조선 후기에 함경도의 인구가 급속하게 늘어난 현실을 감안한 것이었다. 17세기 중엽까지는 황해도 인구가 함경도와 거의 비슷하여 각각 10명의 인원을 배정했으나, 영조 대에는 함경도 인구가 황해도보다 10만 명 정도 많아진 상황을 고려한 것이다.

식년시에서 초시급제자를 지역별로 안배한 것은 '입현무방 유재시용立賢無方 惟才是用'이라는 인사원칙을 지키려는 것이었다. 출신 지방이나 혈연血緣, 학연學緣 등을 따지지 말고 오직 어진 사람과 재주 있는 사람을 등용해야 한다는 것이 인사의 대원칙이었다. 다시 말해 '어진 사람'과 '능력있는 사람', 곧 '도덕성'과 '전문성'을 기준으로 선발해야 한다는 것이다. 이러한 인사원칙을 당시 '공선公選'으로 불렀으며, 이 공선을 담보하기 위한 조치가 바로 초시급제자의 지역안배였다.

증광시는 식년시를 확대한 것으로, 초시급제자는 식년시처럼 도별로 배분하고 최종 급제자의 인원을 제한하지 않은 것만이 식년시와 다른 점이었다. 다만, 《속대전》에서는 대증광시大增廣試의 경우 초시급제자 인원을 늘려 주었는데, 관시에는 30명, 한성시 24명, 경기도 12명, 충청도와 전라도 각각 15명, 경상도 18명, 강원도와 평안도는 각각 9명, 황해도와 함경도는 각각 6명을 늘려 주었다.

정시나 별시는 식년시와 달리 국가에 경사가 있거나 또는 특정 지역 인재들을 등용할 필요가 있을 때 수시로 시행하는 시험이었으며,

정원도 제한을 두지 않았지만 대체로 식년시나 증광시보다 선발인원이 적은 것이 특징이다. 다만, 정시와 별시는 식년시나 증광시처럼 3단계의 시험을 치르지 않고, 모두 서울에 모여 초시와 정시만 치르도록 했다. 이 시험들은 지역에 상관없이 누구나 응시할 수 있었지만, 급제자의 지방안배가 없었고 불시에 치러지는 시험이기 때문에 지방 사람들에게는 상대적으로 불리하고 서울과 근교에 거주하는 사람들에게 유리했다. 그래서 급제자들의 신분이 식년시급제자들보다 높은 것을 알 수 있다. 서울 또는 그 근교에 사는 사람들은 벼슬아치 집안 출신이 지방 사람보다 많기 때문이다.

그 밖에도 서울 사람들에게 유리한 시험으로 창덕궁 춘당대春塘臺에서 치르는 춘당대시가 있었다. 이 시험은 춘당대에서 무사들의 재주를 시험한 뒤에 치르는 것으로 성균관에서 치르는 알성시와 마찬가지로 초시가 없고, 시험 치는 그날 급제자를 발표했다. 정원도 없고 언제 치르는지도 예측할 수 없으니, 거리가 먼 지방 선비들에게는 불리한 시험이었다.

특정 지역민을 대상으로 한 도과나 별시는 그 지역의 선비들을 적극적으로 격려하고 사기를 높여 주고자 치른 시험인데, 비록 급제자 인원은 많지 않지만 소외된 변방 지역을 포용한다는 점에서 사회정책적 의미가 매우 크다고 볼 수 있다. 그래서 도과나 별시는 각 왕대의 사회통합의지를 보여 주는 동시에 실제로 신분이 낮은 급제자들의 비율을 높여 주는 데 이바지하고 있었다.

조선왕조 503년 동안 시행된 과거시험에서 연평균 급제자 인원은 29.05명이지만, 이를 조선 전기와 조선 후기로 나누어 살펴보면 상황이 많이 다르다. 먼저, 태조에서 선조 대에 이르는 조선 전기 217년 동안에는 4,527명의 급제자가 배출되었으므로 연평균 급제자는 21명이다. 한편 광해군 대에서 1894년에 이르는 조선 후기 287년 동안에 배출된 급제자는 1만 88명이므로 연평균 급제자는 35.14명에 이른다. 조선 전기에 견주어 조선 후기에 평균 급제자 인원이 크게 늘어난 것을 알 수 있다.

조선 후기에 급제자 인원이 크게 늘어난 것에는 두 가지 의미가 있다. 하나는 급제자가 늘어난 만큼 신분이동이 전보다 활발해졌다는 것이고, 다른 하나는 관직수요에 견주어 급제자가 지나치게 많이 공급되면서 벼슬을 받지 못하는 실직자失職者가 전보다 늘어났다는 것이다. 바로 이 점이 조선 후기 정치와 사회가 지닌 빛과 그늘의 양면성이다.

조선시대에는 일단 가문에서 벼슬아치가 나오면 그 후손들은 벼슬이 있든 없든 양반兩班을 자처했다. 그러나 양반은 국가에게서 특권을 받은 신분이 아니므로, 생업은 농사에 의존하면서 생활양식만은 품위와 도덕을 지키는 데 주력했다. 그것이 바로 '봉제사 접빈객奉祭祀 接賓客'이었다. '봉제사'는 조상에 대한 제사를 정성껏 올리는 것이고, '접빈객'은 찾아오는 손님을 정성껏 접대하는 일이다. 바로 이 두 가지 생활모습은 양반이 지켜야 할 최소한의 규범이었다. 그리고 자녀교육에 힘써서 과거급제자를 다시 내고, 명문 집안과의 혼사婚事로 가문의 명예를 이어가는 것도 양반이 추구하는 인생의 중요한 목표였다.

그런데 조선시대에 1만 4,615명의 문과급제자가 탄생했다는 것은 그 수치만큼 양반가문이 생산되었다는 말과 같다. 여기에 무과급제자도 양반의 한 축을 이루었으며, 무과급제자의 수는 문과보다도 많앗으므로 양반가문의 수는 기하급수적으로 늘어나게 마련이었다. 여기에 노비奴婢도 해방되면서 문과나 무과에 급제할 수 있으니, 왕조 말기에는 백성 대부분이 양반행세를 하는 시대가 열린 것이다.

전 국민의 양반화가 조선 후기의 추세가 되면서 생기는 문제가 있었다. 바로 누가 더 유명한 양반인가를 따지는 일이었다. 조상 가운데 왕비王妃나 재상宰相, 명성이 높은 학자가 얼마나 많이 배출되었는 가가 지체의 높낮이를 따지는 기준이 되고, 이를 증명하려면《족보》가 필요했다.

조선시대 신분구조는 양반兩班과 상민常民을 엄격하게 구분하는 반상체제班常體制로 되어 있다고 흔히 생각하지만, 실제로 상민의 핵심은 노비를 가리키는 것이다. 노비가 아닌 상민도 있었지만, 벼슬아치를 내지 못한 상민은 극소수에 지나지 않았다. 우리나라 성씨姓氏 가운데 양반성兩班姓과 상민성常民姓이 확연히 구별되어 있지 않은 이유가 여기에 있다. 만약 상민성이 있다고 한다면 인구가 극히 적은 희성稀姓들이 여기에 속할 것이다. 그리고 희성일수록 뒤늦게 귀화한 외국인이거나 노비였다가 양민으로 올라온 부류로 볼 수 있다. 하지만 이런 성씨의 인구는 모두 합쳐도 전체 인구의 극소수에 지나지 않는다는 사실을 눈여겨볼 필요가 있다.

2) 과거응시자의 자격과 신분

조선시대 전체 급제자 1만 4,615명은 어떤 집안에서 배출되었을까? 우리는 그동안 문과응시는 양반만이 가능했다는 잘못된 선입관을 가지고 있었다. 만약 양반을 주관적인 신분으로 해석한다면 틀린 것은 아니다. 실제로 주관적인 양반은 아무런 특권이 없는 평민에 지나지 않았다. 조선시대 5백 년 동안 전 국민의 양반화가 지속적으로 확대되어 왔기 때문에, 조선 후기에는 백성 대부분이 주관적인 양반이었다. 양반은 본질적으로 신분세습을 보장받은 특권세력이 아니었던 것이다. 양반을 마치 소수의 세습적인 특권신분으로 해석하고 양반만이 과거에 응시했다고 말한다면, 그것은 아주 틀린 말이다.

《경국대전》을 보면 과거에 응시할 수 있는 자격이 있는 특정 신분을 명시한 사실이 없고, 다만 응시할 수 없는 결격사유만 명시해 놓았다. 과거응시가 금지된 부류는 네 가지다. ① 죄범영불서용자罪犯永不敍用者이다. 영원히 벼슬길에 나갈 수 없는 죄를 지은 사람이다. 예를 들면 국가에 대한 반역자가 여기에 해당한다. ② 장리贓吏의 아들이다. 부정축재한 벼슬아치의 아들을 말한다. ③ 재가녀再嫁女와 실행녀失行女의 아들과 손자이다. 그러니까 두 번 시집간 여자와 행실이 나쁜 여자의 아들과 손자를 말한다. ④ 서얼庶孼의 자손이다. 그리고 이 네 종류에 포함되지는 않았지만 ⑤ 노비도 결격사유에 들어갔다. 노비는 근본적으로 비자유민이기 때문에 구태여 법으로 명시할 필요가 없었던 것이다. 위에 설명한 다섯 부류 말고는 누구나 과거응시가 가능했다.

그런데 16세기 중엽의 중종 37년(1542)에 이르러 《대전후속록大典後續錄》이 편찬되면서 과거응시자에 대한 새로운 규정이 추가되었다. 응시자의 내외 4대조(직계 3대조와 외조) 가운데 현관顯官(東西班의 正職)이 없는 경우에는 보단자保單子와 관원官員 3명의 이름을 써내도록 한 것이다. 이때 지방 사람은 출신 지방에서 올라온 경재소京在所 관원의 이름을 적어 내고, 서울 사람은 자기가 살고 있는 부部의 관원

이름을 적어 냈다. 보단자는 친척의 보증서로서 '어디에 살고 있는 아무개'라고 적는 것뿐이었다.

《대전후속록》에서 보단자와 관원 이름을 적어 내도록 새로운 규정을 만든 것은, 16세기 중엽에 전국 각지의 서얼들이 신분을 속이고 응시하는 일이 많아지면서 정치적으로 문제가 되었기 때문이었다. 서얼의 응시를 막고 응시자의 신원을 확실히 하고자 보단자를 제출하도록 한 것이다. 다시 말해 이 규정은 평민의 응시를 막으려고 만든 조치가 아니었다.

《대전후속록》이 편찬된 지 13년 뒤인 명종 10년(1555)에는 서얼에게 불리한 규정이 하나 더 추가되었다. 《경국대전》에서 '서얼자손'의 문과응시를 금지한다고 한 규정을 '서얼자자손손'으로 바꾼 것이다. 이 규정은 '서얼자손'이 마치 서얼의 아들과 손자만 응시를 금하고 증손자부터는 허락하는 것으로 오해할 여지가 있다는 것을 우려해서 만든 것이었다.

그런데 놀라운 일이 벌어졌다. 《경국대전주해》가 반포된 지 1년이 지난 명종 11년(1556)에 양첩良妾이 낳은 서자는 손자대부터 문과응시를 허락하는 〈허통절목許通節目〉이 반포된 것이다. 그 뒤로 인조 대에는 비첩婢妾의 후손도 증손자 아래부터 문과응시를 허락하는 절목이 반포되었으므로, 보단자 규정은 실제로 거의 의미가 없어졌다. 상황이 이러함에도 많은 연구자들은 보단자가 마치 평민의 과거응시를 막는 규정으로 잘못 해석해 온 것이다.

과거제도가 소수의 양반에게만 허용된 것처럼 잘못 이해된 또 하나의 이유는 유학幼學이라는 용어를 양반 신분으로 해석해 온 데 있다. 문과급제자 명단을 수록한 《방목》을 보면 급제자의 전력前歷이

기록되어 있는데, 전력은 크게 세 종류가 있다. 현직 벼슬 이름이거
나, 생원生員 또는 진사進士, 아니면 유학이다. 과거응시는 현직 벼슬
아치도 가능했기 때문에 현직 벼슬아치가 응시했을 경우에는 그 벼
슬을 적었으며, 생원시나 진사시에 이미 급제한 사람은 생원이나 진
사라고 적었고, 위 두 범주에 들지 않는 응시자는 모두 유학이라고
적었다.

　만약 여기서 유학을 양반신분으로 해석하면 과거급제자는 모두 양
반 출신인 셈이다. 그러나 유학은 양반을 가리키는 호칭이 아니었다.
'유학'은 그저 학생이라는 뜻에 지나지 않았다. 다만 조선시대에 잡학
雜學을 공부하는 학생은 '학생學生' 또는 '생도生徒'라고 부르고, 유학
儒學을 공부하는 학생은 '유학幼學'으로 불렀을 뿐이었다. 따라서 유
학은 신분을 가리키는 용어가 아니었으며, 향리, 평민, 중인도 유학儒
學을 공부하면 모두 유학幼學으로 불렀다. 서얼이 유학을 공부했을 때
는 원칙적으로 '업유業儒'로 부르도록 했지만, 실제로는 서얼이 문과
에 급제했을 경우에도 《방목》에는 대부분 '유학幼學'으로 기록되어
있다. 그래서 《방목》에 '업유'로 기록된 급제자는 당연히 서얼 출신
이지만 '유학'으로 기록된 급제자 가운데도 수많은 서얼이 포함되어
있는 것이다.

　앞서 말한 이유 때문에, 《방목》의 전력 기록만으로는 문과급제자
의 신분을 정확히 알기 어렵다. 또 《방목》에는 내외 4대조의 이름이
전부 또는 일부 보이지만, 그들의 벼슬이 기록되어 있지 않아 조상
가운데 벼슬아치가 있는지 없는지를 알 수 없다. 그래서 급제자의
《족보》를 보면서 그 조상의 벼슬여부를 알아보아야 출신신분이 높은
지 낮은지를 판단할 수 있다. 그래서 매우 힘든 작업이지만, 《족보》

를 활용하는 연구방법을 선택한 것이다.

그런데 최근 편찬된《족보》에는 서얼 출신도 들어가고, 없는 벼슬 도 간혹 집어넣거나, 종전에《족보》에 오르지 못했던 인물도 억지로 끼워 넣은 경우가 적지 않아 자료의 가치가 떨어진다. 그래서 이 연 구는 일제강점기 또는 조선시대에 편찬된《족보》를 활용하기로 했 다. 여기서 이용한 족보자료는 세 종류로,《청구씨보靑邱氏譜》,《만성 대동보萬姓大同譜》,《씨족원류氏族源流》이다. 이 가운데《씨족원류》는 임진왜란 이전의《족보》만 수록하고 있어서 조선 전기 급제자의 신 원을 조사하는 데만 참고했다.

이렇게 여러 종류의 대동보大同譜를 확인한 이유는《족보》마다 기 록의 차이가 있어서 반드시 교차검증이 필요하기 때문이다. 그 결과 어느《족보》에도 급제자의 이름이나 가계家系가 보이지 않거나,《족 보》자체가 없거나, 또는《족보》에 급제자 본인이나 아버지만 기록 되어 있는데 아버지의 벼슬이 없다면, 그 급제자의 신분이 낮은 것으 로 판단했다. 또 자기 씨족 가운데 유일하게 문과에 급제한 인물도 신분이 낮은 것으로 판단했다. 이 밖에《실록》에 급제자의 신분이 '한미寒微하다', '미천微賤하다', '비천卑賤하다', 또는 '서출庶出이다'라 는 등의 기록이 보일 경우에도 급제자의 신분이 낮은 것으로 여겼다.

급제자의 신분을 파악하는 또 다른 방법은 급제자 씨족氏族의 현재 인구를 파악하는 일이다. 대한민국 통계청에서 파악한 씨족별 인구 통계 가운데 가장 최근의 정보를 담은 것은 2000년의 것이다. 현재 인구가 1천 명 안팎의 극히 적은 희성일 경우에는 그 집안이 조선시 대 명문名門이 될 수 없을 것이다. 조상 가운데 벼슬아치가 있는 경우 는 거의 없다. 아마도 이런 성씨는 이전부터 평민이거나 노비로 있다가 해방되었거나, 아니면 뒤늦게 귀화한 외국인의 후손으로 보인다.

다음에 신분이 낮은 것으로 판단한 또 다른 부류는《족보》에 가계가 올라 있지만, 내외 4대조 가운데 벼슬아치가 없거나 직계 3대조 위로도 여러 대에 걸쳐 벼슬아치가 없는 급제자들이다. 이런 부류는 앞에서 설명한 것처럼 보단자를 제출하도록 되어 있는데, 실제로 이런 급제자들이 매우 많다. 그래서 보단자의 규정이 실제로는 큰 의미가 없었던 것을 알 수 있다.

필자는 위에 언급한 두 부류의 신분이 낮은 급제자들을 각각 A형과 B형으로 부르고, 그 구체적인 통계수치를 파악했다.

마지막으로 문과급제자의 신분을 조사할 때 출신 지역을 알아보는 것도 필요하다. 다만,《방목》에는 영조 대 이후부터 급제자의 출신 지역이 기록되어 있는데, 이때는 전체 급제자의 약 3분의 1 정도만 출신 지역이 보인다. 그러나 정조에서 고종 대에 이르는 동안의《방목》에는 극히 일부 급제자만 거주지가 보이지 않고, 나머지는 대부분 기록되어 있어 통계적 수치파악이 가능하다.

출신 지역의 통계에서 가장 놀라운 현상은 조선 후기 평안도 지역 출신의 약진이다. 평안도와 함경도는 조선 초기에 4군과 6진을 개척하면서 비로소 영토로 편입되어, 인구도 적고 벼슬아치도 가장 적은 지역이었다. 이른바 양반사회와는 가장 거리가 먼 지역이라 할 수 있다. 그래서 이 지역을 개발하고자 태종에서 성종 대에 이르는 약 1백년 동안 지속적으로 사민정책徙民政策을 추진하여 충청, 전라, 경상도의 향리나 부유층富裕層을 선발해 강제로 이주시켰는데, 그런 환경에서 갑자기 문과급제자가 나오기는 어려웠던 것이다.

그런데 조선 후기에 중국과 대외교역이 활발해지면서 서울과 의주

義州를 잇는 사행로使行路 지역에서 큰돈을 모은 부상富商과 광산개발로 돈을 모은 평민층이 생겨나기 시작했다. 의주의 만상灣商, 평양의 유상柳商, 개성의 송상松商 등이 이런 배경에서 나타났고, 특히 정주定州는 남방의 안성安城과 더불어 대표적인 유기산업鍮器産業 중심지로 떠올랐다. 이러한 경제력을 바탕으로 교육문화가 발전하고, 문과급제자가 급속하게 늘어난 것이다.

그러나 평안도 출신 급제자들은 다른 지역에 견주어 신분이 가장 낮을 수밖에 없었다. 조상 가운데 벼슬아치가 거의 없었기 때문이다. 그래서 이들은 급제 뒤에도 벼슬을 받지 못하는 일이 다른 지역보다 많았을 뿐 아니라, 벼슬을 주더라도 정승政丞이나 판서判書와 같은 고위직은 받지 못했다. 그들은 조상 가운데 벼슬아치가 없거나 적기 때문에 거의《족보》를 만들지 못했는데, 이것이 거꾸로 차별을 받는 원인이 되었다.

평안도 출신이 벼슬을 받지 못한 또 다른 이유는 가짜《족보》에 오른 경우가 적지 않았기 때문이었다. 이것이 평안도 출신 급제자의 신분에 대한 의심을 증폭시켜 차별을 받는 또 하나의 이유가 되었다. 하지만, 이런 차별에도 평안도 출신 급제자 수가 8도 가운데 1, 2위를 다투는 것은 놀라운 일이며, 문과에 급제했다는 사실만으로도 이미 어느 정도 신분상승을 이루었다고 볼 수 있다.

3) 서얼층의 문과허용과 청요직 허용

(1)《경국대전》,《대전후속록》,《경국대전주해》의
서얼금고 규정

조선시대 서얼처럼 이중적인 성격을 띤 계층은 없다. 아버지는 자유민인 양인良人이고 어머니는 첩妾인데, 노비도 있고 양인도 있어서 그 성격이 더욱 복잡하다. 자식을 사랑하는 아버지 처지에서는 서자庶子를 도와주고 싶겠지만, 양처良妻의 소생인 적자嫡子들이 볼 때 서자는 적자의 권위와 기득권을 침해하는 성가신 경쟁자일 뿐이다. 그리고 서자의 관점에서 보면 아무런 죄도 없으면서 차별을 받는 불합리한 상황에 놓인 것이다.

일부다처一夫多妻를 용인했던 고려시대에는 그 소생들이 적서의 차별 없이 대등하게 경쟁했다. 하지만 정통과 이단을 분명하게 갈라 정통을 높이려는 성리학性理學이 퍼지면서 조선시대에는 일부일처一夫一妻로 바뀌었다. 그런데 재력이 있는 양인남자들이 일부일처에 만족하지 않고 비婢나 양녀良女를 첩으로 두면서 그 소생을 차별하는 적서차별이 생겨난 것이다.

사실 조선 초기에 들어와서 서자를 차별하기 시작한 이유는 정치적인 문제가 컸다. 정치적 실권을 가진 세력 가운데 서자 출신의 위력이 너무 큰 것이 문제였다. 태조 이성계의 형제들 사이에도 서자세력이 만만치 않았고, 이성계의 왕자들이나 그를 도와 왕조를 개창한 공신세력에도 서자의 역할이 매우 컸다. 이러한 상황이 적자嫡子들의 위기감을 불러왔고 마침내《경국대전》에까지 서얼차대의 규정을 올

리게 된 배경이 되었다. 그리하여 서얼자손은 문과文科와 생진과生進
科 응시를 막고 오직 무과武科나 잡과雜科만을 응시하도록 제한했으
며, 벼슬의 품계도 제한을 두었다. 이것이 '한품서용限品敍用'이다.

비록《경국대전》에 명시한 규정이 있었지만, 현실은 신분을 속인
서얼의 문과응시가 불법으로 널리 퍼지고 있었다. 그래서 이를 막고
자 중종 37년(1542)에 편찬한《대전후속록大典後續錄》에서는 내외 4
대조 가운데 현관(동서반의 정직)이 없는 응시자는 보단자와 관원 세
사람의 이름을 적어 내도록 하는 새로운 규정을 넣은 것이다. 이 규
정은 앞에서 언급한 것처럼 서얼의 문과응시를 막으려고 시행한 조
치였다.

보단자의 기입방식은 서울과 지방이 서로 달랐다. 서울 응시자는
친척이나 친지 세 사람의 보단자와 거주지 부部의 벼슬아치 3명의 이
름을 적어 내도록 했으며, 지방 응시자는 거주지 친척이나 친지 세
사람의 보단자와 경재소 관원의 이름을 적어 내도록 했다. 보단자의
내용은 '아무 고을에 사는 아무개'라고 적는 것이다. 이렇게 하면 친
척이 서얼 출신 응시자를 보증하기 어려웠다.

그런데《대전후속록》이 편찬된 지 12년이 지난 명종 10년(1555)에
는《경국대전주해經國大典註解》를 다시 편찬하여 서얼차대 규정을 더
욱 엄하게 만들었다.《경국대전》의 '서얼자손'이라는 규정을 '서얼자
자손손'으로 바꾼 것이다. 그로써 '자손'이라는 규정이 아들과 손자만
금고하고 증손 이후에는 허통하는 것으로 오해될 것을 막으려 했다.
말하자면 서얼자손은 영구히 금고하겠다는 뜻을 담은 것이다.

(2) 명종 11년의 〈서얼허통절목〉

《경국대전주해》가 편찬된 지 1년 뒤인 명종 11년(1556)에 실권자인 윤원형尹元衡이 주도하여 서얼의 문과응시를 제한적으로 허용하는 조치가 내려졌다. 양첩良妾이 낳은 서자는 손자대에 이르러 문과응시가 가능하도록 하고, 천첩賤妾이 낳은 서자는 영구적으로 문과응시를 금지했다. 이런 조치를 내린 것은 윤원형이 첩을 처로 삼아 낳은 아들을 출세시키려는 사적인 동기에서 출발했지만, 서얼허통을 찬성하던 대신들이 동의하여 내려진 조치였다. 어쨌든 이때부터 양첩의 증손자들의 문과응시가 허용되었다.

(3) 인조 3년의 〈허통사목〉

명종 11년 서얼에 대한 부분적 허통이 이루어졌음을 앞에서 설명했다. 하지만 이는 법으로 정해진 것이 아니라 임시조치였다는 점이 한계였다. 허통이 이루어지기도 하고 이루어지지 않기도 하자 서얼의 불만은 그치지 않고 표출되었다. 선조와 광해군 대에 집단적인 상소 또는 반란이 일어난 이유가 여기에 있었다.

이에 대한 대응책으로 인조 3년(1625)에 새로운 〈허통사목許通事目〉을 만들었는데, 양첩의 서자는 손자대부터 문과응시를 허용하고, 천첩의 서자는 증손대부터 허용하는 것이 그 내용이었다. 천첩서자를 영구금고에서 증손대부터 풀어 주도록 한 것이므로 한 단계 진보한 것이다.

또한 〈허통사목〉에서는 서얼 출신 급제자에게 요직要職은 주지만 청직淸職은 주지 않기로 벼슬의 범위도 제한했다. 여기서 요직은 6조 낭관郞官(5~6품)을 말한다. 인사권을 가진 이조와 병조, 예조의 낭관 은 제외하고 형조, 호조, 공조 등 3조의 낭관만을 주도록 하고, 청직 에 속하는 홍문관, 사헌부, 사간원, 승문원 등은 제외한 것이다.

(4) 효종-현종 대의 납속허통과 숙종 대의 허통

인조 대에 부분적인 허통이 이루어진 뒤에도 완전한 허통을 바라 는 서얼층의 반발은 그치지 않았다. 이러한 반발의 대표적인 예가 영 의정 허적許積의 서자 허견許堅의 반역사건이었다.

효종 대는 북벌에 필요한 군비강화와 재정조달도 겸해서 국가에 곡식을 바치는 서얼에게는 문과응시를 허용하는, 이른바 납속허통을 시행하기도 했다. 이런 정책은 선조 대에도 일시적으로 시행한 일이 있었다.

숙종 대에는 약 1천 명의 서얼이 연명상소를 하는 등 집단적 통청 운동이 있었고, 이에 자극을 받아 숙종 22년(1696)에 3조 낭관과 지방 수령에 서얼 출신 급제자를 임명하는 조치를 취했으며, 서얼 출신 응 시자를 '업유業儒'로 부르도록 조치하기도 했다. 그래서 숙종 대 《방 목》에 보면 '업유'가 보이기 시작한다. 그러나 서얼허통정책은 인조 대 수준에서 더 나아가지 못하고, 기존의 임시조치를 일시적으로 실 행하는 수준에서 머물렀다.

(5) 영조-정조 대 서얼허통정책

서얼허통정책이 한 단계 발전한 것은 탕평정치를 천명하여 정치통합을 추진하던 영조와 정조 대이다. 서얼 출신 급제자에게 3조 낭관을 비롯하여 서울 5부의 봉사(종8품)와 예빈시, 전옥서의 참봉(종9품)에 나가도록 조치하고, 생원시와 진사시의 복시覆試에 서얼을 6명씩 넣도록 하였다. 또 청직에 속하는 예문관, 승문원, 사헌부, 사간원에도 임명하도록 했으며, 지방의 향교鄕校와 서원書院에도 서얼의 입학을 허용하는 조치를 내렸다.

정조는 즉위 원년(1777)에 〈정유절목丁酉節目〉을 만들어 서얼 출신 급제자의 벼슬을 한층 구체적으로 제시했다. 그 요지는 다음과 같다.

(가) 문과급제자가 처음 받는 벼슬은 옛날대로 교서관校書館으로 한다.

(나) 3조(호조, 형조, 공조)의 참상관參上官(4~6품)과 성균관 직강直講(정5품)을 허락한다.

(다) 정3품 당하관은 부사府使(종3품), 당상관은 목사牧使(정3품 당상관)와 오위장五衛將(종2품)까지 허락한다. 생원, 진사급제자에게도 부사(종3품), 군수(종4품)를 허락한다.

(라) 지방의 향임鄕任은 좌수座首를 제외한 직임을 허락한다.

(마) 문식文識, 행의行義, 재기才器, 정적政績이 뛰어난 자는 규정을 초월한다.

여기서 눈여겨볼 것은 3조 낭관과 성균관 직강(정5품)이 허락되고, 목사(정3품 당상관)와 오위장(종2품)도 허락한다는 점, 좌수座首를 제외한 지방의 향임鄕任을 허락한다는 점, 마지막으로 학식이나 행의, 재능, 실적이 뛰어난 자는 이런 규정을 초월하여 등용한다는 점이다. 더욱이 마지막 규정은 서얼 출신 급제자에게 규정 이상의 벼슬도 줄 수 있는 길을 열어 놓았다는 점에서 획기적 조치였다. 정조가 최고 친위기관인 규장각奎章閣을 설치하고 여기에 유득공柳得恭, 이덕무李德懋, 박제가朴齊家, 서이수徐理修 등 네 명의 서자를 검서관檢書官(5~9품)으로 특채하여 많은 서적편찬을 맡길 수 있었던 것도 이 규정이 있었기에 가능했다. 이들이 북학파의 실학자로서 뛰어난 학문적 업적을 쌓았음은 널리 알려진 사실이다.

정조는 〈정유절목〉을 반포한 뒤에도 계속하여 서자의 벼슬길을 더 넓혀 주었다. 돈녕부 도정都正(정3품 당상관)에도 나갈 수 있게 하고, 서자에게도 성균관 입학을 허용하는 동시에 다른 유생들과 나이순으로 앉을 수 있도록 조치하기도 했다. 실제로 정조 대에는 문과에 급제한 서자 출신이 30여 명에 이르고 있다.

(6) 순조 대 〈계미절목〉과 철종 대 〈신해허통〉

정조 다음의 순조 대에는 서얼에게 허락된 벼슬의 범위가 더 확대되었다. 순조 23년(1823)에 만든 〈계미절목癸未節目〉이 그것이다. 그 요지는 다음과 같다.

(가) 종2품에 해당하는 한성부의 좌윤左尹과 우윤右尹, 3조(호조, 형조, 공조)의 참의參議(정3품 당상관)를 허락한다.
(나) 청직淸職으로는 영조 대의 예를 따라 사헌부와 사간원을 허락한다.

(다) 향임鄕任 임명은 감사와 수령에게 맡기고, 좌수座首로 임명하는 경우
에는 정한定限을 둔다.

(라) 문벌門閥에 따라 차등을 둔다.

(마) 학식과 행의가 탁월한 자는 예외로 발탁하되, 공론公論이 인정해야
한다.

순조 대의 〈계미절목〉은 정조 대의 〈정유절목〉에 견주어 종2품에
해당하는 한성부의 좌윤과 우윤을 허락하고, 정3품 당상관인 3조 참
의參議를 허락한 점이 다르다. 이는 종전에 참상관(4~6품)만 허락했
던 것에서 한발 더 나아간 것이다. 지방의 자치기관인 향청鄕廳의 향
임 가운데 제일 높은 좌수를 가능하도록 한 것도 한 걸음 더 나아간
조치이다. 그리고 문벌과 학식 등을 보아 차등을 둔다는 조항도 규정
을 초월할 수 있다는 점을 보여 준 것이다.

하지만 순조 대까지 시행된 여러 허통절목들에는 아직도 금지된
벼슬이 있었다. 바로 의정부 정승政丞과 이조, 병조, 예조의 판서(정2
품), 참판(종2품), 참의(정3품 당상관), 그리고 청직의 최고상징인 홍문
관弘文館 등이었다. 그리고 급제자의 첫 벼슬을 분관할 때 승문원承文
院(槐院)으로 나가는 길이 막혀 있었다.

서얼 출신 급제자의 첫 벼슬을 승문원으로 분관할 수 있도록 허용
하는 조치는 철종 2년(1851)의 〈신해허통辛亥許通〉으로 이루어졌다.
승문원은 외교문서를 담당하는 곳으로, 이른바 문벌자제들만이 첫
벼슬길로 나가는 자리였는데, 그 제한이 풀린 것이다. 서얼들은 책을
출판하는 교서관校書館으로 분관하던 오랜 관례가 이때 깨졌다.

(7) 고종 초 서얼규정 철폐

철종 대의 〈신해허통〉으로 분관分館의 차별이 없어졌지만, 위에 설
명한 것처럼 의정부 정승과 판서, 그리고 홍문관 등 가장 중요한 요
직은 제한이 풀리지 않았다. 이 제한을 없앤 것이 고종 원년(1864)에
내린 조대비趙大妃의 언교言敎였다. 비로소 서얼에 대한 모든 규제를
철폐하는 조치가 내려진 것이다. 이로써 5백 년 동안 이어져 온 서얼
차대의 역사는 막을 내렸다. 다만 그 규정이 《대전회통》에는 들어가
있지 않았을 뿐이다.

서얼차대의 역사가 이렇게 길어진 이유는 무엇보다도 적자들의 집
요한 반대 때문이었다. 임금과 고위층 벼슬아치는 서얼차대의 폐지
에 적극적이었지만, 가정과 정치, 사회적인 주도권을 서자에게 빼앗
길까 두려워한 적자들의 치열한 반대가 서자의 아픔을 길게 만든 것
이다. 고종의 등장과 더불어 서얼차대의 역사에 종지부를 찍은 것은
자주적 근대화의 첫 단추를 신분제도 폐지에서 찾았다는 것을 의미
한다.

(8) 서얼 출신 급제자의 추이

앞에서 제도적인 측면에서 서얼허통이 이루어지는 과정을 설명했
는데, 이제는 실제로 서얼 출신 급제자가 얼마나 배출되었으며 어떤
벼슬을 받았는지를 검토할 필요가 있다. 다만, 누가 서얼 출신 급제
자인지는 판단하기가 쉽지 않다. 숙종 대의 《방목》에는 서얼 출신
급제자를 '업유'로 표시하여 확인이 쉽지만, 다른 시대는 그런 표현

이 없기 때문이다. 그래서 여기서는 서얼 출신 급제자가 벼슬을 받을 때 대간臺諫이 서경署經을 하면서 문제 삼은 인물을 조사하여 인원을 파악하는 방법을 취하였다. 신원이 파악되지 않아 조정에서 문제가 되지 않은 급제자도 상당수 있을 것으로 추측되지만, 확인할 방법이 없다.

또한 신원 파악이 어려운 데는 대간이 서경을 거부한 인물 가운데 서얼이라고 명시하지 않고 그저 '출신이 비천卑賤하다' 또는 '미천微賤하다'고 표현한 인물을 서얼로 볼 수 있느냐는 문제도 있었다. 이들은 서얼일 가능성이 매우 크지만 일단 인원파악에서 제외했다. 이제 서얼로 확인된 급제자 수를 왕대별로 정리하면 다음과 같다.

세종 대	세조 대	예종─성종 대	중종 대	명종 대	선조 대	조선 전기
1명	2명	1명	4명	5명	5명	18명
광해군 대	인조 대	효종 대	현종 대	숙종 대	경종 대	
6명	10명	2명	2명	9명	3명	조선 후기
영조 대	정조 대	순조 대	헌종 대	철종 대	고종 대	54명
12명	2명	1명	1명	3명	3명	
합 계						72명

위 표를 보면 조선시대 서얼 출신 급제자는 모두 72명이고, 그 가운데 조선 전기 급제자는 18명, 조선 후기 급제자는 54명이다. 두 시기에 차이가 큰 것은 16세기 중엽 명종 대 이후로 부분적인 문과응시가 허락되면서 급제자가 늘어난 까닭이다. 하지만, 여기에 소개한 72명은 서얼임이 확실한 인물일 뿐이고, 실제의 서얼 출신 급제자 인원은 이보다 수십 배 많았을 것으로 추측된다.《족보》에 오르지 못한 급제자 수천 명 가운데 서얼 출신이 상당수 포함되어 있을 것으로 생

각되기 때문이다.

다음에 서얼 출신 급제자 가운데 3품 이상 고관에 오른 저명한 인물은 조선 전기에 10명, 조선 후기에 9명으로 모두 19명이다. 급제자 인원으로 본다면 조선 전기에 고관에 오른 인물이 조선 후기보다 더 많은 것을 알 수 있다. 19명의 명단을 소개하면 다음과 같다.

이선李宣 이성계의 서녀庶女가 낳은 아들로, 세종 대 급제하여 벼슬이 집현전 제학(종2품)과 판서(정2품)에 이르렀다.

유자광柳子光 부윤 유규柳規의 서자로, 세조 대 급제하여 벼슬이 부원군府院君(정1품)에 올랐다.

최적崔適 중국 귀화인 보로甫老와 기생첩 사이에 출생한 서자로, 세조 대 급제하여 벼슬이 오위장(종2품)을 거쳐 지중추부사(정2품)에 올랐다.

조광원曺光遠 우찬성 조계상曺繼商의 서자로, 중종 대 급제하여 벼슬이 판중추부사(종1품)에 올랐다.

이사종李嗣宗 이오李晤의 서자로, 중종 대 급제하여 벼슬이 도정(정3품 당상관)에 올랐다.

신잠申潛 신숙주申叔舟의 증손자이자 신종호申從濩의 서자로, 중종 대 급제하여 벼슬이 목사(정3품 당상관)에 올랐다.

반석평潘碩枰 본래 천얼賤孼 곧 비첩 소생이었는데, 할머니가 서울로 데려와 셋집에 살면서 바느질로 키워 중종 대 문과에 급제하였고 벼슬이 형조판서(정2품)에까지 올랐다.

최입崔岦 천얼 출신으로, 명종 대 급제하여 벼슬이 제조(종2품)에 올랐다. 차천로車天輅, 한석봉韓石峯과 더불어 '송도삼절松都三絶'로 불리는 문장가이기도 하다.

양사언楊士彦 서자로, 명종 대 급제하여 벼슬이 부사(종3품)에 올랐다. 명필로 유명하다.

김현성金玄成 서자로, 명종 대 급제하여 벼슬이 동지돈녕부사(종2품)에 올랐다. 문장가로 유명하다.

양만고楊萬古 서자 출신 부사 양사언楊士彦의 아들로, 광해군 대 급제하여 벼슬이 감정(정3품 당하관)에 이르렀다.

박희현朴希賢 첨정 박효원朴孝元의 서자로, 광해군 대 급제하여 벼슬이 첨지중추부사(정3품 당상관)에 올랐다.

이재영李再榮 판서 이선李選의 서자로, 광해군 대 급제하여 벼슬이 통정대부(정3품 당상관)에 올랐다.

유시번柳時蕃 유찬柳燦의 서자로, 효종 대 급제하여 벼슬이 부사(종3품)에 올랐다.

이지백李知白 이헌방李憲邦의 서자로, 효종 대 급제하여 벼슬이 부사(종3품)에 올랐다.

양주익梁周翊 왜란 때 서자로 의병을 일으킨 양대박梁大撲의 6대손으로, 영조 대 급제하여 벼슬이 병조참의(정3품 당상관)에 올랐다.

성대중成大中 찰방 성효기成孝基의 서자로, 영조 대 급제하여 벼슬이 부사(종3품)에 올랐다. 실학자로 명성을 떨쳤다.

이형원李亨元 이방현李邦賢의 서자로, 영조 대 급제하여 벼슬이 승지(정3품 당상관)에 올랐다.

김선주金善柱 평안도 강서江西 출신이며 서자로, 고종 대 급제하여 벼슬이 승지(정3품 당상관)에 올랐다. 고종의 칭제稱帝를 강력하게 요청한 인물이다.

4) 신분이 낮은 급제자의 비율

그러면 조선시대 신분이 낮은 급제자(A형과 B형)는 전체 급제자 가운데 어느 정도의 비율을 차지했을까? 우선, 신분이 낮은 급제자의 인원과 비율을 각 왕대별로 살펴보면 옆의 표와 같다.

표를 보면 조선시대 전체 문과급제자는 1만 4,615명인데, 그 가운데 신분이 낮은 급제자는 모두 5,221명으로 전체 급제자의 35.72퍼센트를 차지한다. 그런데, 이 수치를 시기별로 살펴보면 기복이 매우 심한 것을 알 수 있다. 먼저, 임진왜란을 기준으로 조선 전기와 조선 후기를 나누어 살펴보면, 조선 전기의 비율은 24.29퍼센트이고 조선 후기는 40.85퍼센트로 현격한 차이가 있다. 그만큼 조선 후기에 신분이 낮은 급제자의 비율이 높고, 신분이동이 더 활발했다는 것을 보여준다.

그런데, 조선 전기와 조선 후기도 자세히 살펴보면 그 안에 기복이 또 있다. 15세기(태조-성종 대)와 16세기(연산군-선조 대)를 견주어 보면, 각각 32.88퍼센트와 18.66퍼센트를 기록했다. 그러니까 15세기가 16세기에 견주어 신분이 낮은 급제자 비율이 거의 2배 가까이 높고, 그만큼 신분이동이 더 활발했다는 뜻이다. 한편, 조선 후기를 다시 세 시기로 나누어 살펴보면 그 사이에 또한 심한 기복이 있음을 알 수 있다. 17세기 초~중후반대(광해군-현종 대)의 비율은 19.82퍼센트, 17세기 중후반대~18세기 말(숙종-정조 대)은 37.62퍼센트, 19세기(순조-고종 대)는 55.08퍼센트를 보여 주고 있다. 그러니까 약 1백 년 정도의 시차를 두고 19.82퍼센트→ 37.62퍼센트→ 55.08퍼센트의 급증세를 보인 것이다.

왕 대	전체 급제자	신분이 낮은 급제자	비 율
태조-정종 대(1392~1400)	99명	40명	40.4 %
태종 대(1400~1418)	266명	133명	50 %
세종 대(1418~1450)	463명	155명	33.47%
문종-단종 대(1450~1455)	179명	62명	34.63%
세조 대(1455~1468)	309명	94명	30.42%
예종-성종 대(1468~1495)	478명	106명	22.17%
연산군 대(1495~1506)	251명	43명	17.13%
중종 대(1506~1544)	900명	188명	20.88%
명종 대(1544~1567)	470명	93명	19.78%
선조 대(1567~1608)	1,112명	186명	16.72%
조선 전기	4,527명	1,100명	24.29%
광해군 대(1608~1623)	451명	66명	14.63%
인조 대(1623~1649)	749명	157명	20.96%
효종 대(1649~1659)	245명	48명	19.59%
현종 대(1659~1674)	391명	93명	23.78%
숙종 대(1674~1720)	1,427명	431명	30.2 %
경종 대(1720~1724)	183명	63명	34.42%
영조 대(1724~1776)	2,131명	794명	37.25%
정조 대(1776~1800)	777명	412명	53.02%
순조 대(1800~1834)	1,049명	567명	54.05%
헌종 대(1834~1849)	455명	232명	50.98%
철종 대(1849~1863)	471명	227명	48.19%
고종 대(1863~1894)	1,759명	1,031명	58.61%
조선 후기	10,088명	4,121명	40.85%
합 계	14,615명	5,221명	35.72%

　이제 위와 같은 기복을 다시 전체적으로 합쳐서 보면, 가장 높은 비율을 보인 시대는 15세기와 19세기이며, 가장 낮은 비율을 보인 시대는 16세기에서 17세기 후반기라는 사실을 알 수 있다. 조선왕조 5

백 년 동안 V자 형태의 역포물선을 그리고 있는 것이다. 16세기와 17세기 후반기는 우리가 흔히 '조선 중기'로 부르는 시대로, 실학자들을 비롯한 양심적인 개혁적 지식인들이 문벌사회의 폐단을 지적하면서 개혁을 주장하고 나선 시대와 일치한다. 여기서 조선왕조 5백 년을 일방적으로 양반문벌이 독점한 시대로 본다든지, 반대로 일방적으로 신분이동이 활발했다고 주장하는 것은 사실에 어긋난다는 것을 발견할 수 있다. 조선왕조가 이어진 5백 년은 매우 긴 시간으로, 그 사이에 역동적인 변화가 있었음을 간과해서는 안 될 것이다.

다음에 알아보아야 할 것은 신분이 낮은 급제자의 여러 유형이 어떻게 바뀌었는가의 문제다. 앞에서 이미 신분이 낮은 급제자의 유형을 A형과 B형으로 나누어 보아야 한다고 말했는데, 그 비율이 어떻게 변했는지를 살펴야 할 것이다.

먼저, 살펴야 할 것은 A형의 유형이 조선 전기와 조선 후기가 다르다는 점이다. 조선 전기에는 본관本貫 자체를 알 수 없는 급제자의 비율이 신분이 낮은 급제자의 평균 40.27퍼센트를 차지하고 있으며, 본관은 있으나 그 본관의 《족보》 자체가 없는 급제자의 비율이 3.81퍼센트, 《족보》는 있으나 《족보》에 가계가 보이지 않는 급제자 30.81퍼센트, 그리고 《족보》에 이름이 보이지만 본인이나 아버지 윗대의 조상이 보이지 않는 급제자가 14퍼센트를 차지한다. 이 네 부류를 합치면 평균 88.89퍼센트이다. 그러니까 A형 급제자의 비율이 88.89퍼센트라는 말이다. 나머지 11.11퍼센트 가운데 7퍼센트는 내외 4대조 또는 그 위로도 여러 대에 걸쳐 벼슬아치가 없는 급제자들로, 이들이 바로 B형이다. 그리고 B형을 뺀 나머지 4.11퍼센트는 문헌마다 기록이 서로 달라 신원을 알 수 없는 급제자들이다.

그런데, 위와 같은 조선 전기 A형 급제자의 평균 수치를 각 왕대별로 살펴보면 매우 기복이 심하다는 것을 알 수 있다. 편의상 A형 가운데 가장 큰 비중을 차지하는, 본관을 모르는 급제자와《족보》에 오르지 못한 급제자만을 대상으로 비율의 변동을 알아보면 다음과 같다.

왕 대	본관을 모르는 자	《족보》에 오르지 못한 자	합 계
태조–정종 대	70　%	20　%	90　%
태종 대	56.39%	18.04%	74.43%
세종 대	63.87%	12.25%	76.12%
문종–단종 대	56.45%	16.12%	72.57%
세조 대	56.38%	14.89%	71.27%
예종–성종 대	66.98%	9.43%	76.41%
연산군 대	48.83%	44.18%	93.01%
중종 대	20.74%	39.36%	60.10%
명종 대	10.75%	56.98%	67.73%
선조 대	6.45%	53.76%	60.21%
평 균	40.27%	30.81%	71.08%

위 표를 보면, 태조와 정종 대에는 본관을 모르는 급제자가 70퍼센트,《족보》에 가계가 보이지 않는 급제자가 20퍼센트로, 이를 합치면 90퍼센트를 차지한다. 그런데 시대가 내려갈수록 본관을 모르는 급제자가 줄어들면서 선조 대에는 6.45퍼센트로 내려간 것을 알 수 있다. 동시에《족보》에 가계가 보이지 않는 급제자의 비율은 시대가 내려갈수록 늘어나서 15세기에는 20퍼센트를 밑돌던 비율이 선조 대에는 53.76퍼센트로 올라간 것을 알 수 있다. 이런 비율의 변화는 문과 급제자의 신분이 시대가 내려갈수록 높아지고 있다는 증거이다.

그런데, 조선 후기의 경우를 보면 본관을 모르는 급제자는 거의 사라지고 만다. 그래서 A형 급제자의 대부분은 《족보》 자체가 없거나, 《족보》에 가계가 보이지 않는 급제자, 그리고 《족보》에 본인 또는 아버지 윗대가 끊어진 급제자로 채워졌다. 그러면 조선 후기 A형 급제자와 내외 4대조 또는 그 위 여러 대에 걸쳐 벼슬아치가 없는 B형 급제자의 비율은 어떤가? 이를 왕대별로 도표를 만들어 보면 다음과 같다.

왕 대	A형 급제자 비율	B형 급제자 비율
광해군 대	93.93%	6.06%
인조 대	86.62%	13.37%
효종 대	93.75%	6.25%
현종 대	82.79%	17.2 %
숙종 대	74.47%	25.52%
경종 대	76.19%	23.8 %
영조 대	69.01%	30.98%
정조 대	59.7 %	40.29%
순조 대	59.43%	40.56%
헌종 대	64.65%	35.34%
철종 대	69.6 %	30.39%
고종 대	77.01%	22.98%
평 균	74.87%	25.12%

위 표를 보면, 조선 후기 A형 급제자의 평균 비율은 74.87퍼센트, B형 급제자의 평균 비율은 25.12퍼센트를 보이고 있다. 하지만 이 비율을 왕대별로 나누어 보면 기복이 있다. 광해군 대에는 A형 급제자 비율이 93.93퍼센트를 보이다가 시대가 내려가면서 그 수치가 점차로 줄어들어 정조와 순조 대에는 59퍼센트대로 떨어졌고, 헌종 대 이

후로 다시 상승세를 보이면서 고종 대에는 77퍼센트대로 올라섰다. 이런 수치의 변동은 B형 급제자의 비율과 역비례한다. 광해군 대 B형 급제자의 비율은 6퍼센트대를 보이다가 정조와 순조 대에는 40퍼센트대로 올라서고, 그 뒤로는 내림세를 보이면서 고종 대에는 22퍼센트대로 떨어진다.

이러한 변화는 17세기 이후로 18세기 말에 이르는 기간에 몰락양반의 비율이 점차로 늘어났다가 19세기 이후로 떨어지고 있다는 것을 말해 준다. 하지만, 전체적으로 볼 때는 신분이 더 낮은 A형 급제자의 비율이 B형 급제자의 비율보다 3배 이상 높다는 것을 눈여겨볼 필요가 있다.

5) 신분이 낮은 급제자의 취직률과 벼슬

조선시대 신분이 낮은 급제자는 모두 5,221명이다. 그 가운데 벼슬을 받은 급제자는 모두 3,570명으로 평균 취직률은 68.37퍼센트에 이른다. 그러나 이 수치는 시기에 따라 기복이 심하다. 먼저 태조에서 선조 대에 이르는 조선 전기에는 신분이 낮은 급제자 1,100명 가운데 벼슬을 받은 급제자는 1,026명으로 취직률은 93.27퍼센트다. 이에 견주어, 광해군에서 고종 대에 이르는 조선 후기는 신분이 낮은 급제자 4,121명 가운데 벼슬을 받은 급제자는 2,544명으로 취직률은 61.73퍼센트로 떨어지고 있다.

조선 전기와 후기 사이에 신분이 낮은 급제자의 취직률이 이렇듯 큰 격차를 보인 가장 큰 이유는 급제자 수의 차이에 있다. 앞에서 설명한 것처럼 조선 전기 연평균 급제자는 21명인 것과 달리 조선 후기

연평균 급제자는 35.14명이다. 해마다 14명이 넘게 더 선발한 것으로, 조선 전기는 후기보다 약 40퍼센트를 적게 선발한 셈이다. 조선 후기에 이르러 취직률이 61퍼센트대로 떨어진 것은 바로 급제자 수의 차이 때문이라고 해석할 수 있다.

그러면 신분이 낮은 급제자들이 받은 벼슬은 어떠했는가? 그 해답 또한 조선 전기와 후기가 각각 다르다. 먼저 조선 전기의 경우를 살펴보면 다음과 같다.

(1) 조선 전기 신분이 낮은 급제자로 3품 이상에 오른 자

조선 전기 신분이 낮은 급제자는 크게 다섯 부류가 있다. ① 본관을 모르는 급제자, ②《족보》자체가 없는 급제자, ③《족보》에 오르지 못한 급제자, ④《족보》에 본인 또는 아버지 윗대의 가계가 단절된 급제자, ⑤ 내외 4대조 또는 그 위 여러 대에 걸쳐 벼슬아치가 없는 급제자이다.

먼저, ①에 해당하는 급제자는 443명인데, 그 가운데 3품 이상에 오른 급제자는 모두 69명으로 15.57퍼센트를 차지하고 있다. 3품 이상 벼슬아치 가운데는 판서(정2품)가 3명, 판윤(정2품) 2명, 참판(종2품) 1명, 관찰사(종2품) 1명, 부윤(종2품) 1명, 유후(종2품) 2명, 사간원 대사간(정3품 당상관) 4명, 성균관 대사성(정3품 당상관) 2명, 집현전 직제학(정3품 당하관) 1명 등 요직에 오른 인물이 적지 않다. 다만 이런 요직에 오른 인물은 중종 대 이전에 많고, 그 이후에는 눈에 띄게 줄고 있는 것이 특징이다. 18세기 전반기 실학자 유수원柳壽垣은 조선 초기에는 향곡鄕曲(시골)에서 경상재보卿相宰輔가 많이 나왔다고 하였는데, 이 말이 정확함을 알 수 있다.

②에 해당하는 급제자는 42명이며, 그 가운데 3품 이상에 오른 급제자는 9명으로 21.42퍼센트를 차지한다. 그 가운데는 관찰사(종2품)가 2명, 목사(정3품 당상관) 1명, 직제학(정3품 당하관) 1명, 판교(정3품 당하관) 1명 등이 보인다. 다만 이들은 중종 대 이전에 보이고, 명종과 선조 대에는 보이지 않는다.

③에 해당하는 급제자는 339명이며, 그 가운데 3품 이상에 오른 급제자는 94명으로 27.72퍼센트를 차지하고 있다. 그 가운데 판중추부사(종1품) 1명, 판서(정2품) 2명, 참판(종2품) 1명, 관찰사(종2품) 2명, 참의(정3품 당상관) 6명, 대사성(정3품 당상관) 1명, 승지(정3품 당상관) 2명 등이 보인다. 다만, 명종과 선조 대 이후에는 2품 이상 고관은 거의 보이지 않는다.

④에 해당하는 급제자는 154명이며, 그 가운데 3품 이상에 오른 급제자는 54명으로 35.06퍼센트를 차지한다. 그 가운데는 영중추부사(정1품) 1명, 판중추부사(종1품) 1명, 판서(정2품) 2명, 지중추부사(정2품) 1명, 참판(종2품) 1명, 관찰사(종2품) 4명, 동지중추부사(종2품) 3명 등이 보인다. 여기서 몇 명의 저명한 인물을 소개하면 세종 대 정인지鄭麟趾와 더불어 《용비어천가》를 지었고 영중추부사(정1품)에 오른 안지安止, 세종 대 집현전 부제학(정3품 당상관)에 오른 김구金鉤, 예조판서(정2품)에 오른 정자영鄭自英, 중종 대 역관으로 동지중추부사(종2품)에 오른 최세진崔世珍을 들 수 있다.

⑤에 해당하는·급제자는 77명이며, 그 가운데 3품 이상에 오른 인물은 23명으로 29.87퍼센트를 차지하고 있다. 여기서 저명한 인물을 소개하면 세조 대 영의정(정1품)에 오른 홍윤성洪允成(초명 禹成), 중종

대 판서(정2품)를 거쳐 의정부 찬성(종1품)에 오른 고형산高荊山, 이조 판서(정2품)에 오른 홍귀달洪貴達, 병조판서(정2품)에 오른 방유령方有寧, 선조 대 이조판서(정2품)에 오른 정경세鄭經世, 관찰사(종2품)에 오른 김성일金誠一 등을 들 수 있다.

이상 다섯 부류를 모두 합쳐서 정리하면 조선 전기 3품 이상에 오른 전체 인원은 249명으로 신분이 낮은 급제자 1,100명 가운데 22.62퍼센트를 차지하고 있다. 그 가운데는 영의정(정1품) 1명, 영중추부사(정1품) 1명, 의정부 찬성(종1품) 1명, 판중추부사(종1품) 2명, 지중추부사(정2품) 1명, 판서(정2품) 10명, 참판(종2품) 3명, 관찰사(종2품) 9명, 판윤(종2품) 1명, 부윤(종2품) 1명 등 2품 이상 고위직만도 30여 명에 이르고 있다. 앞에서 말했다시피, 18세기 초 실학자 유수원이 《우서迂書》에서 조선 초기에는 경상卿相과 재보宰輔들이 향곡(시골)에서 배출되었다고 언급했던 것이 사실임을 알 수 있다.

(2) 조선 후기 신분이 낮은 급제자로 3품 이상에 오른 급제자

광해군에서 고종 대에 이르는 신분이 낮은 급제자는 모두 4,121명인데, 그 가운데 벼슬을 받은 급제자는 모두 2,544명으로 평균 취직률은 61.73퍼센트이다. 그런데 이 수치를 왕대별로 살펴보면 각 시기마다 사정이 다르다. 왕대별 취직률을 소개하면 다음 표와 같다.

표를 보면, 광해군에서 숙종 대까지는 대체로 90퍼센트를 웃도는 취직률을 보이다가 경종 대에는 88퍼센트대로 떨어지고, 그 다음 영조 대에는 66퍼센트대로 더 내려가고 있다. 그래도 이때까지는 평균 취직률인 61퍼센트대를 웃돌고 있다. 그러다가 정조 대 이후로는 평

왕 대	신분이 낮은 자	벼슬을 받은 자	취직률
광해군 대	66명	64명	96.96%
인조 대	157명	144명	91.71%
효종 대	48명	42명	87.5 %
현종 대	93명	90명	96.77%
숙종 대	431명	416명	96.51%
경종 대	63명	56명	88.88%
영조 대	794명	528명	66.49%
정조 대	412명	211명	51.21%
순조 대	567명	262명	46.2 %
헌종 대	232명	112명	48.27%
철종 대	227명	130명	57.26%
고종 대	1,031명	489명	47.42%
합 계	4,121명	2,544명	61.73%

균 취직률을 밑도는 50~40퍼센트대로 내려간 것을 볼 수 있다. 이런 변화는 문과급제자 인원이 수요 이상으로 많아지고, 신분이 낮은 급제자의 비율이 커지면서 나타난 현상이다. 요컨대 취직률만 가지고 본다면 시대가 내려갈수록 악화되는 것처럼 보이지만, 문과에 급제했다는 사실 그 자체도 신분상승을 가져왔다는 점을 고려하면, 조선 후기 사회가 한층 역동적인 사회였다고 말할 수 있다.

그러면 광해군에서 고종 대에 이르는 조선 후기, 신분이 낮은 급제자가 받은 벼슬의 성격은 어떠했는가? 먼저 3품 이상에 오른 급제자의 비율을 알아보면 벼슬을 받은 급제자 2,544명 가운데 633명으로, 24.88퍼센트를 차지하고 있다. 조선 전기 22.62퍼센트였던 것에 견주면, 조선 후기의 수치가 약간 높아진 것을 알 수 있다.

그런데, 조선 후기 수치 24.88퍼센트를 다시 세 시기로 나누어 살펴보면 그 사이에 기복이 있다. 이를 표로 만들면 다음과 같다.

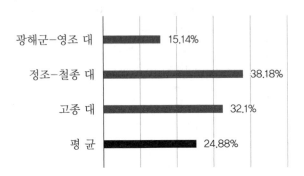

위 표를 보면 광해군에서 영조 대에는 3품 이상에 오른 급제자 비율이 15.14퍼센트에 지나지 않았으나, 정조에서 철종 대에는 2배가 넘는 38.18퍼센트로 올라갔다가 고종 대에 32.1퍼센트로 약간 내려간 것을 알 수 있다. 여기서 18세기 말에서 19세기 중엽에 이르는 기간이 비록 취직률은 낮아도 취직한 급제자의 벼슬은 한층 높아진 사실을 발견할 수 있다.

한 가지 고려할 것은 정조 대 이후 A형과 B형의 수치가 서로 다르다는 점이다. 이를 표로 만들면 다음과 같다.

표를 보면 정조에서 철종 대의 A형과 B형 급제자가 3품 이상에 오

정조-철종 대	A형 가운데 3품 이상 오른 자	26.14%
	B형 가운데 3품 이상 오른 자	43.46%
평 균		38.18%
고종 대	A형 가운데 3품 이상 오른 자	28.08%
	B형 가운데 3품 이상 오른 자	36.93%
평 균		32.1 %

른 비율은 각각 26.14퍼센트와 43.46퍼센트로 차이가 있고, 고종 대의 경우도 28.08퍼센트와 36.93퍼센트로 차이가 있다. 그러니까 A형보다는 B형 급제자가 한층 좋은 대우를 받았음을 알 수 있다. 그리고 이런 사정은 광해군에서 영조 대의 경우도 마찬가지다. 하지만 이런 섬세한 차이에도 신분이 가장 낮은 A형 급제자가 두 시기에 각각 26퍼센트대와 28퍼센트대를 차지하고 있다는 것은 과거제도 운영이 그만큼 개방되어 있었다는 것을 뜻한다.

다만, 3품 이상에 올랐더라도 어느 정도 높은 관직에 올랐느냐는 시기에 따라 다르다. 이 문제는 숙종 대를 경계로 하여 앞뒤로 차이가 있다. 광해군에서 경종 대에 이르는 기간에는 최고위직이 정2품 지중추부사 1명, 판윤 2명, 종2품 참판 1명, 좌우윤 4명, 동지중추부사 1명, 대사헌 1명, 그리고 정3품 당상관인 참의 5명에 지나지 않는다. 1품에 해당하는 의정부 정승과 정2품인 판서는 단 한 명도 없다. 이 시기는 이른바 문벌사회가 극성기에 도달한 시기로 알려져 있는데, 신분이 낮은 자의 급제율도 낮은 시기일 뿐 아니라 신분이 낮은 급제자의 벼슬도 극히 제한을 받고 있었다는 것을 알 수 있다.

그런데 영조 대 이후에는 사정이 달라진다. 영조에서 철종 대에 이르는 기간의 사정을 먼저 살펴보면 다음과 같다.

종1품	판의금부사判義禁府事 1명
정2품	판서判書 13명, 지돈녕부사知敦寧府事 1명, 지중추부사知中樞府事 3명(1명은 A형)
종2품	참판參判 36명(3명은 A형), 부윤府尹 4명, 좌윤左尹 2명, 동지중추부사 2명(모두 A형), 사헌부 대사헌大司憲 4명(1명은 A형), 관찰사觀察使 2명, 홍문관 제학提學 1명

정3품 당상관	사간원 대사간大司諫 52명(9명은 A형), 참의參議 34명(11명은 A형), 승지承旨 69명(5명은 A형), 돈녕부 도정都正 8명, 성균관 대사성大司成 1명

표를 보면 영조에서 철종 대의 사정은 광해군에서 숙종 대에 이르는 기간의 사정과는 크게 다르다는 것을 알 수 있다. 실권이 높은 판서(정2품) 13명, 참판(종2품) 36명, 참의(정3품 당상관)와 참지(정3품 당상관) 34명, 승지(정3품 당상관) 69명, 사헌부 대사헌(종2품) 4명, 사간원 대사간(정3품 당상관) 52명 등이 보이기 때문이다. 다만, A형은 단 1명의 판서判書도 배출하지 못하고 참판(종2품)과 참의(정3품 당상관)에 그치고 있어 B형보다는 불리했다는 것을 알 수 있다.

마지막으로 고종 대의 사정은 더욱 좋아지고 있는데, 3품 또는 주임관奏任官 이상에 오른 급제자가 A형은 75명으로 A형 급제자의 28.08퍼센트를 차지하고, B형은 82명으로 B형 급제자의 36.93퍼센트를 차지한다. 여기서 A형과 B형의 격차가 이전 시기와 달리 그다지 크지 않다는 것이 눈길을 끈다.

고종 대 3품 또는 주임관 이상에 오른 신분이 낮은 급제자들이 받은 벼슬과 인원은 다음과 같다.

시종원경侍從院卿(칙임관)	1명(A형)
시종원 부경副卿(칙임관)	1명(A형)
궁내부 대신大臣(칙임관)	3명
궁내부 협판協辦(칙임관)	4명(2명은 A형)
궁내부 특진관特進官(칙임관)	12명(2명은 A형)
중추원 의관議官(칙임관)	9명(6명은 A형)
의정부 찬정贊政(정2품)	4명(3명은 A형)
판서判書(정2품, 칙임관)	2명

참판參判(종2품, 칙임관)	10명(1명은 A형)
부윤府尹, 우윤右尹(종2품)	3명(A형)
종2품	1명
순찰사巡察使(종2품)	2명
절도사節度使(종2품)	1명(A형)
감역관監役官(종2품)	1명(A형)
평리원 검사檢事(칙임관)	1명(A형)
국장局長(칙임관)	2명(1명은 A형)
도청都廳(칙임관)	1명(A형)
판리공사辦理公使(칙임관)	1명
통례원 통례通禮(칙임관)	5명(3명은 A형)
참의參議(정3품 당상관, 주임관)	18명(10명은 A형)
비서원승秘書院丞(주임관)	12명(4명은 A형)
승지承旨(정3품 당상관)	24명(5명은 A형)
사간원 대사간大司諫(정3품 당상관)	5명(2명은 A형)
규장각 부제학副提學(정3품 당상관)	1명(A형)
성균관 대사성大司成(정3품 당상관)	1명
군자감정軍資監正(정3품 당하관)	1명
시정寺正(정3품 당하관)	1명(A형)
교서관 판교判校(정3품 당하관)	1명(A형)
정3품	3명(2명은 A형)
감리監理(정3품, 주임관)	1명(A형)
통례원 상례相禮(종3품)	2명
사간원 사간司諫(종3품)	11(9명은 A형)
사헌부 집의執義(종3품)	4명(A형)
장례원 집례執禮(주임관)	2명(A형)
성균관장成均館長(주임관)	1명(A형)
참서관參書官(주임관)	1명(A형)
주임관奏任官	1명(A형)
부사府使(종3품)	2명(1명은 A형)
종3품	1명
합 계	157명

위 표에서 눈여겨볼 것은 궁내부 대신 3명과 판서 2명 가운데 A형
이 없고, 궁내부 특진관 12명 가운데 A형이 2명에 지나지 않는다는
점이다. 그리고 참판 10명 가운데 A형은 1명, 승지 24명 가운데 A형
은 5명, 궁내부 특진관 12명 가운데 A형은 2명뿐이다. 여기서 A형보
다는 B형이 더 우대받고 있다는 것을 알 수 있다. 하지만 그 차이가
매우 작아 벼슬과 신분의 관계가 거의 무시되고 있음을 알 수 있다.

(3) 조선 전기 참상관과 참외관 벼슬의 추이

신분이 낮은 급제자들이 3품 이상 고관에 얼마나 많이 올라갔느냐
도 신분이동을 이해하는 데 중요하지만, 4품에서 6품에 해당하는 참
상관參上官과 7품에서 9품에 이르는 참외관參外官도 어느 자리에 올랐
느냐도 중요한 요소이다. 여기에도 청요직淸要職과 그렇지 않은 벼슬
의 차이가 있기 때문이다. 참상관의 청요직에는 청직淸職으로 홍문관
弘文館, 예문관藝文館, 사헌부司憲府, 사간원司諫院 등이 있고, 요직으로
는 인사권을 가진 이조吏曹와 병조兵曹의 낭관郎官(정랑과 좌랑)이 있
다. 그 밖의 참상관은 대부분 실권이 없는 한직閑職이다.

한편, 7품에서 9품에 이르는 참외관은 급제자가 처음으로 받는 초
사직初仕職에 해당하는데, 외교문서를 담당하는 승문원承文院(槐院)이
나 사관史官의 임무를 띤 예문관藝文館을 최고로 치고, 교서관校書館이
나 성균관成均館으로 나가는 것을 한직으로 여겼다.

그러면 조선 전기 신분이 낮은 급제자들은 참상관과 참외관에 얼
마나 진출했는가?

15세기에서 16세기 중엽에 이르는 태조에서 중종 대와 16세기 후

반기의 명종에서 선조 대의 상황은 다른 점이 있다. 앞 시기에는 청요직에 거의 구애되지 않고 진출했으며, 지방관으로 나가는 비율은 대략 3분의 1 정도에 그쳤다. 그런데 명종 대 이후의 상황을 보면, 우선 지방의 수령으로 나가는 경우가 절반을 넘어서고 있으며, 중앙직에서는 청요직 진출이 매우 드물다. 홍문관은 말할 것 없고, 서경권署經權을 가진 사헌부나 사간원 등에도 극소수만이 진출하고 대부분 성균관 등 한직으로 나가고 있다. 6조 낭관(5~6품)도 인사권을 가진 이조나 병조는 거의 없고, 예조, 형조, 공조 등 한직이 대부분이다.

참외관의 경우도 앞 시기와 뒷 시기에 다른 모습이 보인다. 앞 시기에는 외교문서를 담당하는 승문원(괴원)에 분관되는 신분이 낮은 급제자가 왕대마다 보이고 있다. 하지만 16세기 후반기에 들어가면 승문원 분관은 거의 없고, 그 대신 한직에 속하는 교서관과 성균관이 대부분이며, 임시직인 권지權知를 주는 경우도 많다. 이런 현상은 선조 대에 가장 현저하다.

여기서 16세기 후반에 이르러 신분이 낮은 급제자의 비율이 눈에 띄게 감소하는 현상과 더불어 그들이 받는 벼슬 가운데 청요직이 점점 줄어드는 현상을 뚜렷하게 관찰할 수 있으며, 그래서 이 시기를 양반문벌이 형성되는 시기로 보는 것이다.

(4) 조선 후기 참상관과 참외관 벼슬의 추이

그러면 광해군부터 고종 대에 이르는 조선 후기에 신분이 낮은 급제자들이 받는 참상관과 참외관의 벼슬은 어떠했는가? 조선 후기 상황도 일률적으로 말하기는 어렵고, 시기에 따라 변화했다. 가장 특징적인 변화가 일어난 시기는 영조 대 이후부터다. 광해군에서 경종 대에 이르는 기간에는 참상관으로 나가는 급제자의 약 절반 정도가 군수(종4품), 현령(종5품), 도사(종5품), 현감(종6품), 찰방(종6품) 등 지방의 수령에 올랐다. 중앙직 가운데는 사예(정4품), 직강(정5품), 전적(정6품) 등 성균관으로 나가는 급제자가 22퍼센트를 차지하여 가장 많고, 청직의 핵심인 홍문관은 거의 없으며, 사헌부와 사간원 진출자는 7퍼센트에 지나지 않는다. 6조 낭관은 약 21퍼센트를 차지하고 있으나, 인사권을 가진 이조와 병조에 진출한 경우는 거의 없다.

초사직初仕職에 해당하는 7품에서 9품의 참외관의 경우를 보더라도, 광해군에서 경종 대에는 대부분 한직에 속하는 성균관과 교서관으로 나가고 있으며, 그것도 받지 못하여 임시직인 권지로 나간 급제자도 5명에 이른다.

그런데 영조 대에는 366명의 참상관 진출자 가운데 지방 수령으로 나가는 급제자가 118명으로 32.24퍼센트이다. 이는 이전까지 약 절반을 차지하던 수치에서 크게 줄어든 것이다. 그 대신 사헌부가 87명, 사간원이 22명으로 이를 합치면 109명에 이르러 29.78퍼센트를 차지하며, 여기에 청직의 핵심인 홍문관 교리(정5품)와 수찬(정6품)으로 나간 4명을 더하면 11명으로 30.87퍼센트를 차지한다. 성균관 진출자는 87명으로 10.1퍼센트로 대폭 줄고 있다. 6조 낭관(5~6품)은 69명으로 18.85퍼센트를 차지하는데, 이 비율도 전보다 줄어든 것이다. 그러니까 영조 대에는 신분이 낮은 급제자의 청요직 진출이 크게 늘어난 것을 볼 수 있다. 이것이 바로 영조 대 시행한 탕평책의 결과로 볼 수 있다.

초사직에 해당하는 참외관의 경우를 보아도 영조 대에는 성균관이 가장 많긴 하지만, 그 밖에 승정원 주서(정7품), 예문관 한림(7~9품), 시강원 설서(정7품) 등 중요한 직책에 다양하게 진출하고 있어 종전에 성균관에 집중되어 있던 상황이 크게 개선되었다.

이런 영조 대의 현상은 정조에서 철종 대에 이르는 기간에 더욱 늘어난다. 참상관의 경우 413명 가운데 사헌부와 사간원 진출자가 241명으로 무려 58.35퍼센트를 차지하고 있다. 영조 대보다 20퍼센트 더 늘어난 것이다. 여기에 홍문관 진출자 28명을 합하면 269명으로 65.13퍼센트를 차지한다. 이렇게 청요직 진출자가 늘어난 것과 달리 지방관인 수령은 18.6퍼센트, 낭관은 6.29퍼센트, 성균관은 3.14퍼센트로 줄고 있다. 참외관의 경우를 보더라도 성균관은 1명에 지나지 않고, 홍문록弘文錄에 3명, 승정원 주서에 2명, 승문원에 2명, 세자시강원에 1명, 그리고 정조의 초계문신抄啓文臣에도 1명이 나가고 있다. 놀랍게도 참외관의 대부분이 청요직으로 진출하는 변화가 일어난 것이다.

마지막으로 고종 대의 사정을 알아보면, 먼저 A형의 경우 참상관과 참외관으로 나간 192명 가운데 청직에 진출한 인원은 홍문관 53명, 사헌부 57명, 사간원 27명이다. 이를 합하면 137명으로 71.35퍼센트를 차지하고 있다.

한편 고종 대 B형 급제자들이 청요직에 나간 비율을 알아보면, 참상관과 참외관으로 나간 140명 가운데 홍문관에 50명, 사헌부에 42명, 사간원에 17명으로 이를 합하면 109명으로 77.85퍼센트를 차지한다. 여기서 A형과 B형을 합해보면 74.09퍼센트를 차지하는데, 이 수치를 앞 시기와 비교하면 다음과 같다.

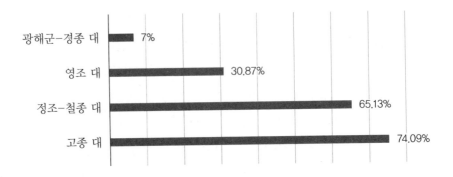

위 표를 보면 참상관과 참외관의 청요직으로 나가는 비율이 조선 후기 3백 년 동안에도 시기에 따라 심한 변동이 있다는 것을 알 수 있다. 광해군에서 경종 대는 7퍼센트의 극히 저조한 모습을 보이다가 영조 대에는 30퍼센트대로 급상승하고, 정조에서 철종 대에는 65퍼센트대로 2배 이상 늘어나고, 고종 대에는 다시 74퍼센트대를 보이고 있다. 여기서 광해군에서 경종 대에 이르는 조선 중기가 가장 신분이 동이 저조한 시대라는 것이 다시 한 번 확인된다.

(5) 시조가 된 급제자의 추이

조선시대 신분이 낮은 급제자 5,221명 가운데 자기 성관姓貫의 시조로 추앙받은 급제자는 모두 105명으로 약 0.2퍼센트를 차지한다. 이들의 인원을 왕대별로 살펴보면 다음과 같다.[73]

---

[73] 시조가 된 급제자의 구체적인 이름과 성관은 이 책의 제1권, 제2권, 제3권을 참고하기 바란다.

태조-정종 대	6명
태종 대	8명
세종 대	9명
문종-단종 대	3명
세조 대	2명
예종-성종 대	7명
연산군 대	5명
중종 대	16명
명종 대	5명
선조 대	17명
중간 합계	78명
광해군 대	1명
인조 대	4명
효종 대	–
현종 대	1명
숙종 대	5명
경종 대	1명
영조 대	14명
정조 대	1명
중간 합계	27명
전체 합계	105명

　표를 보면 시조가 된 급제자 105명 가운데 78명은 조선 전기에 배출되고 27명은 조선 후기에 배출되었는데, 정조 대 이후에는 배출되지 않았음을 알 수 있다. 보통 집안이 좋은 대성大姓의 경우는 시조가 삼국시대나 고려시대로 올라가는데, 조선시대 들어와서 시조가 나왔다면 조상 가운데 벼슬아치가 없었다는 뜻이다. 실제로 이들의 현재 인구를 보면 작게는 몇 십 명에서 크게는 몇 천 명에 이르는 희성稀姓임을 알 수 있고, 그 후손 가운데도 문과급제자가 한두 명 나왔거나

없는 경우가 많다.

실제로 시조가 된 급제자의《족보》를 조사해 보면《족보》자체가 없는 경우도 있고,《족보》가 있더라도 조상의 가계가 보이지 않는 급제자들이 많다. 그런데《실록》등의 기록을 보면 조상이 향리인 경우도 있고, 평민인 경우도 있으며, 대성에서 분파分派하여 독립된 경우도 있다. 하지만, 노비가 양인이 된 뒤에 벼슬아치가 된 경우도 없지 않을 것이다.

여기서 조선 후기에는 왜 시조가 적은지를 생각해 볼 필요가 있다. 시조는 벼슬아치가 나온 당대에 추앙되는 일은 없고, 몇 백 년이 지난 뒤에 시조로 추앙을 받게 되기 때문에 조선 후기 급제자는 추앙의 대상이 될 만큼 시간이 지나지도 않았을 뿐 아니라, 또 가문의 명예를 높이려면 조선 후기 인물을 시조로 추앙하는 것보다는 거짓이라도 먼 옛날의 조상을 추앙하는 편이 좋았을 것이다.

시조가 된 급제자 가운데는 정3품 당상관 이상 고관에 오른 인물도 적지 않은데, 다만 조선 초기에만 보인다. 다음 12명의 사례만을 소개하겠다.

김반金泮 정종 대 급제하여 벼슬이 성균관 대사성(정3품 당상관)에 이르고 경학經學에 뛰어나 김말金末, 김구金鉤와 더불어 조선 초기 '경학삼김經學三金'으로 이름을 떨쳤다. 뒤에 강서김씨江西金氏의 시조가 되었으며 유일급제자이다.

김염金濂 정종 대 급제하여 벼슬이 부윤(종2품)에 올랐는데, 뒷날 영흥김씨永興金氏의 시조가 되었으며 유일급제자이다.

유종교柳宗揆 정종 대 급제하여 벼슬이 관찰사(종2품)에 올랐는데,

뒤에 연안유씨延安柳氏의 시조가 되었으며 유일급제자이다.

이양부李陽敷 태종 대 급제하여 벼슬이 총제總制(정2품)에 이르렀는데, 뒤에 함흥이씨咸興李氏의 시조가 되었다.

김구金鉤 태종 대 급제하여 벼슬이 예문관 제학(종2품)을 거쳐 판중추원사(종1품)에 올랐는데, 뒤에 아산김씨牙山金氏의 시조가 되었다. 경학에 뛰어나 '경학삼김'의 하나로 불렸다.

이수李隨 태종 대 급제하여 벼슬이 이조판서(정2품)에 올랐으며, 뒤에 세종이 된 충녕대군忠寧大君의 스승이기도 하다. 뒤에 봉산이씨鳳山李氏의 시조가 되었다.

조주趙注 세종 대 급제하여 벼슬이 호조참판(종2품)에 올랐는데, 뒤에 강진조씨康津趙氏의 시조가 되었다.

안자립安自立 세종 대 급제하여 벼슬이 호조참의(정3품 당상관)에 올랐는데, 뒤에 청주안씨淸州安氏의 계파시조가 되었다.

김순金淳 세종 대 급제하여 벼슬이 사헌부 대사헌(종2품)과 지중추부사(정2품)에 올랐는데, 뒤에 영산김씨靈山金氏의 시조가 되었으며 유일급제자이다.

정차공鄭次恭 세종 대 급제하여 벼슬이 예문관 직제학(정3품 당하관)에 올랐는데, 뒤에 영천정씨永川鄭氏의 시조가 되었으며 유일급제자이다.

오백창吳伯昌 문종 대 급제하여 벼슬이 사헌부 대사헌(종2품)에 올랐는데, 뒤에 두원오씨荳原吳氏의 시조가 되었으며 유일급제자이다.

김한金翰 중종 대 급제하여 벼슬이 목사(정3품 당상관)에 올랐는데, 뒤에 경산김씨慶山金氏의 시조가 되었으며 유일급제자이다.

(6) 유일급제자의 추이

조선시대 신분이 낮은 급제자 5,221명 가운데는 자기 성관에서 유일한 급제자가 222명이다. 이를 왕대별로 알아보면 다음과 같다.

태조-정종 대	6명
태종 대	7명
세종 대	18명
문종-단종 대	4명
세조 대	8명
예종-성종 대	12명
연산군 대	8명
중종 대	27명
명종 대	10명
선조 대	17명
중간 합계	117명
광해군 대	2명
인조 대	5명
효종 대	2명
현종 대	5명
숙종 대	13명
경종 대	2명
영조 대	25명
정조 대	19명
순조 대	16명
헌종 대	7명
철종 대	3명
고종 대	7명
중간 합계	106명
전체 합계	223명

위 표를 보면 조선 전기의 유일급제자는 117명이고, 조선 후기는 106명으로 이를 합치면 223명이다. 이들 유일급제자의 성관은 현재 인구가 작게는 몇 십 명에서 많게는 몇 천 명에 이르는 희성이 대부분이며, 그 가운데 대성에 통합되어 사라진 성관도 적지 않다. 인구가 빈약하므로 급제자가 적은 것이다. 유일급제자는 부분적으로 시조와 겹치는 경우가 있다.

유일급제자로 3품 이상 고관에 오른 인물은 조선 전기에만 보이는데, 그 가운데 대표적인 인물 12명을 소개하면 다음과 같다.

홍윤성洪允成(초명 禹成) 문종 대 급제하여 벼슬이 세조 대 영의정(정1품)에 올랐는데, 회인홍씨懷仁洪氏의 유일한 급제자이다. 그런데 홍윤성은 원래 집이 빈천貧賤하다고 한다. 2000년 현재 인구는 13가구 39명의 극희성이다.

최세진崔世珍 역관譯官 출신으로 연산군 대 급제하여 벼슬이 승문원 제조(정2품)와 동지중추부사(종2품)에 올랐는데, 괴산최씨槐山崔氏의 유일한 급제자이다. 2000년 현재 인구는 127가구 440명의 극희성이다.

이희보李希輔 연산군 대 급제하여 벼슬이 성균관 대사성(정3품 당상관)에 올랐는데, 평양이씨平壤李氏의 유일한 급제자이다. 2000년 현재 인구는 185가구 579명의 극희성이다.

한세진韓世珍 중종 대 급제하여 벼슬이 목사(정3품 당상관)에 올랐는데, 보령한씨保寧韓氏의 유일한 급제자이다.

안중손安仲孫 중종 대 급제하여 벼슬이 비록 당상관에 오르지 못하고 사헌부 장령(정4품)에 그치고 말았지만, 고성안씨固城安氏의 유일한 급제자이다. 집이 너무 가난하여 주경야독晝耕夜讀으로 공부하여 급제한 인물로 알려져 있다. 현재 인구도 알 수 없다.

박수량朴守良 중종 대 급제하여 벼슬이 판서(정2품)에 올랐는데, 태인박씨泰仁朴氏의 유일한 급제자이다. 2000년 현재 인구는 140가구 456명의 극희성이다. 박수량은 당시 '초래草來' 또는 '향산鄕産'이라는 평을 받았으며, 아주 시골 사람이라는 뜻이다. 그는 뒤에 청백리로 뽑히기도 했다.

이사충李思忠 중종 대 급제하여 벼슬이 첨지중추부사(정3품 당상관)에 올랐는데, 고양이씨高陽李氏의 유일한 급제자이다. 2000년 현재 인구는 113가구 365명의 극희성이다.

전승개田承漑 중종 대 급제하여 벼슬이 예빈시정(정3품 당하관)에 올랐는데, 예산전씨禮山田氏의 유일한 급제자이다. 2000년 현재 인구는 113가구 377명의 극희성이다.

태두남太斗南 중종 대 급제하여 벼슬이 시정(정3품 당하관)에 올랐는데, 영순태씨永順太氏의 유일한 급제자이다. 2000년 현재 인구는 1,302가구 4,142명의 희성이다.

노극창盧克昌 중종 대 급제하여 벼슬이 성균관 사성(종3품)에 올랐는데, 함평노씨咸平盧氏의 유일한 급제자이다. 2000년 현재 인구는 1,604가구 5,131명의 희성이다.

옹몽진邕夢辰 명종 대 급제하여 벼슬이 원정院正(정3품 당하관)에 이르렀는데, 순창옹씨淳昌邕氏의 유일한 급제자이다. 옹몽진의 집안은 순창의 향리였다. 2000년 현재 인구는 120가구 407명의 극희성이다.

전순필全舜弼 명종 대 급제하여 벼슬이 부사(종3품)에 이르렀는데, 안동전씨安東全氏의 유일한 급제자이다. 2000년 현재 인구는 1,123가구 3,680명의 희성이다.

(7) 향리 출신 급제자

조선시대 향리 출신 문과급제자로 확인된 인물은 32명이다. 그런데 이들이 모두 조선 전기에 배출된 점이 특이하다. 조선 후기에는 향리 출신으로 명확하게 단정할 수 있는 급제자가 거의 없다. 다만, 급제자의 성관이 《세종실록》〈지리지〉에 속성續姓으로 향리를 하고 있다고 되어 있는 급제자가 10여 명에 이르지만 세월이 많이 흘렀기 때문에 본인이 향리 출신으로 단정하기는 어렵다. 조선 전기와 견주어 현저하게 향리 출신 급제자가 줄고 있는데, 이는 향리층이 지방의 중인계급으로 고착되어 가는 과정을 말해 준다.

이제 조선 전기 향리 출신 급제자 32명의 명단을 왕대별로 소개하면 다음과 같다.

태조-정종 대	3명 윤상尹祥(성균대사성), 김종리金從理(예문직학), 전예田藝(경차관)
태종 대	3명 유상지俞尙智(직제학), 유상리俞尙理(정랑), 정척鄭陟(대제학)
세종 대	2명 민원閔瑗(예조참판), 김탁金鐸(사헌감찰)
문종-단종 대	1명 국경례鞠經禮(사간)
세조 대	4명 박서남朴瑞男(성균전적), 임건林乾(성균사예), 단유인段有仁(현감), 김양완金良琓(군수)
예종-성종 대	4명 이순명李順命(사헌장령), 강자어姜子魚(성균전적), 양자해梁自海(성균전적), 김수문金秀文(사간헌납)

연산군 대	3명 오영년吳永年(사헌장령), 이득전李得全(사헌장령), 박곤朴鯤(성균사예)
중종 대	6명 태두남太斗南(사정), 김윤정金胤鼎(성균직강), 김승숭金承嵩(군수), 양취영梁就盈(성균전적), 김세량金世良(성균직강), 전여림田汝霖(목사)
명종 대	3명 옹몽진邕夢辰(원정), 김청金淸(부사), 한세해韓世澥(군수)
선조 대	3명 윤대형尹大衡(사헌감찰), 김노간金老幹(孝幹)(군수), 윤지부尹之復(정랑)
합 계	32명

위 표를 보면 향리 출신 급제자 32명 가운데 3품 이상 고관에 오른 인물은 주로 조선 초기에 나타난다. 성균관 대사성(정3품 당상관)에 오른 윤상尹祥은 경상도 예천 향리 출신으로 경학의 대가였으며, 대제학(정2품)에 오른 정척鄭陟은 진주 향리 출신으로 세조에서 성종 대 양성지梁誠之와 더불어 《동국지도東國地圖》를 편찬하는 등 큰 업적을 남긴 인물이다. 예조참판(종2품)에 오른 민원閔瑗은 전주 향리 후손이며, 예문관 직제학(정3품 당하관)에 오른 유상지兪尚智와 벼슬이 정랑(정5품)에 오른 유상리兪尚理는 형제 사이로 창원 향리 출신이다. 사간원 사간(종3품)에 오른 국경례鞠經禮는 담양 향리 출신이다.

(8) 상인, 잡학, 잡과, 정재인, 수군, 녹사, 향임 출신 급제자

조선시대 문과급제자 가운데는 우리가 상상하기 어려운 직업인들 가운데서도 문과급제자가 나오고 있다. 예를 들면 노비奴婢 출신 1명,

행상인行商人의 아들 2명, 화원畵員의 아들 1명, 궁중에서 춤추는 광대인 정재인呈才人의 아들 1명, 수군水軍과 군보軍保 출신 2명, 재가녀再嫁女의 아들 1명, 율관律官 출신 2명, 음악을 관장하는 협율랑協律郞 출신 1명, 역관譯官 출신 12명, 의관醫官 출신 1명, 역리驛吏 출신 1명, 향임鄕任 출신 4명, 아전衙前 출신 4명 등이다. 이들은 문과응시가 어려운 것으로 생각되고 있으나 그렇지 않다는 것이 증명되었다. 그 실례를 들면 다음과 같다.

(가) 노비 출신

양극선梁克選 본래 개인 노비였으나, 신분을 속이고 선조 대 문과에 급제하여 벼슬이 광해군 대 목사(정3품 당상관)에까지 올랐는데, 이이첨李爾瞻의 도움을 받았다고 한다. 본관은 남원南原이다.

(나) 행상인의 아들

황유중黃有中 행상의 아들로 중종 대 급제하여 벼슬이 좌랑(정6품)에 이르렀다. 《창원황씨보昌原黃氏譜》에는 황유중의 가계가 보이지 않는다.

윤연尹淵 행상의 아들로 아버지 대신 아저씨를 아버지로 속여 명종 대 급제하여 벼슬이 군수(종4품)와 첨정(종4품)에 올랐다. 신분이 탄로났으나 임금이 벼슬을 허락했다. 《영천윤씨보永川尹氏譜》에는 윤연의 가계가 보이지 않는다.

(다) 화원의 아들

안소희安紹禧 유명한 화원 안견安堅의 아들로 성종 대 급제하여 벼슬이 성균관 전적(정6품)에 올랐다.

(라) 수군 출신, 군보 출신

김의정金義精 수군으로 있으면서 단종 대 문과에 급제하여 벼슬이 현감(종6품)에 이르렀다. 《실록》에는 "그가 한미寒微한 집안에서 나왔다"고 기록되어 있다.

최산두崔山斗 평민이 지는 군역인 군보로 있으면서 중종 대 문과에 급제하여 벼슬이 사헌부 장령(정4품)에 이르렀다.

(마) 정재인의 아들

손효문孫孝文 궁중연회 때 춤추는 광대의 하나인 정재인의 아들로서 세종 대 문과에 급제하여 벼슬이 현감(종6품)에 이르렀다.

(바) 재가녀의 아들

진복창陳復昌 어머니가 여러 사람에게 시집간 재가녀의 아들로 중종 대 문과에 급제하여 벼슬이 사헌부 대사헌(종2품)과 공조참판(종2품)에 이르렀다. 재가녀의 자손은 《경국대전》에 문과응시가 금지되어 있으나 실제로는 구애받지 않았음을 알 수 있다.

(사) 율관 출신

정신鄭信 율관으로 있으면서 태종 대 급제했는데 벼슬은 모른다.

임건林乾 검율檢律(종9품)로 세조 대 급제하여 벼슬이 성균관 사예(정4품)에 올랐다.

(아) 협율랑 출신

한고韓皐 제사를 관장하는 봉상시奉常寺에서 음악을 관장하는 협율랑(정7품)으로 있으면서 태조 대 문과에 급제하여 벼슬이 사간원 헌납(정5품)에 올랐다.

(자) 역관 출신

김청金廳 역관 출신으로 태종 대 문과에 급제하여 벼슬이 승문원 제조(정2품)에 올랐다.

김하金何 역관 출신으로 세종 대 문과에 급제하여 벼슬이 예조판서(정3품)에 올랐다.

이변李邊 한어漢語에 능통했는데, 세종 대 문과에 급제하여 벼슬이 판중추부사(종1품)에 올랐다.

김윤종金潤宗 외교문서를 가르치는 이문습독관吏文習讀官으로 단종 대 문과에 급제하여 벼슬이 사헌부 장령(정4품)에 이르렀다.

이춘경李春景 역관 출신으로 성종 대 문과에 급제하여 벼슬이 정랑(정5품)에 이르렀다.

박삼길朴三吉 역관 출신으로 성종 대 문과에 급제하여 벼슬이 이조참의(정3품 당상관)에 올랐다.

최해崔瀣 한어습독관漢語習讀官으로 성종 대 문과에 급제하여 벼슬이 이조참의(정3품 당상관)에 올랐다.

최세진崔世珍 역관 출신으로 연산군 대 문과에 급제하여 벼슬이 승문원 제조(정2품)에 올랐다. 《훈몽자회訓蒙字會》 등을 저술한 학자로도 유명하다.

이광식李光植 역관의 아들로 중종 대 문과에 급제하여 벼슬이 통례원 통례(정3품 당하관)에 올랐다.

주양우朱良佑 역관의 아들로 중종 대 문과에 급제하여 벼슬이 군수(종4품)에 이르렀다.

안담수安聃壽 이문습독관으로 선조 대 문과에 급제하여 벼슬이 첨정(종4품)에 이르렀다.

허징許澄 이문학관吏文學官 출신으로 선조 대 급제하여 벼슬이 목사(정3품 당상관)에 올랐다. 《양천허씨보陽川許氏譜》에는 허징의 이름이 보이지 않는다.

(차) 의관 출신

유원로兪元老 의관 출신으로 세조 대 문과에 급제하여 벼슬이 예문관 직제학(정3품 당하관)에 이르렀다.

(카) 역리 출신

장진문張振文 역리로 있으면서 숙종 대 문과에 급제하여 벼슬이 군수(종4품)에 이르렀다.

(타) 녹사, 지인 출신, 서리의 아들

조주趙注 아전인 녹사錄事로서 세종 대 급제하여 벼슬이 호조참판(종2품)에 이르렀다. 뒤에 강진조씨康津趙氏의 시조가 되었으며, 자기 성관의 유일한 급제자이다.

김양완金良琓 하급 아전인 지인知印으로 세조 대 급제하여 벼슬이 군수(종4품)에 이르렀다.

김수문金秀文 영덕 호장戶長의 아들이고 본인도 하급아전인 지인으로 성종 대 문과에 급제하여 벼슬이 사간원 헌납(정5품)에 이르렀다. 영덕김씨盈德金氏의 유일한 문과급제자이다.

김청金淸 명종 대 급제하여 벼슬이 부사(종3품)에 올랐는데, 아버지가 하급아전인 서리書吏다.《경주김씨보慶州金氏譜》에는 김청의 가계가 보이지 않는다.

(파) 향임, 향품, 향족 출신

황찬黃燦 숙종 대 급제하여 벼슬이 순천부사(종3품)에 올랐는데, 향족鄕族 출신이라고 한다.《회덕황씨보懷德黃氏譜》를 보면 조상의 가계가 단절되어 있다.

안정인安正仁 평안도 안주安州 사람으로 영조 대 급제하여 벼슬이 병조좌랑(정6품)에 이르렀는데, 향족으로 미천한 사람이라고 한다.《순흥안씨보順興安氏譜》에는 안정인의 가계가 보이지 않는다.

신수채辛受采 평안도 정주定州 사람으로 영조 대 급제하여 벼슬이 호조참판(종2품)에 이르렀는데, 신수채는 평안도의 향족이라고 한다.《영월신씨보寧越辛氏譜》에는 그의 가계가 보이지 않는다.

고응관高應觀 전라도 영광靈光의 향임인 좌수로 정조 대 급제하여 벼슬이 사헌부 장령(정4품)에 이르렀는데,《장흥고씨보長興高氏譜》에는 고응관의 가계가 보이지 않는다.

6)《실록》에 신분이 낮다고 기록된 급제자

조선시대 신분이 낮은 급제자 가운데는《실록》에 신분이 낮다는 기록이 보이는 급제자들이 매우 많다. 그런데 신분을 거론하는 이유는 두 가지가 있다. 하나는 신분이 낮음에도 높은 지위에 오른 것을 칭송하는 것이고, 다른 하나는 급제자가 첫 벼슬을 받을 때 대간臺諫이 서경署經을 거부하면서 신분이 나쁘다고 비판하는 경우이다.

그런데 신분이 낮은 것을 표현하는 용어는 종류가 다양하다. '집안이 한미寒微(썰렁하고 보잘것없다)하다', '족계族系가 분명치 않다', '미천微賤(보잘것없고 천하다)하다', '비천卑賤하다', '고한孤寒(외롭고 쓸쓸하다)하다', '초모草茅(잡초, 또는 시골)에서 왔다', '향족鄕族이다', '향품鄕品이다' 등이다. 또 그 밖에 '인물이 용렬庸劣하다', '옹졸壅拙하다', '잔열孱劣하다'는 등의 표현도 보인다.

위의 여러 표현들이 낮은 신분임을 지적한 것이지만 구체적으로 평민을 말하는지, 향리를 말하는지, 서얼을 말하는지, 향족을 말하는지는 분명치 않다. 하지만 대체로 평민이거나 향리 출신일 때는 '한미하다'는 표현을 많이 쓰고, 서얼일 경우에는 '비천하다'는 표현을 많이 쓴다. 향족이라는 표현은 주로 평안도 출신 급제자를 언급할 때 자주 등장하고, 남방 출신에게서도 가끔 보이는데, 이들은 지방의 자치기관인 향청鄕廳의 향임을 가리킨다. 어쨌든 이들이 사회적으로 양반으로 인정받지 못하고 있는 부류들임에는 틀림없다.

《실록》에 신분이 언급된 급제자는 모두 182명으로, 조선 전기에 110명, 조선 후기에 72명이다. 그런데 조선 전기 110명 가운데 21명은 신분이 낮으면서도 고생 끝에 높은 벼슬에 올라 치적이 뛰어났다고 칭송하는 인물들이고, 나머지 89명은 서경권署經權을 가진 대간이 신분을 문제삼아 6조 낭관(정랑과 좌랑)이나 지방 수령, 또는 대간이나 예문관 등에 벼슬을 주어서는 안된다고 임금에게 건의한 인물들이다.

조선 전기 110명 가운데 태종에서 연산군 대 급제자 26명은 대부분 칭송받았고, 중종에서 선조 대 급제자 84명은 대부분 대간의 비판을 받았다. 여기서 15세기와 16세기 중엽 이후의 분위기 차이를 느낄 수 있다. 16세기 후반에는 신분이 낮은 급제자의 비율도 낮거니와 급제한 인물들에게 청직뿐 아니라 중앙의 낭관(정랑과 좌랑)이나 지방의 군수(종4품), 현령(종5품), 도사(종5품), 현감(종6품), 찰방(종6품) 등에 나가는 것조차 견제하고 있다. 하지만 임금은 대간의 건의를 받아들이지 않고 대부분 낭관과 수령직을 주었다. 다만 홍문관이나 사헌부, 사간원 등 청직은 거의 주지 않았다.

한편, 광해군에서 철종 대에 이르는 조선 후기에 문제된 급제자 72명을 시기별로 살펴보면 광해군에서 경종 대 117년 동안에는 41명이고, 영조에서 철종 대 139년 동안에는 31명에 지나지 않는다. 특히 정조 대 이후에는 10명에 지나지 않는다. 이런 차이는 신분이 낮은 급제자에 대한 대간의 견제기능이 크게 후퇴한 것을 말해 준다. 이러한 변화는 신분이 낮은 급제자들이 사헌부나 사간원 등 대간과 요직에 대거 진출하고 있는 것과 밀접한 관련이 있다. 그 대신 조선 후기에는 조선 초기처럼 신분이 낮은 급제자가 높은 벼슬이 올라 좋은 치적을 올린 것에 대하여 칭송하는 기록은 별로 보이지 않는다. 조선 초기만큼 높은 벼슬에 오른 인물이 적기 때문이다.

이상 조선시대를 통틀어 살펴보면, 16세기 후반에서 18세기 초에 이르는 조선 중기가 신분이 낮은 급제자들의 비율도 가장 낮을 뿐 아니라, 급제한 뒤에도 대간에게 공격을 받아 청요직을 얻는 데 고전하고 있던 시기였음을 알 수 있다. 바로 그 시기가 양반문벌의 득세를 실학자들이 비판하고 있던 시기이기도 하다.

* 조선 초기 신분이 낮지만 칭송받은 급제자

김조金銚 태종 대 급제하여 벼슬이 세종 대 판서(정2품)에 올랐는데, "한낱 한미한 유생으로 세종의 지우를 입어 벼슬이 재보宰輔에 이르렀다"고 한다. 본관이 김해金海이지만 《김해김씨보》에는 김조의 가계가 보이지 않는다.

안지安止 태종 대 급제하여 벼슬이 세종 대 집현전 학사를 거쳐 영중추부사(정1품)에 오르고 정인지鄭麟趾와 더불어 《용비어천가》를 편찬했다. "초야의 외로운 몸으로 과거에 급제했다", "안지의 집은 본래 가난했다"고 한다. 《탐진안씨보耽津安氏譜》에는 가계가 끊어져 있는 상태로 안지의 이름이 외따로 기록되어 있다.

김구金鉤 태종 대 급제하여 벼슬이 세종 대 집현전 부제학(정3품 당상관)과 예문관 제학(종2품)을 거쳐 판중추원사(종1품)에 올랐는데, 김반金泮, 김말金末과 더불어 '경학삼김經學三金'의 한 사람으로 존경을 받았다. "어렸을 때 집이 너무 가난하여 몸소 나무를 하고 물을 길어 어버이를 봉양했으며……대대로 아산牙山에 살았다"고 한다. 김구는 뒤에 아산김씨의 시조가 되었다.

정자영鄭自英 세종 대 급제하여 벼슬이 예조판서(정2품)와 지중추부사(정2품)에 올랐는데, "어려서 고학苦學했다.……어렸을 때 학문을 하려고 집을 나가 10년이나 집에 돌아오지 않았다"고 한다. 《영덕정씨보盈德鄭氏譜》를 보면 정자영이 첫 벼슬아치로 시조나 다름없다.

구종직丘從直 세종 대 급제하여 벼슬이 예조판서(정2품)에 오르고 세조와 경학經學을 자주 토론한 인물로 유명하다. 구종직은 낮은 신분에서 출세한 사람의 예를 들 때 중종 대 반석평潘碩枰과 더불어 자주 거론되는 인물이다. 본관이 평해平海다.

홍윤성洪允成(초명 禹成) 충청도 홍산鴻山 사람으로 문종 대 급제하여 벼슬이 영의정(정1품)에 올랐다. "집안이 빈천함에도 홍산 향교에서 열심히 공부하여 문과에 급제했다"고 한다. 회인홍씨懷仁洪氏의 유일한 문과급제자이다. 앞에서 설명한 바 있다.

이희철李希哲 충청도 홍산鴻山 사람으로 단종 대 급제하여 벼슬이 성종 대 성균관 전적(정6품)에 이르렀는데, "품성이 순수하고 활을 잘 쏘며, 본래 초모草茅의 인물"이라고 한다.

김초金軺 세조 대 급제하여 벼슬이 경력經歷(종4품)에 이르렀는데, 《실록》에 김초는 "영해 지방의 고한孤寒한 집안에서 나왔다"고 한다. 본관이 영해寧海인데, 《영해김씨보》 자체가 없으며 김초가 유일한 문과급제자이다.

홍귀달洪貴達 세조 대 급제하여 벼슬이 이조판서(정2품)와 대제학(정2품)에 올랐는데, 《실록》의 졸기卒記를 보면 홍귀달은 "한미寒微한 신분에서 일어나 힘써 배워서 벼슬이 재상에 이르렀다"고 한다. 《부계홍씨보缶溪洪氏譜》를 보면 내외 4대조 가운데 벼슬아치가 없다.

최숙정崔淑精 세조 대 급제하여 벼슬이 홍문관 부제학(정3품 당상관)에 오르고, 《동문선東文選》 편찬에도 참여했다. 《실록》의 졸기를 보면 "그는 초야에서 출생하고 집안 또한 빈한했다"고 한다. 본관은 양천陽川이다.

유진兪鎭 세조 대 급제하여 벼슬이 집현전 부제학(정3품 당상관)에 올랐는데, 《실록》에는 "집안이 대대로 한미하다"고 한다. 본관은 인동仁同이다.

하숙산河叔山 세조 대 급제하여 벼슬이 군수(종4품)에 이르렀는데, 《실록》에 하숙산은 "초모한생草茅寒生", "민간의 가난한 서생書生"이라고 한다. 본관이 진주晉州이지만 《진주하씨보》에는 그의 가계가 보이지 않는다.

최서崔湑 성종 대 급제하여 벼슬이 군수(종4품)에 이르렀는데, 최서는 자신이 "초모의 천한 선비로서 문지門地가 외롭고 가난하며, 조상의 문벌의 명망이 없고, 조정에도 도와주는 사람이 없어 세상에 이름을 날리기가 어렵다"고 말했다. 《방목》을 보면 서자庶子라고 한다.

이순명李順命 전라도 고부古阜의 향리로 성종 대 문과에 급제하여 벼슬이 사헌부 장령(정4품)에 이르렀는데, 《실록》에는 "한미한 집안에서 일어났다"고 한다. 여기서 한미하다는 말이 향리를 가리키기도 한다는 것을 알 수 있다.

최형한崔亨漢 전라도 영암靈岩의 가난한 선비로 성종 대 급제하여 벼슬이 사헌부 장령(정4품)이 이르렀다. 본관이 영암인데 《영암최씨보》 자체가 없고, 2000년 현재 인구도 503가구 1,524명의 극희성이다.

봉원효奉元孝 성종 대 급제하여 벼슬이 사간원 사간(종3품)에 올랐는데, 봉원효가 임금에게 말하기를 "신은 족계族系가 본래 단미單微하고, 한낱 서생으로서 지위가 3품에 이르렀으니 출세했다고 할 만합니다"라고 했다.

고형산高荊山 강원도 횡성橫城 사람으로 성종 대 급제하여 벼슬이 중종 대 병조판서(정2품)를 거쳐 의정부 찬성(종1품)에까지 올랐는데, 《실록》에는 "고형산은 횡성에 대대로 살던 사람으로 초모로서 과거에 급제했다. 처음에는 이름도 잘 몰라 지방 수령으로 보냈는데, 치적이 좋아 만년에는 큰 뜻을 이루었다"고 한다. 본관이 횡성인데, 그가 첫 급제자이고 그 뒤에 1명이 더 급제했다.

방유령方有寧 경상도 합천陜川 사람으로 성종 대 급제하여 벼슬이 중종 대 사헌부 대사헌(종2품)과 병조판서(정2품)에까지 올랐는데, 《실록》을 보면 방유령은 "합천의 초모인草茅人으로……스스로 말하기를 '한생寒生이 과거에 급제하여 지위가 2품에 이르렀으니 이는 포의布衣로서는 지극히 높은 자리'라고 했다"고 한다. 본관은 본래 군위軍威였는데, 지금은 군위방씨가 없어지고 온양방씨溫陽方氏로 통합되었다. 《온양방씨보》에는 조상의 가계가 보이지 않는다.

최세진崔世珍 역관 출신으로 문과에 급제하여 승문원 제조(정2품)에 올랐음은 앞에서 설명했다. 《실록》에는 "미천한 신분으로 벼슬이 2품에 이르렀다"고 한다. 《괴산최씨보槐山崔氏譜》를 보면 조상 가운데 벼슬아치가 없고, 최세진이 유일한 문과급제자이다.

안중손安仲孫 경상도 고성固城 사람으로 중종 대 문과에 급제하여 벼슬이 사헌부 장령(정4품)에 이르렀는데, 《실록》을 보면 안중손은 집이 너무 가난하여 주경야독晝耕夜讀으로 공부하여 마침내 나이 40세에 급제했다고 한다. 그런데 《고성안씨보》 자체가 없으며, 그가 유일한 문과급제자이다.

박수량朴守良 중종 대 급제하여 벼슬이 판서(정2품)와 지중추부사(정2품)에 올랐는데, 뒤에 청백리淸白吏로 표창받았다. 《실록》을 보면 박수량은 "초래草萊(시골)에서 일어났다", "향산鄕山이다"라고 한다. 그러니까 궁벽한 시골 출신이라는 뜻이다.

7) 영조 대 이후 전체 문과급제자의 지역분포

과거제도의 근본정신은 '입현무방立賢無方'과 '유재시용惟才是用'에 있었다. 어진 사람을 선발하는 데 지연地緣이나 혈연血緣 등을 따지지 않고, 오직 재주 있는 사람을 등용한다는 정신이다. 그러니까 도덕성과 전문성만을 따져서 인재를 선발한다는 것이다. 이런 취지를 살리고자 식년시와 증광시의 초시급제자 인원을 8도의 인구비율로 강제배정하는 제도를 만들었다.

과거제도의 이런 특성 때문에 전국에서 학식과 덕망이 있는 사람이 시험으로 선발되어 중앙의 정치를 이끌어갔으며, 이런 제도 덕분에 조선사회는 탄력성이 높은 신분제도를 운영하여 왕조의 장기지속을 가능하게 만들었다. 물론, 과거의 종류 가운데는 지방안배를 무시하는 시험도 있었지만, 그 인원은 많지 않았다.

그런데 초시급제자를 지방별로 안배한다고 해서 최종 급제자가 반드시 인구비율로 선발된 것은 아니었다. 2차 시험인 복시覆試급제자는 성적순으로 뽑았기 때문이다. 이와 같은 과거제도의 탄력성 때문에 시기에 따라 각 지역의 급제율이 일정하지는 않았다. 그러면 조선시대 각 도별 급제율은 어떠했는가?

《방목》을 보면 영조 대 이전에는 급제자의 거주지가 기록되어 있지 않아 도별 급제자를 파악할 수 없다. 그러다가 영조 대《방목》부터 급제자의 거주지가 군현郡縣 이름으로 기록되기 시작했는데, 전체 급제자의 약 3분의 1 정도만 기록되어 있는 것이 아쉽다. 그러나 정조 대 이후에는 급제자 대부분의 거주지가 군현 이름으로 기록되어 있어 도별 통계와 군현별 통계를 작성할 수 있었다. 군현별 통계는 접어 두고 도별 급제자 비율만 왕대별로 살펴보면 다음과 같다.(거주지 미상자는 제외, 괄호 안의 숫자는 순위)

왕대	서울	평안	경상	경기	충청	전라	함경	강원	황해	제주
영조	58	142(2)	110(4)	132(3)	156(1)	82(5)	37(6)	30(7)	11(9)	12(8)
정조	257	120(1)	94(3)	115(2)	70(4)	44(5)	29(6)	23(7)	4(9)	9(8)
순조	414	162(1)	148(2)	85(4)	110(3)	55(5)	25(7)	30(6)	13(8)	6(9)
헌종	169	70(2)	73(1)	43(4)	47(3)	25(5)	14(6)	7(7)	4(8)	–
철종	185	66(2)	79(1)	43(3)	31(4)	30(5)	13(6)	4(9)	7(8)	9(7)
고종	580	269(1)	186(4)	200(2)	193(3)	110(5)	63(6)	35(8)	50(7)	3(9)
합계	1,663	829(1)	690(2)	618(3)	607(4)	346(5)	181(6)	129(7)	89(8)	39(9)

위 표를 보면, 영조에서 고종 대에 전국에서 가장 많은 급제자를 배출한 지역은 1,663명을 배출한 서울로, 전체 5,191명 가운데 32.03 퍼센트를 차지한다. 8도 가운데서는 829명(15.96퍼센트)을 배출한 평안도가 1위를 차지하고 있으며, 690명(13.29퍼센트)을 배출한 경상도가 2위, 618명(11.9퍼센트)을 배출한 경기도가 3위, 607명(11.69퍼센트)을 배출한 충청도가 4위, 346명(6.66퍼센트)을 배출한 전라도가 5위, 181명(3.48퍼센트)을 배출한 함경도가 6위, 129명(2.48퍼센트)을 배출한 강원도가 7위, 89명(1.71퍼센트)을 배출한 황해도가 8위, 39명(0.75퍼센트)을 배출한 제주도가 9위를 차지하고 있다. 다만, 영조 대의 인원은 전체 급제자가 아니라 약 3분의 1에 해당하는 인원이라는 것을 고려할 필요가 있다.

여기서 가장 놀라운 것은 인구가 더 많은 경상도를 제치고 평안도가 종합 1위에 올랐다는 것이다. 평안도는 영조 대는 2위, 정조와 순조 대는 연속 1위를 하다가 세도정치기인 헌종과 철종 대에는 경상도에 밀려서 2위로 밀려났다가 고종 대에 다시 1위를 되찾았다. 8도 가운데 종합 2위를 차지한 경상도는 영조 대에는 4위로 처져 있다가 정조 대에는 3위, 순조 대에는 2위, 세도정치기인 헌종과 철종 대에는 1위로 올라섰다. 그러나 고종 대에는 다시 4위로 밀려났으며, 평안도와의 격차가 크게 벌어졌다.

평안도와 경상도의 시소게임과 같은 부침浮沈은 평안도의 자체적 성장의 결과이기도 하지만, 서북 지방을 바라보는 국가정책과도 깊은 관계가 있다. 평안도가 2위로 올라선 영조 대와 1위로 올라선 정조, 순조, 고종 대는 평안도를 중흥시키려는 국가의 정책이 활발하였고, 도과道科를 자주 시행하여 어느 정도 영향을 주었다. 이와 달리 경상도의 부진은 남인세력이 정치적으로 몰락한 상황과 연관이 있을 듯하다.

위 표에서 또 하나 눈여겨볼 만한 것은 충청도의 부침이다. 충청도는 영조 대에만 1위를 차지하고, 그 뒤로는 3위와 4위를 오락가락하고 있다. 영조 대 서인과 노론이 우세했던 정치상황과 무관하지 않은 듯하다.

변방으로 알려진 함경도가 강원도와 황해도를 누르고 6위를 차지한 것도 의외로 볼 수 있다. 하지만 이는 함경도에서 도과를 자주 시행하였기 때문이다. 또 강원도가 인구가 더 많은 황해도를 앞지른 것도 눈길을 끈다. 황해도가 8도 가운데 가장 부진한 이유가 무엇인지는 앞으로 연구할 과제이다.

이제, 평안도의 약진과 함경도의 선전을 이해하려면 조선 후기 8도의 인구변동 상황을 알아볼 필요가 있다. 조선 후기 8도의 인구분포를 보면 조선 전기와 뚜렷하게 다른 점이 있다. 평안도와 함경도의 인구가 상대적으로 크게 늘어난 것이다. 조선 후기 주요 시기의 도별 인구순위를 살펴보면 다음과 같다.

왕 대	1위	2위	3위	4위	5위	6위	7위	8위
인조 18년(1640)	경상	전라	충청	평안	강원	경기	황해	함경
인조 26년(1648)	전라	경상	충청	평안	경기	황해	함경	강원
효종 13년(1672)	경상	전라	평안	충청	경기	황해	함경	강원
숙종 43년(1717)	경상	전라	평안	충청	경기	함경	황해	강원
영조 50년(1774)	경상	평안	전라	충청	경기	함경	황해	강원
정조 7년(1783)	경상	평안	전라	충청	함경	경기	황해	강원
정조 10년(1786)	경상	평안	전라	충청	경기	함경	황해	강원

　위 표에서 가장 두드러진 현상은 인조 대 4위를 차지하고 있던 평안도가 효종에서 숙종 대에는 충청도를 누르고 3위로 올라서고, 영조와 정조 대에는 전라도까지 누르고 2위로 올라섰다는 사실이다. 함경도의 경우도 마찬가지다. 인조 18년에 8위로 꼴찌였던 함경도가 인조 26년에 7위, 숙종에서 영조 대에는 6위, 정조 7년에는 5위로 올라선 것이다. 강원도는 인조 18년에 5위였다가 그 뒤로는 계속해서 8위로 밀려나 있다. 황해도 또한 처음 6위권에 있다가 숙종 대 이후로는 7위권으로 밀려났다. 강원도와 황해도는 평안도와 함경도의 성장세에 눌린 것이다.

　조선 후기에 평안도와 함경도 인구가 급증한 것은 그만큼 두 지역이 경제적으로도 발전했다는 뜻이고, 그 경제력을 바탕으로 문화수준도 성장했다는 뜻이기도 하다. 원래 북방 지역은 조선 초기에 4군과 6진이 설치되면서 비로소 영토로 편입된 뒤 남방의 향리와 유력한 평민층을 강제로 이주시켜 개척한 지역으로, 인구도 적었을 뿐 아니라 벼슬아치 성관도 별로 없었다. 8도 가운데 가장 후진적인 지역으로 볼 수 있다.《경국대전》에서 문과초시급제자를 도별로 배정할 때 평안도에는 강원도와 동수인 15명을 배정하고, 함경도에는 황해도와 동수인 10명을 배정한 것도 인구가 적은 것을 고려한 것이다.

그러던 두 지역이 18세기 후반기에 이르러 평안도가 전국 2위, 함경도가 전국 6위로 올라선 것은 괄목할 변화가 아닐 수 없다. 이제 평안도와 함경도의 인구와 급제자의 비율을 비교해 보면, 평안도는 인구 2위이면서 급제율은 1위를 차지했고, 함경도는 인구 6위이면서 급제율도 6위를 기록했다.

여기서 평안도가 8도 가운데 급제율 1위를 차지한 이유는 평안도 전 지역의 발전에 힘입은 것이지만, 정주定州 지역에서 영조 대 이후 170년 동안 무려 241명의 급제자를 배출한 것이 가장 큰 요인이다. 한 지역에서 이토록 많은 급제자를 배출한 것은 정주가 유일하며, 전국 군현 가운데 1위를 차지하고 있다. 평안도에서 2위를 차지한 지역은 평양平壤인데, 전체 급제자가 66명에 지나지 않아 정주와 격차가 엄청나게 크다. 왜 정주에서 이토록 많은 급제자가 배출했는지는 앞으로 연구할 과제이지만, 개화기 이후 이 지역에서 오산학교가 세워지고 유명한 애국계몽 운동가들을 배출한 것이 우연이 아님을 알 수 있다.

인구비율로 본다면 조선 후기 인구비율 2~3위를 차지했던 전라도가 급제율에서는 항상 5위를 기록하여 가장 부진했다고 볼 수 있다. 반대로 인구 8위인 강원도가 인구 7위인 황해도를 누르고 급제율 7위를 기록한 것도 예사롭지 않다.

8) 영조 대 이후 신분이 낮은 급제자의 지역분포

영조 대 이후 전체 급제자의 지역분포를 앞에서 알아보았다. 그러

면 신분이 낮은 급제자의 지역분포는 어떠한가? 각 왕대별로 지역별
인원을 살펴보면 다음과 같다.

왕대	영조	정조	순조	헌종	철종	고종	합계	전체 인원	비율
서울	3명	30명	53명	15명	18명	120명	239명	1,663명	14.37%
평안	128명	115명	157명	65명	60명	265명	790명	829명	96.74%
경상	84명	77명	126명	60명	43명	150명	540명	690명	78.26%
충청	65명	43명	74명	30명	17명	100명	329명	607명	54.2 %
경기	70명	52명	50명	22명	25명	104명	323명	618명	52.26%
전라	74명	40명	47명	20명	28명	103명	312명	346명	90.17%
함경	30명	26명	23명	13명	12명	58명	162명	181명	89.5 %
강원	17명	15명	18명	4명	3명	32명	89명	129명	68.99%
황해	8명	3명	11명	3명	7명	50명	82명	89명	92.13%
제주	12명	7명	6명	–	9명	3명	37명	39명	94.87%

위 표를 보면 영조에서 고종 대 신분이 낮은 급제자 가운데 평안도
가 790명으로 가장 많고, 경상도가 540명으로 2위, 충청도가 329명으
로 3위, 경기도가 323명으로 4위, 전라도가 312명으로 5위, 서울이
239명으로 6위, 함경도가 162명으로 7위, 강원도가 89명으로 8위, 황
해도가 82명으로 9위, 제주도가 37명으로 10위다. 다만, 주의해야 할
것은 앞에서도 말했듯이 영조 대 인원이 전체의 약 3분의 1에 그치고
있으므로, 이 수치는 실제 수치와 거리가 있다는 것이다.

그런데 신분이 낮은 급제자가 전체 급제자에서 차지하는 비율을
알아보면, 평안도가 96.74퍼센트로 1위를 차지하고, 제주도가 94.87
퍼센트로 2위, 황해도가 92.13퍼센트로 3위, 전라도가 90.17퍼센트로
4위, 함경도가 89.5퍼센트로 5위, 경상도가 78.26퍼센트로 6위, 강원
도가 68.99퍼센트로 7위, 충청도가 54.2퍼센트로 8위, 경기도가 52.26

퍼센트로 9위, 그리고 서울이 14.37퍼센트로 10위를 차지하고 있다.

위 수치를 거꾸로 해석하면 서울 출신 급제자의 신분이 압도적으로 가장 좋고, 그 다음이 경기도, 충청도, 강원도, 경상도, 함경도, 전라도, 황해도, 제주도, 평안도의 순으로 신분이 낮은 급제자의 비율이 늘어나고 있다는 것을 알 수 있다. 여기서 평안도 출신 급제자의 신분이 전국에서 가장 낮다는 것을 알 수 있다. 신분이 낮은 급제자가 96.74퍼센트를 차지하고 있을 뿐 아니라, 이들은 대부분 《족보》에 가계가 보이지 않는다. 평안도 출신 급제자의 취직률이 전국에서 가장 낮고, 벼슬을 받더라도 대부분 사헌부나 사간원 등 대간직과 수령직에 머문 까닭도 그들의 신분이 낮은 것과 관련이 크다.

평안도 출신 급제자가 이렇듯 차별을 받기도 했지만, 서울 출신 급제자 수의 절반에 해당하는 827명의 급제자를 배출하여 한반도의 '추로지향鄒魯之鄕'을 자부하는 경상도보다도 139명의 급제자를 더 많이 배출하기도 했다. 이로써 평안도의 정치적, 사회적 위상을 드높이는 계기가 되기도 했다. 그리고 그 잠재력 덕분에 개화기 이후 근대화 중심세력의 한 축을 담당하게 된 것으로 볼 수 있다.

평안도 출신 급제자가 급증하면서 이 지역에서는 수십 명의 급제자를 배출한 성관이 등장했다. 대표적 성관을 소개하면 다음과 같다.

연안김씨延安金氏 조선시대 문과급제자 약 160여 명을 배출한 명문이다. 평안도에서만 숙종 대 이후 55명이 배출되었으며, 특히 정주定州에서만 44명이 급제하여 이 지역의 최고 명문이 되었다. 다만 《세종실록》〈지리지〉, 《동국여지승람》에는 정주에 연안김씨가 보이지 않고 신천김씨信川金氏만 보이다가, 영조 대 편찬된 《여지도서》에는 신천김씨가 사라지고 연안김씨가 새로이 등장하는 것을 볼 때 혹시 신천김씨가 본관을 연안으로 바꾸었을 가능성도 있다.

수원백씨水原白氏 조선시대 문과급제자 66명을 배출한 명문이다. 평안도에서만 영조 대 이후 41명을 배출했으며, 특히 정주定州에서 22명이 급제했다. 그런데 《세종실록》〈지리지〉와 《동국여지승람》에는 정주에 수원백씨가 없고 황주백씨黃州白氏만 보이다가, 《여지도서》에는 황주백씨가 사라지고 수원백씨가 새로이 등장한다. 혹시 황주백씨가 본관을 수원으로 바꾸었는지도 모른다.

배천조씨白川趙氏 조선시대 문과급제자 68명을 배출한 명문이다. 평안도에서만 숙종 대 이후 문과급제자 37명을 배출했으며 특히 정주定州에서 26명이 급제했다. 《세종실록》〈지리지〉에는 정주에 배천조씨가 보이지 않다가 《동국여지승람》과 《여지도서》에는 보인다.

순흥안씨順興安氏 조선시대 문과급제자 123명을 배출한 대성大姓이다. 평안도에서 영조 대 이후 급제자 40명을 배출했으며 특히 안주安州에서 26명을 배출하여 이 지역의 명문으로 등장했다. 그런데 《세종실록》〈지리지〉와 《동국여지승람》에는 안주에 순흥안씨가 보이지 않다가 《여지도서》에 처음으로 순흥안씨가 보인다.

전주김씨全州金氏 조선시대 문과급제자 22명을 배출했다. 본래 전주의 향리였다가 조선 초기에 평안도에 강제 이주된 주민으로 영조 대 이후 문과급제자 17명을 배출하였다.

연안차씨延安車氏 조선시대 문과급제자 28명을 배출했다. 그 가운데 평안도에서만 영조 대 이후 15명이 급제했으며, 특히 숙천肅川에서 6명이 나왔다. 그런데 《여지도서》에는 숙천에 연안차씨가 보이지 않고 용성차씨龍城車氏만 보여 혹시 용성차씨가 뒤에 본관을 연안으로 바꾸었는지도 모른다.

남양홍씨南陽洪氏 조선시대 문과급제자 330여 명을 배출한 대성이다. 평안도에서는 영조 대 이후 24명을 배출했으며, 특히 정주定州에서 11명이 급제했다. 홍경래洪景來도 남양홍씨다.

남평문씨南平文氏 조선시대 문과급제자 38명을 배출했다. 평안도에서는 영조 대 이후 11명이 급제했으며, 특히 정주에서 8명이 나왔다.

그 밖에 평안도에서만 두각을 나타낸 성씨로는 해주노씨海州盧氏, 온양방씨溫陽方氏, 양주김씨楊州金氏, 진주김씨晋州金氏, 수안이씨遂安李氏, 수원김씨水原金氏, 장연노씨長淵盧氏, 풍천김씨豊川金氏, 양근김씨楊根金氏, 연일승씨延日承氏, 수안계씨遂安桂氏, 광산탁씨光山卓氏, 공주김씨公州金氏, 단양이씨丹陽李氏, 안의임씨安義林氏, 연주현씨延州玄氏, 태원선우씨太原鮮于氏 등이 있다.

한편, 함경도에서 두각을 나타낸 성씨로는 태조 이성계의 왕비족인 청주한씨淸州韓氏를 비롯하여 장흥위씨長興魏氏, 전주주씨全州朱氏 등이 있다.

9) 전주이씨로 《족보》에 오르지 못한 급제자

조선시대 전주이씨 문과급제자는 모두 865명으로 알려져 있으며,[74] 모든 성관 가운데 가장 많은 급제자를 배출했다. 그 가운데 태

---

74) 지금 한국학중앙연구원에서 전산화하여 공개한 조선시대 문과급제자 통계를 보면 전주이씨 문과급제자는 모두 871명으로 되어 있으나 이는 중시重試급제자를 합한 수치이므로 실제와는 다르다. 중시급제자는 이미 급제한 인물이 다시 치른 시험이기 때문이다. 중시급제자를 뺀 수치는 865명이다.

조에서 선조 대의 조선 전기에 배출된 급제자는 136명으로 15.72퍼센트에 지나지 않고, 조선 후기 급제자가 679명으로 84.27퍼센트를 차지한다. 그러니까 전주이씨는 대부분 조선 후기에 급제했다는 뜻이다. 왕족의 경우 직계 4대가 넘어서야 문과응시가 가능하기 때문에, 16세기 후반기인 명종과 선조 대 이후부터 급제자가 급증하기 시작한 것이다. 이 시기 급제자는 109명에 이른다.

그런데 흥미로운 것은 고종 대에만 132명이 급제하여 전체 급제자의 15.26퍼센트를 차지했다는 점이다. 고종 대 연평균 급제자는 4.25명인데, 이 수치는 조선시대 연평균 급제자 3명과 비교하면 높은 수치다. 특히 세도정치가 극성했던 순조와 철종 대의 평균 수치와 비교하면 더욱 큰 차이가 있다. 세도정치기에는 연평균 수치가 1.9명으로 조선시대 평균 수치보다 밑돌고 있는데, 고종 대는 이보다 2.2배 이상 많았던 것이다.

고종 대 전주이씨 급제자가 이렇게 크게 늘어난 것은 세도정치기에 크게 위축되었던 전주이씨세력을 다시 강화하려는 정치적 의도가 크게 반영되어 있다고 볼 수 있다. 그런데 고종 대도 다시 시기별로 살펴보면, 대원군이 집권하던 10년 동안에 56명이 급제하여 매년 평균 5.6명을 보이고 있다가 고종이 친정하던 시기는 3.61명으로 줄어든다. 그러니까 대원군이 세도정치를 극복하고자 그 대안으로 종친정치를 추진하면서 전주이씨 급제자가 급속하게 증가한 것이다.

여기서 한 가지 주의할 것은 전주이씨 급제자들이 좋은 집안 출신은 아니라는 점이다. 전주이씨 급제자는 크게 두 부류로 나눌 수 있다. 《족보》에 오른 급제자와 《족보》에 오르지 못한 급제자이다. 하지만 《족보》에 올랐더라도 직계 10대조 또는 그 윗대에도 벼슬아치가 없는 급제자가 적지 않다. 몇 백 년 동안 벼슬아치가 나오지 못했다면 주관적으로는 양반이겠지만 객관적으로 보면 평민인 셈이다. 더욱이 《족보》에 오르지 못한 급제자는 25명에 이른다.

　전주이씨 문과급제자에 대해서는 지금 전주이씨대동종약원에서 발간한 《전주이씨과거급제자총람》에 자세히 정리되어 있어 큰 도움을 주었다. 그런데 이 책에서는 전주이씨이지만 《족보》에 오르지 못한 급제자를 '파미분류자派未分類者'로 따로 구별해 놓고 있다. 그러니까 전주이씨 어느 파에도 속하지 않는 급제자로 조상의 가계를 알 수가 없는 인물들이다. 그런데 위 25명 가운데 3명은 파미분류자에도 속해 있지 않다. 전주이씨대동종약원에서도 전혀 모르는 인물이다. 따라서 이 부류들은 신분이 평민이거나, 중인이거나, 서얼이거나, 아니면 본관을 위조했거나 그 어느 것 가운데 하나일 것이다. 어느 경우이든 매우 신분이 낮은 부류로 볼 수 있다.

　실제로 전주이씨 가운데 의관醫官, 역관譯官, 천문관天文官, 율관律官, 산원算員 등 잡과에 급제한 인물이 364명에 이르러 어느 성씨보다도 가장 많은 중인을 배출했다. 또 전주이씨 가운데도 계파에 따라서는 몇 백 년 동안 전혀 벼슬아치가 나오지 못한 평민계파도 있다. 그러니 전주이씨라고 해서 모두 《족보》에 올라 있는 것은 아니다.

　위 파미분류자 25명 가운데 1명은 명종 대 급제자이고, 나머지 24명은 현종 대 이후의 인물이라는 것도 눈여겨볼 만하다. 그러니까 17세기 후반기 이후로 비로소 《족보》에 오르지 못한 전주이씨 후손들이 급제하기 시작했다는 것이다. 그러니까 이들은 실제로는 몇 백 년 동안 평민으로 살아온 것이나 다름없다. 특히 평안도와 함경도 지역 거주자의 경우가 그렇다. 북방 지역의 전주이씨는 태조 이성계의 먼 조상에서 퍼져나간 후손들로, 오랫동안 벼슬을 하지 못하고 있다가 조선 후기에 이르러 국가의 배려를 받아 벼슬길이 트이기 시작한 것이다.

　하지만 위 25명 가운데 14명은 벼슬을 받지 못했으며, 받은 벼슬도 대부분 수령과 낭관에 그쳤다.

나가면서

　그동안 우리 학계에서는 조선시대 사회성격을 이해하는 시각에 크나큰 편견이 덮여 있었다. 양반이라는 특권층이 모든 권력과 부를 세습적으로 독점한 채 평민과 노비를 압박하고 지배해 온 폐쇄적 사회로 보아 온 것이다. 그러나 이런 해석에 대하여 실증적으로 통계수치를 제시하면서 증명한 연구는 여태까지 없었다.

　조선사회를 양반이 독점하는 폐쇄사회로 볼 수 있는 실증적 근거를 찾는다면 조선 후기 실학자들의 주장을 들 수 있을 것이다. 실학자들은 이구동성으로 소수 문벌이 권력을 독점하고 양반과 상한常漢 사이의 신분 장벽이 큰 것을 개탄했다. 이런 현상을 깊이 파고들어 시대적 차이와 그 배경까지 밝히려고 노력한 실학자는 17세기 말~18세기 초에 활동한 유수원柳壽垣이 유일하다. 하지만 실학자들의 주장에는 어느 정도 과장이 있을 뿐 아니라, 그 주장을 실증적으로 뒷받침할 수 있는 통계적 분석이 없었다.

　예나 지금이나 정치적으로 또는 사회적으로 소외되었거나 이상理想을 추구하는 사람들은 현실의 부정적 측면을 과장해서 개혁의 당위성을 이끌어내려는 속성이 있다. 이런 사람들의 노력으로 사회가 정

화되고 진보하는 것도 사실이지만, 역사의 진실을 흐리게 만드는 측
면도 없지 않다. 조선 후기 실학자들의 주장에 바로 그러한 양면성이
있었다.

조선사회를 객관적으로 이해하려면, 실학자들의 주장을 경청하는
동시에 아무런 선입관을 갖지 않고 조선왕조 5백 년 동안 구체적으
로 어떤 사람들이 벼슬길에 올랐는지를 구체적 통계수치로 설명하는
노력이 필요하다. 조선시대 벼슬로 나가는 길은 매우 넓었으며, 노비
를 제외한 사람들은 벼슬길에 나가는 데 신분적 제한이 없었다. 노비
도 벼슬을 받는 길이 따로 있었는데, 이른바 유외잡직流外雜職으로 부
르는 하급 기술직이었다. 예를 들면, 궁궐에 들어가서 정원을 가꾸거
나, 요리를 하거나, 옷을 만들거나, 말을 키우거나, 책을 제본하거나,
물건을 제조하거나, 음악을 연주하거나, 그림을 그리는 등 잡다한 일
을 맡았으며, 정6품까지 올라갈 수 있지만 문반이나 무반에 속하지
않고 독립된 관직체계에 속해 있었다. 또한 그 인원이 많지 않았기
때문에 노비들의 일반적인 벼슬로 보기는 어렵다.

노비를 제외한 일반 평민들은 어느 벼슬길에도 제한이 없었다. 생
원生員이나 진사進士만 되어도 지방 수령이나 교관敎官, 훈도訓導, 그
밖에 중앙의 낮은 벼슬을 얻는 길이 있었다. 특수한 기술이 있는 사
람들은 잡과雜科를 거쳐 역관譯官, 의관醫官, 천문관天文官, 율관律官 등
고급기술직으로 나가는 길이 있었는데, 다만 당상관에는 오르지 못
하는 부분적인 제한이 있었다. 무과武科를 거쳐 무반武班으로 나가는
길도 노비를 제외하고는 아무런 신분적 제한이 없었다. 가벼운 시험
인 취재取才를 거쳐 녹사錄事나 서리書吏 등 중앙관청의 아전衙前으로
나가는 길도 있었다. 이 밖에 학식과 덕망이 높으면서 시골에 숨어

사는 사람은 천거薦擧로 벼슬을 받기도 했다.

위와 같은 여러 벼슬길이 있지만, 가장 선망의 대상이 된 것은 청요직淸要職으로 나가는 문과文科의 길이었다. 청요직에는 6조 낭관(정랑과 좌랑)이나 홍문관弘文館, 예문관藝文官, 사헌부司憲府, 사간원司諫院, 승문원承文院 등이 있었다. 이런 자리에 나가면 의정부의 정승政丞이나 6조의 판서判書 등 최고위직으로 올라가는 데 하등 제약을 받지 않았다. 그래서 문과를 등용문登龍門으로 불렀다. 용이 되어 하늘로 올라갈 수 있는 길이 열린다는 것이다.

그러면 조선시대 엘리트 관료에 해당하는 청요직에 나가는 등용문인 문과는 누구에게 응시자격이 주어졌으며, 그 문을 통과한 급제자들은 어떤 벼슬을 받았던가? 바로 그 해답을 얻어야만 조선사회가 양반이 독점한 사회였는지 아닌지를 판가름할 수 있다. 그래서 문과 급제자에 대한 연구가 중요한 것이다.

그런데 지금까지의 연구자들은 연구방법에서 많은 오류를 범하고 있었다. 첫째, 문과급제자 명단인 《방목》의 분석에만 집중한 것이다. 《방목》에는 급제자의 전력前歷, 생년生年, 본관本貫, 그리고 내외 4대조의 이름이 보이고, 벼슬을 적기도 하고 안 적기도 한다. 영조 대 이후로는 급제자의 거주지도 보이는데, 다만 영조 대의 거주지 기록은 전체 급제자의 약 3분의 1만 있는 것이 약점이다. 《방목》에는 그밖에도 많은 약점이 있다. 본관이 보이지 않는 급제자, 내외 4대조 이름 가운데 일부만 기록했거나 또는 아무도 기록되지 않은 급제자가 많다. 벼슬도 마찬가지다. 더욱 결정적인 약점은 내외 4대조가 벼슬을 했는지 안했는지를 전혀 알 수 없다는 점이다.

그래서 《방목》만을 대상으로 연구할 경우에는 전력이나 성관을 대상으로 통계수치를 파악하는 수밖에 없다. 그런데 전력을 파악하는 데도 오류가 있다. 전력은 크게 세 종류밖에 없다. 급제자의 현직現職, 생원生員 혹은 진사進士, 그리고 이를 제외한 급제자는 모두 유학幼學이다. 여기서 제일 조심해야 할 것은 유학의 신분이다. 만약 유학을 모두 양반으로 해석하면 조선시대 급제자는 모두 양반이 된다. 하지만 유학은 양반과 전혀 관계가 없다. 유학은 요즘말로 하면 그저 학생學生이라는 뜻이다. 유학 가운데는 문벌도 있고, 서얼도 있고, 중인도 있고, 향리도 있고, 평민도 있으므로, 이를 가려내야만 급제자의 출신신분을 알 수 있다. 이를 가려내는 일은 《족보》를 통해서 확인하거나 《실록》, 《규사葵史》, 《연조귀감椽曹龜鑑》 등의 자료를 통해서 추적하는 수밖에 없다. 《규사》는 서얼의 역사를 적은 것이고, 《연조귀감》은 향리의 역사를 적은 것이다.

그동안 우리 학계에서는 유학을 양반신분으로 해석하는 관행이 있었다. 조선 후기에 평민들이 유학을 자칭하면서 군역軍役을 피하는 사례가 많았는데, 이들을 당시 '모칭유학冒稱幼學'으로 불렀다. 요즘말로 하면 '가짜 학생'이라는 뜻이다. 유학의 신분을 가지면 군역이 면제되기 때문에 이렇게 가짜 학생이 많아진 것이다. 이는 마치 우리나라에서 대학생에게 징집을 면제해 주는 제도와 비슷한데, 대학생이 아니면서 징집을 면제받기 위해 대학생 신분을 모칭하면 그것이 바로 조선시대 '모칭유학'과 같은 것이다.

이렇게 '모칭유학'은 양반과 아무런 관계가 없음에도, 그동안 학자들은 유학들이 군역면제를 받았으니 양반일 것이라고 해석해 왔던 것이다. 일제강점기에 경성제국대학 교수였던 시카타 히로시四方博가 조선 후기 호적戶籍을 분석하면서 호적에 '유학'으로 되어 있는 사람

2 조선시대 신분이 낮은 급제자에 대한 총괄적 정리 429

을 양반으로 해석하여 통계를 내면서 '유학=양반'이라는 오류가 시작되었는데, 그것이 그대로 잘못된 관행으로 내려오고 있다.

최근《방목》을 분석한 학자들은 '유학'의 성격이 애매하다는 것을 깨닫고 급제자의 성관을 통계로 분석하여 어느 성관에서 급제자가 많이 배출되었는지를 연구하는 경향이 많다. 그 결과 전주이씨, 안동권씨, 파평윤씨, 남양홍씨, 안동김씨, 청주한씨, 밀양박씨, 광산김씨, 연안이씨, 여흥민씨, 진주강씨, 경주김씨, 반남박씨, 동래정씨, 한산이씨, 청송심씨, 광주이씨, 풍양조씨, 경주이씨, 평산신씨, 문화유씨, 김해김씨, 연일정씨 등 199개의 성관에서 문과급제자의 90퍼센트 정도를 배출했다는 것을 밝혀냈다. 그런데 199개 성관은 전체 성관의 약 5퍼센트에 지나지 않으므로 조선시대는 소수 성관이 문과급제자를 거의 독점했으며, 따라서 매우 폐쇄성이 강한 사회로 해석하고 있다.

문과급제자를 성관별로 통계를 내는 것이 무의미한 일은 아니다. 하지만 그 통계수치를 놓고 조선을 폐쇄된 사회로 해석하는 것은 중대한 오류이다. 이 통계에는 각 성관별 인구를 전혀 고려하지 않고 있기 때문이다. 인구가 많은 상관에서 급제자가 많이 배출되는 것은 지극히 당연한 일이고, 그런 현상은 현대사회도 마찬가지다. 현재 대한민국의 엘리트층을 성관별로 연구한다면 조선시대와 비슷한 결과가 나올 것이다. 그렇다고 대한민국을 폐쇄된 사회로 해석할 수 있는가? 아닐 것이다.

문과급제자를 과학적으로 연구하려면, 성관별 통계분석보다는 급제자의 수직적 가계를 따지는 방법을 써야 한다. 비록 문과급제자를 대량으로 배출한 성관이라도 계파系派에 따라서는 문벌도 있고, 향리도 있고, 중인도 있고, 서얼도 있고, 평민도 얼마든지 있기 때문이다.

그럼에도 여태까지 대성大姓은 무조건 양반으로 치부해 왔기 때문에 과학적 연구가 방해를 받고 있다.

여기서 반드시 짚고 넘어가야 할 문제가 생긴다. 바로 조선시대 '양반'의 뜻이다. 양반은 법적으로는 문관文官과 무관武官의 벼슬아치를 말한다. 그런데 문관과 무관을 배출한 집안의 후손들은 스스로 '양반'으로 자처하면서 자존심을 지켜 나갔다. 그래서 조상에 대한 제사를 정성스럽게 올리는 '봉제사奉祭祀'에 충실하고, 손님을 정성으로 접대하는 '접빈객接賓客'을 실천하면서 품위를 잃지 않고 살아갔다. 그리고 벼슬아치 집안의 전통을 이어가고자 스스로 독서에 힘쓰고, 자녀교육에 힘쓰고, 가능하면 벼슬아치 후손의 집안과 혼인을 맺으려고 힘썼으며, 《족보》를 만들어 집안의 전통에 대한 자부심을 후손들에게 심어 주려고 애썼다. 바로 이런 존재가 조선시대 양반이다. 양반은 국가로부터 무슨 특별한 권리를 세습적으로 부여받은 세력이 결코 아니었다.

조선왕조가 5백 년 이상 장수한 비결은 지배엘리트인 관료를 세습적으로 보장하지 않고, 능력을 존중하는 시험제도인 과거科擧로 부단하게 하층사회에서 충원해 갔기 때문이었다. 공부를 열심히 하면 개천에서 용이 날 수 있는 탄력적인 사회를 유지하려 했던 것이다.

하지만, 사회체제가 언제나 이상理想대로만 진행되지는 않는다. 일단 기득권을 얻은 벼슬아치는 되도록 그 기득권을 자손에게 세습하려 노력했고, 하층민을 경쟁대열에서 밀어내려는 폐쇄성을 보여 주었다. 그래서 하층민이 급제하더라도 청요직을 주지 않으려 노력하고, 응시조건을 까다롭게 만들기도 했다. 그 첫 번째 경쟁대상이 바로 서얼층이었으며, 두 번째가 기술관원이었고, 세 번째가 향리층이

었으며, 네 번째가 평민층이었다. 그리고 기득권층의 노력이 상대적
으로 성공을 거둔 시기가 바로 16세기 후반에서 18세기 초에 이르는
조선 중기였다. 그리고 이 시대를 목격한 실학자들이 입을 모아 문벌
의 폐단을 질타하고 나선 것이다.

　문벌사회에 대한 비판과 저항은 실학자들에게서만 일어난 것은 아
니다. 경쟁에서 도태되어 가던 서얼, 중인, 평민 등 당사자들이었다.
이들은 입이 아니라 집단행동으로 자신의 질곡을 털어내려고 투쟁했
다. 그리고 그 투쟁은 결코 무위로 끝나지 않고 단계적으로 질곡을
무너뜨리는 전리품을 얻어냈다. 그러면서 사회는 탄력성과 역동성을
되찾으면서 근대사회를 맞이할 준비를 해 갔던 것이다. 1894년 갑오
경장이 일어나기 이전에 이미 조선사회는 신분제도가 완전히 무너진
근대사회로 접어들었다.

　나는 이 책에서 조선사회의 탄력성과 역동성을 통계적으로 제시했
다. 그리하여 조선왕조 5백 년은 일방적으로 개방적이거나 폐쇄적인
사회로 볼 수 없으며, 개방성과 폐쇄성이 교차하는 이중적인 사회로
보아야 한다는 결론을 얻어냈다.

찾아보기

1. 신분이 낮은 급제자의 여러 유형

시조가 된 급제자
　1권 110, 137, 182, 231, 261, 299,
　304, 344, 345, 347, 376, 384,
　388, 464, 468, 508, 515, 610 / 2
　권 104, 655 / 4권 392
신분이 낮다고 비판받은 급제자
　1권 631 / 2권 62, 181, 229, 240,
　406, 416, 655 / 3권 581 / 4권
　405
신원을 알 수 없는 급제자
　1권 183, 521 / 2권 65, 367 / 3권
　185
유일급제자 또는 첫 급제자
　1권 465 / 2권 61, 100, 105, 240,
　409, 412, 655 / 3권 31, 182, 577
　/ 4권 48, 396

향리 출신 급제자
　1권 112, 260, 261, 302, 349, 381,
　384, 387, 468, 514, 615 / 4권
　399
잡학, 잡과 출신 급제자
　1권 138, 184, 228, 229, 258, 300,
　381, 464, 627 / 2권 230 / 3권
　584 / 4권 400, 401, 402, 403,
　404, 405
희성 출신 급제자
　1권 348, 349, 509 / 2권 157, 180,
　363
신분이 한미한 급제자
　1권 138, 179, 388, 465, 507, 521,
　630 / 3권 29, 183, 471 / 4권 401,
　402

2. 희성 출신 급제자의 본관

(ㄱ)
가흥김씨　1권 384, 450, 612
가흥조씨　1권 462, 494, 612
간성이씨　1권 376, 432 / 2권 97, 118,
　401, 475 / 3권 23, 74
감천문씨　2권 345
강동김씨　2권 235, 300, 671 / 3권 97
강동이씨　2권 236, 324, 671
강릉이씨　2권 414, 571
강릉전씨　2권 233, 261
강릉진씨　2권 364, 388

강서김씨　1권 110, 122, 610
강진박씨　2권 413, 671 / 3권 482, 540
　/ 4권 220, 222, 238
강진유씨　2권 128
강진조씨　1권 182, 203, 611
강화고씨　2권 233, 261, 671
강화위씨　2권 255
강화하씨　1권 509, 534, 613
강흥이씨　1권 183, 210, 611
개령문씨　1권 538, 557, 570 / 2권 512
개령임씨　1권 261, 288

3. 신분이 낮은 주요 급제자 명단